Serie Bianca Feltrinelli

FRANCO BERNABÈ
MASSIMO GAGGI

PROFETI, OLIGARCHI E SPIE

DEMOCRAZIA E SOCIETÀ NELL'ERA DEL CAPITALISMO DIGITALE

Prima edizione in “Serie Bianca” febbraio 2023

Stampa Grafica Veneta S.p.A. di Trebaseleghe - PD

ISBN 978-88-07-17425-4

Profeti, oligarchi e spie

Introduzione

Il 6 gennaio 2021 una folla di scalmanati guidati da un agitatore travestito da sciamano, dissacratore del tempio di una democrazia sin lì considerata solidissima, ha dato l'assalto al Congresso degli Stati Uniti. La folla ha travolto le transenne, sopraffatto le forze dell'ordine e invaso i saloni del parlamento mettendo a rischio l'incolumità di deputati e senatori riuniti per certificare l'elezione del nuovo presidente. Costretti a rifugiarsi nei sotterranei per non rischiare il linciaggio (c'era chi voleva impiccare il vicepresidente, Mike Pence, bollato da Donald Trump come un traditore), solo a tarda sera i parlamentari sono riusciti a riemergere e a completare il loro compito istituzionale confermando la nomina di Joe Biden, mentre venivano contate le vittime – alla fine saranno cinque – di quella tragica giornata.

Mai prima di allora nella storia della democrazia americana si era verificato un fatto così potenzialmente eversivo. L'invasione del Congresso era avvenuta dopo un infiammato discorso di Donald Trump che negava la legittimità dell'elezione di Biden, ma quell'assalto era stato preparato a tavolino e affidato ai gruppi dell'*alt-right*, l'estrema destra alternativa al conservatorismo tradizionale, che avevano usato Facebook e le altre reti sociali come megafono della mobilitazione. Il terreno di quella rivolta era stato seminato per anni da siti sovversivi che sfruttano l'ormai ben nota tendenza degli algoritmi dei social network a privilegiare i contenuti più estremi e dirompenti. Il contributo principale alla sommossa era venuto dalla setta cospirazionista dei QAnon, che diffonde la teoria di una trama segreta ordita da occulti poteri dello Stato i quali, negli Usa e negli altri paesi, mantengono il controllo dei sistemi politici attraverso una rete globale di pedofili. Una setta che, sempre a causa di perversi effetti moltiplicatori del web e, pare, anche grazie a un'intensa attività di troll sostenuti dal governo russo, era divenuta in breve tempo un fenomeno di massa con milioni di sostenitori.

L'assalto al Congresso rappresenta simbolicamente la complessità del momento storico che gli Stati Uniti, ma anche molti altri paesi occidentali, stanno vivendo, e soprattutto dei problemi politici e sociali che le società avanzate devono affrontare. Alla base ci sono vari fenomeni: un profondo disagio sociale determinato dalla scomparsa di quel vasto ceto medio che è stato a lungo un importante fattore di stabilizzazione della società, la precarietà del lavoro, la scarsa funzionalità dell'ascensore sociale che nei decenni del Dopoguerra aveva consentito – o perlomeno fatto sperare – a ciascuno di avere maggiori opportunità di quelle di cui avevano beneficiato i propri genitori. Una situazione paradossale alla luce dei progressi della tecnologia che avrebbero dovuto garantire un futuro migliore per tutti.

Una situazione resa ancor più complessa dalla capacità di mobilitazione, e anche di distorsione, delle reti sociali, mentre i mezzi d'informazione giornalistica capaci di stimolare il pensiero critico sono sempre più marginali, così come perdono vitalità i partiti politici quale luogo di discussione e di costruzione del consenso.

La stessa elezione di Trump, un personaggio anomalo, e le politiche che hanno ispirato per quattro anni la sua azione sono una testimonianza di questo disagio. Presidente di un'America profondamente divisa, addirittura tribalizzata, nella quale suggestioni e forzature ideologiche tendono ormai a prevalere sull'analisi razionale dei fatti, Trump ha rigettato il multilateralismo sul quale gli Usa avevano costruito l'ordine internazionale postbellico abbandonando gli organismi internazionali che gli stessi Stati Uniti avevano contribuito a creare. E poi ha introdotto restrizioni alla libertà di commercio internazionale che ha rappresentato per lunghissimo tempo lo strumento principale e il vessillo della vittoria dell'economia di mercato sulle altre forme di dirigismo economico e ha imposto un blocco all'immigrazione – simbolicamente rappresentato dal muro sul confine messicano – che mette in discussione un elemento fondante della stessa società americana.

La risposta data da Trump al disagio diffuso è stata il rifiuto dei princìpi ispiratori della politica americana di buona parte del Novecento. Eppure, con poche eccezioni, la destra ha accettato questa svolta che stravolge gran parte delle basi ideologiche del conservatorismo tradizionale. Lo slogan "America First", un'invocazione di difesa del popolo americano rispetto ai pericoli dell'apertura della società e del mercato, sintetizza efficacemente il bisogno di protezione che ha guidato le scelte degli elettori.

Nel resto del mondo quello stesso malessere ha assunto forme diverse, ma fondate su una crisi dei medesimi princìpi ispiratori: nel Regno Unito la Brexit e la rottura di un complesso rapporto con l'Europa segnalano lo stesso desiderio di chiusura al proprio interno e di rivendicazione dell'identità come unico strumento di difesa da privazioni imposte dall'esterno. È la stessa rivendicazione di identità che ha guidato la crescente svolta autoritaria in paesi come l'Ungheria e la Polonia.

In Italia quel disagio ha assunto le sembianze di un comico che ha ispirato un partito a rivendicare un orgoglioso rifiuto di qualsiasi contaminazione con la politica tradizionale, per poi avventurarsi in un vorticoso giro di alleanze che ha portato a radicali cambiamenti di rotta. Fino alle elezioni del settembre 2022 vinte da una forza politica, Fratelli d'Italia, passata in pochi anni dal 4 a oltre il 26 per cento dei voti grazie alla costruzione di una casa che, sotto il tetto della rivendicazione identitaria della nazione italiana, ha attirato le aree del disagio e degli scontenti, in quanto unico partito di opposizione al governo Draghi (con il quale, pure, la leader Giorgia Meloni aveva abilmente dialogato).

In Turchia, infine, si è interrotta una transizione laica e democratica che risaliva ai primi decenni del Novecento per ritornare a una situazione molto simile a quella precedente il disegno di modernizzazione di Atatürk.

A questo terremoto planetario ha contribuito una profonda trasformazione del mondo occidentale che la politica ha voluto ma di cui non ha previsto le conseguenze e, soprattutto, non ha saputo guidare. Il crollo del comunismo e la fine della divisione del mondo in blocchi ideologici contrapposti ha fatto pensare che la politica dovesse limitarsi ad accompagnare le scelte del mercato e che per l'umanità si aprisse un mondo del tutto libero da problemi. Grandi ispiratrici di questo cambio di rotta sono state le amministrazioni americane a partire dagli anni Ottanta, ma un ruolo particolarmente importante l'ha avuto Bill Clinton con il suo governo che ha eliminato i residui della classe dirigente del Partito democratico formatasi sulle idee del New Deal rooseveltiano. Clinton ha così finito per dare attuazione pratica alla svolta ideologica neoliberista maturata durante l'amministrazione di Ronald Reagan.

I passi più significativi compiuti in questa direzione dal presidente democratico sono stati la liberalizzazione del commercio internazionale, la liberalizzazione della finanza e lo straordinario impulso allo sviluppo della tecnologia attraverso l'apertura di internet agli usi commerciali. Clinton è stato un modello per tutta la sinistra europea che si è sentita finalmente libera da vincoli ideologici e ha elaborato la cosiddetta Terza via: un modo ambiguo per dire che si abbandonavano i princìpi di tutela sociale dei partiti storici del Novecento per abbracciare una strada di modernizzazione guidata dal mercato globalizzato e dalla tecnologia.

Il principale protagonista di questa svolta è stato Tony Blair, ma anche in paesi come l'Italia l'entusiasmo per la Terza via ha contagiato i leader dei partiti storici della sinistra, che nel nuovo percorso hanno visto la possibilità di dismettere l'ingombrante eredità del Novecento e il riferimento alla rappresentanza degli interessi di classe per offrire un'immagine di modernità e progresso in nome degli interessi generali della società.

Mentre negli Stati Uniti si perdevano i riferimenti del New Deal, nel resto dell'Europa si perdeva il radicamento sociale dei partiti di sinistra. La tecnologia è stata la componente più importante nella narrazione dei teorici della Terza via: meno protezioni e più dinamismo in un mondo che sembrava mettere a disposizione di tutti la conoscenza, offrendo straordinarie opportunità economiche. Un mondo totalmente libero e quindi radicalmente democratico, perché accessibile a tutti senza limiti e vincoli. Per favorire la diffusione delle tecnologie e dare sostanza a questa narrazione l'amministrazione Clinton ha creato condizioni di eccezionale favore per le società che si avventuravano su un terreno allora completamente inesplorato: sono le condizioni che hanno consentito a poche imprese, divenute giganti, di conquistare un dominio incontrastato dell'attività nell'universo digitale in tutto il mondo occidentale senza obblighi di controllo né alcuna responsabilità per gli effetti sulle comunità di un uso distorto delle reti sociali.

L'11 settembre 2001 ha segnato fin dall'inizio la direzione nella quale la tecnologia si sarebbe orientata. Gli attentati terroristici di Al-Qaeda, con la conseguente necessità di difendere la popolazione dal subdolo pericolo del terrorismo, hanno creato le condizioni per una penetrazione della tecnologia da parte dei servizi d'informazione americani e anche degli altri paesi. Negli Stati Uniti il Patriot Act ha aperto la strada a una sorveglianza di massa. A differenza della guerra che si combatte su un terreno aperto dove il nemico si riconosce, il terrorismo impone di confrontarsi con un nemico invisibile che agisce negli interstizi della società. Altri paesi sono andati ben più in là degli Stati Uniti: in Cina fin dagli inizi della diffusione di internet il regime ha incominciato a lavorare al Great Firewall che ha trasformato la rete in un invasivo strumento di controllo dei comportamenti individuali.

Le scelte dell'amministrazione Clinton hanno condizionato irreversibilmente il primo decennio del nuovo secolo e il futuro delle società occidentali. La liberalizzazione del commercio e l'ingresso della Cina nel Wto hanno determinato un progressivo spostamento della manifattura verso l'Asia distruggendo posti di lavoro in Occidente. La liberalizzazione della finanza ha creato ondate speculative culminate nella crisi del 2008, la più catastrofica crisi finanziaria dopo quella del 1929, e la scelta di non regolare in alcun modo la tecnologia ha creato i monopoli che oggi conosciamo. Contrariamente alla narrazione in positivo degli anni Novanta, le conseguenze di questa trasformazione sul piano sociale sono state profonde. La classe media in Occidente si è impoverita, mentre la polarizzazione della società in termini di reddito, come anche di ricchezza disponibile, è aumentata enormemente. Siamo arrivati a livelli di concentrazione mai visti in precedenza, che hanno interessato soprattutto i padroni della tecnologia per lo straordinario effetto di scala che l'economia digitale consente. La concentrazione è stata tale da creare dei sistemi oligarchici nei quali poche persone hanno acquisito un incredibile peso economico e politico. E la politica non è stata in grado di governare gli effetti di questa trasformazione.

A rendere ancora più evidenti i problemi creati dalle politiche della fine degli anni Novanta è intervenuta, a inizio 2020, la pandemia di Covid-19, che ha provocato una crisi economica senza precedenti nel Dopoguerra e ha messo in difficoltà l'organizzazione della manifattura favorita dall'apertura dei commerci internazionali e dalla libertà di movimento dei capitali. Si è visto come il decentramento produttivo e le complesse catene di approvvigionamento finalizzate alla minimizzazione dei costi e alla massimizzazione dell'efficienza non siano in grado di affrontare crisi di questo tipo. Nel momento peggiore della pandemia anche il prodotto più banale e meno costoso, la mascherina di protezione, risultava introvabile perché la produzione era stata tutta decentrata in Cina.

La pandemia ha lasciato aperti problemi immensi che tutti i paesi saranno costretti ad affrontare in un periodo di tempo molto lungo: crisi economica, crescita esponenziale del debito pubblico, aggravamento del disagio sociale. Sono questioni che richiedono un ripensamento del modello di società e di organizzazione economica, ma questa è anche l'occasione per affrontare con la necessaria determinazione la questione del ruolo della tecnologia e delle finalità sociali che essa deve realizzare. L'Europa ha elaborato un progetto, il Next Generation EU, una soluzione tecnocratica e non politica alla crisi: la sua efficacia andrà testata nei prossimi anni.

Più importante del piano e delle infrastrutture che consentirà di realizzare, questo progetto dovrebbe essere lo stimolo a riflettere in modo strutturato sul futuro affrontando le tesi ideologiche delle trasformazioni avvenute negli ultimi anni.

La scelta di risposte emotive come quelle che hanno portato all'elezione di tanti leader populisti ha già provocato qualche ripensamento. Si può sperare che con il ritorno a politiche più meditate cresca anche la capacità di analisi dei problemi e la necessità di elaborare una nuova visione del mondo. Il punto di partenza ancora una volta è proprio la tecnologia, che sta al centro del progetto europeo, perché è enorme la capacità di trasformare radicalmente il modo in cui apprendiamo, lavoriamo e interagiamo nella società, ma allo stesso tempo perché troppo visibile è la grande concentrazione di potere e di risorse economiche che si è accumulata nelle mani di pochissimi soggetti. E la politica si sta rendendo conto che questa concentrazione è rischiosa per la democrazia.

Il Congresso americano ha cominciato a occuparsi dei problemi di privacy e di abuso di posizione dominante delle concentrazioni tecnologiche, e con la riflessione su questi temi si apre un dibattito più ampio su potere e democrazia, monopoli e libertà. Negli Stati Uniti torna il dibattito che vide contrapposti Alexander Hamilton e Thomas Jefferson alle origini della Costituzione americana. L'idea di Hamilton, federalista, sostenitore di un forte Stato centrale e di una grande industria manifatturiera, contro l'idea di Jefferson, favorevole a dare più spazio alle autonomie locali, alla tutela dei piccoli agricoltori e a una rigida vigilanza sulle concentrazioni di potere economico e politico. Il prevalere di Hamilton ha fatto grandi gli Stati Uniti, ma l'idea di Jefferson di un controllo democratico ha sempre giocato un ruolo importante nei momenti storici di svolta. Efficienza contro controllo democratico, grande dimensione contro mercato, sono i temi fondamentali di ogni dibattito pubblico, comparsi nella storia degli Stati Uniti a fasi alterne: dalla Grande depressione, con le politiche di Roosevelt a difesa dei piccoli e contro lo strapotere dei grandi, al dibattito odierno sulle concentrazioni nel settore tecnologico.

In Europa l'aspirazione hamiltoniana, compreso il consolidamento a livello federale dei debiti dei singoli Stati, è entrata prepotentemente nel dibattito recente, ma in qualche modo l'Europa è stata molto jeffersoniana, a protezione della concorrenza del mercato dei diritti dei cittadini con uno Stato centrale debole. La tecnologia introduce una dimensione diversa in questo dibattito. Il tema del monopolio travalica i confini degli Stati e diventa planetario. C'è molto poco comunque che l'Europa può fare senza che prima si muovano gli Stati Uniti. Spetta a questi ultimi fare la prima mossa. La tecnologia è uno strumento straordinario, ma la direzione nella quale l'assenza di qualsiasi regolazione ha spinto le relazioni sociali è quella sbagliata.

Intanto la Cina di Xi Jinping affronta il problema a modo suo: mettendo la museruola ai grandi capitalisti dell'economia digitale (quella dei servizi, non quella delle infrastrutture di rete considerate strategiche dal governo e, quindi, lasciate libere di crescere senza vincoli), anche a costo di rallentare la corsa al primato tecnologico.

Questo libro racconta come la promessa di una società più aperta, informata e consapevole, e dunque piu democratica, realizzata grazie alla tecnologia sia stata tradita. La scelta di non regolamentarne per lungo tempo lo sviluppo, garantendo l'immunità per gli abusi, ha prodotto una concentrazione di potere e di ricchezza che ha messo in crisi il delicato sistema di controlli ed equilibri che caratterizza la democrazia e ha aperto la strada a forme subdole di supervisione e condizionamento sociale. La trasformazione operata dalla tecnologia investe in profondità il tessuto sociale con conseguenze ancora largamente inesplorate. Si creano nuove dinamiche magari alimentate da straordinarie innovazioni che però fanno saltare equilibri, creano nuovi disagi o nuovi problemi geostrategici: l'automazione e l'intelligenza artificiale trasformano il mondo del lavoro offrendo grandi vantaggi, ma anche diffondendo ansia e incertezza. L'impatto dell'universo digitale sulla mente umana è imponente: cambia i metodi di apprendimento, il rapporto con la lettura e il nostro modo di socializzare fino alla sfera sentimentale, al sesso e alla costruzione dei nuclei familiari. Si diffondono le tecnologie di *cyberwar*, con le quali un paese può paralizzare le infrastrutture vitali di una nazione nemica, e di quelle dei *killer robots*, in grado di scatenare la guerra automatica. Si affaccia la possibilità di profonde trasformazioni finanziarie, dalle criptovalute innovative, ma controverse e instabili, alle monete digitali degli Stati, potenzialmente utili ma che pongono nuovi problemi di sorveglianza dei governi e di pressione sulle scelte economiche dei cittadini. E, ancora, il tentativo di creare metaversi basati sulla realtà virtuale o su quella aumentata: strumenti con i quali si vorrebbero trasformare le reti sociali, ma forse utili soprattutto per migliorare processi industriali e cure mediche con la tecnologia dei *digital twins*. Infine, i nuovi strumenti di intelligenza artificiale, a partire dal generatore di contenuti ChatGPT che, messo a disposizione del pubblico da OpenAI nel novembre 2022 mentre scrivevamo le ultime pagine di questo libro, sta entusiasmando e allarmando ricercatori e imprese. Affascina l'apertura di nuovi orizzonti e, al contempo, preoccupano, in assenza di regole, i rischi di vedere ampliati gli usi distopici di una tecnologia con la quale si può, ad esempio, moltiplicare la disinformazione. E anche renderla più difficile da scoprire.

Non si tratta di contrastare tecnologie comunque inarrestabili e sempre capaci di far progredire l'umanità, se ben indirizzate, ma di riconoscere che non aver imposto vincoli alle imprese digitali – a differenza di quanto fatto in passato in tutti gli altri settori, dall'auto al nucleare, dal trasporto aereo al cibo, al fumo e ai farmaci – non solo ha favorito enormi aggregazioni di potere oggi gestite da un pugno di tecno-oligarchi, ma ha minato i sistemi politici democratici.

Una realtà che dovrebbe essere evidente agli occhi di tutti: una democrazia funziona se i cittadini con idee ed esigenze diverse riescono, partendo da posizioni contrapposte, ad arrivare a soluzioni di compromesso con negoziati alla cui base c'è la condivisione di una piattaforma comune di valori nei quali tutti si riconoscono. Questo patrimonio di valori comuni svanisce se le tecnologie digitali favoriscono la creazione di universi totalmente separati che tribalizzano la società, generando incomunicabilità tra i gruppi, e se i giganti *Big tech* che le gestiscono favoriscono, per massimizzare i profitti, i messaggi più estremi e brutali.

Problemi numerosi e complessi, ma è urgente affrontarli ora: perché le nostre democrazie scricchiolano, ma anche perché i giganti tecnologici – visti con occhio più critico dal popolo dei loro utenti, finiti nel mirino della politica che vorrebbe regolamentarli e indeboliti da una fase di ridotta redditività e crescita che nel 2022 ha provocato un brusco calo dei valori in Borsa – per la prima volta sembrano aver perso la loro invulnerabilità. Come ha detto al "Guardian" Justin Rosenstein, l'ingegnere, ex di Google e Facebook, che ha contribuito a creare il bottone dei like, ora pentito, "dobbiamo parlarne adesso perché potremmo essere l'ultima generazione in grado di ricordare com'era la vita prima" della rivoluzione digitale.

1.
Rivoluzione digitale, crescita e benessere collettivo

Katherine Johnson, Dorothy Vaughan e Mary Jackson: tre matematiche afroamericane che negli Stati Uniti della segregazione razziale furono protagoniste, tra mille difficoltà e lottando contro discriminazioni e pregiudizi, delle prime missioni spaziali della Nasa negli anni Sessanta. Chiamate "computer umani", risolvevano tutti i problemi con calcoli manuali: Katherine costruì le equazioni estremamente complesse con le quali venne tracciata la traiettoria che consentì a John Glenn – primo astronauta americano a compiere un volo orbitale – di rientrare senza danni nell'atmosfera. Mary lavorò anche lei alle traiettorie e alla definizione delle caratteristiche dello scudo termico necessario per evitare la distruzione della capsula Mercury a causa dell'attrito e del surriscaldamento generati dal rientro nell'atmosfera. Dorothy fu la prima a capire come i monumentali e rudimentali computer Ibm 7090 appena consegnati ai tecnici della Nasa, che erano incapaci di usarli, avrebbero potuto essere utilizzati per le attività spaziali.

Storie della metà del Novecento raccontate dal film *Hidden Figures* (*Il diritto di contare*, nella versione italiana). Storie che colpiscono per la segregazione e il razzismo che, ancora in tempi abbastanza recenti, dominavano perfino nel mondo delle tecnologie più avanzate, ma anche perché mostrano come la conquista americana dello spazio, fino allo sbarco dell'uomo sulla Luna con l'Apollo 11 (e con traiettorie ancora una volta calcolate da Katherine Johnson) sia avvenuta grazie ai cervelli umani di ingegneri e matematici, più che a cervelli elettronici a quel tempo ancora primitivi.

Nel mezzo secolo successivo alla conquista della Luna (1969), l'avventura dell'uomo nello spazio non ha fatto grandi passi avanti nonostante lo straordinario sviluppo dell'informatica e la digitalizzazione di quasi tutto. Le cose stanno cambiando solo da qualche tempo con i missili "intelligenti" – riutilizzabili, perché capaci di rientrare alla base – della SpaceX di Elon Musk, ma il ritorno sulla Luna continua a essere un obiettivo ambizioso e lontano, con la Boeing che da anni fatica a far funzionare adeguatamente l'SLS: il razzo, esteticamente molto simile al Saturn delle missioni Apollo degli anni Sessanta, che dovrebbe lanciare di nuovo astronavi verso la Luna. Partito nel settembre del 2011, il programma dello Space Launch System è in ritardo di sei anni: con costi moltiplicati rispetto alle previsioni, è ancora nella fase dei voli sperimentali.

Senza grandi supporti informatici, la Nasa portò l'uomo sulla Luna sei anni e dieci mesi dopo il discorso con il quale John Kennedy promise agli americani la conquista del nostro satellite. Dall'annuncio della nuova missione sulla rotta seguita dalle capsule Apollo nell'era della tv in bianco e nero è già passato il doppio del tempo: e l'obiettivo di tornare sulla Luna nel 2024 è, ormai, del tutto irrealistico.

Digitale: rivoluzione ma senza l'impatto economico del vapore o dell'elettricità

La trasformazione della conquista dello spazio da favola entusiasmante a vicenda imbarazzante coinvolge tante responsabilità diverse, ma la saga di Cape Canaveral fa riflettere anche sull'impatto delle tecnologie informatiche nel mondo di oggi. Il digitale è ormai ovunque e condiziona ogni aspetto delle nostre vite: dal modo di informarsi, apprendere, socializzare, acquistare, alla psicologia e allo sviluppo cognitivo dei nostri figli. Eppure, pur avendo fatto nascere – da Apple e Amazon negli Usa ad Alibaba e Tencent in Cina – alcune delle aziende più ricche e potenti della storia dell'umanità, l'esplosione del digitale non ha determinato una nuova fase di sviluppo economico con la creazione di interi, nuovi settori produttivi com'è invece accaduto con le rivoluzioni tecnologiche degli ultimi secoli: da quella della macchina a vapore inventata da James Watt nel 1769 all'elettricità, al motore a combustione interna.

Se il vapore ha consentito di impiantare le prime grandi fabbriche e di rivoluzionare il trasporto con il passaggio dal cavallo alla ferrovia, e se con l'elettricità è arrivata un'altra rivoluzione industriale e le trasformazioni sociali legate all'illuminazione e ai nuovi beni di consumo – lavatrice, tv, ferro da stiro – che hanno cambiato profondamente le nostre vite, con l'ICT (*information and communication technology*) fin qui il percorso è stato diverso: non la creazione dal nulla di grandi settori produttivi, ma la "colonizzazione" dei settori tradizionali invasi dal digitale. Non nuovi universi, insomma, ma il miglioramento di quelli esistenti con effetti sui prezzi (prodotti e servizi integrati dagli effetti trasformativi dell'elettronica costano meno e sono più efficaci), e anche sull'occupazione.

Perché un'evoluzione così diversa? Il dinamismo dell'ICT, la sua capacità di sviluppo per linee interne, l'impatto trasformativo sui settori più diversi hanno attirato l'interesse della finanza, pronta a mettere a disposizione delle tecnologie informatiche il volume di capitale di rischio più imponente della storia del capitalismo. Si sono formate colossali imprese globali in un lasso di tempo molto limitato, e chi ha costruito le nuove industrie ha accumulato grandi ricchezze. Anche perché, in assenza di vincoli regolamentari, alcune di queste aziende, sfruttando in modo spregiudicato le potenzialità del digitale senza curarsi di eventuali "danni collaterali", sono arrivate a incassare profitti pari alla metà del fatturato.

I migliori cervelli si sono, così, indirizzati verso l'ICT alimentando un circolo virtuoso di innovazione, crescita e creazione di ricchezza. Negli anni, poi, si è diffusa la convinzione che i progressi in questo settore siano destinati a fornire un contributo sostanziale allo sviluppo dell'umanità, tanto che quasi tutti i governi hanno messo la crescita dell'ICT in cima alla loro agenda politica.

Di fronte a tanto entusiasmo è opportuno chiedersi se sia tutto oro quello che luccica. Per un'analisi fondata sui fatti occorre esaminare tre aspetti: se e in quale misura l'innovazione indotta dallo sviluppo dell'ICT contribuisca alla crescita e al benessere collettivo; se la concentrazione di questa industria, che ha favorito la nascita di grandi imprese monopolistiche, limiti il potenziale di innovazione invece di favorirlo; se l'attrazione esercitata dall'ICT non distolga intelligenze, risorse finanziarie e attenzione politica da altri settori altrettanto importanti per il benessere collettivo.

Robert Solow e l'enigma della produttività

Il 12 luglio 1987 Robert Solow, celebre economista americano (e premio Nobel), nel commentare il libro di Stephen Cohen e John Zysman *Manufacturing Matters: The Myth of Post-Industrial*

Economy per la "New York Times Book Review", scrisse una frase destinata a diventare tra le più citate della letteratura economica sulla produttività: "*You can see the computer age everywhere but in the productivity statistics*". Con quelle parole Solow voleva sottolineare la contraddizione tra l'entusiasmo suscitato dalla rivoluzione legata all'elettronica e la mancata evidenza di un suo significativo impatto sulla crescita economica. La sua frase ha stimolato una grande quantità di studi che hanno raggiunto conclusioni spesso opposte. Solow era preoccupato perché, a suo parere, la deindustrializzazione degli Stati Uniti a favore dell'industria tedesca e giapponese (quando la Cina non era ancora un gigante manifatturiero) non poteva essere compensata dalla crescita dei servizi che beneficiavano delle innovazioni nelle tecnologie dell'informazione e delle comunicazioni. Senza adeguati interventi di politica economica, secondo Solow, la crescita della produttività e, in generale, la crescita dell'economia avrebbero sofferto.

Solow non aveva valutato il fatto che, per poter beneficiare in termini di produttività dei progressi dell'ICT, andavano ridisegnati in profondità i processi aziendali: un tema che divenne popolare più tardi con lo sviluppo delle tecniche di *business process reengineering*. Tuttavia, nonostante questi interventi, negli ultimi trent'anni il tasso di crescita della produttività ha continuato a ridursi tanto negli Stati Uniti quanto in Europa, e gli enormi investimenti, nonché gli indubbi progressi nel campo delle tecnologie dell'informazione e della comunicazione, non hanno migliorato la situazione.

La crescita della produttività è una componente essenziale dello sviluppo economico, cosa che, a sua volta, è un fattore fondamentale di crescita del benessere e delle prospettive occupazionali: in definitiva, del miglioramento delle condizioni di vita della popolazione.

Senza entrare nel merito della dinamica della produttività e delle sue cause, la percezione comune, ben documentata dalle analisi economiche e demoscopiche, è che in molti paesi occidentali la crescita del benessere percepito si sia arrestata. Ciò contrasta con l'aspettativa che si era creata a partire dagli anni Settanta e Ottanta del Novecento, quando aveva preso forma il convincimento che la rivoluzione tecnologica legata all'industria dell'ICT potesse dare il via a una nuova fase di intensa crescita e di miglioramento del benessere collettivo. In passato tutte le grandi innovazioni tecnologiche erano state associate a fasi di intensa crescita e non c'era ragione di dubitare che sarebbe stato così anche per questa nuova era industriale.

Rivoluzioni tecnologiche del passato e di oggi: cosa è cambiato

L'evidenza sembrerebbe indicare differenze profonde tra le rivoluzioni tecnologiche del passato e quella attuale. La seconda rivoluzione industriale, a partire dalla fine dell'Ottocento, è stata caratterizzata dalla diffusione dell'elettricità e del motore a combustione interna che hanno trascinato lo sviluppo economico per oltre un secolo, investendo ogni aspetto della nostra vita. L'elettricità ha reso più sicure e produttive le città e i luoghi di lavoro, ha consentito di rendere più efficienti le macchine e di sviluppare nuovi prodotti che hanno migliorato la qualità della nostra vita. Come l'ICT, è una tecnologia multiuso, che si applica a una varietà di altri settori e prodotti. Vi è, però, una sostanziale differenza tra elettricità e tecnologie dell'informazione e della comunicazione nel modo in cui le due rivoluzioni hanno interagito con i settori con i quali sono venute in contatto.

In sintesi, l'elettricità ha creato le condizioni perché industrie completamente differenti potessero a loro volta innescare processi di innovazione molto profondi. Non solo ha rivoluzionato il modo di produrre, ma ha anche consentito che si sviluppassero, come detto, beni di consumo nuovi, dalla lavatrice alla televisione, che hanno avuto un forte impatto sull'organizzazione della stessa vita familiare. L'elettricità ha anche reso possibile lo sviluppo dell'ICT, che è diventata oggi la più grande consumatrice di energia elettrica fra tutti i comparti industriali.

Lo sviluppo di nuovi consumi favorito dall'elettricità ha alimentato la crescita di intere filiere produttive generando ricchezza e posti di lavoro in tutta l'economia. Al contrario, la rivoluzione tecnologica legata all'ICT ha prodotto un forte dinamismo soprattutto al proprio interno, a volte addirittura impadronendosi delle attività con le quali è entrata in contatto. Questo fenomeno è stato accentuato dallo sviluppo del web e dall'integrazione tra elettronica e telecomunicazioni. Mentre l'elettricità ha beneficiato gli altri settori potenziandone la creatività, l'industria dell'elettronica e delle comunicazioni, abilitando processi basati su bit invece che su atomi, li ha trasformati, migliorandone in modo esponenziale le prestazioni a parità di costo o, viceversa, riducendo in modo esponenziale i costi a parità di prestazioni. In tempi più recenti, la crescente integrazione con l'industria delle comunicazioni ha portato a profonde trasformazioni di interi comparti industriali, innovando radicalmente il modo di servire i bisogni al quale provvedevano intere filiere di industrie tradizionali.

Lo smartphone non crea nuovi consumi di massa ma cambia il modo di socializzare

Questo ha avuto conseguenze importanti sui prezzi dei beni, dei servizi e sull'occupazione. I prodotti e i servizi resi disponibili dalla trasformazione elettronica, oltre a costare meno e a funzionare meglio, utilizzano meno risorse umane di media qualificazione: quelle che costituiscono la massa principale degli occupati nei paesi sviluppati, e quindi il nucleo centrale di ciò che rimane della classe media. C'è più spazio, invece, per risorse umane a bassa qualificazione da utilizzare in modo occasionale e temporaneo. Un'evoluzione che non aiuta di certo a rafforzare il tessuto sociale e a ridurre le disuguaglianze.

Sono molti i prodotti e i processi produttivi che integrano risorse di ICT, ma il più importante tra i beni di consumo resi disponibili dalla digitalizzazione è, ovviamente, lo smartphone, un prodotto di straordinario successo: oggi è l'oggetto di consumo più diffuso sul pianeta. Insieme al tablet, il "telefono intelligente" ha contribuito a ridimensionare drasticamente interi comparti industriali, come la musica, l'editoria, i giochi non digitali – che a loro volta alimentavano intere filiere di prodotti fisici –, al tempo stesso dando impulso al rinnovamento di altri, tra cui il commercio, il turismo e i servizi finanziari.

Mentre a valle dei settori che hanno beneficiato dell'elettricità sono nate nuove industrie importanti – come quella degli elettrodomestici, la stessa industria elettronica, l'industria del trasporto elettrico e tante altre –, a valle dello smartphone e del tablet ci sono in prevalenza servizi che richiedono solo lo sviluppo di linee di codice. Insomma, computer e dispositivi elettronici assolvono a compiti che in passato già venivano svolti, in modo più inefficiente, usando altre tecnologie. I nuovi stili di vita e i nuovi consumi di massa non hanno un impatto materiale ma determinano soprattutto diverse modalità di socializzazione.

Anche la dinamica delle imprese leader dei due settori è stata completamente diversa. All'inizio l'energia elettrica era prodotta da una molteplicità di piccole imprese locali pubbliche e private. L'importanza e la diffusione dell'elettricità ha fatto sì che il settore diventasse di crescente interesse pubblico, tanto che in molti paesi si arrivò alla sua nazionalizzazione. L'Italia è uno di questi: una legge votata dal parlamento nel 1962 istituì l'Ente nazionale per l'energia elettrica (Enel) nel quale confluirono tutte le attività delle società elettriche private sviluppatesi nel Novecento, dalla Edison alla Sade. La Sip (Società idroelettrica Piemonte) si trasformò nella società dell'Iri (holding industriale dello Stato) per l'esercizio telefonico. Finì nell'Iri anche la Sme (Società meridionale di elettricità) che, mantenendo lo stesso nome, diventò la finanziaria sotto la quale vennero raggruppate le industrie alimentari dello Stato, dai pomodori Cirio ai panettoni Motta e Alemagna. Tutto cambiato di nuovo negli anni Novanta e nel primo scorcio del Ventunesimo secolo, con le privatizzazioni, lo scioglimento dell'Iri, la trasformazione dell'Enel in società per azioni quotata in Borsa e la liberalizzazione del mercato elettrico.

Data la sua natura di monopolio locale, l'industria elettrica assunse nel tempo i caratteri di un servizio di pubblica utilità e come tale fu assoggettata agli obblighi di servizio universale affinché tutti ne potessero beneficiare senza discriminazioni: un regime rimasto in vigore anche dopo la liberalizzazione del mercato.

L'ICT ha invece generato una dinamica dell'industria molto particolare: ogni fase del suo sviluppo ha fatto nascere imprese dominanti che hanno successivamente subìto una trasformazione soprattutto per l'intervento delle autorità antitrust. Ciò ha favorito lo sviluppo di aziende innovative che hanno a loro volta dato vita a un nuovo ciclo facendo emergere nuove imprese dominanti.

Lo stop al monopolio Ibm apre la strada a Microsoft. Per fermare quello di Facebook c'è voluto, invece, l'"invasore" cinese TikTok

Negli anni Cinquanta e Sessanta Ibm, grazie all'integrazione tra hardware e software, deteneva il monopolio del settore. L'obbligo di separare software e hardware impostole nel 1969 dall'autorità antitrust ha dato avvio a una fase nuova, con lo straordinario sviluppo dell'industria del software.

Questa evoluzione, insieme alla scelta di Ibm di non sviluppare un suo sistema operativo per i personal computer, ha lasciato alla combinazione Intel-Microsoft il monopolio mondiale della fase successiva, di fatto dominata dall'azienda fondata da Bill Gates; al tempo stesso, la sua decisione di mantenere una piattaforma aperta ha consentito la nascita, a valle del sistema operativo Microsoft, di tantissimi operatori attratti dai bassi costi d'ingresso nell'industria del software: cosa che ha limitato i rischi d'intervento dell'antitrust.

L'autorità è intervenuta solo quando Microsoft ha tentato di estendere al web il suo monopolio dei sistemi operativi del computer integrando nativamente nella piattaforma (cioè installandolo già in fabbrica) un browser (un programma di navigazione in internet).

Lo sviluppo della rete non ha invece prodotto, all'inizio, imprese dominanti: una complessa serie di processi di standardizzazione e di innovazioni messe a disposizione di tutti, spesso gratuitamente, da enti pubblici e da soggetti privati, ha però creato le condizioni perché esse si sviluppassero in una fase successiva. Attraverso la piattaforma aperta e gratuita di internet sono stati costruiti dei servizi che hanno consentito la nascita di nuove imprese divenute dominanti a livello mondiale, da Google a Facebook. Con il gruppo di Mark Zuckerberg che è riuscito a mantenere un quasi-monopolio delle reti sociali, comprando o soffocando le altre imprese che potevano divenire temibili concorrenti.

Un dominio assoluto, mai seriamente contrastato dai governi, che ha avuto, come vedremo, importanti conseguenze sociali e anche politiche e che è durato fino a quando non è esploso il fenomeno TikTok. Dapprima sottovalutato, lo sbarco sulle coste americane del gigante cinese ByteDance, impossibile da acquistare o cannibalizzare per la società californiana di Menlo Park, è diventato un grosso problema non solo per le sue reti (Facebook, Instagram e WhatsApp), ma anche per il governo americano (allarmato dalla possibilità di accesso ai dati di cittadini Usa da parte di un grande rivale strategico) man mano che TikTok, dopo aver conquistato il mercato social dei giovanissimi, si è allargato ad altre generazioni, cominciando a influenzare anche la politica.

Facendo un uso estremo degli algoritmi di raccomandazione e della viralità dei messaggi, la rete cinese ha sviluppato una capacità di creare meccanismi di dipendenza degli utenti ancora più profondi di quelli alimentati dagli altri social. Con conseguenze sulla formazione della personalità e sui comportamenti dei giovani che andrebbero analizzate e trattate con maggiore attenzione visto che TikTok è ormai arrivata ovunque (e le sue degenerazioni compulsive pure): oltre 200 milioni di download e circa 94 milioni di utenti a fine 2022 solo negli Stati Uniti.

Gli standard: motori di concorrenza e sviluppo ma nel web non ci sono

Gli standard sono un elemento importante per definire la forma di mercato nei diversi settori. Ma il livello al quale arrivano queste caratteristiche tecniche omogenee, cioè che cosa definiscono, è molto diverso nelle varie aree. Per la produzione di energia elettrica gli standard consentono l'interconnessione tra le reti e quella tra le reti e gli apparati utilizzati dai consumatori finali, gli utenti del servizio.

Nel Novecento la grande spinta all'innovazione dei consumi derivanti dalla disponibilità di elettricità distribuita venne proprio dalla standardizzazione che impedì la concentrazione del mercato.

Agli inizi si produceva elettricità con frequenze e voltaggi diversi: ciò significava che chi costruiva apparati che usavano elettricità era costretto a puntare su un singolo mercato. Non poteva, quindi, disporre delle economie di scala necessarie ai consumi di massa.

Le associazioni americane dei produttori di energia elettrica e la National Electrical Manufacturers Association promossero lo scambio di brevetti e la standardizzazione in modo da arrivare a distribuire l'elettricità a 60 cicli e 120 volt. Questo ha consentito di standardizzare le lampadine e i primi elettrodomestici e ha proiettato tutta la carica di innovazione sull'industria a valle.

Per le telecomunicazioni, l'elettronica e il web sono stati ideati diversi livelli di standardizzazione, non sempre basati su criteri omogenei: in alcuni casi tali caratteristiche tecniche dipendono da scelte fatte dall'industria mentre in altri prevale il fatto che, trattandosi di servizi nuovi (come molti servizi web), è impossibile definire degli standard. Nelle telecomunicazioni mobili lo sviluppo è avvenuto con la standardizzazione fino alla terza generazione (dai sistemi Tacs degli anni Novanta al Gsm), quando, come vedremo piu avanti, si è scelto di utilizzare una componente tecnologica proprietaria che ha interrotto un percorso virtuoso di apertura del sistema.

Nel mondo degli apparati di telecomunicazioni la standardizzazione è presente a livello di interconnessione di componenti realizzate da produttori (*vendors*) diversi, ma non esiste una standardizzazione per le componenti hardware e software di questi apparati complessi. Nel campo dell'elettronica la standardizzazione è più completa e affronta in molti casi anche il problema dell'interconnessione tra le parti di apparati complessi. Nel web, invece, esistono unicamente standard di alto livello. In pratica ci sono solo gli standard necessari, ma tutto il resto è deciso da chi realizza il servizio, che non ha alcun interesse a rendere interoperabili le sue funzioni.

Nel web non c'è una standardizzazione assoluta perché si è ritenuto che la concorrenza tra tecnologie fosse lo strumento più adatto per promuovere l'innovazione. La tecnologia migliore era quella capace di divenire dominante conquistando la maggiore quota di mercato. Un contesto normativo concepito per favorire lo sviluppo di un'imprenditorialità diffusa grazie all'effetto rete garantito da internet ha creato, invece, un sistema nel quale ogni filiera verticale di servizi è dominata da un'impresa che ha operato – almeno fino al *decoupling* fra sistemi americani e cinesi – in condizioni di monopolio a livello mondiale.

Questa situazione non è il prodotto necessario dello sviluppo tecnologico, ma il risultato di un sistema di regole che nasceva in un preciso contesto storico e non poteva prevedere le nuove dinamiche dell'innovazione che hanno impresso repentini cambiamenti di rotta al settore.

Il paradosso della tecnoabbondanza

Anche l'industria elettronica ha contribuito a creare le condizioni per uno sviluppo diffuso. Chip di potenza crescente che integrano miliardi di transistor hanno messo a disposizione un'immensa capacità di calcolo che viene utilizzata solo in misura parziale. Uno degli effetti positivi di questa abbondanza è la possibilità di partire da dati grezzi per qualsiasi tipo di elaborazione senza dover dipendere da specifiche tecnologie. Lo stesso accade nelle telecomunicazioni, dove la capacità di comunicazione resa disponibile dalla fibra è a sua volta utilizzata in modo estremamente limitato.

Lo sviluppo di semiconduttori sempre più microscopici e sofisticati consente ormai di produrre sensori dedicati alle più diverse funzioni che generano volumi infiniti di dati. Vedremo nei prossimi capitoli che questi sviluppi prepotenti creano straordinarie opportunità, ma anche problemi in vari campi: dall'evoluzione del lavoro al mondo dell'informazione, fino alla sorveglianza di cittadini e utenti esercitata da enti pubblici e società private.

Qui preme soprattutto sottolineare gli evidenti aspetti positivi di una disponibilità enorme di capacità di calcolo e di comunicazione, ma vanno anche notate le contraddizioni che ne derivano. Si passa dal mondo tradizionale, che è un mondo di scarsità, dove le risorse devono essere ottimizzate, a un mondo di estrema abbondanza dove l'ottimizzazione delle risorse non è più una priorità. Si impone così una grande contraddizione tra modalità di fruizione e struttura di mercato. Un'economia dell'abbondanza è un'economia di beni pubblici comuni; viceversa, un'economia della scarsità è un'economia di beni materiali privati.

Il concetto stesso di economia, nella celeberrima definizione di Lionel Robbins, si riferisce allo studio del comportamento umano come relazione tra fini e mezzi scarsi suscettibili di usi alternativi. Nel mondo dell'abbondanza creato dalla tecnologia, in cui il prezzo al consumatore finale dovrebbe tendere a zero, è paradossale che si siano affermate le più grandi concentrazioni di mercato private della storia del capitalismo.

2.
Alle origini dello Stato innovatore (perché la rivoluzione digitale è made in Usa)

La sera del 6 novembre 2012 Eric Schmidt, il capo di Google, era nella stanza del comitato elettorale di Barack Obama, a Chicago, intento a gestire, insieme a un gruppetto di giovanotti barbuti, l'infrastruttura tecnologica della campagna per la sua rielezione alla guida degli Stati Uniti. Sorridente, con la camicia a scacchi e i blue jeans vintage, non aveva l'aria del tycoon al vertice della maggiore impresa tecnologica americana.

L'adesione al programma del Partito democratico che lo aveva portato a impegnarsi nella campagna elettorale di Obama era probabilmente sincera, ma la ragione di un impegno così anomalo per il più importante top manager americano era la possibilità, conquistata ormai da anni, di avere accesso, senza filtri, al presidente. I registri della Casa Bianca, che sono consultabili dal pubblico, danno conto di diciotto incontri di Schmidt con Obama e con i suoi più stretti collaboratori nell'arco di pochi anni. Questi incontri sono serviti a dare, tra l'altro, una forte impronta alle attività dell'Office of Science and Technology Policy della Casa Bianca. Un'impronta che, dopo la parentesi di Trump, prosegue anche con l'Amministrazione Biden se, come ha riportato il sito Politico, una dozzina di funzionari dell'ufficio hanno avuto rapporti di collaborazione con Schmidt che, pur avendo lasciato gli incarichi operativi in azienda, rimane uno dei personaggi più influenti della Silicon Valley.

La contiguità fra potere politico e grandi imprese tecnologiche negli Stati Uniti non è, però, appannaggio dei democratici. Peter Thiel, fondatore di Palantir e cofondatore di PayPal, fornitore delle più importanti e segrete tecnologie digitali di intelligence del governo americano, era stato nominato nel comitato esecutivo del *transition team* di Trump insieme a Steve Bannon e Jared Kushner nel novembre del 2016: un impegno che gli aveva garantito numerosi incontri con il nuovo presidente, nella Trump Tower e alla Casa Bianca, prima di essere allontanato per le sue idee tecnocratico-autoritarie, troppo estreme anche per Trump.

Nessuno si scandalizza in America per questi rapporti. Le grandi imprese, impegnate a sviluppare tecnologie digitali di frontiera di alto valore strategico oltre che commerciale, hanno sempre avuto un rapporto speciale con lo Stato in tutte le sue articolazioni, soprattutto con il Pentagono, con i servizi di intelligence e con gli altri apparati di sicurezza interni.

Rapporti strutturati in modi certamente diversi, visto che l'azienda di Thiel non ha mai nascosto le sue ambizioni da Grande Fratello fin dal nome (Palantir nel *Signore degli anelli* è la pietra sferica onnisciente che vede e sa tutto del passato e anche del futuro), né ha fatto fatica a integrarsi nelle strutture dei militari e dei servizi segreti. Google, invece, ha sempre cercato di lasciare sullo sfondo l'origine militare di molte sue tecnologie, a cominciare da quelle di Google Earth e Google Maps. Ed è stata costretta a interrompere la collaborazione con il Pentagono nel Project Maven (sviluppo di un'intelligenza artificiale capace di analizzare i dati riversati dai droni che sorvolano campi di battaglia, zone di frontiera, o anche città sconvolte da sommosse) per la ribellione di migliaia di suoi dipendenti non disposti a collaborare a progetti militari che potrebbero essere usati anche per andare a caccia di immigrati clandestini o di manifestanti.

Soprattutto, nel 2022 Schmidt e Thiel sono divenuti i promotori – insieme a un ex ministro della Difesa di Obama e a un ex consigliere per la Sicurezza nazionale di Trump – dell'America's Frontier Fund: un fondo organizzato come una non-profit, con la missione di investire non per realizzare un utile finanziario, ma perseguire obiettivi di interesse nazionale sviluppando in particolare tecnologie critiche. In tempi recenti, a causa della carenza di microchip, la prima missione del Frontier Fund è diventata quella di aumentare la produzione di semiconduttori in terra americana. Agli Stati Uniti, infatti, è rimasto solo il 12 per cento della capacità manifatturiera mondiale in questo campo (dati 2020).

In Cina tutto viene pianificato a Pechino, mentre l'Europa cerca di darsi una politica industriale e sostiene i suoi "campioni nazionali". L'America, per molti decenni il modello vincente, si è affidata al dinamismo e alla creatività del settore privato, fortemente sostenuto dai governi con il finanziamento della ricerca e aiuti indiretti: ad esempio, con commesse militari piuttosto generose. Ma quando gli spiriti animali del capitalismo si sono fatti troppo selvaggi e la logica della massimizzazione dei profitti trimestrali è diventata sempre più spietata, il meccanismo si è inceppato. La pandemia, con i colli di bottiglia della *supply chain* che hanno rallentato o addirittura bloccato la produzione in vari settori, ha fatto emergere tutta la vulnerabilità di un sistema che ha delocalizzato gran parte delle sue attività manifatturiere. Riportarle negli Usa è, ormai, un imperativo, ma al Congresso il provvedimento *bipartisan* che stanzia 280 miliardi di dollari per il sostegno degli investimenti industriali nelle tecnologie di punta e per la ricerca, che nella primavera del 2021 sembrava in dirittura d'arrivo, è rimasto a lungo intrappolato nelle dispute fra democratici e repubblicani, diventando legge solo a metà del 2022.

Ecco allora la discesa in campo dei miliardari della Silicon Valley, decisi a sottolineare la coincidenza tra interesse pubblico e interesse delle grandi imprese tecnologiche. Com'è sempre stato nel passato, servono commesse pubbliche per sviluppare gli investimenti nelle aree di frontiera: quelle che hanno il maggiore potenziale di innovazione tecnologica. Anche l'Amministrazione Biden dà loro credito: a maggio del 2022 viene creato da Stati Uniti, Giappone, India e Australia (i paesi del Quad, l'alleanza di contenimento della Cina) il Quad Investor Network, un consorzio di investitori tecnologici di queste quattro nazioni, guidato proprio dall'America's Frontier Fund.

In-Q-Tel: quando lo Stato investe in tecnologia attraverso la Cia

Non è la prima volta che negli Stati Uniti una società tecnicamente privata svolge una funzione pubblica. L'amministratore delegato del Frontier Fund è Gilman Louie: uno sviluppatore di videogiochi che alla fine degli anni Novanta divenne *venture capitalist* alla guida di In-Q-Tel, il fondo di investimenti tecnologici della Cia.

Per molti anni Louie, senza intervenire direttamente nella gestione delle aziende, ha favorito lo sviluppo delle tecnologie più promettenti per l'intelligence e, più in generale, per la sicurezza nazionale, studiando le startup impegnate nelle sfide più audaci e diventandone azionista di minoranza. Un modo per controllare e, entro certi limiti, indirizzare lo sviluppo tecnologico senza assumere responsabilità gestionali. Una ricetta di intervento pubblico *light* che funziona da decenni. Nel 2002 Keyhole Inc., una società di mappe digitali nata come spin-off da una startup di videogiochi nel frattempo fallita, rischiava di fare la stessa fine: fondi esauriti, mentre lo scoppio della bolla tecnologica del 2000 teneva lontani gli investitori del *venture capital*. Ci credette In-Q-Tel: con un intervento di appena 527mila dollari ridiede fiato alla società, che riuscì così a completare il suo progetto; tre anni dopo, rilevata da Google, mise sul mercato Google Earth, aprendo poi la strada allo sviluppo di Google Maps.

Da allora il fondo della Cia ha investito in centinaia di progetti d'avanguardia: dal lancio delle stampanti 3D ai droni intelligenti, dalla rigenerazione dei tessuti cutanei al *data mining*. Tecnologie sostenute perché ritenute utili per la sicurezza nazionale, ma spesso utili o addirittura preziose anche a fini commerciali. Come quelle acquistate da Amazon e integrate in AWS, il suo sistema di servizi cloud. Questo lavoro da apripista funziona ancora oggi con In-Q-Tel che sta investendo, ad esempio, in SandboxAQ: uno spin-off di Google che studia software capaci di evitare che i sistemi di sicurezza che proteggono la riservatezza di dati sensibili con sistemi di crittografia vengano scardinati nell'era – che sembra ormai alle porte – dei computer quantistici.

Per almeno mezzo secolo, tutta la seconda metà del Novecento, gli Stati Uniti sono stati capaci di produrre un enorme flusso di innovazioni e, soprattutto, di trasferirlo, senza troppe frizioni, al sistema produttivo, grazie al particolare rapporto che si è creato tra mondo della scienza, governo e imprese private. Un rapporto che non è configurabile negli stessi termini delle politiche industriali europee perché non ci sono obiettivi predefiniti da perseguire e ognuno dei soggetti mantiene la più totale autonomia nel curare i propri interessi senza perdere di vista l'equilibrio del sistema. La capacità di far convergere soggetti diversi su obiettivi condivisi deriva da una visione comune dell'interesse nazionale, dalla possibilità di usufruire di un sistema di porte girevoli che consente a molti di condividere esperienze diverse passando dal settore pubblico a quello privato e viceversa, consolidando i rapporti personali tra i protagonisti.

Merito del pragmatismo americano, ma non solo. La capacità di promuovere l'innovazione attraverso una stretta collaborazione tra pubblico e privato nasce anche dall'intuizione di alcune menti coraggiose e illuminate, prima fra tutte quella di Vannevar Bush.

Questo scienziato, un po' accademico un po' statista, aveva

dimostrato fin da giovane di possedere qualità che raramente compaiono insieme: la visione dell'inventore, il pragmatismo dell'ingegnere e la capacità di mobilitare uomini e istituzioni intorno a un progetto. Caratteristica, quest'ultima, che appartiene più al politico che al professore. Fin dai tempi dell'università si era distinto per la concretezza e per la determinazione con la quale perseguiva i suoi obiettivi. Per la sua tesi di laurea al Tufts College aveva progettato un apparecchio per il rilievo geodetico partendo da due ruote di bicicletta.

Dopo alcuni anni spesi tra industria e ricerca, durante i quali, insieme ad altri, aveva fondato Raytheon, impresa destinata a diventare uno dei maggiori fornitori della Difesa Usa in campo elettronico, aveva intrapreso la carriera accademica: dal 1932 preside della facoltà di ingegneria del Mit, la più prestigiosa istituzione universitaria americana nel campo della tecnologia. Volto affilato, fisico asciutto, occhiali e pipa perennemente tra le mani, Vannevar in ogni gesto esprimeva energia e voglia di fare.

Vannevar Bush: la scienza al servizio della sicurezza nazionale

Nominato nel 1938 presidente della Carnegie Institution for Science, a Washington era riuscito a creare solide relazioni con il Congresso e con lo stesso presidente degli Stati Uniti. Tutti si rivolgevano a lui per avere informazioni e suggerimenti in ambito scientifico e tecnologico. Ma Bush non si limitava a dare consigli: si deve a lui l'idea di un coinvolgimento attivo dello Stato nello sviluppo di progetti innovativi destinati alla difesa attraverso la mobilitazione delle università e del mondo della ricerca. Fu Vannevar Bush a sviluppare il concetto di Stato innovatore, e furono le sue intuizioni a dare un contributo decisivo ai fini della vittoria americana nella Seconda guerra mondiale.

Lo scoppio del conflitto aveva trovato gli Stati Uniti impreparati. Le priorità di Franklin Delano Roosevelt erano rivolte soprattutto al completamento del programma di riforme avviato con il New Deal e pochi si preoccupavano dei rischi che gli sviluppi scientifici e tecnologici delle potenze dell'Asse potevano rappresentare per gli Stati Uniti. Germania e Italia disponevano di personalità scientifiche di altissimo livello, soprattutto nel campo della fisica e della chimica. Hitler aveva intuito le potenzialità che la ricerca presentava per lo sviluppo di nuovi armamenti e aveva disposto la mobilitazione degli scienziati. Werner Karl Heisenberg nel 1939 era stato messo a lavorare sul progetto per la realizzazione della bomba atomica, mentre Max Planck aveva firmato il manifesto degli scienziati a favore delle azioni militari tedesche. Meno coinvolti in progetti bellici i fisici italiani, i quali avevano creato a Roma il più importante centro di competenze al mondo in materia nucleare. Il gruppo di via Panisperna guidato da Enrico Fermi, con Edoardo Amaldi, Franco Rasetti, Emilio Segrè, Oscar D'Agostino e Bruno Pontecorvo, si era disperso prima dello scoppio della guerra. Fermi nel 1938 era emigrato negli Stati Uniti. Nello stesso anno era scomparso misteriosamente Ettore Majorana. Rasetti era emigrato in Canada nel 1939, Segrè andò a insegnare a Berkeley e Pontecorvo si era stabilito a Parigi nel 1936, rifugiandosi negli Stati Uniti qualche anno dopo.

L'idea che i grandi progressi scientifici e tecnologici del Novecento potessero essere utilizzati anche a fini militari non era solo un'intuizione dei tedeschi. Allo scoppio della Seconda guerra mondiale Vannevar Bush si era convinto della necessità di un maggiore coordinamento tra il mondo della scienza e le esigenze della difesa e aveva proposto la creazione di un comitato che se ne facesse carico. Il progetto di un National Defense Research Committee convinse Roosevelt, e Bush ne divenne il presidente. Gli sviluppi scientifici legati alle esigenze belliche portarono rapidamente a una migliore definizione degli scopi del progetto. Questo primo organismo venne superato ben presto con la costituzione dell'Office of Scientific Research and Development (Osrd), al quale vennero garantite risorse praticamente illimitate e un canale di comunicazione diretto con il presidente.

Il mandato era di sviluppare tecnologie per le esigenze militari mobilitando tutte le competenze disponibili nel mondo scientifico. In questo ruolo Bush dimostrò grande abilità politica. Si trattava innanzitutto di vincere le resistenze dei militari che diffidavano del coinvolgimento di civili in attività che dovevano essere coperte da segreto. Ma occorreva anche avere un supporto *bipartisan* da parte del Congresso dal quale dipendeva l'erogazione delle risorse finanziarie.

Durante la guerra l'Osrd riuscì a ottenere finanziamenti pari a sei volte l'intero budget della ricerca finanziata con fondi federali nel 1940. Ma il suo principale successo fu quello di convincere il presidente e i militari a dare il via libera al "progetto Manhattan": piani a tappe forzate per lo sviluppo della bomba atomica.

Senza la capacità organizzativa, l'abilità diplomatica e il fortissimo spirito imprenditoriale di Bush, gli Stati Uniti non sarebbero probabilmente riusciti a mobilitare le risorse scientifiche e intellettuali necessarie per costruire il vantaggio strategico decisivo che li portò a costringere il Giappone alla resa. I diversi corpi delle forze armate avrebbero continuato a sviluppare la ricerca su tematiche di loro specifico interesse senza coinvolgere civili e accademici, mentre la burocrazia e le risorse finanziarie limitate avrebbero continuato a frenare lo sviluppo dei progetti. Soprattutto, non si sarebbero create le sinergie tra ricerca scientifica ed esigenze militari che ancora oggi garantiscono il ruolo dominante degli Stati Uniti sulla scena mondiale. La guerra aveva creato condizioni favorevoli sia per la disponibilità di fondi per la ricerca, sia per la libertà nel coinvolgimento delle persone e delle istituzioni, con risultati assai brillanti. La mobilitazione degli scienziati aveva consentito di sviluppare numerose innovazioni che avevano dato un enorme vantaggio agli Alleati: dal radar alle spolette di prossimità, fino, soprattutto, alla bomba atomica, che avrebbe messo fine alla guerra con il Giappone. Certo, però, a un prezzo spaventoso: per la perdita di vite umane e l'apertura di una nuova era di terrore nucleare. Ma, se all'atomica fossero arrivati prima gli scienziati tedeschi (e il team di Werner Heisenberg era molto avanti nelle ricerche), il Terzo Reich avrebbe fatto un uso ben più devastante di quest'arma.

Con la fine della guerra quelle condizioni favorevoli vennero meno e anche lo sforzo di ricerca si ridimensionò. Anticipando tali sviluppi, Bush articolò le sue proposte per il futuro in un memorandum indirizzato al neopresidente Truman nel luglio del 1945, poche settimane dopo la fine della guerra in Europa. Il documento fu scritto in risposta a una richiesta del presidente Roosevelt del novembre 1944, il quale, consapevole del ruolo fondamentale della ricerca coordinata da Bush per la vittoria, chiedeva come si potesse replicare in tempo di pace il grande successo di quell'esperienza estendendo a favore della popolazione civile i risultati ottenuti dagli scienziati durante lo sforzo bellico.

Nel memorandum di risposta, intitolato *Science, the Endless Frontier,* Bush gettò le basi di quello che sarebbe stato il tratto centrale dello sviluppo tecnologico degli Stati Uniti nel Dopoguerra: "È essenziale che gli scienziati civili continuino in tempo di pace ad apportare il contributo alla sicurezza nazionale che si è rivelato così efficace nel corso della guerra. Per questo occorre un'organizzazione controllata da civili ma con stretti legami con l'esercito e la marina. Tale organizzazione deve essere finanziata dal Congresso e deve avere il potere di sviluppare ricerca in ambito militare integrando e rafforzando quella sviluppata direttamente dalle diverse armi". E ancora: "Questa istituzione deve poter rimuovere i rigidi vincoli con cui ha operato durante la guerra e deve recuperare libertà di indagine. Il progresso scientifico è il risultato dell'interazione di intelletti liberi che possano lavorare sui temi di loro scelta in una direzione dettata solo dalla loro curiosità e dalla volontà di esplorare l'ignoto".

La disponibilità della politica a seguire le indicazioni di Bush è testimoniata dai diversi tentativi di dar vita a un'organizzazione nazionale di ricerca lungo le linee tracciate dallo scienziato. Nel 1950 venne creata la National Science Foundation, che, pur non avendo esattamente i requisiti di indipendenza voluti da Bush, in quanto rispondeva all'autorità politica, in sostanza ricalcava comunque il progetto originario. Di qui la straordinaria crescita della spesa per ricerca e sviluppo nel Dopoguerra rispetto agli anni Trenta: una spesa che già nel 1953 aveva raggiunto una cifra pari a 30 miliardi in dollari attuali.

Anche i militari incrementarono direttamente le risorse dedicate alla ricerca, fino alla decisione, nel 1958, di creare una nuova agenzia, la Defense Advanced Research Projects Agency (Darpa), con lo scopo di espandere gli orizzonti dello sviluppo di nuove tecnologie al di là delle esigenze immediate dei diversi corpi. Un radicale cambio di paradigma rispetto al periodo antecedente la guerra, quando la ricerca, negli Usa, era prevalentemente finanziata da privati e dalle risorse messe a disposizione dalle università.

La metafora del declino di Venezia

Molti progressi tecnologici sono legati al cambio di mentalità dovuto al lavoro di Vannever Bush. Negli anni Sessanta e Settanta Robert Kahn, uno dei padri di internet, ha potuto sviluppare la sua attività scientifica in piena libertà proprio grazie al contesto favorevole creato da Bush. Lo incontrammo a Venezia nel marzo 2013. Quella mattina era particolarmente di buon umore. L'aria di tramontana contribuiva a rendere tersa l'atmosfera ma soprattutto dava una carica di energia al gruppetto di tecnologi riuniti nel convento di San Salvador per discutere del futuro di internet. Non era strano che si parlasse di rivoluzioni tecnologiche a Venezia. Spiegammo a Kahn che la bellezza di Venezia, lo straordinario tessuto urbano che tutti conosciamo e che fa amare la città in tutto il mondo, è la conseguenza di un declino provocato dalle innovazioni tecnologiche sviluppate durante il secolo d'oro olandese. È in quel periodo che la città smise di crescere e di rinnovarsi congelando l'attività edilizia che per centinaia di anni aveva migliorato e arricchito gli edifici, consegnandoci l'impianto che oggi conosciamo. Tra il 1000 e il 1500 Venezia era stata una delle principali potenze mondiali e aveva tenuto il controllo dei traffici all'interno del Mediterraneo. Lo sviluppo era dovuto in larga parte alle innovazioni realizzate grazie alla sua industria navale: innovazioni che riguardavano le tecniche di navigazione ma anche l'organizzazione dei servizi a supporto della sua intensa attività commerciale. L'arsenale, che ancora oggi occupa un terzo della città e che venne fondato intorno al 1100, fu la prima fabbrica organizzata in modo industriale per garantire una produzione di massa di galee, le caratteristiche navi del Mediterraneo, spinte da remi con un parziale ausilio delle vele.

L'organizzazione scientifica della produzione realizzata nell'arsenale era, però, solo un aspetto di tutto ciò che garantiva a Venezia il dominio economico dei mari. La città era riuscita a conseguire grandi progressi negli strumenti per la navigazione, ma soprattutto aveva introdotto importanti innovazioni nei sistemi bancari, assicurativi e contabili a supporto dei traffici commerciali. La nascita della contabilità in senso moderno e del metodo di registrazione della partita doppia avvenne con la pubblicazione a Venezia, alla fine del 1400, della *Summa de arithmetica* scritta dal frate francescano Luca Pacioli, tanto che il metodo della partita doppia fu poi detto anche metodo veneziano o italiano.

Nonostante tutto, però, Venezia visse un declino molto rapido. La causa principale fu l'incapacità di reagire alla rivoluzione nelle tecniche di costruzione navale che si stava imponendo in altre parti d'Europa. Ci si era cullati nell'idea che nulla potesse mettere a rischio una tecnologia navale che garantiva da secoli la prosperità della città e che aveva assicurato alla flotta cristiana una schiacciante vittoria su quella ottomana di Alì Pascià nella battaglia di Lepanto. Così, mentre all'arsenale di Venezia si continuava a migliorare la tecnologia della galea, gli olandesi sviluppavano un concetto rivoluzionario di imbarcazione, il *fluyt*, che consentì loro di dare vita alla più grande flotta da carico del mondo. Il *fluyt* era un mercatile a vela a tre alberi dalla prua tozza e dalla poppa arrotondata, con un fondo piatto e una stiva dedicata ai grandi carichi. La nave, sviluppata in Olanda alla fine del Cinquecento, consentiva di offrire servizi a costi estremamente competitivi abbassando drasticamente il prezzo dei noli. Inoltre, gli olandesi riuscirono a ridurre anche la manodopera, sostituendola con macchine, argani e seghe azionati da mulini a vento. La competitività delle navi olandesi era tale da spiazzare non solo quelle spagnole, molto costose ed appesantite dall'armamento imponente, ma anche, nel Mediterraneo, quelle italiane. L'efficienza della produzione, la competitività di prezzo e l'efficacia commerciale fecero sì che molti paesi si rivolgessero direttamente all'Olanda per acquistare le imbarcazioni, contribuendo così alla crescita della sua industria navale.

Le condizioni del successo americano

La metafora del declino di Venezia piacque molto a Kahn. Era una storia positiva poi travolta dall'eccesso di confidenza e da una buona dose di arroganza. Utile per ricordare ai tanti evangelisti della tecnologia che il futuro riserva svolte inaspettate e che bisogna sempre mettersi in discussione, anche quando si pensa di avere una posizione inattaccabile. Era quello lo scopo del dibattito di Venezia. Un confronto che a Kahn stava particolarmente a cuore. Internet era un po' la sua creatura. Insieme a Vint Cerf, aveva sviluppato il protocollo TCP/IP, che rappresentava le fondamenta su cui era stata costruita la rete, e voleva che la sua creatura continuasse a espandersi.

Il tema della sua presentazione, quel giorno, al convegno, era la *digital object architecture*: materia piuttosto esoterica, ma la figura di Kahn bastava da sola a mantenere viva l'attenzione dell'uditorio. L'atmosfera nel refettorio del convento, sotto gli affreschi dipinti da Fermo Ghisoni, un conterraneo del Caravaggio, stimolava la riflessione. A noi, oltre al tema specifico, interessava capire come fosse nata un'idea che aveva avuto così profonde implicazioni per l'intera umanità. Alla fine della sessione, seduti al tavolo di un bacaro poco distante dal convento, Kahn ci raccontò gli inizi della sua avventura, soffermandosi sulla cosa che lo aveva colpito di più: la totale libertà che la Darpa gli aveva lasciato nello sviluppo del progetto. Lui e il suo team avevano milioni di dollari a disposizione ed erano stati lasciati liberi di spenderli come meglio ritenevano, pur trattandosi di soldi pubblici. Evidentemente il messaggio di Vannevar Bush continuava a ispirare i comportamenti del governo che si fidava del giovane ingegnere di Princeton, al punto da non mettere vincoli e condizioni all'attività di ricerca. La fiducia nei confronti di Kahn era destinata a durare nel tempo, tanto che il governo agli inizi degli anni Ottanta gli affidò la Strategic Computing Initiative, il programma di ricerca e sviluppo in materia di computer più ambizioso mai promosso dagli Stati Uniti. Un programma del costo di alcuni miliardi di dollari. Dopo tanti anni, Kahn non riusciva ancora a spiegarsi come gli fosse stata concessa una tale libertà di iniziativa nella gestione di fondi dello Stato.

Ma l'Europa segue una strada diversa

Analogamente al governo americano, anche alcuni governi europei negli stessi anni promuovevano interventi volti a sostenere l'innovazione nel settore delle comunicazioni, ma con un approccio ben diverso. Kahn e Cerf raccontano che, per il protocollo di comunicazione tra reti a pacchetto, si erano ispirati all'attività svolta, agli inizi degli anni Settanta, da Louis Pouzin, un ingegnere che lavorava a un programma del governo francese. Pouzin per primo aveva sviluppato il concetto di datagramma: un sistema usato per trasferire dati all'interno di una rete a pacchetto denominata Cyclades. Il progetto, lanciato nel 1971 dal governo francese attraverso l'Iria, l'Istituto per le ricerche nell'informatica e nell'automazione, rappresentava uno sviluppo dell'ambizioso piano di rilancio dell'industria informatica francese varato a metà degli anni Sessanta e chiamato "Plan Calcul". L'iniziativa, voluta dal governo De Gaulle attraverso il ministro delle Finanze Michel Debré e il ministro della Difesa Pierre Messmer, era stata concepita come reazione all'acquisizione di Bull da parte di General Electric nel 1964: un'acquisizione che privava la Francia dell'unico campione nazionale nel settore.

Con l'arrivo di Valéry Giscard d'Estaing all'Eliseo i fondi furono tagliati e il programma sospeso, a favore del progetto Minitel, voluto da France Telecom e che aveva un forte sostegno nella lobby dell'industria, e in particolare in CGE (antesignana di Alcatel Alstom), il cui capo, Ambroise Roux, era molto amico dello stesso presidente. Mentre negli Stati Uniti si lasciavano gli scienziati completamente liberi di sperimentare, in Europa i governi erano più propensi a indirizzare gli interventi pubblici seguendo un preciso disegno di politica industriale.

Ma, più in generale, la differenza di approccio tra Europa e Stati Uniti risiede soprattutto nel modo in cui gli americani affrontano i temi dello sviluppo. Gli Stati Uniti non credono a una politica industriale finalizzata a orientare le scelte delle imprese, né le imprese accetterebbero di seguire indirizzi dettati dallo Stato. Il mercato seleziona i settori e le imprese in grado di competere a livello globale e il governo crea le condizioni perché i vincitori consolidino le loro posizioni. È un mercantilismo sottile e intelligente, perché è evidente che un sistema industriale forte è un elemento indispensabile per consentire agli Stati Uniti di continuare a godere di un primato geopolitico.

L'Europa, viceversa, preferisce giocare un ruolo attivo nell'orientare le scelte industriali e, soprattutto, non vede di buon occhio l'emergere di vincitori che possano creare posizioni di monopolio in specifici settori. In cima alle preoccupazioni non c'è la supremazia geopolitica, ma il benessere dei consumatori e la necessità di assicurare un mercato omogeneo e competitivo. Per questo nel Vecchio continente si tendono a privilegiare le soluzioni che garantiscono l'interoperabilità e la standardizzazione. In tal modo si favorisce la pluralità degli attori e il fatto che i benefici vengono rapidamente trasmessi ai consumatori in termini di costi più bassi e di più ampia diffusione sul mercato. Al contrario, negli Stati Uniti la competizione tra tecnologie alternative è finalizzata a far sì che il vincitore abbia il dominio del mercato.

La tecnologia della rete mobile e lo Stato imprenditore in Europa

La diversità della filosofia americana rispetto a quella europea emerge chiaramente dalla storia dello sviluppo delle telecomunicazioni mobili: tecnologia fondamentale della rivoluzione dell'informazione e della comunicazione (ICT). L'idea originale ha il marchio Usa: concepita nei laboratori Bell da Donald Ring nel 1947, divenne un progetto industriale con il contributo di Joel Engel, Richard Frenkiel e Amos Joel Jr. all'inizio degli anni Settanta. Ma, per quanto brillante e innovativo fosse, il servizio rimase per molti anni limitato.

L'impulso per la diffusione di massa della tecnologia venne dall'Europa, dove quella di sviluppare le telecomunicazioni mobili fu una deliberata scelta politica, che portò nel 1982 i responsabili dei ministeri delle Poste e Telecomunicazioni dei diversi paesi a definire uno standard comune, rappresentato dal Gsm. Lo standard era basato sulla tecnologia Tdma, sviluppata in Europa da Ericsson, che consentiva ai vari utilizzatori di condividere lo stesso canale di frequenza segmentando il segnale in più slot temporali. Ciò permise alla tecnologia di avere una diffusione di massa.

La spinta europea, però, venne meno quando, all'inizio degli anni Duemila, ci fu il passaggio dalla seconda alla terza generazione delle tecnologie di comunicazione mobile che prevedeva lo sviluppo di applicazioni a banda larga. In quell'occasione la decisione degli organismi di standardizzazione fu quella di scegliere una tecnologia sviluppata da Docomo in Giappone e utilizzata anche negli Stati Uniti: il Wcdma.

E in America un'importante società tecnologica – la Qualcomm – fondata da Irwin Jacobs e da un ingegnere italiano, Andrea Viterbi, aveva prodotto un *chipset* che offriva una soluzione a costi contenuti per lo sviluppo di terminali mobili di standard Cdma, una tecnologia che consente a segnali diversi di occupare un singolo canale di trasmissione ottimizzando la banda disponibile. Quella soluzione divenne rapidamente uno standard mondiale, dando a Qualcomm il controllo di una componente fondamentale della tecnologia dello smartphone.

A dimostrazione dello scarso interesse americano per una politica industriale attiva vale la pena citare anche la scelta di abbandonare nel tempo il presidio dell'industria dell'infrastruttura di telecomunicazioni: la rete alla quale sono connessi i cellulari. Il campione americano in questo settore era Lucent, una società creata nel 1996 nel quadro della riorganizzazione del sistema AT&T. Nel tempo Lucent non si è dimostrata in grado di competere: prima è stata assorbita dalla società francese di infrastrutture Alcatel. Poi, in una riorganizzazione complessiva dell'industria occidentale, è finita in una combinazione con Alcatel e la parte infrastrutturale di Nokia. Il vuoto creato dall'industria occidentale di infrastrutture di telecomunicazioni ha lasciato spazio di crescita ai competitor cinesi che, grazie alle dimensioni del mercato interno e al supporto dello Stato, sono diventati i leader mondiali del settore, con Huawei e ZTE.

Solo di fronte al rischio geopolitico rappresentato dal dominio di Huawei, gli americani sono corsi ai ripari, contrastando la sua presenza sui mercati dei paesi alleati e promuovendo insieme all'Europa uno standard aperto – l'Open RAN – che dovrà consentire all'Occidente di recuperare una capacità di crescita autonoma.

Lo sviluppo delle reti di nuova generazione, il 5G e il 6G, potrebbe restituire all'Europa una capacità di leadership nel settore. Contrariamente a quelle precedenti, le nuove generazioni tecnologiche sono meno orientate al consumatore e molto più a specifiche esigenze industriali: aree in cui la struttura e gli interessi europei sono più forti. E proprio in Europa è stato impresso un notevole sviluppo alla possibilità di segmentare e specializzare le reti 5G per finalità di tipo industriale.

Stato regolatore: lo sviluppo dell'industria dei semiconduttori

L'analisi di come si è diffusa la tecnologia dei semiconduttori consente di aggiungere un altro tassello alla comprensione dei meccanismi che hanno alimentato nel Dopoguerra la straordinaria capacità innovativa dell'industria americana. In questo caso il governo ha giocato un ruolo attivo nel creare le condizioni favorevoli affinché un'innovazione, sviluppata anche con il supporto pubblico, venisse diffusa smembrando un monopolio e alimentando una competizione tra soggetti diversi per promuoverne l'utilizzo.

La componente fondamentale dell'industria, il transistor, è stata inventata nel 1947, sempre all'interno dei Bell Labs, da John Bardeen, Walter Brattain e William Shockley. I Bell Labs, una struttura di ricerca e sviluppo che beneficiava della collocazione all'interno di una società (AT&T) che aveva il monopolio del sistema di telecomunicazioni, godevano anche di un forte supporto del ministero della Difesa poiché, nel contesto dell'Osrd di Vannevar Bush, durante la guerra avevano contribuito a sviluppare il radar.

A testimoniare l'importanza dei Bell Labs per lo sviluppo tecnologico americano bastano poche cifre: tra il 1940 e il 1970 i Labs hanno registrato circa 540 brevetti l'anno, una quota importante di tutta la produzione di brevetti degli Stati Uniti. Oltre alle telecomunicazioni mobili e al transistor, si devono ai Bell Labs, tra gli altri, lo sviluppo del fotovoltaico (1954), il laser (1957) e il sistema operativo Unix (1969).

Nonostante l'importanza strategica del sistema AT&T, nel 1949 il governo americano avviò un'azione antitrust nei suoi confronti con l'obiettivo di separare le attività industriali di Western Electric e dei Bell Labs dai servizi di telecomunicazione. Dopo una lunga istruttoria, il caso si chiuse nel 1956 con l'imposizione di alcuni rimedi, tra i quali l'obbligo per Bell di garantire, senza costi per chiunque ne facesse richiesta, la licenza di tutti i brevetti sviluppati prima del decreto antitrust, mentre quelli sviluppati dopo il decreto dovevano essere offerti a condizioni ragionevoli.

Anticipando le richieste del regolatore, Bell aveva deciso di offrire la licenza del transistor con contratti standard, semplici e senza alcuna discriminazione. Ma, soprattutto, aveva promosso la tecnologia organizzando incontri per spiegarne il potenziale. Nell'aprile 1952 oltre 100 rappresentanti di 40 società si riunirono per una conferenza dedicata ai transistor della durata di nove giorni. Alla fine dell'evento 30 società decisero di acquisire la licenza per una cifra di 25mila dollari. Tra queste, sia giganti come GE e RCA, sia società allora molto più piccole, come Texas Instruments e Sony. Il risultato fu il dare vita a quella che probabilmente è stata la più importante disseminazione di tecnologia della storia americana.

Il ruolo dell'antitrust si rivelò importante anche in un altro momento cruciale della diffusione dell'innovazione tecnologica: la causa antimonopolio contro l'Ibm che portò alla separazione tra hardware e software e alla creazione di due filoni industriali completamente indipendenti. La decisione di dividere AT&T e di impedirle di entrare nel mercato dell'elettronica sussidiando lo sviluppo del settore con i profitti del monopolio della comunicazione aveva dato una spinta soprattutto a Ibm. Quest'ultima peraltro – anche in seguito alla causa antitrust per l'abuso di posizione dominante nel mercato dei tabulatori conclusasi nel 1956 – aveva cercato proprio nella nascente industria dei computer l'occasione per un rilancio. Il successo fu tale che nel 1969 Ibm si trovò di nuovo a fronteggiare una causa antitrust per abuso di posizione dominante nel mercato dei computer.

Questa volta si contestava principalmente che la politica commerciale della società non consentisse di valorizzare separatamente hardware, software e servizi, limitando in questo modo gli spazi di concorrenza. In pratica, si contestavano gli ostacoli posti allo sviluppo dei produttori indipendenti di software perché Ibm non valorizzava il software in modo trasparente.

Il paradosso dell'antitrust

Poco dopo l'avvio dell'azione antitrust, sempre nel 1969, Ibm decise comunque di offrire separatamente hardware, software e servizi: una decisione che secondo la società era già allo studio, ma che è difficile non far risalire all'avvio dell'azione di contrasto dei monopoli. Negli anni Cinquanta e Sessanta si era dunque realizzato un circolo virtuoso nel quale la combinazione tra il dinamismo tecnologico delle società americane e l'azione delle autorità antitrust aveva consentito una straordinaria diffusione del potenziale d'innovazione, e non solo negli Stati Uniti.

Questa situazione cambiò nel corso degli anni Settanta e ancora di più dopo l'elezione di Reagan alla Casa Bianca. Sotto l'influenza della Scuola di Chicago, l'approccio nei confronti dell'antitrust ebbe una radicale inversione di rotta. La base intellettuale della svolta fu un libro di Robert Bork del 1978, *The*

Antitrust Paradox, nel quale si argomentava a favore dei benefici in termini di efficienza del monopolio. Secondo Bork, nell'approvare lo Sherman Act – cardine della politica mirante a evitare concentrazioni eccessive –, il Congresso aveva come unico obiettivo quello di migliorare il benessere del consumatore, e non di mettere in discussione le posizioni di monopolio. Le tesi di Bork ebbero largo seguito nel sistema giudiziario, arrivando fino alla Corte Suprema: qui i giudici, nominati dai presidenti repubblicani Nixon e Ford, rovesciarono una consolidata giurisprudenza della Corte che risaliva all'inizio del secolo, limitando gli interventi che ostacolavano le concentrazioni industriali. Ciò rese più difficile il compito delle autorità antitrust la cui attività aveva contribuito in misura notevole al dinamismo innovativo degli anni Cinquanta e Sessanta.

Con Clinton, sorprendentemente, l'atteggiamento nei confronti dei processi di concentrazione industriale divenne ancora più favorevole e vennero create le condizioni normative che avrebbero consentito di realizzare lo straordinario processo di consolidamento di cui hanno beneficiato i nuovi player di internet. Contrariamente a quanto era avvenuto nel passato, ai "Gafa" – Google, Amazon, Facebook e Apple – è stato consentito di costruire una posizione dominante in ciascuno dei settori di attività, ma non solo. Hanno avuto via libera acquisizioni che hanno progressivamente impedito che si sviluppassero concorrenti nei settori che ciascuno di essi presidiava, e sono stati invasi mercati adiacenti grazie alle risorse finanziarie generate dalla posizione dominante sul loro mercato specifico.

Solo oggi sta crescendo negli Stati Uniti una maggiore consapevolezza dei problemi creati da questa incredibile concentrazione di mercato e di risorse finanziarie, per cui al Congresso sono state avviate (con grande fatica) iniziative per creare condizioni di mercato più aperte. Soprattutto ci si è cominciati a chiedere se il livello di concentrazione raggiunto dall'industria tecnologica non freni la dinamica dell'innovazione. La creazione di posizioni di monopolio è, come abbiamo visto, una costante dello sviluppo industriale americano. È in qualche modo la logica conseguenza del processo competitivo, che negli Stati Uniti, come detto, tende a far emergere un vincitore che domina il mercato. Ma in passato l'intervento dell'antitrust ha consentito di diffondere l'innovazione, di creare nuovi mercati e di favorire lo sviluppo di nuovi campioni. Non è chiaro se nelle condizioni di oggi questo circolo virtuoso di concentrazione e concorrenza possa continuare ad alimentare il dinamismo dell'economia americana.

Stato e mercato. La pandemia alimenta nuovo interventismo

Il dibattito sul rapporto fra Stato e mercato nel Dopoguerra ha vissuto alti e bassi. Fino alla fine degli anni Settanta dominava l'idea di uno Stato interventista ereditata dall'esperienza della Grande depressione. Negli anni Ottanta l'idea è stata messa in discussione con il diffondersi delle dottrine neoliberiste e, dopo la grande stagione delle privatizzazioni degli anni Novanta, il rapporto fra Stato e mercato ha cessato per lungo tempo di costituire un tema. Era diventata opinione comune che l'economia funzionasse al meglio solo laddove la presenza dello Stato si limitava ai servizi essenziali. Le poche voci dissenzienti erano confinate in un angolo del dibattito accademico. Anche in Italia, dove lo Stato aveva sempre avuto un ruolo importante nell'economia e sostanzialmente non aveva mai del tutto rinunciato alla partecipazione in imprese, per decenni sono rimaste forti le remore ad affrontare apertamente il tema. In tempi recenti, quattro fattori hanno contribuito a rilanciare la questione di un ruolo più attivo dello Stato nel sistema economico. Il primo è stato la pandemia da coronavirus, che ha costretto molte imprese a fermare la produzione e le vendite, con un grave impatto sull'occupazione. Il secondo è stato il timore degli Stati Uniti riguardo alla dipendenza dai fornitori cinesi per componenti critiche in un contesto di crescente confronto politico e militare. In terzo luogo, è cresciuto l'allarme per la fragilità di un sistema di *supply chain* a livello internazionale finalizzato esclusivamente a massimizzare l'efficienza senza preoccuparsi della capacità della catena logistica di resistere a shock esterni. Infine, quarto fattore, la preoccupazione per il cambiamento climatico e la necessità di accelerare la transizione verso tecnologie sostenibili. Di fronte all'urgenza di affrontare questi problemi, molti governi sono intervenuti a supporto delle imprese con una pluralità di strumenti finanziari che, per la prima volta dagli anni Settanta, configurano un ritorno dello Stato nell'economia.

È successo perfino nel paese più liberista, gli Stati Uniti, dove Joe Biden è riuscito a varare, sia pure a fatica, vasti interventi per sostenere la ricerca nelle tecnologie più avanzate, massicci sussidi per la costruzione di fabbriche di semiconduttori in territorio americano e incentivi di vario tipo per favorire la transizione energetica verso le fonti rinnovabili con particolare impegno per il solare e l'auto elettrica.

Queste misure, che hanno le caratteristiche di interventi di politica industriale, non sono il frutto di una vera svolta ideologica, ma si basano sulla pragmatica considerazione della situazione nuova che si è venuta a creare: da un lato, l'aggravarsi dei danni provocati dai mutamenti climatici fa sì che a chiedere interventi per l'ambiente non siano solo i progressisti, ma anche molti moderati e buona parte delle imprese, danneggiate da eventi meteorologici estremi o attratte dai business della transizione energetica e del disinquinamento. Dall'altro, la necessità di contrastare l'avanzata tecnologica della Cina ha spinto anche la destra ad accettare politiche industriali per il digitale accantonando, sia pure con riluttanza, un'ortodossia liberista che era già stata calpestata dall'interventismo statale della presidenza Trump.

Anche per effetto di questi cambiamenti del clima di opinioni il titolo del libro di Mariana Mazzucato *Lo Stato innovatore* è rapidamente diventato lo slogan per una nuova ortodossia. In realtà Mazzucato fa riferimento al settore della tecnologia che rientra legittimamente negli interessi dello Stato per le implicazioni di tipo militare e di intelligence, mentre ha scarse relazioni con i temi elencati sopra. Come abbiamo visto all'inizio del capitolo, durante la Seconda guerra mondiale il governo americano aveva dato un grande impulso all'innovazione tecnologica. I successi ottenuti allora avevano costituito un incentivo per proseguire sulla stessa strada anche durante la Guerra fredda. La "commutazione di pacchetto", primo importante mattone della nuova società dell'informazione, fu sviluppata da Paul Baran presso la Rand Corporation mentre lavorava a un contratto dell'aviazione militare americana finalizzato a trovare un sistema di comunicazione in grado di resistere a un attacco nucleare. Anche il progenitore di internet, l'Arpanet, prese corpo grazie a una commessa del dipartimento della Difesa americano, così come il protocollo TCP/IP, che garantisce le comunicazioni attraverso internet.

Il fatto che lo Stato abbia finanziato una serie di innovazioni che hanno avuto un impatto importante anche al di fuori dell'ambito militare e dato impulso alla crescita economica in generale non lo qualifica come imprenditoriale. La funzione dell'imprenditore è quella di assumere un rischio in vista di un futuro profitto. Lo Stato non assume rischi ma destina risorse per garantire la tutela della collettività. Nel promuovere tali attività impiega le disponibilità finanziarie che preleva dai cittadini attraverso il sistema fiscale. Manca allo Stato la caratteristica essenziale dello svolgersi dell'attività imprenditoriale: l'utilizzo di mezzi propri che l'imprenditore mobilita in vista di un vantaggio e che in caso di insuccesso vanno perduti. Lo Stato non può partecipare al processo di distruzione creativa che consente alle imprese di provare e di poter ricominciare imparando dai propri fallimenti.

L'idea dell'intervento dello Stato in economia risale alla tradizione mercantilistica e venne soprattutto teorizzata nell'Europa continentale per fronteggiare la crescita della potenza economica e militare britannica grazie anche alla rivoluzione industriale. In Inghilterra, viceversa, lo Stato ha mobilitato l'iniziativa privata per perseguire le medesime finalità di affermazione nei commerci internazionali. Con il Joint Stock Companies Act del 1856 fu liberalizzata la creazione di società a responsabilità limitata: una decisione coerente con le esigenze di crescita industriale ed espansione internazionale dell'Inghilterra. Un'innovazione, secondo alcuni, altrettanto importante per lo sviluppo del capitalismo quanto quella della macchina a vapore. La separazione patrimoniale tra la società e i soci affinché fosse esposto a rischio il solo denaro investito nella compagnia è stata una concessione di tipo pubblicistico, finalizzata in questo caso a perseguire un interesse politico fondamentale dello Stato: l'espansione dell'influenza politica ed economica sui nuovi territori aperti dall'esplorazione. In un certo senso, la stessa possibilità di sviluppare un'attività imprenditoriale in senso moderno nasce da una considerazione di interesse pubblico da parte dello Stato nella prima nazione in cui fu permesso di costituire una società a responsabilità limitata senza particolari autorizzazioni.

Stato interventista, non imprenditore. Nuove sfide per l'Europa senza più protezione Usa

Se lo Stato non può essere imprenditore va qualificato anche quanto detto all'inizio sullo Stato innovatore. I progressi tecnologici che scaturiscono dalla ricerca finanziata attraverso fondi pubblici costituiscono innovazione in un senso molto particolare. L'innovazione dal punto di vista imprenditoriale consiste nel soddisfare un bisogno nuovo, o soddisfare diversamente un bisogno esistente, attraverso un nuovo prodotto o un nuovo processo. Per l'innovazione prodotto e mercato sono inscindibili, non può esistere innovazione se non c'è per questa un mercato, e cioè consumatori disponibili ad acquistarla.

L'unico mercato che lo Stato può soddisfare attraverso l'innovazione è quello rappresentato dalle proprie esigenze di sicurezza interna e internazionale. La possibilità che le ricadute dell'innovazione portata avanti in ambito militare trovino applicazioni anche in campo civile è puramente casuale e comunque richiede un'attività esterna di tipo imprenditoriale.

L'idea che lo Stato non possa essere azionista di imprese con finalità commerciali nasce da considerazioni di efficienza generale del sistema economico. C'è una differenza sostanziale rispetto all'azionariato privato. Lo Stato detiene il monopolio della violenza legittima e quindi può cambiare a proprio piacimento le regole generali di funzionamento della società. Se lo Stato decide di assumere delle partecipazioni deve rispettare regole molte diverse da quelle che presiedono allo svolgimento di compiti di natura pubblica. Se non lo fa, introduce nel mercato una distorsione della competizione che mette in pericolo il funzionamento dell'economia. I rischi in questo caso sono amplificati dal fatto che lo Stato non è un'entità astratta nei regimi democratici: è il cardine di un sistema dominato dalla rappresentanza popolare espressa attraverso i partiti. Questi vogliono sottrarsi alle rigidità che inevitabilmente caratterizzano l'attività dello Stato: privilegiano strumenti di tipo privatistico, come la società per azioni, che offrono molti più margini di discrezionalità. Lo Stato azionista deve quindi rispettare delle regole: innanzitutto quella di non modificare le condizioni di concorrenza attraverso finanziamenti diretti o indiretti alle imprese delle quali detiene una quota del capitale.

In realtà ogni Stato persegue obiettivi di tutela e affermazione della propria presenza a livello internazionale e di difesa del proprio contesto produttivo con gli strumenti più diversi. In un mondo in cui esiste una potenza dominante, come nel caso dell'Inghilterra del Sette-Ottocento, viene promosso il libero scambio poiché esso garantisce l'ulteriore espansione di questa potenza. In un mondo in cui sussiste un maggiore equilibrio di forze e dove, quindi, la competizione tra paesi assume caratteristiche di maggiore aggressività, lo Stato adotterà forme di mercantilismo attraverso il sostegno alle sue attività economiche nelle forme più varie. Negli Stati Uniti il mercantilismo si esplicita con il sostegno diretto o indiretto all'industria legata alla difesa. In Cina le forme di mercantilismo sono più sviluppate, e vanno dall'intervento diretto dello Stato al sostegno alle imprese private. L'Europa nel Dopoguerra ha rinunciato al mercantilismo vietando ogni forma di aiuto di Stato e adottando severe regole per garantire la concorrenza in ogni segmento di mercato. Le è stato possibile perché l'esistenza di una potenza dominante amica come gli Stati Uniti per un lungo periodo l'ha difesa dal rischio di aggressioni esterne e ha imposto regole di comportamento condivise nelle relazioni commerciali internazionali. Grazie a tutto ciò si è sviluppata una forte industria di esportazione e complesse catene di *supply chain* che hanno garantito la prosperità economica del Vecchio continente. Nel contesto attuale, dove il dominio degli Stati Uniti è sempre più insidiato dall'emergere di un'alternativa rappresentata dalla Cina e dove la competizione assume, quindi, una valenza strategica più che economica, per l'Europa si pone un problema nuovo e di non semplice risoluzione: come garantire la difesa della presenza industriale e commerciale senza rinunciare all'apertura dei mercati e mantenendo il divieto di aiuti di Stato. E, soprattutto, come garantire il perseguimento degli obiettivi di benessere generale e di compatibilità ambientale che hanno caratterizzato le politiche europee fino ad ora in un contesto nel quale per le potenze in competizione è indispensabile riaffermare la propria superiorità. Un compito estremamente difficile, vista anche la necessità di condividere il consenso sugli strumenti con 27 Stati che a loro volta hanno obiettivi divergenti e in competizione fra loro.

3.
Dall'utopia libertaria alla sorveglianza di massa

È l'ultimo giorno del World Economic Forum a Davos. Nella cittadina sulle Alpi svizzere che ogni anno accoglie i potenti della Terra l'atmosfera è rilassata. Dopo alcune giornate nuvolose il sole è tornato a splendere e c'è molta gente che passeggia per le vie coperte di neve. Questa idea di non spazzare le strade per creare un'atmosfera intima in realtà non è proprio apprezzata da tutti. Chi deve andarsene è costretto a programmare la partenza con largo anticipo, chi invece resta si sposta con difficoltà. Nicholas Negroponte sembra a suo agio tra i cumuli di neve mentre con alcuni amici percorre la strada che collega i grandi alberghi con il centro congressi. Nel gruppo spicca un personaggio molto diverso dagli altri frequentatori del posto: la barba brizzolata, i capelli lunghi, il volto scolpito dalle rughe che segnano in profondità la fronte. Si capisce che viene da un mondo diverso da quello degli habitué di Davos, per i quali del resto non sembra avere alcuna simpatia.

John Perry Barlow, i Grateful Dead e il manifesto di Davos

John Perry Barlow era un personaggio anomalo. Non di certo il tipo che ti aspetteresti di incontrare nel mondo della tecnologia, e ancor meno tra le nevi di Davos: aveva scritto brani di rock psichedelico per i Grateful Dead, celebre gruppo attivo tra San Francisco e Palo Alto nella seconda metà degli anni Sessanta. Quell'epoca aveva plasmato la sua personalità. Erano gli anni della libertà, dei figli dei fiori e dell'Lsd. La scena musicale americana era dominata da Janis Joplin e dalle note dei Jefferson Airplane, che segnarono quella stagione culminata in un raduno al Golden Gate Park di San Francisco. Per i Grateful Dead, Barlow aveva scritto canzoni memorabili come: *Cassidy*, *Mexicali Blues*, *Black-Throated Wind*. Cosa ci facesse un personaggio come lui a Davos è un mistero, ma la sua presenza resterà nella storia perché proprio lì, quel giorno, scriverà il più provocatorio manifesto su internet che sia mai stato pubblicato. Un manifesto che ancora oggi viene citato come il proclama della libertà della rete. Barlow conosceva bene la tecnologia: aveva contribuito a creare la Electronic Frontier Foundation e la Freedom of the Press Foundation, con lo scopo di tutelare la libertà di parola nel mondo digitale.

Quel giorno di febbraio Barlow aveva mille ragioni per essere furioso. Ce l'aveva con la firma apposta poche ore prima dal presidente Clinton al Telecommunications Act e soprattutto con la legislazione di accompagnamento, quel Communications Decency Act che poco tempo dopo sarebbe stato cassato dalla Corte Suprema in nome della libertà di parola: un provvedimento nato dalla preoccupazione che l'uso di internet fosse spinto soprattutto dal porno, così come era avvenuto per le innovazioni tecnologiche precedenti, le videocassette e i dvd. Preoccupazione non infondata, come vedremo più avanti. Nell'ansia di promuovere un uso corretto del nuovo mezzo di comunicazione, erano previste pesanti multe per chi avesse usato le sette parole "sporche" (da *shit* a *fuck*) che da tempo erano state bandite dalla radio e dalla televisione. Ma quel giorno Barlow ce l'aveva anche con i frequentatori di Davos. Gente che il computer non l'aveva mai usato e continuava a dettare le lettere a uno stuolo di segretarie. Fu nell'atmosfera di quella giornata di sole che nacque la *Declaration of the Independence of Cyberspace*, il manifesto più famoso dell'ideologia libertaria della rete: "Governi del mondo industriale, giganti sfiniti di carne e acciaio. Io vengo dal cyberspazio, la nuova casa della mente. In nome del futuro chiedo a voi del passato di lasciarci in pace. Non siete i benvenuti tra di noi. Non avete diritti di sovranità nei luoghi dove ci incontriamo. Non abbiamo governi eletti né abbiamo intenzione di darcene nel futuro. Dichiaro che lo spazio sociale che stiamo costruendo è indipendente da qualsiasi tirannia che tentiate di imporci. Non avete alcun diritto di governarci né strumenti per imporci il vostro dominio".

Il manifesto si diffuse rapidamente, infiammando gli animi della giovane comunità di internet, e per decenni rappresentò l'aspirazione libertaria del mondo della tecnologia. Il documento di Barlow interpretava una tradizione che era viva nella comunità di ingegneri della rete e che aveva segnato alcuni momenti topici della storia di internet. David Clark, un altro dei pionieri del web, agli inizi degli anni Novanta, al culmine della battaglia degli standard per la rete che vedeva contrapposta la comunità di internet all'Iso, l'organizzazione internazionale per gli standard, aveva scritto qualcosa di molto simile: "Rifiutiamo i re, i presidenti e il voto. Crediamo, invece, in un consenso approssimativo e nella codifica". Era il metodo di lavoro della Ietf, l'Internet Engineering Task Force, nella quale non esistevano membri permanenti ma solo partecipanti, e nemmeno un meccanismo di votazione: il sistema di formazione del consenso era basato sulla funzionalità delle soluzioni tecniche. La frase che Clark aveva ripetuto anche nel corso del suo intervento alla riunione della Ietf nel 1992, a Cambridge, in Massachusetts, sollevò un'ovazione da parte dei 700 partecipanti e divenne uno slogan stampato sulle t-shirt della comunità.

Il conflitto sui protocolli

L'affermazione del protocollo TCP/IP come standard di internet non era stata semplice. Nel corso degli anni Ottanta molti venditori di apparecchiature informatiche per la connessione in rete come Ibm e Dec offrivano soluzioni proprietarie (quindi non basate su standard comuni). Le società di telecomunicazioni, da parte loro, nell'ambito dell'agenzia Onu per questo settore (Itu), avevano sviluppato il protocollo X.25 fin dal 1976 e premevano per la sua adozione come standard per la comunicazione di dati. Così era sempre avvenuto in passato per tutti gli standard del mondo delle telecomunicazioni e non c'era ragione perché non avvenisse lo stesso nel nuovo mondo della rete. Il protocollo X.25 era coerente con la storia dell'industria e serviva a difendere il sistema. Si basava sull'idea che il futuro fosse uguale al passato, e cioè che anche in futuro ci sarebbe stato un numero limitato di reti gestite dai vecchi monopoli delle telecomunicazioni.

Ma nel frattempo il mondo stava cambiando. Con lo sviluppo dell'industria dei semiconduttori erano nate intere filiere industriali per soddisfare bisogni nuovi. Soggetti che volevano essere indipendenti da un sistema consolidatosi intorno ai giganti delle telecomunicazioni e dell'informatica. I produttori cercavano sistemi di comunicazione aperti, slegati da piattaforme del passato come la System Network Architecture dominata da Ibm. Per questo motivo nel 1977 l'Iso aveva deciso di costituire un gruppo dedicato allo sviluppo di standard per la comunicazione tra reti informatiche eterogenee. Il gruppo si chiamava Osi, Open Systems Interconnection, ed era fortemente supportato dai governi nazionali soprattutto in Europa e in Estremo Oriente. Sorprendentemente, viste le risorse e l'impegno che negli Stati Uniti erano stati dedicati allo sviluppo di internet, anche in Nord America si guardava con interesse al lavoro di standardizzazione. L'Osi vedeva molto attive le società di telecomunicazioni e i produttori di computer. Le modalità di lavoro prevedevano un lungo processo di condivisione e di formazione del consenso attraverso le votazioni dei delegati così come era sempre avvenuto per gli standard nel passato. Tutti pensavano che alla fine il sistema di protocolli Iso/Osi sarebbe diventato lo standard internazionale dei sistemi di comunicazione elettronica. Lo pensava persino il dipartimento della Difesa Usa, tanto che il governo americano, nell'agosto 1990, chiese alle agenzie federali di adottare politiche di approvvigionamento nel settore delle tecnologie di comunicazione compatibili con gli standard Osi.

In realtà, proprio per le sue caratteristiche burocratiche, il processo di sviluppo dei protocolli all'interno dell'Iso era molto lento e la formazione del consenso più difficile. Viceversa, il metodo di lavoro della comunità degli ingegneri di internet era molto più rapido ed efficace e si basava sulla tacita accettazione del principio che chiunque potesse partecipare allo sviluppo, mettendo a disposizione le sue idee: alla fine si adottava la soluzione che funzionava meglio. Mike Padlipsky sintetizzò efficacemente la diversità dei due approcci qualificando quello della comunità di internet come metodo descrittivo e quello dell'Iso come metodo prescrittivo. Aggiungendo maliziosamente che "mentre l'approccio descrittivo adottato dalla comunità di internet è adatto alla tecnologia, il modello prescrittivo usato dagli organi di standardizzazione come l'Iso si adatta meglio alla teologia". In realtà l'elemento fondamentale che differenziava i due approcci era che internet si accontentava di un modello a "best effort", cioè senza garanzie di prestazioni, mentre Iso e Itu perseguivano un modello a qualità garantita, come richiedevano le società di telecomunicazioni. Tra i due modelli la differenza è piu teorica che reale, perché con la crescita di performance della tecnologia la qualità migliora al punto da rendere i due modelli indistinguibili, ma nel primo caso il miglioramento è ottenuto con costi significativamente piu bassi.

Il declino del vecchio mondo

L'aver perso la battaglia degli standard per la trasmissione dati non insegnò nulla alle società di telecomunicazioni. L'assuefazione alla mentalità del monopolio, la contiguità con i governi e, soprattutto, gli enormi apparati burocratici favorirono il mantenimento di metodi di lavoro che si erano rivelati inadatti a tenere il passo con il rapido progresso della tecnologia. Invece di analizzare i vantaggi che poteva avere una profonda revisione delle architetture nell'ottica di internet, le grandi società di telecomunicazioni si chiusero in difesa del mondo che conoscevano meglio e che per oltre un secolo aveva garantito lauti profitti. La loro lenta agonia si estese così nel tempo e in molti ambiti, dalle infrastrutture ai servizi, dove era emerso un nuovo genere di operatori provenienti dall'esperienza del web, completamente estranei al mondo delle telecomunicazioni ma che offrivano soluzioni gradite ai consumatori e a basso costo. Anche in questo caso le società pensarono che la standardizzazione e la garanzia di qualità avrebbero mantenuto il loro predominio. Invece, con loro grande sorpresa, dovettero prendere atto che i consumatori erano disposti ad accettare servizi che assicuravano una novità e una freschezza nell'esperienza, pagando un prezzo in termini di qualità.

L'approccio gerarchico e burocratico del mondo tradizionale delle comunicazioni dovette cedere il passo alle tattiche di guerriglia del mondo del web.

Con una maggiore disponibilità ad aprirsi, le società di telecomunicazioni avrebbero potuto vincere la battaglia e mantenere almeno parte del ruolo che per lungo tempo avevano ricoperto. È interessante a tal proposito la contraddittoria posizione del dipartimento della Difesa nella battaglia degli standard. La disponibilità ad accettare lo standard Iso andava in direzione opposta alle scelte fatte in precedenza per favorire l'affermazione del protocollo TCP/IP. Il Dipartimento non solo aveva finanziato la ricerca che aveva creato i mattoni dell'edificio di internet ma, per garantire la massa critica agli utilizzatori iniziali, attraverso la Darpa si era preoccupata anche di finanziare i servizi di rete che utilizzavano il protocollo. Negli anni Ottanta l'agenzia aveva esteso l'utilizzo alle migliaia di utenti del sistema federale di ricerca scientifica, e nel 1986 la National Science Foundation aveva deciso di estendere la connettività internet a tutto il sistema americano di istruzione superiore. A questo aveva contribuito in modo rilevante la decisione di sostenere una dorsale nazionale alla quale si potevano connettere reti di livello inferiore. La verità è che anche all'interno dell'amministrazione prevaleva una mentalità conservatrice che vedeva con sospetto le rivendicazioni di autonomia del mondo dei tecnici di internet.

Governare internet: dal Pentagono al World Wide Web

Lo sviluppo del protocollo TCP/IP aveva risolto un problema fondamentale per la rete: quello di gestire il flusso di informazioni tra i diversi nodi, fornendo il sistema di indirizzamento dei nodi terminali. Questo richiede di assegnare a ciascuno dei nodi terminali un nome univoco. Di qui il bisogno di un coordinamento tecnico centrale e quindi di una funzione di governo. Questo coordinamento si basa su tre funzioni fondamentali: l'assegnazione dei blocchi di indirizzi IP, il funzionamento dei *root name servers* (essenziali per rintracciare gli indirizzi dei domini internet) e la definizione delle politiche per i domini di primo livello come .com, .org, .net. Per raggiungere una destinazione in rete occorre conoscerne l'indirizzo IP. Gli indirizzi IP devono essere unici per permettere l'identificazione precisa del destinatario. Di conseguenza, l'assegnazione richiede un processo che necessariamente deve essere condotto da un'organizzazione. Il secondo elemento fondamentale dell'architettura di internet è l'associazione tra un indirizzo IP, che è alfanumerico, e il nome del sito web che digitiamo nel browser. La traduzione viene fatta da internet attraverso i protocolli di IP *routing* e il Dns (il sistema di dominio dei nomi). Questi sono organizzati secondo una gerarchia che prevede 13 server principali, i *root name servers* appunto, che possiedono l'elenco dei server responsabili per ciascuno dei domini di primo livello (come .com). Anche in questo caso è necessario un governo centrale che assicuri le politiche di gestione dei *root servers* e ne garantisca l'integrità perché, nel caso venissero compromessi, internet smetterebbe di funzionare. Il terzo elemento, le politiche relative ai domini di primo livello, solleva questioni delicate come la tutela della proprietà intellettuale, e anche in questo caso richiede un'autorità unica.

Fino al 1991 le principali funzioni di governance di internet erano assicurate da entità direttamente o indirettamente collegate al dipartimento della Difesa americano. Iana, l'entità che aveva e ha tuttora la responsabilità dell'assegnazione degli indirizzi IP, era poco più di un contratto che la Darpa aveva assegnato all'Isi, l'Istituto di scienze informatiche della University of Southern California.

In realtà, chi lo gestiva era Jon Postel: un personaggio curioso, un figlio dei fiori non più giovanissimo con la lunga barba incolta e le infradito ai piedi che lavorava da un piccolo ufficio pieno di scartoffie nel quale era difficile muoversi. Postel gestiva come un monarca assoluto tutti gli aspetti tecnici che gli erano stati assegnati e godeva di grande prestigio all'interno della comunità di internet, ma non aveva alcuna idea della complessità di situazioni, anche sul piano legale, che lo sviluppo di internet stava mettendo in moto. Le altre funzioni di governance, cioè il registro dei *root*, gli indirizzi e i nomi dei domini di primo livello, erano affidati a un contrattista della difesa: il Defence Data Network.

Con la decisione di aprire internet agli usi commerciali, questo assetto non poteva continuare. Si venivano a creare complessità burocratiche e difficoltà di gestione, ma soprattutto si poneva un problema di allocazione dei costi poiché era impensabile che il sistema della difesa continuasse a finanziare un'infrastruttura orientata in direzione di una piena apertura commerciale. Dal 1990 i militari cominciarono a chiedere che le agenzie civili pagassero per il supporto all'attività di registrazione, senza trovare però una grande disponibilità in questo senso. Sia il dipartimento della Difesa, sia la National Science Foundation decisero quindi di avviare un processo di esternalizzazione dell'attività. La Defense Information Systems Agency firmò un contratto per la gestione del Dns con una piccola società di Washington, la Network Solutions, e successivamente le assegnò i domini di primo livello insieme al blocco degli indirizzi IP. Pochi mesi dopo la National Science Foundation garantì alla stessa società un contratto come unico registro per i domini di primo livello e per continuare lo sviluppo del Dns. Nel maggio 1991 la decisione della National Science Foundation di aprire internet al traffico commerciale rese ancora più urgente distinguere tra costi derivanti da attività di natura commerciale e attività svolte per altre finalità. Per risolvere la situazione era necessaria una revisione radicale dell'architettura di internet, eliminando il sostegno alla dorsale pubblica e favorendo l'entrata in esercizio di nuove linee di collegamento private in fibra ottica (*backbone*). Processo che si completò nel 1995, con la totale eliminazione dei sussidi da parte dell'agenzia federale.

Nel 1990 un altro fatto contribuì ad accelerare i processi in corso in direzione di un'utilizzazione a fini privati e commerciali di internet, e cioè lo sviluppo del World Wide Web. Questa volta gli ingegneri californiani non c'entravano. L'idea era venuta a un informatico inglese del Cern di Ginevra, Tim Berners-Lee, il quale aveva proposto lo sviluppo di un software che consentisse di condividere documenti in formato elettronico rendendoli indipendenti dalla piattaforma informatica impiegata. In questo modo tutti potevano collaborare facilmente a distanza. Dopo aver sviluppato l'idea, si capì che il software rendeva molto più agevole la navigazione in internet permettendo di visualizzare qualsiasi tipo di oggetto con un'interfaccia grafica di semplice utilizzo. All'inizio del 1993 l'innovazione venne resa popolare dallo sviluppo di un browser di navigazione chiamato Mosaic, ma fu con la creazione di Netscape nel 1994, il primo vero e proprio browser orientato alla grafica, che la trasformazione di internet in una nuova industria venne a compimento.

I limiti del caos creativo

Il problema della governance si fece a quel punto molto più urgente. Per garantire un ordinato sviluppo del sistema non era più sufficiente un'organizzazione basata su poche persone che detenevano un monopolio di conoscenza e un metodo di lavoro fatto di contatti personali. L'informalità che caratterizzava ogni attività della community rappresentava ormai un limite e non più un punto di forza. Ma c'era un aspetto ancora più importante. L'avvio di internet aveva creato un sistema di interessi molto più vasto dell'originaria comunità di tecnici che lo avevano ideato, e questo sistema era fortemente rappresentato a Washington. Per rivendicare quelli che consideravano i propri diritti, alcune società che avevano avviato attività legate a internet avevano promosso numerose cause legali che rischiavano di bloccare completamente il sistema di governance tradizionale. Veniva contestato il ruolo autocratico di Postel ma anche quello di Network Solutions, la società alla quale la Defense Information Systems Agency aveva affidato nel 1991 la gestione del sistema dei nomi di dominio (Dns). Si poneva quindi il problema di chi dovesse assicurare la governance in un mondo in cui internet era diventato una piattaforma commerciale estremamente diffusa. I soggetti che rivendicavano il diritto di gestire il sistema erano più di uno. Da un lato la comunità di internet raggruppata intorno alla Internet Society, secondo la quale il compito, per ragioni storiche e pratiche, spettava a lei. Dall'altra il governo americano che, pur avendo deciso di non sostenere più finanziariamente la nuova infrastruttura, pretendeva, tuttavia, per sé il ruolo di controllo sul suo sviluppo. Il fatto che, oltre ai due protagonisti storici, ci fosse anche una pluralità di soggetti privati che rivendicavano in modo molto aggressivo la possibilità di sviluppare *root servers* alternativi non facilitava certo le cose.

Le più attive nel reclamare un ruolo erano comunque le organizzazioni raggruppate sotto il cappello della Internet Society. La più importante era la Internet Engineering Task Force, ma c'erano anche la Internet Architecture Board e la Iana di Postel. Tutte organizzazioni che avevano in comune personalità forti: avevano rivestito un ruolo attivo nello sviluppo di internet e volevano continuare a gestirne la governance. Per questo, nel giugno 1996, la Internet Society, all'incontro annuale a Montreal, rivendicò la responsabilità di gestire autonomamente il Dns *root*. Per imporsi cercò di sviluppare un sistema di alleanze che ne rafforzasse il peso politico anche nei confronti del governo americano. I candidati più ovvi erano le istituzioni internazionali che da sempre avevano operato nel mondo delle telecomunicazioni e della tutela della proprietà intellettuale, e cioè la Itu e la World Intellectual Property Organization. Venne così costituito un comitato di coordinamento con un nome che non alimentasse troppi sospetti: International Ad Hoc Committee. Il gruppo produsse un documento con un titolo, se possibile, ancora di più basso profilo: *The Memorandum of Understanding on the Generic Top-Level Domain*. Il documento rappresentava un compromesso tra le istanze della Internet Society e quelle delle organizzazioni internazionali, e prevedeva la creazione a Ginevra di un nuovo organismo multilaterale, il Core. La soluzione era ben vista dalla Itu perché avrebbe ricondotto la governance su binari più tradizionali ed era sostenuta anche da tutte le società di telecomunicazioni europee e asiatiche mentre gli americani di AT&T e Bell Atlantic e gli inglesi di BT erano decisamente contrari. Il memorandum fu firmato il 1° marzo 1997.

Scende in campo Ira Magaziner

Chi non si mostrava assolutamente d'accordo su questa soluzione era il governo americano, che vedeva come fumo negli occhi il ruolo delle agenzie internazionali. La Darpa fu tassativa. Il problema di una condivisione della governance non si poneva nemmeno perché la proprietà dello spazio di nomi e indirizzi era del dipartimento della Difesa. Inoltre, c'era il problema di Network Solutions, che rivendicava a sua volta la proprietà dei *domain names* e non aveva alcuna intenzione di cederla.

Intanto, nel 1996, Bill Clinton era stato rieletto per un secondo mandato alla presidenza. Nel definire le linee programmatiche della nuova amministrazione, Clinton aveva puntato molto sullo sviluppo di internet, che peraltro aveva già fatto oggetto di numerosi interventi legislativi durante il suo primo mandato. All'interno dell'Amministrazione molti spingevano in questa direzione. Uno dei più attivi era Ira Magaziner, amico e consigliere del presidente che aveva già gestito con successo nella precedente legislatura la task force per la riforma del sistema sanitario americano. Ma la situazione di confusione che regnava nella nascente industria di internet richiedeva un intervento diretto del governo. Clinton decise di prendere in mano la situazione nel luglio 1997 dando incarico al dipartimento del Commercio di definire il processo per privatizzare il Dns, i domini dei nomi, all'interno del Framework for Global Electronic Commerce, e affidandone la guida a Magaziner.

Il compito non era semplice. La situazione di caos organizzativo aveva moltiplicato le cause legali e il mondo di internet era in subbuglio, ma soprattutto cominciavano ad affacciarsi tensioni internazionali per il ruolo preminente che il governo americano ricopriva nella gestione della rete e per il rifiuto dell'Amministrazione americana di sostenere il tentativo di standardizzazione promosso all'interno degli organismi internazionali. Le maggiori preoccupazioni venivano dalla Comunità Europea e, in particolare, dalla Francia che, a partire dal 1980, aveva sviluppato un suo sistema di servizi online di grande successo, il Minitel. Il servizio gestito da France Telecom era estremamente diffuso nel paese e nella seconda metà degli anni Novanta aveva già raggiunto 9 milioni di abbonati. Il Minitel richiedeva un terminale dedicato ma forniva una quantità di servizi molto apprezzati: dagli acquisti online alle prenotazioni dei treni, ai listini di borsa. Era un sistema proprietario che garantiva a France Telecom profitti elevati, ed era sotto il controllo del governo: rappresentava la naturale evoluzione del mondo delle comunicazioni tradizionali e ne avrebbe garantito la continuità. Praticamente il contrario di internet, che rifiutava infrastrutture e sistemi proprietari e, soprattutto, era slegato dal mondo tradizionale delle telecomunicazioni.

Anche gli altri paesi, comunque, nutrivano forti perplessità. Pesava soprattutto il ruolo giocato dai sistemi di difesa e di intelligence americani nello sviluppo della nuova infrastruttura e la preoccupazione che questi potessero avere anche in futuro il controllo del sistema. Come gli europei, anche i giapponesi non vedevano di buon occhio una diffusione di internet a guida americana e avrebbero preferito che a gestire la rete fossero gli organismi internazionali. Per converso, sia il presidente americano sia il Congresso non nutrivano alcuna simpatia per il ruolo della Itu e di altre organizzazioni internazionali in questa vicenda. L'argomento, più volte ribadito, era che un loro coinvolgimento avrebbe caricato di incombenze burocratiche un sistema che invece aveva bisogno di svilupparsi senza eccessivi vincoli. In realtà era evidente che l'Amministrazione intendeva tutelare il presidio su un'infrastruttura che prometteva grandi sviluppi. Per non lasciare dubbi sull'orientamento del governo Usa si era mossa perfino il Segretario di Stato Madeleine Albright. Quando la Internet Society aveva cercato di coinvolgere la Itu nell'Ad Hoc Committee e la Itu si era convinta di poter giocare un ruolo importante, Albright aveva ordinato alla missione Usa presso le agenzie internazionali a Ginevra di bloccare qualsiasi mossa dell'Unione internazionale delle *telecom* volta a convocare una conferenza per dare seguito al memorandum.

Per capire il modo in cui Magaziner gestì l'incarico affidatogli da Clinton e la soluzione verso la quale si indirizzò è importante partire dalla sua storia personale. Alla Brown University era stato un leader delle lotte studentesche nel 1968-69, e aveva guadagnato in particolare una certa notorietà guidando la contestazione contro Henry Kissinger in occasione di una cerimonia durante la quale l'università aveva conferito un riconoscimento a quello che già allora era uno dei più grandi esperti di politica estera americani. Dopo gli studi Magaziner era passato alla consulenza, fondando una sua società, Telesis, ma mantenendo sempre uno sguardo sulla politica: collaborava infatti con il governatore del Rhode Island, il più piccolo tra gli Stati americani.

Dal periodo delle lotte studentesche aveva maturato una certa avversione per la burocrazia, mentre dalla sua attività professionale aveva acquisito capacità analitica ed esperienza nel formulare soluzioni organizzative efficaci. Qui, però, il problema non era l'efficacia della soluzione, ma la capacità di convincere soggetti delle più diverse provenienze che la soluzione non era ricercata nell'interesse del governo americano bensì nell'interesse di tutti.

L'ostacolo principale era rappresentato dal fatto che il negoziato con i vari paesi avveniva in un contesto del tutto estraneo alla logica che guida i rapporti internazionali. Gli Stati nazionali, a partire dalla pace di Vestfalia, basano la sovranità sul territorio e sulla non interferenza di soggetti esterni. A sua volta, il rapporto fra Stati sovrani è regolato da trattati internazionali ratificati dai parlamenti. Nel caso del cyberspazio la territorialità è difficile da rivendicare. La logica di internet esclude esplicitamente la possibilità di un presidio territoriale e, quando anche questo fosse possibile, gli Stati Uniti non avevano alcuna intenzione di definire delle regole condivise, sancite da un trattato internazionale. Per Magaziner era importante soprattutto convincere gli alleati europei e i giapponesi. Gli altri paesi, a partire da Russia e Cina, avrebbero dovuto alla fine accettare la soluzione condivisa. In questo egli dimostrò una grande capacità di manovra. Aspettò che la presidenza di turno fosse del Lussemburgo e convinse il presidente che era nell'interesse del suo paese far accettare all'Europa la soluzione americana. Uno Stato piccolo non poteva che avere grandi vantaggi dalla diffusione di internet, quindi sarebbe convenuto al Lussemburgo promuovere gli accordi che avrebbero dato vita al nuovo sistema di governance. Jean-Claude Juncker lo capì al volo e si mosse per far accettare agli altri la proposta di Magaziner.

Il *green paper* pubblicato nel febbraio 1998 dalla Ntia (National Telecommunications and Information Administration) e intitolato *Improvement of Technical Management of Internet Names and Addresses* prevedeva il trasferimento dei Dns a una società non-profit. Questa avrebbe dovuto garantire che nel campo della registrazione dei nomi di dominio ci fosse un certo grado di concorrenza. Alla richiesta di commenti al *green paper* risposero tutti i soggetti interessati, consentendo di finalizzare la pubblicazione di un *white paper*, una proposta definita, con i princìpi che avrebbero dovuto presiedere alla creazione della nuova società. Un'azienda con sede negli Stati Uniti, e non in territorio neutrale come voleva la Internet Society, che avrebbe operato all'interno del quadro legale e regolatorio americano. Sul piano della governance, però, la società sarebbe stata aperta a tutti i portatori d'interesse, e anche i governi avrebbero avuto un ruolo consultivo all'interno di un organismo che ne avrebbe garantito la rappresentanza. La nuova società avrebbe dovuto rispettare alcuni princìpi fondamentali: la creazione di un contesto aperto alla concorrenza, la garanzia di stabilità e sicurezza del Dns, e soprattutto un'ampia rappresentanza sia dal punto di vista geografico, sia dal punto di vista delle diverse categorie di interessi.

A conclusione del processo, venne firmato un *memorandum*

of understanding con il quale il dipartimento del Commercio si impegnava a compiere i passi necessari a preparare il trasferimento della gestione del Dns all'Icann. L'aspetto più controverso degli accordi fu l'autorità data al dipartimento del Commercio di approvare i cambiamenti nella *root zone* che poi sarebbero stati introdotti nei *master root servers* dalla società Verisign e infine distribuiti e replicati in tutti i *root servers* di internet.

Il tentativo di golpe

Ma il gruppo di pionieri che faceva capo alla Internet Society non si diede per vinto, nonostante fossero stati inseriti nel processo e avessero avuto un ruolo attivo nel negoziato che aveva portato alla creazione dell'Icann. Per loro era importante dimostrare la propria titolarità sul *root*. Il più furioso era proprio Postel, che era arrivato a considerare l'assegnazione degli indirizzi IP come una sua responsabilità esclusiva. Senza consultarsi con nessuno, organizzò una specie di dirottamento del *root* alla fine di gennaio del 1998 chiedendo ai responsabili dei *root servers* di spostare il puntamento da Network Solutions direttamente su Iana, cosa che venne fatta da 8 *root servers* su 12. Non aderirono alla richiesta di Postel i *root servers* gestiti dai militari e dalla Nasa. Magaziner quel giorno era a Davos; con una telefonata dagli Stati Uniti venne informato che la configurazione dei *root servers* era cambiata senza apparente ragione. Magaziner riferì immediatamente alla Casa Bianca, e poi, pensando che c'era una sola persona al mondo che avrebbe potuto cambiare la configurazione, chiamò Postel a Los Angeles chiedendogli conto di quanto accaduto. Postel farfugliò una qualche spiegazione dicendo che si trattava di una sorta di esperimento, impegnandosi a tornare immediatamente alla configurazione originale. Quello non fu il solo tentativo di modificare gli assetti che Magaziner si era trovato a definire. Anche nei confronti di Network Solutions aveva dovuto intervenire per costringerli a adeguarsi alle indicazioni che venivano dal governo. A tutti fece sapere che qualsiasi tentativo di manipolazione del *root* senza l'autorizzazione del governo sarebbe stato considerato un reato perseguibile penalmente. Pochi mesi dopo Postel morì in seguito alle complicanze di un intervento cardiaco e con lui se ne andò una parte importante della memoria storica sulla governance di internet.

Il grande firewall cinese

Mentre gli Stati Uniti mettevano in atto una serie di interventi legislativi per promuovere una rapida diffusione di internet, provvedimenti che avevano lo scopo di creare uno spazio imprenditoriale libero dai vincoli della legislazione esistente, la Cina si muoveva in una direzione diversa. Il governo cinese era consapevole delle opportunità in termini di innovazione che si aprivano attraverso la rete ma non aveva alcuna intenzione di rinunciare a esercitare uno stretto controllo sui suoi sviluppi. Quasi in contemporanea con gli interventi Usa, a partire dal 1993 la Cina aveva lanciato 12 progetti dal nome evocativo: Golden Shield Projects. Si trattava di un dettagliato programma che aveva lo scopo di agire in profondità sul sistema infrastrutturale delle comunicazioni e sul quadro giuridico-amministrativo che regolava il settore. Tra questi, il *golden bridge*, per la costruzione di un *backbone* in fibra ottica che accelerasse la diffusione dei servizi; la *golden card*, per promuovere la sostituzione del contante con strumenti di pagamento elettronici; la *golden tax*, il *golden custom* e altri da realizzarsi all'orizzonte del 2000, con i quali il governo intendeva riformare radicalmente la macchina dello Stato.

La Cina si era preoccupata di creare un sistema regolatorio specifico per il nuovo mondo della rete ben prima di aprire internet agli usi commerciali. L'apertura avvenne nel 1995, ma una serie di norme riguardanti la regolazione per la protezione e la sicurezza dei sistemi informativi computerizzati della Repubblica Popolare Cinese era già stata varata l'anno precedente. Queste norme erano state seguite ben presto da una nutrita serie di altri interventi. Nel 1997 la Cina aveva emendato il Codice penale introducendo specifiche sanzioni per i crimini informatici, tra i quali l'attività di hackeraggio, la frode e i reati finanziari commessi attraverso internet, e nel 1998 aveva creato il ministero dell'Informazione. In questo modo il governo metteva insieme le competenze del ministero delle Poste e Telecomunicazioni con il ministero dell'Industria elettronica creando un centro nevralgico di coordinamento e controllo del settore. Il ministero aveva competenze molto ampie regolando le reti e tutte le attività legate allo sviluppo del software. Al ministero della Cultura venne invece attribuito il compito di regolare i contenuti. Lo scopo dichiarato era quello di impedire che su internet si svolgessero attività che attentassero all'integrità dello Stato o all'unità nazionale, ma anche ostacolare la diffusione di materiale osceno o superstizioso e contenuti che istigavano alla violenza o all'odio.

A dirla tutta, il vero obiettivo era quello di mantenere uno stretto presidio sull'informazione.

Agli inizi del 1997 un servizio di "Wired" dalla Cina aveva spiegato bene come la rivoluzione di internet in quel paese procedesse in modo molto diverso da quanto stava avvenendo negli Stati Uniti, e coniò l'espressione, che diventerà molto popolare negli anni successivi, di "Great Firewall of China" (cioè una sorta di grande muraglia digitale edificata per impedire che contenuti sgraditi alle autorità politche raggiugessero i cittadini del gigante asiatico). Parlando con Xia Hong, il responsabile delle pubbliche relazioni di una startup legata a internet, i due giornalisti di "Wired" Geremie Barme e Sang Ye riportarono in termini estremamente incisivi i problemi che sarebbero poi diventati visibili anche in Occidente molti anni dopo: "Una rete che consente ad ogni individuo di fare ciò che vuole con tutto quel confuso chiacchiericcio buono e cattivo, giusto e sbagliato, tutto mescolato insieme, è una rete egemonica che danneggia i diritti degli altri. Non c'è dubbio che internet sia una colonia: una colonia dell'informazione. Dal momento che vai online ti devi confrontare con l'egemonia inglese. Qui non si tratta di rendere internet più conveniente anche per quelli che non parlano inglese. Il nostro ideale è creare una rete esclusivamente cinese".

A valle di almeno 16 interventi normativi e regolatori, nel 2000 la IX Assemblea nazionale del popolo approvò le *Decisioni per garantire la sicurezza di internet*: un atto con il quale venne definito un quadro organico per guidare lo sviluppo della nuova infrastruttura. Il governo cinese aveva sostanzialmente due obiettivi. Da un lato, controllare l'accesso da e per l'esterno, e a questo era dedicato il Great Firewall. Dall'altro, organizzare un sistema di monitoraggio verso l'interno mediante il cosiddetto Golden Shield, un progetto estremamente ambizioso e realizzato prevalentemente con tecnologie occidentali che si sviluppò attraverso due fasi: la prima, che aveva preso avvio nel 1998, arrivò a compimento nel 2006, la seconda si concluse nel 2008. Ma la Cina aveva anche un'altra necessità: quella, cioè, di creare una base di competenze tecnologiche e di iniziative industriali capaci di ridurre la dipendenza dagli Stati Uniti. Di questo si fece carico il Decimo piano quinquennale varato nel 2001 che indicò tra le priorità dell'azione di governo lo sviluppo del sistema di infrastrutture di sicurezza e il supporto allo sviluppo tecnologico domestico per creare un'autonoma base di competenze. Un obiettivo che venne perseguito dal sistema industriale cinese con grande determinazione e spregiudicatezza, considerato che proprio a quel periodo risalgono alcune importanti azioni giudiziarie per furto di proprietà intellettuale da parte di società americane nei confronti di società cinesi.

I princìpi della pace di Vestfalia valgono anche per internet: fine dell'utopia

La Cina dimostrò per prima come fosse facile isolare la componente domestica dal resto del mondo, "balcanizzando" quella che doveva essere una rete senza confini. Partendo dai quattro punti di accesso che collegano la Cina all'infrastruttura internazionale di internet e che sono collocati a Pechino, Shanghai, Guangzhou e Hong Kong, è relativamente facile filtrare i contenuti indesiderati. Il sistema più semplice, usato fin dall'inizio, è il blocco degli indirizzi IP: con questa tecnica tutti i pacchetti di dati diretti agli indirizzi IP indesiderati vengono semplicemente scartati. Una tecnica che, però, è facile da aggirare creando un *proxy* (un server intermedio che recupera i contenuti scartati) al di fuori della Cina. Più sofisticata è la manipolazione dolosa dei server che risolvono i nomi dei domini. In questo modo la *query*, l'interrogazione rivolta al sistema, non arriva mai a destinazione e i server non possono rispondere. Queste tecniche, però, possono comportare malfunzionamenti della rete anche al di fuori della Cina, provocando reazioni da parte dei danneggiati. Gli Stati Uniti, in particolare, considererebbero un malfunzionamento provocato dai cinesi un atto ostile e reagirebbero di conseguenza. Di qui la necessità dello sviluppo di strumenti sempre più sofisticati per massimizzare l'efficacia ai fini del solo controllo interno.

La Cina ha sempre rivendicato la legittimità dei suoi comportamenti sulla base del principio di sovranità e di non interferenza da parte di potenze straniere anche nel cyberspazio. Contrariamente a quanto avevano immaginato gli utopici ingegneri della rete, non ci sono spazi che si possano sottrarre ai princìpi stabiliti dalla pace di Vestfalia.

Il tema della governance internazionale di internet è stato oggetto di numerose iniziative nel corso del primo decennio degli anni Duemila. Sotto l'egida della Itu sono state indette due conferenze mondiali: la prima a Ginevra nel 2003 e la seconda a Tunisi nel 2005, seguite da un vertice ad alto livello promosso nel 2011 dall'Ocse. Cina e Russia, sempre nel 2011, si sono mosse autonomamente presentando una risoluzione per l'Assemblea generale dell'Onu intitolata *International Code of Con-*

duct for Information Security. L'obiettivo era di proporre un codice di comportamento in dodici punti orientato a preservare la sovranità nazionale sull'informazione e sulla comunicazione e a impedire ogni interferenza volta a compromettere quello che veniva definito l'ambiente politico, sociale, spirituale e culturale di altre nazioni. Anche India, Brasile e Sudafrica si erano mostrati molto attivi nel proporre la creazione di un comitato delle Nazioni Unite per le politiche relative a internet a riporto diretto dell'Assemblea generale dell'Onu.

Ma il concetto di un internet libero e aperto, senza barriere geografiche, che aveva alimentato l'utopia delle origini ricevette un duro colpo dalla pubblicazione sul "Washington Post" e sul "Guardian", nel giugno 2013, dei primi documenti sulla sorveglianza di massa da parte delle agenzie di spionaggio dei cinque paesi appartenenti alla comunità di intelligence anglosassone: i cosiddetti "Five Eyes". I documenti, trafugati da Edward Snowden (un ex tecnico della Cia che aveva continuato ad avere accesso agli archivi dei servizi segreti in quanto dipendente di un *contractor* privato della Nsa, l'agenzia federale per l'intelligence), rivelarono l'estensione e la capillarità del sistema di sorveglianza creato dalle agenzie di intelligence e la sofisticazione dei programmi di sorveglianza sviluppati. Tra questi spiccava in particolare Prism, il programma dedicato al monitoraggio del traffico generato dai fornitori di servizi telematici: Apple, Facebook, Google, Skype e Microsoft. Ma c'erano anche XKeyscore, Boundless Informant e diversi altri programmi per la gestione e l'analisi dei dati raccolti. Dai documenti resi disponibili da Snowden emerse che molte decine di leader politici stranieri, tra i quali Dilma Rousseff, presidente del Brasile, il leader messicano Felipe Calderón e persino Angela Merkel, la cancelliera tedesca, avevano i loro smartphone intercettati dalle agenzie americane.

Dall'Ochrana, le spie degli zar, alle 17 agenzie dell'intelligence Usa

Le infrastrutture di telecomunicazione sono sempre state un terreno privilegiato di attività delle agenzie di intelligence fin dai tempi del telegrafo. Il pioniere nello sviluppo di quella che sarebbe stata più tardi definita *signal intelligence* era stato agli inizi del secolo scorso Ivan Zubin, il capo dell'Ochrana, la polizia segreta dell'impero russo, che con la sua attività aveva fornito un contributo fondamentale alla definizione della politica zarista nei confronti della Germania. Nel corso del Ventesimo secolo la *signal intelligence* era stata un'attività dominata dalle esigenze militari connesse alle due guerre mondiali e al periodo della Guerra fredda: aveva dunque finalità specifiche ed era gestita dalle strutture della difesa. Lo sviluppo di internet, con l'esplosione delle comunicazioni e della quantità di dati disponibili, aveva però cambiato in profondità tanto la natura quanto le modalità operative dello spionaggio elettronico. Da un'attività finalizzata a esigenze particolari la cui natura era definita *ex ante* dai vertici militari, i quali si preoccupavano anche di contenere i costi di raccolta ed elaborazione delle informazioni, si è passati alla pesca a strascico di informazioni indistinte che vengono analizzate *ex post* in funzione degli obiettivi da perseguire. A questo cambiamento di natura dell'attività ha contribuito anche la proliferazione delle agenzie di intelligence americane, nate con le più diverse finalità. Oggi esistono 17 organizzazioni di intelligence, raggruppate nella cosiddetta *intelligence community*, che possono operare anche con budget contenuti grazie alla drastica riduzione dei costi di raccolta e di elaborazione dei dati. A facilitare l'operatività contribuisce la stessa topologia della rete internet, che vede transitare tutte le informazioni su un numero limitato di punti dai quali esse possono essere estratte per essere archiviate successivamente in un posto sicuro e, infine, analizzate.

La scoperta della sorveglianza di massa

Già prima delle rivelazioni di Snowden, il tema della sorveglianza di massa era stato portato all'attenzione dell'opinione pubblica e della politica. Nel 1996 Nicky Hager, un giornalista neozelandese, aveva pubblicato un libro intitolato *Secret Power: New Zealand's Role in the International Spy Network*, nel quale per la prima volta documentava l'attività di Echelon: il sistema di intercettazione dati attraverso il quale le agenzie del sistema Five Eyes filtravano un'enorme massa di comunicazioni elettroniche. La pubblicazione del libro aveva suscitato preoccupazioni in molti paesi e spinto i responsabili politici ad approfondire il tema. Il parlamento europeo, attraverso il dipartimento STOA (Scientific and Technological Options Assessment) della Direzione generale per la ricerca, aveva avviato un'analisi intitolata *Una valutazione delle tecnologie di controllo politico* che affrontava il tema nei suoi termini più generali e menzionava incidentalmente Echelon descrivendone le caratteristiche. Tra queste spiccava il fatto che, "contrariamente ai sistemi di spionaggio elettronico sviluppati durante la Guerra fredda, Echelon è disegnato per obiettivi non militari: governi, organizzazioni della società civile e imprese praticamente in ogni paese. Il sistema Echelon opera indiscriminatamente intercettando una vasta quantità di comunicazioni e analizzandole attraverso sistemi di intelligenza artificiale". La relazione venne presentata al parlamento europeo e si concluse con un'imbarazzata discussione nel settembre del 1998, durante la quale, pur ammettendo la legittimità di strumenti di controllo di massa per prevenire criminalità e terrorismo, si sottolineava la necessità di un maggiore controllo democratico sugli strumenti.

Il parlamento UE, comunque, era al termine della legislatura, e non avrebbe avuto il tempo per varare un'iniziativa al riguardo. Dopo le elezioni europee, la discussione su Echelon venne ripresa dal nuovo parlamento agli inizi del 2000 nell'ambito dei lavori sulla tutela della privacy, e questa volta diede origine a una commissione temporanea d'inchiesta con lo scopo di accertare l'esistenza e la funzionalità di Echelon e di verificare le iniziative da adottare a tutela dei cittadini e delle imprese europee. Tra la documentazione messa a disposizione del parlamento è di particolare interesse un'affermazione dell'ex direttore della Cia William Webster a proposito della missione delle agenzie di intelligence americane: "I nostri alleati politici e militari sono anche i nostri rivali economici e la capacità di un rivale economico di creare, ottenere o controllare un mercato presenta implicazioni per la sicurezza degli Stati Uniti". Sono parole che dimostrano una continuità di orientamento delle agenzie a partire dalla fine della Guerra fredda.

Un articolo di Stansfield Turner, anch'egli ex capo della Cia, apparso nell'autunno del 1991 su "Foreign Affairs" e intitolato *Intelligence for a New World Order*, testimonia, infatti, delle origini di questo orientamento. Secondo Turner, la competizione internazionale si stava spostando dal piano militare a quello economico: occorreva quindi trasferire in campo economico la capacità di raccolta e di elaborazione dati che i servizi americani avevano sviluppato in oltre quarant'anni di spionaggio al di là della cortina di ferro. Dunque i cambiamenti nelle attività di intelligence non erano solo giustificati dalle innovazioni tecnologiche e dalla quantità di dati resa disponibile da internet: a mutare era soprattutto lo scopo dell'attività che da un ambito specificamente militare si estendeva al controllo di tutta la società civile.

Internet, una miniera d'oro per i servizi segreti

È sorprendente la coincidenza temporale, nel corso degli anni Novanta, tra il cambiamento nelle attività dell'intelligence e la decisione di aprire internet a scopi commerciali. Dove Al Gore e gli ingegneri di internet avevano visto un'esplosione di potenziale innovativo, i servizi avevano visto una miniera d'oro di informazioni da elaborare per gli scopi più diversi.

Gli attentati dell'11 settembre 2001 e la successiva legislazione americana del Patriot Act fecero rapidamente dimenticare le preoccupazioni per la tutela della privacy dei cittadini dei paesi occidentali dando mano libera ai servizi americani per rendere ancora più invasiva l'attività di raccolta di informazioni. Il tema della sorveglianza di massa sparì dalle cronache, per riemergere solo tredici anni più tardi, con la pubblicazione dei documenti di Snowden. Anche questa volta la reazione del parlamento europeo fu piuttosto tiepida nonostante le accuse avanzate da Snowden sul ruolo della National Security Agency nell'istruire i servizi europei sulle modalità per superare i vincoli delle legislazioni nazionali in tema di privacy. E nonostante la segnalazione che i servizi segreti dei singoli paesi europei spesso dessero accesso alla Nsa senza nemmeno avere una completa conoscenza del sistema americano di spionaggio di massa di cittadini comuni.

Nell'inerzia del parlamento, a prendere un'iniziativa decisiva fu sorprendentemente un giovane studente di legge austriaco, Max Schrems: un giovanotto biondo, con un ciuffo alto sulla fronte e un sorriso simpatico che affrontò il problema partendo dall'anello terminale del sistema, e cioè il ruolo delle piattaforme elettroniche. In seguito alle rivelazioni di Snowden, Schrems sporse denuncia contro Facebook Ireland dinanzi al commissario irlandese per la protezione dei dati personali.

La denuncia prendeva le mosse dal trattato di Safe Harbour che gli Stati Uniti avevano firmato con l'Unione Europea nel 2000, ed era volta a impedire che i dati raccolti da Facebook Ireland Ltd venissero trasferiti a Facebook Inc. negli Stati Uniti. Il commissario irlandese respinse inizialmente il caso, qualificandolo come frivolo e infondato, ma Schrems non si diede per vinto. Attraverso più gradi di giudizio e con un supporto crescente di organizzazioni della società civile, riuscì ad arrivare fino alla Corte di giustizia europea, la quale, con una storica sentenza dell'ottobre 2015, invalidò il trattato di Safe Harbour che così faticosamente l'Unione Europea aveva elaborato.

L'Unione Europea si trovò costretta a rinegoziare su altre basi il trattato con gli Stati Uniti, e nel giro di pochi mesi elaborò un nuovo accordo che entrò in vigore a metà 2016. Non avevano però tenuto conto della determinazione di Schrems, il quale nel frattempo aveva fondato un'organizzazione chiamata Noyb, acronimo di *none of your business*, per difendere le proprie ragioni. Con il supporto dell'organizzazione, Schrems sollevò un'altra azione legale contro Facebook, approdata di nuovo alla Corte di giustizia: nella sentenza emessa il 16 luglio 2020 la Corte ha stabilito che la legislazione europea messa frettolosamente in atto dopo la cancellazione del Safe Harbour non risponde ai requisiti di proporzionalità richiesti dal diritto dell'Unione perché i programmi di sorveglianza fondati sulla normativa interna degli Stati Uniti non si limitano a quanto strettamente necessario.

Del manifesto di Barlow, a oltre venticinque anni di distanza, resta ben poco. La rete universale, priva di frontiere e aperta a tutti, si sta progressivamente richiudendo, con alcuni paesi che hanno alzato barriere invalicabili sui cui accessi esercitano un controllo ferreo. Altri paesi, pur mantenendo ancora un elevato grado di apertura, hanno alzato il livello di controllo del traffico. La crescente divaricazione tra Stati Uniti e Cina finisce per esacerbare questi problemi, come anche la guerra in Ucraina. Il regno della libertà, in cui chiunque può esercitare il diritto a esprimere la propria opinione, si è rivelato un formidabile strumento di controllo sociale, che gli Stati autoritari portano fino alle estreme conseguenze. Ormai, però, un gran numero di Stati si serve di sistemi come Pegasus, una tecnologia sviluppata da un'azienda israeliana che consente di penetrare nel software di cellulari e computer e di leggere messaggi o ascoltare conversazioni prima che i relativi dati siano criptati. In prima fila ci sono sempre le dittature che penetrano negli smartphone per individuare e colpire i dissidenti, ma usano queste tecnologie (contro il terrorismo, ma spesso sconfinando nello spionaggio) anche paesi formalmente o realmente democratici, dall'Ungheria alla Spagna, dal Messico alla Thailandia.

Chi vuole occultare le sue attività di sorveglianza può usare lo schermo di società private: una sorta di mercenari dello spionaggio elettronico che gestiscono in outsourcing aspetti importanti della sicurezza nazionale degli Stati. Lavorano tanto per grandi corporation quanto per i governi, sono poco visibili e spesso operano da paesi diversi da quelli nei quali vengono svolte attività di spionaggio, diventando così difficilmente perseguibili.

La mancanza di un accordo internazionale sulle regole da adottare nel mondo di internet ha accelerato questi processi degenerativi. Il regno della democrazia, in cui tutti hanno pari diritti, ha favorito la nascita di un capitalismo oligarchico, con pochissime persone che hanno accumulato un potere immenso. Una rivoluzione tecnologica che avrebbe dovuto creare nuove opportunità di sviluppo ha compromesso l'esigenza di interi settori di attività, con conseguenze pesanti sull'occupazione. L'eredità positiva, che è molto importante, richiede però che si sviluppi una consapevolezza dei problemi che la rivoluzione tecnologica ha creato e degli strumenti per risolverli. Strumenti che fanno parte da sempre dei meccanismi di funzionamento di un mondo ordinato: standard tecnici, leggi e regolamentazione di controllo, accordi internazionali per fissare i princìpi condivisi sui quali questa come qualsiasi altra attività umana deve svilupparsi.

4.
Il Far West digitale: niente regole per le imprese di internet

"Non metti il cucciolo di una renna nella stessa gabbia di un orso polare: sono animali diversi, finisce male. Per questo negli anni Novanta, quando varammo quella che, poi, sarebbe diventata la legislazione di internet, cercammo di ridurre al massimo regole e vincoli: allora la preoccupazione era di non uccidere i neonati dell'economia digitale nella culla. Ma poi i neonati sono diventati giganti, bisognava intervenire: oggi tre-quattro persone non elette usano in modo discrezionale un potere sterminato."

Così, quando lo intervistammo per il "Corriere della Sera", Larry Irving ci spiegò la genesi di Section 230, la parte del Communications Decency Act (legge del 1996) che ha fin qui garantito alle imprese digitali non solo piena libertà, ma anche totale irresponsabilità (a differenza di quanto accade per gli editori di giornali, radio e televisioni) per i contenuti immessi in rete. Irving è uno dei grandi architetti della legislazione Usa su internet varata negli anni Novanta durante la presidenza Clinton e sotto la guida del suo vice, Al Gore. Proprio Gore fin dall'inizio della sua carriera politica, negli anni Settanta, aveva messo in cima alla propria agenda politica due importanti obiettivi: lo sviluppo dell'economia digitale e la lotta contro i cambiamenti climatici.

L'Amministrazione Clinton aveva compreso che le tecnologie della comunicazione digitale potevano diventare il motore di una nuova fase di sviluppo economico: ma per questo bisognava modificare radicalmente il contesto dentro il quale operava il sistema della comunicazione fin dai tempi del New Deal di Roosevelt. Le avvisaglie del cambiamento c'erano già state nel 1982 quando, in seguito a una causa antitrust avviata nel 1974 dal dipartimento di Giustizia, era stata riorganizzata profondamente

AT&T. Come abbiamo già visto, questo gigante americano delle telecomunicazioni grazie a un monopolio verticalmente integrato aveva dominato per quasi tutto il secolo il sistema telefonico indirizzandone l'evoluzione. La nuova legge sulle telecomunicazioni, il Telecommunications Act del 1996, decretava la fine di quella situazione.

La fine dei monopoli delle telecomunicazioni

Fra le tante innovazioni introdotte dalla legge, una ebbe un ruolo fondamentale nel creare le condizioni del futuro sviluppo dei giganti di internet: la distinzione tra servizi di telecomunicazione tradizionali che venivano assoggettati a una serie di vincoli e servizi di informazione che, invece, venivano totalmente deregolamentati. Per servizi di informazione la legge intendeva, in pratica, qualsiasi attività svolta da un fornitore di servizi di accesso a banda larga, ancorché utilizzasse un'infrastruttura di telecomunicazioni.

Con la nuova legge si chiudeva il lungo periodo nel quale le vecchie società telefoniche avevano goduto di una colossale rendita di monopolio. Queste ultime vennero costrette ad aprire le loro reti garantendo l'accesso ai nuovi entranti e si videro imporre condizioni tariffarie penalizzanti per allargare la concorrenza e favorire la nascita di nuovi operatori. Per usare la metafora di Irving, il viceministro del Commercio e delle Comunicazioni e consigliere di Al Gore, agli orsi polari vennero tagliate le unghie, ma il grasso accumulato nella lunga stagione del monopolio consentì loro di sopravvivere ancora a lungo.

Due anni dopo, nel 1998, arrivò l'Internet Tax Freedom Act, con ampie esenzioni fiscali per le imprese tecnologiche (benefici inizialmente concepiti come una moratoria decennale, poi rinnovati più volte dal Congresso e, infine, resi permanenti), mentre una protezione rispetto alle violazioni del copyright venne stabilita, sempre nel '98, con il Digital Millennium Copyright Act, una legge Usa che recepiva i due trattati del 1996 dell'Organizzazione mondiale per la proprietà intellettuale. Norme che rendono illegale la produzione e la diffusione di tecnologie o servizi concepiti per eludere i meccanismi di protezione del copyright, ma limitano le responsabilità dei provider per le violazioni dei diritti d'autore commesse dai loro utenti. Nel 1996 nessuno avrebbe immaginato che, al posto dei vecchi monopoli che la riforma avviata quell'anno intendeva colpire, se ne sarebbero formati rapidamente di nuovi, ancora più arroganti. Mark Zuckerberg allora aveva dodici anni, mentre Larry Page e Sergey Brin, ventitreenni, si erano appena incontrati – compagni di stanza nel campus di Stanford – e avevano cominciato a sviluppare l'algoritmo PageRank sul quale poi costruiranno il motore di ricerca di Google.

A questa rivoluzionaria trasformazione del settore delle telecomunicazioni avevano contribuito non solo la determinazione dell'Amministrazione Clinton, ma anche l'evoluzione tecnologica. La grande ondata di innovazioni degli anni Settanta e Ottanta aveva visto protagonisti molti settori industriali, dai semiconduttori all'informatica, alla fibra ottica, ma la diffusione di queste innovazioni era rallentata dalle stesse società telefoniche che non intendevano mettere in discussione i loro modelli di business. Era decisamente cambiato anche il contesto dentro il quale si erano sviluppate nei decenni precedenti le reti informatiche pubbliche. Queste ultime, nate dall'originario impulso dato dall'Arpa – l'agenzia americana che si era dedicata alla ricerca di soluzioni di comunicazione in grado di resistere a una guerra nucleare –, avevano perso le originarie ragioni d'essere. I militari avevano sviluppato una rete autonoma per garantire la segretezza delle loro comunicazioni e non volevano dedicare risorse a reti che ormai venivano usate prevalentemente in ambito civile. Si aprivano, dunque, spazi per una privatizzazione di internet, tra l'altro facilitata dall'architettura della rete, decentrata e basata su protocolli di comunicazione aperti.

Le autostrade informatiche di Al Gore tra pubblico e privato

Gli anni Novanta erano iniziati all'insegna della creatività e della confusione nel mondo delle comunicazioni: alcune società, tra cui Aol e CompuServe, cominciavano a offrire al pubblico servizi come e-mail, giochi e chat room prima ancora che venisse formalizzata l'apertura di internet ai privati. La rete rimaneva una realtà complessa, rudimentale, con molti limiti: materia per pochi. Ma l'ampia diffusione di personal computer e modem per uso domestico a partire dagli anni Settanta attiravano molti *tech geeks* che facevano di internet il loro hobby preferito.

Da quando era diventato deputato, nel 1977, Al Gore si era impegnato senza sosta per lo sviluppo delle reti di computer e delle telecomunicazioni ad alta velocità, nelle quali vedeva un motore di crescita economica e di miglioramento dell'istruzione scolastica. Nel 1986, da senatore, aveva lanciato il progetto di una *information superhighway*: una grande autostrada informatica da mettere a disposizione di ogni cittadino con connessioni per tutte le scuole e le biblioteche. Il progetto del senatore democratico era piaciuto anche a George Bush padre: quest'ultimo firmò poi, nel 1991, l'High Performance Computing Act, nell'ambito del quale il Congresso inserì anche il finanziamento di una rete pubblica per la ricerca e la scuola (Nren).

Se questa rete fosse nata davvero, probabilmente internet sarebbe rimasta ancora a lungo sotto controllo pubblico. I privati, però, furono più rapidi: cominciarono a offrire servizi commerciali, spingendo il Congresso ad abbandonare la rete Nren. La privatizzazione di internet fu quasi un fatto spontaneo con le aziende che cominciavano a mettere a disposizione di utenti ancora poco numerosi reti sociali, e-commerce, giochi, blog, siti web. Tutto possibile anche perché, nel frattempo, la navigazione in rete era diventata più agevole grazie alla nascita del World Wide Web: il sistema per la condivisione di informazioni in rete basato sul protocollo Http e sul linguaggio Html ideato, come abbiamo visto, dallo scienziato inglese Tim Berners-Lee.

Il primo browser basato sul World Wide Web, Mosaic, vide la luce nel 1993 grazie alla legge voluta da Al Gore. L'High Performance Computing Act finanziò, infatti, il National Center for Supercomputing Applications dell'Università dell'Illinois, dove venne sviluppato da un team di programmatori guidato dal fondatore di Netscape, Marc Andreessen: "Senza la legge Gore, non ce l'avremmo fatta o ci sarebbero voluti molti più anni," ha ammesso Andreessen.

Appena vinte le elezioni del '92 nel *ticket* con Bill Clinton, Al Gore rilanciò il suo progetto delle "autostrade dell'informazione" del quale si era innamorato fin da quando, nel 1989, Bill Johnston, un ricercatore dei laboratori di Berkeley, convocato per un *hearing* al Senato, aveva impressionato tutti con la prima dimostrazione live, trasmessa via computer nell'aula parlamentare, di quello che sarebbe potuto avvenire con la diffusione delle comunicazioni ad alta velocità. Quattro anni dopo quell'audizione, il neopresidente Clinton e il suo vice Gore volavano in Silicon Valley per visitare la società che stava lavorando alla tecnologia della *superhighway*, la Silicon Graphics.

L'azienda californiana riuscì a dare un'idea delle potenzialità dei nuovi sistemi riprendendo il discorso di Gore con una telecamera e trasmettendolo attraverso le reti dei computer a 200 studiosi di accademie e centri di ricerca sparsi in 11 paesi nel mondo che commentavano e si scambiavano messaggi in tempo reale. Il vicepresidente, che allora usava di rado la parola internet, quel giorno fece una previsione: le autostrade digitali, portando all'inevitabile convergenza di televisione, telefono, *cable tv*, computer, elettronica di consumo, editoria e imprese informatiche in un'unica industria interattiva dell'informazione, "diventeranno il mercato più importante e redditizio del Ventunesimo secolo".

Gli anni Novanta, quelli della presidenza Clinton, divennero, così, un'era di straordinarie innovazioni informatiche e di loro utilizzazioni commerciali non prive di eccessi. I protagonisti erano gli scienziati e gli imprenditori, ma infaticabile regista della trasformazione continuava a essere Al Gore.

La sua missione partiva dal Congresso: con pazienza, spiegava a parlamentari annoiati il futuro dell'intelligenza artificiale. All'inizio era dura, e lo stesso Gore racconta che, quando propose la creazione di una rete di *information superhighways*, gli unici a mostrarsi interessati furono i fabbricanti di fibre ottiche. Ma il deputato (e dal 1984 senatore) democratico diventerà pian piano il vero evangelizzatore del Congresso. E quando arriverà alla Casa Bianca sarà il protagonista, insieme a un pugno di parlamentari cresciuti con lui, delle leggi che formeranno la cornice nella quale potrà finalmente svilupparsi la *Internet economy*.

La deregulation *dell'era Clinton*

L'era della *deregulation* clintoniana che, sia pure con correttivi, procedeva nel solco tracciato negli anni Ottanta da Ronald Reagan, si apre con il Telecommunications Act redatto e discusso nel '95, definitivamente approvato dal Congresso il 3 gennaio del 1996 e controfirmato dal presidente il successivo 8 febbraio. Caduto il cosiddetto "muro di Berlino delle telecomunicazioni", il divieto per le società telefoniche di accedere al mercato televisivo e per le tv via cavo di fornire servizi telefonici, si entrava in un mondo nuovo, aperto alla concorrenza. E le imprese interessate ad attrezzarsi per penetrare in nuovi mercati cominciavano a puntare sulla banda larga: da allora fino al 2020 investiranno più di 2000 miliardi di dollari nelle nuove reti.

Con lo sviluppo delle telecomunicazioni, i nuovi servizi di rete e la progressiva trasformazione di internet in industria al servizio dei consumatori, legislatori e sistema giudiziario cominciarono a chiedersi a quali regole questo nuovo settore dovesse rispondere. Al Gore era stato sempre contrario all'introduzione di vincoli perché condivideva le speranze dei visionari della rete, tra cui John Perry Barlow, che sognava il cyberspazio come un luogo nel quale "i trasgressori non lasciano impronte, le merci possono essere rubate un numero infinito di volte e rimanere ugualmente in possesso del proprietario originale, mentre i vostri affari possono essere gestiti da business che voi oggi non avete mai nemmeno sentito nominare, dove solo i bambini si sentono davvero a casa e dove la fisica del pensiero conta più di quella delle cose. Dove ogni essere è virtuale, come le ombre nella caverna di Platone".

Agli inizi, del resto, quello di internet era un mondo magmatico di imprese che nascevano, spesso avevano una crescita esplosiva e, altrettanto spesso, sparivano. Aol e Netscape sono stelle che hanno brillato in una stagione di grandi successi e poi sono implose. MySpace è stata pioniera e regina delle reti sociali, per poi svanire nel nulla quando sono arrivati nuovi protagonisti come Facebook e Twitter. E chi ricorda motori di ricerca un tempo celebri come AltaVista e Friendster, poi sepolti dall'ascesa di Google?

Un minimo di disciplina sembrava necessaria, anche perché cominciavano a sorgere dubbi giuridici sulle responsabilità per la diffusione dei contenuti digitali: in una sentenza del 1991 della Corte distrettuale di New York, CompuServe, uno dei primi provider di servizi internet, venne considerato non responsabile per i contenuti diffamatori diffusi in rete, a differenza di quanto sempre avvenuto per gli editori di giornali, radio e tv. Ma nel '95 un altro giudice di New York seguì una strada diversa, condannando un altro sito, Prodigy, a pagare un indennizzo a un broker finanziario, Stratton Oakmont, danneggiato da calunnie circolate sulle sue pagine web. La corte motivò il cambio di rotta con il fatto che, a differenza di CompuServe, Prodigy aveva esercitato un controllo editoriale dei contenuti immessi in rete anziché affidarsi a sistemi automatici. In questo modo veniva creato una sorta di incentivo perverso per i proprietari di una piattaforma a non istituire alcuna sorveglianza sulla liceità del linguaggio degli utilizzatori: se avessero esercitato controlli sarebbero stati automaticamente considerati editori e, quindi, in base alle vecchie leggi, ritenuti responsabili dei contenuti.

Fino a tutti gli anni Quaranta la giurisprudenza americana sulla libertà di stampa era orientata alla tutela dei valori tradizionali della società. Le corti sanzionavano la pubblicazione di immagini che potessero turbare l'opinione pubblica, e in special modo quelle di ambito sessuale. Addirittura un regolamento dello Stato di New York proibiva la vendita di pubblicazioni contenenti notizie di atti criminali o rapporti di polizia o storie di sangue corredate da fotografie. Del problema si era occupata anche la Corte Suprema, alla quale era stato sottoposto un caso che nasceva dalla vendita della rivista "Headquarters Detective" da parte di un libraio. La pubblicazione del giugno 1940 conteneva immagini particolarmente esplicite di un delitto a sfondo sessuale. Mentre i giudici di primo e secondo grado si erano espressi contro il libraio, la Corte Suprema decise che il regolamento era incostituzionale e che nessuno poteva stabilire che cosa fosse opportuno o non opportuno consentire di leggere.

La decisione del 1948 rovesciava una giurisprudenza che risaliva alla fine dell'Ottocento, quando il giudice Henry Brown, nominato alla Corte Suprema nel 1890, si era fatto paladino della lotta contro il sensazionalismo della stampa. Ma il tema della tutela garantita dal Primo emendamento era stato oggetto negli anni di decisioni contrastanti da parte della magistratura e di numerosi interventi da parte della Corte Suprema che non sempre andavano nella stessa direzione. I temi che vedevano più spesso impegnata la magistratura costituzionale erano i limiti del diritto alla privacy, la diffusione di pubblicazioni oscene e, addirittura, il turpiloquio.

Proprio la possibile diffusione di materiale pornografico attraverso internet aveva spinto due senatori, James Exon e Slade Gorton, a introdurre un emendamento al Telecommunications Act del 1996 che rendeva perseguibile penalmente la pubblicazione di immagini o di qualsiasi altro materiale che offendesse il comune senso del pudore.

Section 230: si apre l'era dell'eccezionalismo di internet

All'interno di questo provvedimento legislativo denominato Communications Decency Act, per iniziativa di due deputati, il democratico dell'Oregon, Ron Wyden, e il repubblicano della California, Christopher Cox, venne inserita una norma *bipartisan* denominata Section 230 che sarebbe diventata il principale supporto alla spettacolare crescita delle piattaforme web negli anni successivi. Un passaggio della legge rende, infatti, gli operatori digitali non perseguibili per i contenuti che vengono immessi nelle loro piattaforme digitali. Sono quelle che, in modo enfatico, il giurista ed esperto di *cybersecurity* Jeff Kosseff definì "le 26 parole che hanno creato internet": "Nessun fornitore o utente di un servizio informatico interattivo può essere considerato l'editore o il promotore delle informazioni fornite da un altro fornitore di contenuti informativi".

Un'esenzione da ogni responsabilità, definita anche *Internet exceptionalism*, che mobilitò una moltitudine di imprenditori e attraverso di loro rese possibile uno sviluppo rapidissimo dei servizi digitali negli Stati Uniti. L'assenza di regole consentiva di avviare le nuove imprese a costi contenuti e favoriva l'imprenditorialità delle generazioni più giovani che per creare un'impresa dovevano preoccuparsi solamente degli aspetti tecnici del prodotto e non di tutto l'apparato normativo e burocratico che caratterizza le imprese che operano in settori già consolidati.

In realtà, nella legge alcuni limiti ci sono, ma riguardano essenzialmente il copyright, cioè la tutela della proprietà intellettuale. La legge, nella forma approvata dal Congresso, ebbe comunque vita breve. A seguito di un'azione giudiziaria promossa dall'American Civil Liberties Union, il Communications Decency Act venne dichiarato incostituzionale da una sentenza della Corte Suprema del 1997 (*Reno v. American Civil Liberties Union*) perché limitava la libertà dei genitori nella scelta del materiale da rendere disponibile ai figli, e perché i termini "indecente" e "offensiva" contenuti nella legge non erano adeguatamente qualificati. Non stupisce che la sezione 230, considerata invece un baluardo della libertà di espressione, sia sopravvissuta all'eliminazione del Communications Decency Act.

Seguirà un'era di grande crescita economica e tecnologica. E anche di grandi violazioni della privacy degli individui e di sofferenze psicologiche di tanta gente, soprattutto donne, bersagliate da minacce, calunnie, bullismo da parte di utenti anonimi. Fino alla diffusione sistematica di informazioni false e teorie cospirative e all'uso della tecnologia e della libertà del web per cercare di condizionare i risultati elettorali, a volte anche con interferenze di servizi segreti stranieri. Una degenerazione continua e progressiva della quale solo negli ultimi anni la politica e l'opinione pubblica hanno preso atto, come vedremo più avanti.

La politica non si limitò a concedere agli operatori l'irresponsabilità (ponendoli, così, al riparo da possibili oneri economici) e a premere per lo sviluppo delle reti a banda larga: la Casa Bianca sostenne la crescita delle imprese digitali su tutti i fronti. "Bill Clinton," racconta Larry Irving, "firmò le leggi, ma tutto il dibattito, i lavori preparatori, la stesura delle norme furono guidati da Al Gore. Creò un comitato di 18 responsabili di tutte le aree dell'Amministrazione interessate alla materia: dalla mia, le Comunicazioni, al Tesoro per gli aspetti finanziari, alla

Difesa per i problemi di sicurezza. Ognuno faceva il suo lavoro, poi ci riunivamo tutti i martedì per quattro ore da lui. Ogni tanto riferivamo a Clinton sui progressi del nostro piano. È curioso, continuavamo a chiamarlo *information superhighway:* la parola internet nei nostri documenti non compare quasi mai."

La tappa successiva fu, due anni dopo, un intervento che vietava alle autorità federali, statali e alle amministrazioni locali di tassare l'accesso a internet e metteva il settore in larga misura al riparo anche dal prelievo sul commercio elettronico. L'Internet Tax Freedom Act, anch'esso inizialmente introdotto al Congresso dalla coppia *bipartisan* Ron Wyden e Chris Cox, venne controfirmato da Clinton il 21 ottobre del 1998. L'esenzione di queste imprese dal prelievo fiscale (inizialmente prevista solo per un decennio, poi più volte prorogata e, infine, resa permanente nel 2014) venne presentata come il metodo più efficace per promuovere e preservare il potenziale di internet nei campi del commercio, dell'istruzione e dell'informazione. La preoccupazione iniziale fu quella di evitare che Stati assetati di nuove entrate imponessero tasse discriminatorie *Internet-only*, come un'imposta sui bit, sulla banda larga o sulle e-mail.

Come per gli altri privilegi concessi agli operatori delle piattaforme elettroniche, anche nel caso delle esenzioni fiscali l'impatto delle misure fu talmente forte che riuscì non solo a impiantare una solida industria digitale, ma anche a far crescere così rapidamente le imprese da trasformarle in poco tempo in colossi, creando dei veri e propri monopoli con un potere economico e lobbistico sterminato. Lo dimostra anche il fatto che la politica non è più riuscita a eliminare le agevolazioni fiscali, anche quando le nuove aziende digitali erano ormai forti abbastanza da andare avanti sulle loro gambe.

Pochi giorni dopo il varo del Tax Freedom Act, il 28 ottobre 1998, diventò legge il Digital Millennium Copyright Act (Dmca) che, come detto, recepisce i due trattati internazionali del 1996 sulla tutela della proprietà intellettuale. È la legge che negli Stati Uniti regola tuttora l'utilizzo del materiale che circola in rete, ma i confini della sua applicazione non sono sempre nitidi. Quello che decido di postare in rete – testi, foto, video – non può essere riprodotto e sfruttato commercialmente da altri. Se un giornale o una rete televisiva usa una mia foto senza comprarla, posso fargli causa. Ma se questi materiali vengono usati da un altro utente che magari li posta su un suo blog ricreativo, privo di valore commerciale, le cose cambiano: si tratta di semplice *fair use*, autorizzato dalla legge, che ammette anche l'utilizzo di materiale coperto da copyright quando non se ne trae un profitto o l'uso ha un proposito "trasformativo": un'opera rielaborata per arrivare a qualcosa di diverso e originale.

I confini della proprietà intellettuale, insomma, non sono sempre nitidi: dipende anche dall'autorità che interviene e dai criteri che decide di applicare. L'intervento più immediato è quello del provider che, verificata la violazione delle regole del suo servizio, può sospendere un account o un intero sito. Ma possono anche essere intentate cause nei tribunali civili o, nei casi più gravi, possono essere contestati reati penali. Una materia di per sé complessa e piuttosto vaga, resa ancor più incerta dall'assenza di confini nel mondo di internet. Il Dmca è una legge americana che si applica negli Usa e della quale si può provare a invocare il rispetto nei paesi che hanno aderito ai trattati internazionali sul copyright. Basta produrre e immettere in rete i propri contenuti in un paese fuori da questo circuito per sfuggire ai vincoli normativi. L'unica cosa chiara è che i grandi operatori di internet non possono essere in alcun modo chiamati in causa da chi è danneggiato dall'utilizzo, sulle loro piattaforme, di una propria opera d'ingegno: altro fieno in cascina per i giganti di *Big tech*.

Ma, sorprendentemente, il vantaggio competitivo maggiore per l'industria tecnologica non venne dall'applicazione della legislazione di favore promossa da Clinton e Gore, bensì dal particolare trattamento del diritto alla privacy nel contesto giuridico americano. Mentre in Europa il diritto alla privacy è considerato un diritto umano fondamentale, negli Stati Uniti la privacy attiene alla sfera dei diritti del consumatore e gode di una tutela giuridica inferiore. La differenza è spiegata probabilmente dalle diverse vicende storiche che hanno caratterizzato le due sponde dell'Atlantico. L'esperienza di regimi autoritari, con gli episodi di violenza e di raccolta di informazioni personali a fini di controllo sociale e per colpire il dissenso, hanno reso gli europei molto più sensibili al tema dell'acquisizione e dell'utilizzo di dati personali.

La scarsa sensibilità Usa per la privacy diventa carburante per la Silicon Valley

La facilità con cui negli Stati Uniti è possibile raccogliere ed elaborare informazione sui singoli individui ha rappresentato un incentivo al modello di business scelto da molte società che si affacciavano al mondo dei servizi digitali: la distribuzione di pubblicità mirata veicolata attraverso servizi per la maggior parte gratuiti.

Le imprese americane hanno poi conquistato un mercato di fatto globale grazie all'estensione all'Europa dei benefici di cui godevano in patria: ci sono riuscite in virtù dei cosiddetti accordi Safe Harbour che hanno garantito il via libera della UE all'esportazione dei dati personali degli utenti europei, una volta accertato che quello negli Usa sarebbe stato un "approdo sicuro". La questione cominciò ad acquistare rilevanza nel 1980, quando l'Ocse, il forum dei paesi più industrializzati, invitò tutte le nazioni a proteggere i dati personali dei loro cittadini sulla base di otto princìpi. Si trattava di indicazioni non vincolanti che quindici anni dopo l'Unione Europea avrebbe trasformato in una vera e propria norma con la Direttiva sulla protezione dei dati. Un ruolo centrale nella definizione delle tutele per i navigatori digitali lo ebbe il giurista Stefano Rodotà in quanto garante italiano della privacy e coordinatore di molti garanti europei nell'ambito del "Gruppo Articolo 29". I suoi sette princìpi riguardano: notifica (diritto a sapere come i dati vengono acquisiti e utilizzati), scelta (possibilità di *opt-out:* posso chiedere a Google o a Facebook di non cedere i miei dati ad altri), trasferimento (se la cessione è autorizzata può avvenire solo a favore di aziende digitali che rispettano le stesse regole), sicurezza (impegno a evitare perdite o furti di dati), integrità (verifica dell'affidabilità e dell'integrità dei dati), accesso (ogni utente deve poter verificare i dati che lo riguardano, modificandoli o addirittura cancellandoli se contengono errori).

Il regime definito dalla Safe Harbour Decision resterà in vigore per quindici anni consentendo alle imprese americane di crescere e consolidarsi eliminando il rischio che potessero svilupparsi concorrenti europei. Nell'ottobre 2015 la Corte europea di giustizia, come già detto, lo invaliderà. Così come invaliderà anche il secondo trattato con gli Stati Uniti varato nel 2016, il Privacy Shield. Ma ormai le imprese americane erano diventate talmente grandi da non subire alcun danno dalle restrizioni della normativa europea.

Anche negli Stati Uniti, comunque, la privacy resta un tema controverso, oggetto nel tempo di numerose e contrastanti sentenze della magistratura. Un caso emblematico è quello che ha visto, contrapposti, un piccolo editore e uno dei più grandi imprenditori della Silicon Valley: Peter Thiel. Nel 2012 sul sito di gossip Gawker venne pubblicato un frammento di un video nel quale appariva Hulk Hogan mentre faceva sesso con Heather Clem, la moglie del suo migliore amico, su un letto a baldacchino. Hogan, un gigante di due metri di altezza e 140 chilogrammi di peso, è un mito del wrestling americano: figlio di genitori di origini italiane (il padre, Peter Bollea, era nato a Cigliano in provincia di Vercelli), deve la sua notorietà al fatto di essere stato dodici volte campione del mondo dei pesi massimi. Il filmato pubblicato da Gawker era stato ripreso dal marito di lei, Bubba Clem: un personaggio radiofonico americano conduttore dello show *Bubba The Love Sponge* sulla stazione WWBA di Tampa, in Florida. Bubba voleva ricattare Hulk; alla fine del filmato lo si sente dire alla moglie: "Se mai dovessimo andare in pensione, ecco il nostro biglietto".

Quando il video fu messo in rete Hogan intentò una causa contro i Clem per invasione della privacy che si risolse rapidamente con le scuse dei due coniugi. Hogan, che aveva anche pubblicato immagini imbarazzanti su internet, si sarebbe probabilmente accontentato delle scuse e di un risarcimento simbolico. Ma Gawker nel tempo si era fatto molti nemici che aspettavano solo l'occasione per potersi vendicare, e la causa intentata da Hogan, per la visibilità mediatica del personaggio, era quella giusta.

Hogan sorprese molti proseguendo nella sua azione giudiziaria, alzando il tiro nei confronti della società titolare del sito Gawker Media e chiedendo un risarcimento di oltre 140 milioni di dollari per la pubblicazione del video. L'attacco nei confronti di Gawker sembrava destinato all'insuccesso perché la sezione 230 dell'Internet Decency Act esonera i titolari delle piattaforme da ogni responsabilità nei confronti dei contenuti pubblicati, e la giurisprudenza prevalente privilegia la difesa della libertà di parola contenuta nel Primo emendamento rispetto alla tutela della privacy. Ma Hogan aveva messo in pista i migliori avvocati disponibili negli Stati Uniti in tema di privacy: una decisione ad altissimo rischio, tenuto conto del costo della difesa e dell'incertezza dell'esito.

Nel marzo del 2016 emerse che l'azione legale contro Gawker era stata finanziata da Peter Thiel. Un supporto ancora più sorprendente, visto il sostegno che i grandi operatori di internet avevano sempre dato alla difesa delle norme di tutela contenute nella sezione 230. Si scoprì così che il motivo del sostegno a Hogan nell'azione legale era dovuto al fatto che Gawker nel 2007 aveva scritto che Peter Thiel era omosessuale senza che lui lo avesse mai dichiarato. L'obiettivo di Thiel era quello di togliere di mezzo Gawker, facendolo fallire, cosa che puntualmente avvenne in seguito alla conclusione dell'azione legale con una transazione da 31 milioni di dollari.

Nel primo processo il giudice aveva dato ragione a Gawker dichiarando che la pubblicazione del video rappresentava l'esercizio di una libertà d'informazione costituzionalmente protetta. Mentre in un secondo grado di giudizio venne data prevalenza al diritto alla privacy di Hogan. Infine, nel giudizio di appello si cercò un compromesso tra le due posizioni. Nel dispositivo il giudice citava la grande notorietà del personaggio e la continua ricerca di pubblicità da parte di Hogan attraverso il mezzo televisivo, nonché la pubblicazione da parte sua di un libro nel quale descriveva le sue "performance" extraconiugali. Le discussioni pubbliche relative al suo matrimonio e alla sua vita sessuale dimostravano, secondo il giudice, un interesse non esclusivamente privato del video pubblicato da Gawker.

Un secondo caso emblematico del modo in cui la problematica della privacy è stata affrontata a livello giudiziario negli Usa riguarda The Dirty, un sito web creato nel 2007 da Nik Richie che all'apice del successo aveva oltre 20 milioni di visitatori. Il sito pubblica foto, inviate direttamente dagli utenti, di donne ritratte spesso in pose imbarazzanti o sconvenienti, e le accompagna con commenti volgari. Richie è stato oggetto di numerose cause legali per invasione della privacy, per aver causato *distress* emotivo e per diffamazione. Una di questa è stata intentata da Sarah Jones, una ex insegnante e cheerleader dei Cincinnati Bengals. Un post anonimo sul sito conteneva un commento che indicava che la Jones era stata a letto con ognuno dei giocatori dei Bengals.

Nel pubblicare questo tipo di dichiarazioni, Richie si sentiva protetto dalla sezione 230 del Communications Decency Act, ma Sarah Jones fece causa al sito e il giudice di primo grado le diede ragione, argomentando che la 230 non tutelava il ruolo attivo della piattaforma nell'incoraggiare la pubblicazione di contenuti diffamatori. Nello stesso periodo una corte nel Maryland giudicava un altro caso di diffamazione contro The Dirty. Anche in questo caso la corte stabilì che il ruolo attivo di Richie nella creazione del contenuto non lo poteva esonerare dalla responsabilità. In quest'ultimo caso si giunse a un accordo, mentre il caso di Sarah Jones arrivò in appello, e qui la corte diede ragione a Richie. Nel frattempo, però, Jones era stata condannata per abusi sessuali di primo grado e per abuso di mezzi elettronici per indurre un minore a intrattenere rapporti sessuali. Questi due casi furono comunque i primi a sollevare con grande risonanza il tema della responsabilità dei siti per il contenuto delle loro pubblicazioni.

Battaglia nelle corti sull'interpretazione del Primo emendamento Usa

Nel passato il tema della privacy era fortemente sentito negli Usa, forse perché era stato proprio il desiderio di non essere continuamente sorvegliati da spie dello Stato che aveva spinto molti dei primi migranti a trasferirsi in America. Nel 1811, in un caso contro un giornale della Louisiana che aveva pubblicato una lettera privata, l'organo di stampa era stato sanzionato perché la pubblicazione era avvenuta senza il consenso del destinatario.

L'attenzione nei confronti dei problemi della privacy aveva trovato conforto anche nella dottrina di uno dei più famosi giudici della Corte Suprema americana, Louis Brandeis, che rimase in carica dal 1916 al 1939. Nel libro *The Right to Privacy*, Brandeis aveva espresso preoccupazione per il fatto che negli Stati Uniti non ci fosse un apparato legislativo adeguato per impedire la circolazione non autorizzata di informazioni personali. L'idea a quei tempi era che i cittadini dovessero essere tutelati dall'influenza dei giornali che ricorrevano al sensazionalismo per aumentare la propria diffusione.

Dopo la scomparsa di Brandeis la giurisprudenza della Corte Suprema aveva cambiato di segno, tutelando più il diritto all'informazione stabilito dal Primo emendamento che non il diritto alla privacy. In alcuni casi la magistratura costituzionale si è spinta molto avanti nella difesa del Primo emendamento, stabilendo, ad esempio, che le società di capitali hanno diritto alla protezione di questa norma anche quando finanziano le campagne elettorali. Questa svolta nella giurisprudenza ha dato non solo un grande incentivo al modello di business degli operatori dominanti, ma ha anche offerto loro la possibilità di mettere il proprio potere economico e finanziario al servizio di una straordinaria capacità di influenza politica. Un paradossale ribaltamento della funzione costituzionale della libertà di parola che i padri fondatori avevano inteso tutelare come strumento contro il rischio della tirannia e in funzione della promozione degli ideali democratici.

I vantaggi dell'ecosistema Usa costruito negli anni Novanta, il dinamismo degli imprenditori americani e il loro pragmatismo hanno consentito ai gruppi *Big tech* della Silicon Valley di crescere e prosperare. Fino a riuscire a presentarsi, ancora non molto tempo fa, addirittura come benefattori dell'umanità: Google con il celebre motto *Don't be evil* nel logo (cancellato solo da qualche anno) e l'impegno a "organizzare tutta la conoscenza del mondo", Facebook con la promessa di "rendere il mondo un luogo più unito", fino ad Amazon che assicura di essere il posto dove il consumatore può trovare qualunque cosa di cui abbia bisogno e al prezzo più basso.

Queste imprese hanno avuto un enorme successo, sono diventate ricche e potenti. E mantengono una grande forza anche dopo il ridimensionamento del loro valore di Borsa registrato nel 2022 per i venti di recessione che ne hanno ridotto bruscamente le prospettive di redditività. Ma con il potere vengono anche le responsabilità: per molto tempo il mondo di *Big tech* è riuscito a eluderle dando in pasto agli utilizzatori servizi apparentemente gratuiti e riuscendo a tenere ai margini le voci di chi chiedeva per i diritti digitali degli utenti la stessa considerazione riservata a quelli dei cittadini perché *"digital rights are human rights"*, come hanno sostenuto, fin dall'alba dell'era digitale, gli attivisti della Electronic Frontier Foundation.

A partire dalla metà del decennio scorso questa realtà ha cominciato a emergere in modo sempre più evidente. I media del giornalismo mainstream – organi d'informazione fisici, digitali e radio-televisivi – hanno condotto analisi sempre più frequenti e approfondite delle degenerazioni derivate dall'uso della tecnologia da parte di operatori pubblici e privati: l'opinione pubblica ha così raggiunto un maggior livello di consapevolezza e si è fatta più critica, anche se ha continuato a usare le piattaforme dei social media. A volte gli stessi dipendenti delle società di *Big tech* si sono ribellati chiedendo ai loro datori di lavoro di cambiare rotta, evitando, ad esempio, di cedere tecnologie come quelle del riconoscimento facciale e varie applicazioni dell'intelligenza artificiale a regimi e organismi autoritari. Alla fine, anche la politica si è messa in moto. La prima scossa è venuta con le interferenze russe nelle elezioni presidenziali del 2016: un inquinamento del web transitato attraverso le piattaforme digitali di *Big tech*.

Nel 2018, poi, è esploso un altro caso sconcertante: quello della società Cambridge Analytica che, utilizzando in modo illegale i dati di 87 milioni di cittadini americani ottenuti attraverso Facebook, ha costruito parti strategiche della campagna digitale di Donald Trump creando i profili psicologici di milioni di elettori dei collegi nei quali l'esito del voto era considerato più incerto. E, nel farlo, ha usato sia le tecniche più raffinate del *microtargeting*, sia quelle della cosiddetta *oppo research*: gettare discredito (o peggio) sull'avversario politico.

Le reti sociali – Facebook, Instagram, i video postati su YouTube da estremisti di ogni colore, suprematisti bianchi, diffusori di teorie cospirative e il megafono di Twitter che consentì a Trump di raggiungere 88 milioni di follower – hanno fatto male soprattutto ai democratici. Ma, poiché le società fondate da Dorsey, Zuckerberg e le altre della Silicon Valley nel frattempo hanno iniziato a introdurre nelle piattaforme "moderatori" umani incaricati di eliminare i post più offensivi, incendiari e quelli basati su falsità documentate, anche i repubblicani, vedendo cancellati molti messaggi dei fedelissimi del presidente, hanno cominciato a gridare alla censura. Attaccati da destra e da sinistra, i capi di *Big tech* sono stati costretti a comparire più volte davanti al Congresso: "processati" in diretta tv. Ma, effetti mediatici a parte, sul piano legislativo per un bel po' non si è mosso nulla perché le richieste di cambiamento di destra e sinistra vanno in direzioni opposte.

Le cose cambiano, ma ancora senza svolte significative, nel 2021, con l'insediamento dell'Amministrazione Biden: il presidente, come abbiamo visto, sceglie per i ruoli-chiave delle authority del commercio e della comunicazione personaggi preparati e determinati a contrastare lo strapotere dei giganti tecnologici, mentre al Congresso, a maggioranza democratica, la sottocommissione della Camera presieduta da David Cicilline e al Senato il comitato antitrust guidato dalla senatrice Amy Klobuchar mettono a punto disegni di legge a ripetizione: gli obiettivi vanno dal divieto per le piattaforme dominanti in rete di favorire i loro prodotti rispetto a quelli di nuovi concorrenti entrati nei mercati a regole per le acquisizioni dei giganti che, già quasi monopoli, non dovrebbero più poter comprare società nuove che stanno diventando loro potenziali concorrenti.

Un risveglio tardivo, quello della politica americana, e c'è da dubitare che, visto lo strapotere ormai conquistato dalle lobby tecnologiche e con un Congresso polarizzato e semiparalizzato, questi provvedimenti possano andare in porto. Nel 2022 si è arrivati allo scioglimento del Congresso e alle elezioni di Midterm di novembre senza l'approvazione di nemmeno una delle norme messe in cantiere. E questo nonostante il fatto che su alcune di esse si fosse formato un consenso *bipartisan*.

Il risveglio dell'Europa

La consapevolezza della necessità di tutelare meglio i cittadini dell'Unione di fronte al potere delle piattaforme tecnologiche americane, che ha trovato nel diritto alla privacy il primo nucleo di interventi, si è estesa anche ad altri aspetti: da quello della fiscalità all'abuso di posizione dominante e ad altre pratiche monopolistiche. Ma l'Europa non ha la forza di imporre una struttura di mercato diversa se gli Stati Uniti non si muovono nella stessa direzione. Se il Congresso americano, riprendendo gli sforzi *bipartisan* della precedente legislatura, riuscisse a varare qualche pur parziale riforma, ne beneficerebbero in termini di impatto le due importanti iniziative legislative, il Digital Services Act e il Digital Markets Act, proposte dalla Commissione UE alla fine del 2020, approvate dal parlamento europeo nel luglio 2022 ed entrate in vigore nel novembre dello stesso anno.

Si tratta dei primi interventi organici formulati dall'Unione Europea dopo la direttiva sul commercio elettronico del 2000: hanno lo scopo di tutelare meglio i cittadini europei e di assicurare un mercato più competitivo nel settore della tecnologia. Il Digital Services Act impone agli intermediari di agire tempestivamente nei confronti dei contenuti illegali e garantisce maggiore trasparenza sui servizi, mentre il Digital Markets Act ha lo scopo di impedire comportamenti anticoncorrenziali da parte delle grandi piattaforme soprattutto riguardo all'uso dei dati a loro disposizione. Un tema rilevante emerso nel corso delle discussioni che hanno preceduto la presentazione della proposta è stato quello dell'interoperabilità, che rappresenterebbe una scelta radicale di apertura del mercato in linea con la tradizione europea. Con la loro iniziativa i governanti dell'Unione si dimostrano consapevoli che l'evoluzione del mercato della tecnologia non è coerente con i princìpi di competitività e di apertura che hanno da sempre ispirato l'azione dell'Europa.

La UE ha affrontato la questione del rapporto con i Gafa anche attraverso un altro progetto. Si tratta dell'iniziativa Gaia-X, che prevede la definizione dei requisiti tecnici minimi e dei servizi necessari a sviluppare un'infrastruttura di dati per l'Europa che garantisca la sovranità digitale dei paesi dell'Unione. Gli aspetti più importanti di questo concetto sono l'implementazione di meccanismi condivisi di accertamento dell'identità e di garanzia della sicurezza. Si tratta di fattori di grande rilievo per il futuro dell'uso di internet, in cui queste caratteristiche non sono presenti in modo nativo. Il progetto prevede anche l'integrazione degli standard esistenti così da garantire l'interoperabilità e la portabilità attraverso le diverse infrastrutture delle applicazioni e dei dati; e, infine, lo sviluppo di software *open source* e di standard che supportino gli operatori nell'accesso a un'infrastruttura sicura, federativa e interoperabile.

Coerentemente con le esigenze dell'Europa, il progetto Gaia-X dedica un'assoluta priorità ai temi dell'industria 4.0. Gli aspetti affrontati sono molteplici e vanno dalla manifattura intelligente allo sviluppo di piattaforme Iot (*Internet of things*, l'Internet delle cose, l'estensione del web al mondo degli oggetti), alla manutenzione predittiva. L'Europa correttamente punta a dotare la manifattura avanzata tradizionale, sulla quale conserva una posizione di assoluto vantaggio, delle migliori funzionalità garantite dalla nuova tecnologia digitale. La combinazione tra un sistema più aperto, l'eliminazione degli abusi che hanno caratterizzato finora lo sviluppo del digitale e il rafforzamento tecnologico dell'industria, di cui potranno beneficiare anche le piccole e medie imprese, certamente consentirà all'Europa di affrontare la sfida di un contesto globalizzato da una posizione di maggiore forza.

Per anni i grandi gruppi della Silicon Valley hanno combattuto contro ogni modifica del contesto normativo dell'era Clinton, dal quale hanno ricevuto enormi benefici, e si sono opposte ad ogni tipo di regolamentazione, argomentando che con l'introduzione di vincoli si sarebbe posto un freno al dinamismo imprenditoriale e allo sviluppo tecnologico. In realtà dobbiamo chiederci se innovazione e sviluppo non siano stati limitati dalle stesse piattaforme che, come vedremo in seguito, hanno acquisito tutte le nuove imprese che potevano in qualche modo consolidare ed espandere la loro posizione di mercato o rappresentare un futuro potenziale rischio sul piano della concorrenza. L'innovazione promossa dai giganti digitali si è concentrata soprattutto sugli strumenti che potevano rafforzare la dipendenza dei consumatori dalle loro piattaforme.

Con la crescita della consapevolezza dei rischi che l'assenza di regole creava, i gruppi di *Big tech* hanno reagito proponendo forme di autoregolamentazione. L'esempio più eclatante è stato, dopo l'assalto al Congresso del 6 gennaio 2021, la sospensione degli account Twitter, Facebook e YouTube di Donald Trump, sobillatore di quella rivolta violenta.

Da allora le reti sociali non fanno che pubblicare bollettini sul gran numero di video che, in base alle nuove regole, sono stati eliminati e degli account che sono stati chiusi perché colti a diffondere sistematicamente informazioni false o messaggi di odio. Ma Avaaz, un centro di ricerche non-profit di ispirazione progressista, esaminando queste nuove regole, ha calcolato che, se Facebook avesse introdotto fin dal marzo 2020 le attuali politiche di moderazione e i limiti all'uso degli algoritmi adottati dopo il 6 gennaio, avrebbe impedito la diffusione di oltre 10 miliardi di pagine di disinformazione.

Le piattaforme hanno goduto di una libertà che non ha precedenti nella storia del capitalismo, per incentivi diretti sul piano fiscale e normativo, per estensione del perimetro di assenza di regole e per durata nel tempo. Certamente Clinton e Gore, quando vararono gli strumenti giuridici che hanno consentito il loro sviluppo, non immaginavano il livello di concentrazione di potere economico e politico che grazie a questi strumenti si sarebbe creato. Il problema oggi è rappresentato dal fatto che le piattaforme hanno acquisito una dimensione e un potere anche politico tale da rendere difficilissimo ogni tentativo di ricondurre la loro attività all'interno di un sistema di regole e di vincoli come quello che caratterizza qualsiasi altra attività industriale. Gli orsi polari della metafora di Irving hanno lasciato il posto a nuove specie animali ben più feroci e aggressive.

5.
Un mondo di oligarchi

Mark Zuckerberg si era preparato con grande diligenza per l'audizione al Senato del 10 aprile 2018. Schiere di avvocati e comunicatori lo avevano addestrato a rispondere a tutte le prevedibili domande. Era la prima volta che doveva confrontarsi con dei politici in un contesto ostile. Lo scandalo di Cambridge Analytica, che aveva utilizzato i dati personali di 87 milioni di account Facebook per aiutare Donald Trump a vincere le elezioni del 2016, aveva suscitato sconcerto e preoccupazione nell'opinione pubblica internazionale e Zuckerberg era stato convocato per rendere conto di un accesso così vasto e indiscriminato a dati personali di oltre un terzo della popolazione adulta americana. Tutto filò liscio, fino a quando il senatore democratico Dick Durbin con aria severa gli pose una domanda del tutto inaspettata: "Ha problemi a dirci in quale hotel ha soggiornato questa notte a Washington?". Il fondatore e capo di Facebook, colto di sorpresa, balbettò, guardandosi intorno con aria imbarazzata, e poi, con un sorriso tirato, rispose che no, non avrebbe voluto condividere questa informazione.

Durbin non mollò: "E vorrebbe condividere con noi i nomi delle persone con le quali ha scambiato messaggi negli ultimi giorni?". Sempre più teso, Zuckerberg rispose nuovamente di no. "Ecco," fu la replica di Durbin, "il nocciolo della questione è proprio questo: il diritto alla privacy degli utenti, fino a che punto si può essere disposti a cederne una parte nell'America moderna in nome della connessione tra le persone di tutto il mondo. E anche quali dati vengono raccolti, a chi vengono ceduti e quanto controllo rimane a tutti noi."

Durante l'*hearing* in aula Zuckerberg venne bombardato di

domande. Alcune lo misero in forte difficoltà, come quella dell'allora senatrice Kamala Harris, che lo costrinse ad ammettere di aver sbagliato a non informare gli utenti interessati della fuga di dati finiti a società esterne. Ma lo scambio con Durbin fu il più significativo di quel confronto e forse può essere considerato il momento-simbolo del cambiamento d'umore dell'America nei confronti delle imprese dell'economia digitale.

Adorate per decenni soprattutto dai giovani che vedevano nascere davanti ai loro occhi un nuovo mondo, autoproclamatesi benefattrici dell'umanità – il *Don't be evil* di Google –, le società della Silicon Valley sono cresciute nella benevolenza generale. Simpatiche perché nate dal nulla, dal genio di ragazzi tecnologici, e soprattutto perché offrivano a tutti gratuitamente servizi capaci di rendere più facile la vita: dai motori di ricerca alle mappe interattive, passando per la posta elettronica e i luoghi di condivisione di rapporti interpersonali o di attività lavorative.

In realtà non erano mancati moniti di studiosi sul rischio che, in assenza di regole, alcuni meccanismi del mondo digitale avrebbero potuto avere effetti assai deleteri sulla società. Ma la percezione del ruolo di queste imprese, nel frattempo trasformatesi nei giganti di *Big tech*, in realtà è cambiata davvero solo negli ultimi anni. Due i fenomeni-chiave: l'elezione alla presidenza Usa di Donald Trump nel 2016 e la pandemia del 2020. L'ascesa dell'immobiliarista arrivato alla Casa Bianca anche grazie a un uso sapiente e spregiudicato di Twitter e a una campagna che ha sfruttato in modo massiccio le tecniche del *microtargeting* commerciale su sezioni limitate ma cruciali dell'elettorato americano ha aperto improvvisamente gli occhi a gran parte dei cittadini: per la prima volta si sono resi conto dell'enorme influenza esercitata dalle reti sociali su informazione e disinformazione politica, così come sulla radicalizzazione dei linguaggi e sulle divisioni della società in gruppi chiusi in *echo chamber* digitali, alimentate da algoritmi che inviano agli utenti solo messaggi e informazioni in linea con le loro convinzioni.

La lunga processione dei pentiti di Big tech

Prima di Trump, le opinioni degli accademici e anche dei tecnici "pentiti" che denunciavano gli eccessi dei giganti tecnologici, divenuti monopoli privi di regole e controlli, e l'impatto dei loro modelli di business sia sui comportamenti sociali, sia sui modi di apprendere e ragionare erano state facilmente derubricate dalle potenti lobby della Silicon Valley a vendette di dipendenti infedeli e a resistenze retrograde di intellettuali ostili al cambiamento. Dopo il 2016 tutto è cambiato, ma in modo graduale: prima l'elezione del tycoon nazionalista che ha sorpreso il mondo della tecnologia, in gran parte progressista, improvvisamente costretto a prendere atto di aver avuto un ruolo, più o meno consapevole, in fenomeni che hanno alterato il funzionamento della democrazia americana. Poi la rabbia provocata dall'infelice sortita di Zuckerberg che, qualche giorno dopo il voto, definì "piuttosto folle" l'idea che Facebook potesse aver avuto un peso sull'elezione di Trump. Salvo poi fare marcia indietro davanti all'evidenza di dati che dimostravano il contrario.

Ma ormai tra il personale delle stesse aziende tecnologiche aveva cominciato a diffondersi il malcontento: ingegneri e *computer scientists* convinti di essere al lavoro per il bene dell'umanità, per portare ovunque la democrazia sulle ali di internet, scoprivano di essere stati usati per creare, dietro i servizi offerti gratuitamente al pubblico, sistemi estremamente penetranti, efficienti e redditizi per monitorare e indirizzare i comportamenti dei cittadini. Sistemi che nella loro crescita avevano travolto l'industria dell'informazione e sabotato i delicati ingranaggi che fanno funzionare un sistema democratico.

Le imprese digitali avevano, infatti, applicato le loro tecniche commerciali anche alla politica, mostrandosi poi incapaci di contrastate l'azione di agenti esterni malevoli che avevano sfruttato i loro dati e le loro piattaforme (soprattutto Facebook) per alterare le dinamiche elettorali in America e in altri paesi del mondo, a partire dal voto britannico sulla Brexit.

La fase più drammatica fu proprio quella della primavera 2018, con lo scoppio dello scandalo di Cambridge Analytica: un'oscura compagnia britannica specializzata nel *microtargeting* applicato, anziché alla conquista di spazi commerciali, al sovvertimento di trend elettorali soprattutto in paesi fragili e vulnerabili, dai Caraibi al Sudest asiatico. Poi il salto di qualità: usando i dati personali di decine di milioni di utenti americani di Facebook, malamente protetti dalla società di Zuckerberg, Cambridge Analytica si era messa al servizio di Brad Parscale, allora capo dell'area digitale della campagna di Trump. Due anni dopo la sua elezione le inchieste di "Observer" e "Guardian" faranno emergere in modo dettagliato le tecniche usate dai gestori di questo enorme volume di dati per mandare messaggi "profilati" a limitati gruppi di elettori di alcuni collegi-chiave soprattutto negli Stati in bilico tra democratici e repubblicani. Per fare un esempio, bersagliando le comunità afroamericane che vivono in aree ad alto disagio sociale con inviti a non sprecare tempo andando alle urne ("tanto per noi non cambierà nulla"). Mentre un Gesù suadente e fonte di luce sollecitava i cristiani evangelici a votare in massa per bloccare l'avanzata di una sinistra blasfema.

Nel mondo della Silicon Valley si è passati così dalle prime voci autocritiche a una vera e propria valanga di "pentiti" della tecnologia. La missione fallita di Twitter è descritta nelle parole pronunciate dal cofondatore Evan Williams nel maggio 2017, in un'intervista al "New York Times": "Credevo che dare più libertà alla gente di scambiare idee e informazioni in rete bastasse di per sé a creare un mondo migliore. Sbagliavo, internet è a pezzi". Poi l'ex presidente di Facebook, Sean Parker, che si è definito obiettore di coscienza dei social media dopo aver visto come "Facebook e gli altri hanno costruito il loro successo sullo sfruttamento della vulnerabilità della psicologia umana: Dio solo sa cosa stanno facendo al cervello dei nostri figli". Nel mezzo, pentimenti e denunce di molti manager che hanno partecipato alla costruzione del mondo digitale nel quale viviamo: da Tristan Harris, ex *design ethicist* di Google ("i tecnici che hanno creato la tecnologia che ti spinge a consultare in continuazione il cellulare tra loro la chiamano *brain hacking*", hackeraggio del cervello) a Roger McNamee: "Ho investito e guadagnato molto con Google e Facebook nei primi anni, ma oggi mi rendo conto che, come nel caso del gioco d'azzardo, della nicotina, dell'alcol e dell'eroina, Facebook e Google (quest'ultima soprattutto attraverso YouTube) producono felicità di breve periodo con pesanti conseguenze negative nel lungo termine: gli utenti si accorgono dei segnali di dipendenza quando è troppo tardi. La giornata ha solo ventiquattr'ore e queste compagnie competono per conquistarne la maggior parte possibile. Per il Ceo di Netflix il principale concorrente non è Amazon con i suoi serial per la tv ma il sonno dei telespettatori".

Poi c'è Antonio García Martínez, che ha confessato: "Per due anni ho avuto l'incarico di trasformare i dati di Facebook in denaro, usando qualunque strumento legale. Se fate ricerche su internet o comprate oggetti in un negozio e poi trovate su Facebook delle pubblicità legate alle vostre ricerche e ai vostri acquisti, prendetevela con me: ho partecipato alla creazione di questa tecnologia". Passato nel campo dei pentiti, Martínez diceva di leggere con angoscia le notizie provenienti dall'Australia: in una riunione con gli inserzionisti pubblicitari che doveva restare riservata, Facebook aveva rivelato di avere la capacità di individuare i teenager più vulnerabili "perché tristi, stressati, depressi, insicuri, sconfitti". Una fragilità psicologica da utilizzare a fini commerciali. O strumentalizzabile anche a fini politici.

Infine, la confessione di Chamath Palihapitiya, ex vicepresidente di Facebook per la crescita degli utenti: ha dichiarato di sentirsi "tremendamente in colpa" per aver sviluppato le tecnologie che stavano "distruggendo il tessuto sociale". Per essere più chiari: a forza di like e pollici all'insù, "abbiamo creato un sistema di feedback alimentato dalla dopamina che distrugge il funzionamento della società. Niente più discorso civico, niente cooperazione. Al loro posto, disinformazione. E stravolgimento della realtà".

Pentimenti sinceri? Forse non sempre. Magari a volte vendette di dipendenti licenziati o ricerca di notorietà per lanciare nuove iniziative. Come il Palihapitiya della riscoperta della dimensione etica: le sue riflessioni morali trasformate in atti d'accusa forse servivano anche a dare lustro a Social Capital, la società di investimenti "dal volto umano" che aveva fondato e alle ambizioni politiche che avrebbe manifestato negli anni successivi.

Ma è la sostanza, la fondatezza delle denunce quella che conta. Dopo aver ignorato per lungo tempo le accuse di accademici e media, davanti a rilievi così circostanziati Facebook è stata costretta a uscire allo scoperto riconoscendo le sue responsabilità politiche e promettendo un'efficace autoregolamentazione. Poi, un sorprendente comunicato di risposta al suo ex vicepresidente: la società non sostiene che Palihapitiya dica il falso, ma si limita a notare che "quando Chamath era con noi eravamo un'azienda focalizzata sulla crescita. Allora eravamo una compagnia diversa. Ma lui è andato via sei anni fa. Oggi siamo cresciuti e siamo consapevoli delle nostre responsabilità". Insomma: errori di gioventù, siamo cambiati, fidatevi di noi.

E i danni fatti finora? Anche qui, dopo anni di silenzi, arriva un'ammissione attraverso un post del capo della ricerca del gruppo, David Ginsberg, e della ricercatrice Moira Burke: passare troppo tempo sui social media fa male. Per i maliziosi è solo una finta ammissione: i due, poi, sostengono che a far male è l'uso passivo dei social, mentre se uno è attivo, se interagisce con like, cuoricini e commenti, danni non ce ne sono. Sappiamo che non è vero, come è emerso da molti studi sull'uso compulsivo, o addirittura perverso, dei "mi piace", ma intanto un muro è stato infranto: si riconosce il valore di studi scientifici fin qui ignorati.

Per Mr LinkedIn le reti sociali creano dipendenza, come lo zucchero

Facebook, pur non negando di aver studiato le fragilità psicologiche dei ragazzi australiani, ha dichiarato che le notizie pubblicate erano fuorvianti: "Non offriamo [agli inserzionisti, *nda*] strumenti per bersagliare gli utenti sulla base del loro stato emotivo". Controreplica di Martínez: e allora perché "offrite sistemi di *targeting* basati su tecniche psicometriche per delimitare, nell'audience, dei sottoinsiemi più suscettibili al messaggio di un inserzionista?". Per la prima volta, dunque, qualcosa si stava muovendo nella Silicon Valley, ma è illusorio pensare che queste società, tenute a puntare soprattutto al profitto, possano trasformare i social in prodotti dotati di una coscienza. L'esempio più significativo di tale "sbadataggine etica" arriva dal fondatore di LinkedIn, Reid Hoffman. I social media creano dipendenza? Be', sì, un po', ammette. E poi minimizza: "È già successo altre volte, ad esempio con lo zucchero". Hoffman dimentica (o forse non sa) che mezzo secolo fa, ai tempi dell'esplosione del consumo di zucchero negli Usa, media e scienziati che ne sottolineavano i pericoli furono messi a tacere dalla lobby dei dolciumi e delle bibite. Risultato: oggi l'America è un paese con un alto tasso di obesità e un'epidemia di diabete, anche infantile, senza precedenti. Aspetteremo passivamente anche l'arrivo di un'epidemia di diabete digitale?

Gli anni successivi allo scandalo di Cambridge Analytica sono stati segnati da tentativi tardivi e parziali delle reti sociali di correre ai ripari, anche rendendo più severe le regole per l'uso dei loro servizi e assumendo eserciti di moderatori in carne e ossa dopo i falliti tentativi di Zuckerberg di affidare agli automatismi dell'intelligenza artificiale la sorveglianza dei contenuti immessi nelle sue piattaforme. Tentativi falliti perché, come vedremo, è la natura stessa del *business model* delle reti sociali che porta a valorizzare i contenuti più estremi e dirompenti, e perché il rapido progresso tecnologico ha consentito agli aggressori in rete di eludere i controlli trovando scorciatoie o aprendo, addirittura, capitoli nuovi come quello del *deepfake* (video o immagini che, grazie a software di intelligenza artificiale, riescono a ricreare i movimenti di un certo volto o corpo e a imitarne la voce in modo da far dire o fare a chiunque cose che non ha mai detto o fatto) o la produzione a ritmi industriali di teorie cospirative sempre più complesse e fantasiose rispetto alle quali pare lunare anche solo ipotizzare il ricorso alla verifica del *fact checking*.

L'epilogo è quello descritto nelle prime pagine di questo libro: la follia di QAnon, vista all'inizio come una piccola setta pittoresca e diventata in pochi mesi un movimento cospirazionista diffuso in varie parti del mondo e con milioni di seguaci in America, fino all'assalto al Congresso di Washington che ha fatto vacillare quella che è stata sempre considerata la più solida democrazia del pianeta.

Ed è così che, per la prima volta dall'alba di internet, anche negli Stati Uniti la politica si è messa a studiare seriamente la regolamentazione dell'universo digitale occupato dalle imprese di *Big tech*, tanto dal punto di vista delle norme antitrust quanto da quello della tutela della riservatezza, della proprietà dei dati personali e della manipolazione dei cittadini-utenti nel tentativo di rovesciare la scelta fatta negli anni Novanta di lasciare le mani completamente libere a questo nuovo settore.

Abbiamo già detto del suggestivo manifesto libertario di John Perry Barlow che, come Stewart Brand e gli altri pionieri-utopisti figli della controcultura californiana degli anni Sessanta e Settanta, aveva immaginato una trasformazione del capitalismo e dei rapporti di proprietà, a partire dall'evaporazione di quella intellettuale: un mondo virtuale nel quale, come citato in precedenza,"le merci possono essere rubate un numero infinito di volte e rimanere ugualmente in possesso del proprietario originale". Era la nascita del modello collaborativo, dello scambio *peer to peer*, in un mondo nel quale le società come Google, oggi un gigante monopolista, erano piccole, geniali startup (quella di Larry Page e Sergey Brin fu fondata nel 1998) che sfidavano il colosso Microsoft. Il giurista di Harvard Lawrence Lessig, uomo di legge e di tecnologia, aveva cercato addirittura di codificare un nuovo tipo di rapporti creando la licenza Creative Commons, con la quale i programmatori autorizzavano il libero utilizzo dei propri prodotti informatici: è così che è nata ad esempio Wikipedia.

Erano gli anni Novanta della presidenza Clinton: un'epoca di ottimismo e grandi speranze. Il periodo nel quale fiorisce la *Internet economy* e il governo americano vara le norme concepite per favorire la crescita della nuova industria digitale. È il periodo che vede anche uno straordinario sviluppo del *venture capital*. La riforma fiscale del 1997 negli Stati Uniti riduce drasticamente le tasse sui *capital gains* e spinge il capitale finanziario a puntare sulla crescita e la successiva cessione di aziende piuttosto che sui dividendi. La combinazione tra i vantaggi fiscali delle operazioni di cessione o di quotazione e le aspettative create dalla rivoluzione tecnologica fanno lievitare una gigantesca bolla speculativa. Viene finanziata qualsiasi tipo di startup che richiami nel nome un qualche rapporto con internet o con la banda larga. La bolla, però, esplode nel marzo 2000 lasciando sul terreno morti e feriti. Tra il 2000 e il 2002 il mercato perde 5mila miliardi di dollari di capitalizzazione. Scompare un'intera generazione di investitori che avevano puntato in molti casi su etichette prive di contenuto ma anche su gigantesche infrastrutture tecnologiche, tra le quali moltissime reti in fibra ottica che non avevano prospettive di ricavo perché non esistevano servizi in grado di assorbire quell'enorme disponibilità di banda.

La PayPal Mafia di Musk, Thiel e Hoffman

Ma il 2000 non è un momento di svolta solo per gli effetti finanziari dello scoppio della *Internet bubble.* Cambia anche la prospettiva d'investimento. Lo scoppio della bolla aveva reso disponibile banda larga, capacità di processamento di dati, potenza di memoria e spazi di archiviazione a sufficienza per poter costruire nuovi prodotti capaci di entrare prepotentemente nelle nostre vite. I grandi fondi di *venture capital* sopravvissuti alla crisi come Sequoia e Kleiner Perkins beneficiano della maggiore razionalità del mercato mentre nascono nuovi fondi con un modello di business più orientato a sostenere gli imprenditori innovativi con una serie di servizi essenziali per promuovere la crescita delle loro imprese.

A fare da apripista di questa nuova era fu la cosiddetta "PayPal Mafia" guidata da Elon Musk, Peter Thiel e Reid Hoffman. Questi imprenditori, fondatori e manager del rivoluzionario sistema di pagamento elettronico PayPal, sono stati i principali artefici della trasformazione della Silicon Valley grazie a due intuizioni: capirono che internet stava evolvendo da un sistema di pagine a una rete di persone, il Web 2.0. E furono anche i primi a rendersi conto che molte barriere tecnologiche stavano svanendo: si stava entrando nell'era delle grandi piattaforme digitali. Con conseguenze economiche significative, a partire dal forte abbattimento dei costi da affrontare per creare una startup innovativa. Ed è proprio l'inizio di questa nuova era che aprì la strada alla nascita di reti sociali come LinkedIn (fondata dallo stesso Hoffman) e Facebook, portata sul mercato nel 2004 da Mark Zuckerberg.

Nel frattempo cominciano a circolare i primi smartphone, che diventano rapidamente un prodotto di massa. Internet non è più una rete che collega solo dei computer: unisce tra loro degli oggetti di straordinaria utilità che ognuno porta sempre con sé.

Vengono sviluppate nuove funzionalità che grazie ai "cellulari intelligenti" hanno una rapida diffusione. Chi ha successo diventa presto leader di mercati mondiali. L'internet degli anni Novanta – un sistema aperto nel quale ognuno poteva introdurre innovazioni, quello che il giurista di Harvard Jonathan Zittrain aveva definito "modello generativo" – viene sostituito da un nuovo modello molto più omogeneo e accentrato, controllato dall'alto.

In questo periodo avviene anche la mutazione genetica del sistema dell'informazione, con il ruolo crescente delle piattaforme digitali che desertificano il mondo dell'editoria e trasformano i meccanismi in base ai quali si forma l'opinione pubblica. Il contributo più rilevante lo dà Facebook con l'introduzione del sistema News Feed: gli utenti non sono più ricercatori attivi ma diventano passivi ricevitori di informazioni selezionate da un algoritmo che studia gli orientamenti dell'utente e gli sottopone solo messaggi in sintonia con il suo modo di vedere le cose. Dal punto di vista del business ha senso, ma è un meccanismo che, anziché stimolare il pensiero critico dei cittadini-utenti, lo reprime. Mentre la maggior forza d'attrazione esercitata dai contenuti dirompenti e dai giudizi perentori rispetto a un'analisi pacata e articolata favorisce la radicalizzazione delle opinioni.

Cambia profondamente anche la mentalità degli apripista della nuova cultura digitale: imprenditori libertari, eredi pragmatici dell'era hippie come i due fondatori di Google, Page e Brin, e lo stesso Steve Jobs di Apple, smettono di considerarsi dei pionieri benefattori: come i moschettieri della PayPal Mafia, anche loro passano da un atteggiamento libertario più o meno scanzonato a comportamenti molto più vicini al liberismo individualista di Ayn Rand. Di fatto, la filosofia *Don't be evil* muore già con la quotazione della società a Wall Street, nel 2004.

Le startup *friendly* che avevano sfidato il Golia Microsoft di Bill Gates diventano a loro volta i giganti di *Big tech*: si comportano come monopoli e a volte lo sono, mentre le reti sociali continuano, inesorabili, a dissanguare l'industria dell'informazione sottraendole traffico e risorse pubblicitarie.

Da benefattori a nuovi robber barons

Non si tratta di fenomeni privi di precedenti: già alla fine dell'Ottocento l'America era stata terreno di conquista del capitalismo monopolista dei Rockefeller, dei Carnegie, dei Vanderbilt. Ma il sistema politico aveva saputo reagire con lo Sherman Act, la prima legge antitrust del 1890 e poi, all'inizio del Novecento, con l'azione di Theodore Roosevelt – un presidente conservatore ma dalle idee ben chiare sui rischi anche politici legati alla creazione di grandi centri di potere economico –, che aveva cominciato materialmente a smontare i monopoli.

Quanto all'altro nodo cruciale, la trasformazione dell'informazione, la diffusione delle prime gazzette stampate, nel Settecento, diede forte sostegno alla nascente democrazia americana, ma anche potere a chiunque fosse proprietario di una tipografia. Nell'Ottocento, in un'era caratterizzata da una crescita dell'editoria tumultuosa e senza regole, insieme ai giornali si diffusero anche disinformazione e calunnie. Politici e editori corsero ai ripari: alla stampa non furono messi limiti, ma venne considerata responsabile davanti alla legge per i contenuti diffamatori pubblicati, mentre gli editori si diedero dei codici di condotta, creando così un sistema più ordinato, pur nel rispetto dell'assoluta libertà di parola, tutelata dal Primo emendamento.

Nell'era di internet, invece, niente regole: i monopoli digitali hanno potuto crescere indisturbati grazie alla blanda tutela della privacy e al profondo mutamento della giurisprudenza antitrust della Corte Suprema che ha preso corpo a partire dagli anni Ottanta, sotto l'influenza della Scuola di Chicago.

Questo aspetto merita maggiore attenzione. Prima di Friedman e Bork, del quale abbiamo parlato in precedenza, la politica antitrust prendeva le mosse dall'analisi dei mercati rilevanti. Un grado di concentrazione elevato, una politica di acquisizioni troppo spinta, pratiche commerciali aggressive attiravano l'attenzione delle autorità e spesso comportavano sanzioni o la richiesta di rimedi. Negli ultimi trent'anni si è invece guardato solo alla dinamica dei prezzi. Se erano bassi o scendevano, non c'era alcun bisogno di intervenire. Particolarmente significativo è stato il mutato atteggiamento dell'autorità nei confronti della politica di prezzi predatori esplicitamente vietata dallo Sherman Act e dal Clayton Act agli inizi del Novecento, soprattutto per combattere i trust petroliferi.

La Scuola di Chicago teorizzava che l'incertezza degli effetti di una politica di aggressiva riduzione dei prezzi come strumento competitivo non la rendesse degna di attenzione sul piano antitrust. Tali orientamenti adottati dalla Corte Suprema hanno favorito società, come Amazon, che hanno potuto godere di grande libertà nel promuovere politiche di prezzo aggressive, finalizzate a far uscire concorrenti dal mercato. Politiche che, pur avendo costi elevati nel breve periodo, hanno goduto del sostegno dei mercati finanziari consapevoli che il rafforzamento del monopolio avrebbe consentito maggiori profitti nel medio e lungo termine.

Analogo ragionamento vale per le scelte di integrazione verticale (cioè l'acquisizione di attività a monte e a valle della propria produzione come nel caso dell'industria che compra le reti di distribuzione) dettate dalla possibilità di sfruttare la posizione dominante raggiunta in un certo campo per entrare in altri settori. Anche qui la Scuola di Chicago ha influenzato la normativa antitrust, con l'argomento che l'integrazione verticale non inciderebbe sulla politica dei prezzi praticata da un'azienda. Così Facebook ha potuto acquisire WhatsApp e Instagram rafforzando non solo la propria posizione nei social media, ma allargandola alla comunicazione. Google ha inglobato Waze rinsaldando la propria leadership nelle mappe. Amazon ha comprato Whole Foods costruendo una solida posizione anche nel *retail* tradizionale.

Una situazione radicalmente diversa rispetto alle scelte compiute nel passato dall'antitrust americano nei confronti di Ibm. L'effetto di questa evoluzione tanto sul piano politico quanto su quello della giurisprudenza ha prodotto la crescita di un sistema di imprese monopolistiche che oggi dominano il mercato e rifiutano interferenze dello Stato e vincoli regolatori. Schmidt, Brin e Page di Google-Alphabet lo hanno teorizzato: le società tecnologiche si muovono più in fretta di quanto lo Stato ci metta a capire; ogni tentativo di intervenire dei governi è dannoso per lo sviluppo economico; la regolazione è una forza negativa: l'assenza di leggi è necessaria per l'innovazione tecnologica.

Il pensiero di Eric Schmidt, ex presidente di Google, è ben riassunto in un'intervista al "Washington Post" nella quale afferma che la tecnologia si muove tre volte più in fretta del business normale, mentre il governo si muove tre volte più lentamente. Quindi c'è un gap di nove volte e per questo motivo è necessario che il governo se ne stia alla larga dalla tecnologia ed eviti di rallentare il business. Larry Page nel 2013 è stato anche più esplicito: "Vecchie istituzioni come le leggi non stanno al passo con il progresso tecnologico: se una legge è vecchia di cinquant'anni certamente non è adatta al nostro mondo".

Per Google, come per la Standard Oil nell'Ottocento, le leggi sono un ostacolo

È il mondo dei *robber barons* della fine dell'Ottocento. John Rockefeller, il fondatore della Standard Oil, sosteneva che la sua immensa fortuna fosse il risultato della legge naturale dello sviluppo dei mercati e che era dovere di tutti riaffermare i diritti del capitale e impedire che i rappresentanti eletti al Congresso definissero politiche per limitare la libertà d'azione dei capitalisti. Le loro industrie dovevano autoregolarsi e, laddove si fosse intervenuto con leggi, le conseguenze sarebbero state estremamente negative per la nazione.

Il cambiamento di cultura politica ed economica è stato talmente radicale da consentire a Peter Thiel di scuotere il sistema con un saggio, pubblicato dal "Wall Street Journal", estremamente provocatorio fin dal suo titolo: *Competition is for Losers*, la competizione è roba da perdenti. Datato 2014, questa sorta di manifesto è un'ode alle virtù del monopolio, descritto come l'unico modo efficiente per far avanzare speditamente il progresso tecnologico: grandi profitti monopolistici che consentono di reinvestire con audacia e di assumersi, senza grandi patemi d'animo, i rischi di eventuali fallimenti.

I pericoli di questa situazione si sono fatti sempre più evidenti prima dell'elezione di Trump del 2016, ma ormai le imprese digitali erano divenute onnipotenti (e benvolute): l'Europa, allenata al confronto con i colossi digitali fin dai tempi (2004) del procedimento dell'allora commissario alla concorrenza Mario Monti per abusi di posizione dominante. Anche l'Italia si è mossa con decisione per contrastare gli eccessi di *Big tech*, a partire dal procedimento per abuso di posizione dominante del 2018 con il quale la commissione ha inflitto una sanzione di 4,34 miliardi di euro a Google per le restrizioni che la società ha imposto ai produttori di dispositivi mobili che utilizzavano Android e per l'ostruzione illecita allo sviluppo e alla distribuzione di sistemi concorrenti. A questa sanzione si è aggiunta quella da 1,49 miliardi di euro, sempre nei confronti di Google, comunicata nel 2019 per abuso di posizione dominante relativa al servizio AdSense. Ma procedimenti per abuso di posizione dominante sono stati avviati anche da altre autorità antitrust europee. L'autorità francese ha disposto una sanzione da 220 milioni di euro a danno di Google per aver favorito i propri servizi nel settore della pubblicità online. L'autorità tedesca ha invece accertato che Facebook ha integrato i dati dei propri clienti raccolti da piattaforme diverse e da applicazioni di terze parti senza il loro consenso.

Particolarmente significativo l'intervento dell'autorità antitrust italiana che nel 2021 ha inflitto ad Amazon una sanzione per abuso di posizione dominante relativa alle interazioni tra

Market Place servizio Prime e logistica FBA. L'America si è invece mossa in modo molto diverso. All'inizio sembravano funzionare i meccanismi di mercato. Addirittura in maniera fin troppo rapida e spietata: America On Line (Aol) era la padrona dell'universo digitale, ma il suo regno durerà assai poco. Come abbiamo visto nel capitolo precedente altre imprese che sembravano destinate a un ruolo da protagoniste si rivelano meteore: da Netscape ad AltaVista passando per MySpace che, divenuta leader mondiale delle reti sociali, viene acquistata per 580 milioni di dollari da Rupert Murdoch. Poco dopo Facebook la spazza via.

Il giurista della Columbia University Tim Wu, lo studioso del web che ha aperto il dibattito in America sulla *net neutrality* (la parità di trattamento – in termini di velocità e qualità di connessione – per tutti gli utilizzatori di internet), nel suo saggio *The Curse of Bigness: Antitrust in the New Gilded Age* ricorda come in quell'epoca pionieristica un'impresa nata da tre anni veniva già considerata di mezz'età, mentre una di cinque era data per prossima alla morte: "Quello delle barriere d'entrata era un concetto finito con il Ventesimo secolo. Ora c'era competizione ovunque, alla distanza di un click. E anche se un'impresa sembrava diventare per un po' dominante, non c'era da preoccuparsi: aziende come Facebook e Google non facevano pagare nulla, si presentavano quasi come società filantropiche. E chi denuncerebbe mai la Croce Rossa in quanto monopolio mentre cerca di aiutare le vittime di una catastrofe?".

Ma le cose ben presto cambiarono: tolta di mezzo MySpace, Facebook si consolidò e, quando spuntò la minaccia di una nuova rete sociale basata sulle immagini anziché sui testi e capace di crescere più rapidamente, Instagram, la neutralizzò comprandola, per un miliardo di dollari.

Siamo nel 2010: toccherebbe all'Amministrazione Obama intervenire. Ma Barack – definito "il primo presidente digitale" della storia americana anche se lui usa soltanto un telefonino Blackberry – è stato eletto con il sostegno delle compagnie della Silicon Valley: alla parte digitale della sua campagna elettorale ha lavorato anche Chris Hughes, cofondatore di Facebook, mentre Eric Schmidt, presidente esecutivo di Google, ha fatto addirittura parte del team della transizione che prepara i programmi del nuovo governo nelle settimane che dividono l'elezione di Obama dall'inaugurazione della sua presidenza.

Più che a regolamentare, Obama pensa a cercare di dare connotazioni digitali alla sua leadership. È lo stesso Wu a raccontare che le autorità americane esaminarono la possibilità di un abuso di posizione dominante di Facebook e archiviarono il caso senza mai rendere pubbliche le loro valutazioni. Ma vennero rese note quelle dell'authority della Gran Bretagna che si attivò sullo stesso caso e arrivò alle stesse conclusioni assolutorie. Per gli inglesi Facebook, a differenza di Instagram, non possedeva una grossa app fotografica mentre Instagram, a differenza di Facebook, non aveva sviluppato un consistente fatturato pubblicitario: quindi le due società non erano concorrenti. Una conclusione assurda, scrive Wu: "Qualunque teenager, uno dei tanti che stavano passando da una piattaforma all'altra, avrebbe potuto testimoniare il contrario".

L'Amministrazione Obama non si muove, e non si muoverà nemmeno nel 2014, quando Facebook comprerà (per 19 miliardi di dollari) anche WhatsApp, creando le condizioni per arrivare a controllare, come gruppo, i tre quarti delle reti sociali mondiali. Una supremazia schiacciante che non troverà praticamente limiti, almeno fino all'esplosione di TikTok.

Tim Wu: un riformatore alla Casa Bianca di Biden

Complessivamente, racconta Tim Wu nel suo saggio (che è del 2018), "Facebook ha fatto 67 acquisizioni di imprese senza incontrare resistenza. Se la cosa vi colpisce, pensate che Amazon ne ha fatte 91 e Google addirittura 214. Così è nata un'industria dominata da trust giganteschi: Google per i motori di ricerca e le industrie correlate, Facebook per le reti sociali, Amazon per il commercio online". Il giurista nota con ironia che i grandi imprenditori che all'inizio inneggiavano agli ideali originali di internet – l'apertura totale e addirittura il caos – all'improvviso scoprono le virtù del monopolio. Oggi Tim Wu è alla Casa Bianca, consigliere del presidente Biden per la tecnologia e la riforma della sua legislazione. Uno dei segnali più nitidi con i quali si vuole affermare che il cambio di stagione è iniziato.

Nei quattro, caotici anni della presidenza Trump la presa di coscienza della forza eccessiva di giganti digitali spesso più potenti degli Stati stessi (a metà del 2020 il gruppo Facebook aveva 2,7 miliardi di utenti attivi nel mondo, mentre YouTube di proprietà Google ne aveva 2,3 miliardi) è diventato uno dei punti sui quali democratici e repubblicani, divisi su quasi tutto, si sono trovati d'accordo. Ciò ha portato all'avvio di una serie infinita di indagini parlamentari federali, contestazioni e procedimenti giudiziari aperti perlopiù, a livello locale, dagli *attorney general* (i capi della pubblica accusa) di decine di Stati dell'Unione a guida sia democratica sia repubblicana.

Ma nei primi due anni della presidenza Biden, come detto, sul piano legislativo non è cambiato nulla, anche se al Congresso sono state presentate almeno cinque proposte di riforma. Mentre i democratici puntavano a rivitalizzare la legislazione antimonopolistica, cercando al tempo stesso di chiudere i varchi attraverso i quali entità straniere (specialmente russe, ma anche iraniane e cinesi) hanno interferito sui processi elettorali e perfino sul normale dibattito democratico, i repubblicani hanno seguito un'altra strategia: convinti che l'orientamento prevalentemente progressista di capi e dipendenti delle reti sociali influenzasse anche l'attività di selezione dei contenuti immessi in rete, hanno cominciato a minacciare provvedimenti restrittivi soprattutto per ottenere l'eliminazione dei filtri che le piattaforme considerano, invece, indispensabili per bloccare i post che violano le loro regole di servizio.

Una situazione che si è radicalizzata alla vigilia del voto per la Casa Bianca del 2020 e poi ancor più dopo la sconfitta di Trump, mai accettata da quest'ultimo, che ha continuato a parlare di "elezioni rubate": ciò ha spinto Facebook, Twitter e Google-YouTube prima ad avvertire che i messaggi del leader erano discutibili, poi a eliminare quelli più estremi e, infine, a sospendere i suoi account dopo il discorso incendiario da lui pronunciato prima dell'assalto al Congresso del 6 gennaio 2021.

Le dure reazioni della destra hanno reso ancor più difficile il lavoro di chi ha provato a costruire un consenso *bipartisan* almeno su alcuni interventi limitati. Alla Camera l'approfondito rapporto sul comportamento dei giganti digitali in tema di concorrenza redatto alla fine dell'era Trump dal sottocomitato antitrust della Camera dopo un anno di indagini è stato alla base della raffica di interventi legislativi elaborati da questa commissione, guidata, durante la legislatura iniziata nel 2020, dal deputato democratico David Cicilline. La stessa commissione ha anche presentato una proposta di legge per cercare di bloccare il progressivo strangolamento della stampa locale consentendo alle piccole testate di negoziare collettivamente con Facebook, Google e le altre reti sociali per ottenere un'adeguata valorizzazione dei loro contenuti giornalistici diffusi da questi giganti sulle loro piattaforme. La misura riscuoteva un ampio consenso, ma alla fine non è passata comunque.

Intanto, al Senato, anche Amy Klobuchar, senatrice del Minnesota e presidente della Commissione Regole, ha presentato un disegno di legge organico di rivitalizzazione della legislazione antimonopolistica denominato Competition and Antitrust Law Enforcement Reform Act, sul quale, oltre a coagulare un ampio consenso in campo democratico, ha ottenuto la collaborazione di alcuni senatori repubblicani come il trumpiano Josh Hawley: un politico talmente deciso a intervenire su *Big tech* da essere arrivato a proporre, con un emendamento alla legge di bilancio, di vietare a questi gruppi altre fusioni e acquisizioni di imprese.

Anche qui, grande semina di Klobuchar, ma per il raccolto bisogna sperare nella nuova legislatura. Sul fronte della responsabilizzazione delle grandi piattaforme per i contenuti immessi in rete, poi, è forte la pressione tanto a destra quanto a sinistra per l'abolizione della cosiddetta "Section 230": la norma inserita nel Communications Decency Act del 1996 che ha fin qui garantito alle reti sociali la totale impunità per tutto ciò che gli utenti fanno circolare nei propri canali, anche se si tratta di contenuti falsi, offensivi o calunniosi.

Apparentemente anche in questo caso la strada sembrava aperta, visto che perfino Facebook-Meta – scottata dalle reazioni contrastanti ma sempre furibonde che le sono piovute addosso per la gestione del caso Trump – ha condotto per mesi una campagna pubblicitaria martellante nella quale ha invitato la politica a tornare in campo e a regolamentare la comunicazione che ha un'incidenza significativa sulla vita democratica.

Non mancano dubbi sulla sincerità di queste intenzioni: molti temono che dietro le dichiarazioni di disponibilità più volte fatte, oltre che da Mark Zuckerberg, anche dal Ceo di Google-Alphabet, Sundar Pichai, ci sia, in realtà, la speranza di riuscire ad assecondare un percorso legislativo fatto solo di ritocchi: più cosmesi che riforme.

Il tempo della benevolenza e della scarsa consapevolezza dell'opinione pubblica, però, è finito: l'impatto dirompente della tecnologia e dell'automazione sul mercato del lavoro è sempre più evidente, come anche la distribuzione estremamente diseguale della ricchezza prodotta dalla rivoluzione digitale. La crescente precarizzazione del lavoro, le nuove povertà, la necessità di poter contare su un salario relativamente stabile pongono con urgenza nuovi temi nelle agende politiche dei governi di tutto il mondo.

Nel 2022, poi, come vedremo nel prossimo capitolo, la tempestosa acquisizione di Twitter da parte di Elon Musk ha prodotto ulteriori sconvolgimenti con il tycoon delle auto elettriche e dei missili che ha provato a trasferire la sua cultura ingegneristica nel campo delle scienze sociali e nei rapporti con la comunità: dalla pretesa di una disciplina ferrea e dedizione assoluta nel rapporto di lavoro al suo "assolutista del *free speech*" con il conseguente rischio di trasformare una piattaforma privata dei sistemi di moderazione dei contenuti in una pattumiera zeppa di linguaggi di odio, razzismo, calunnie, falsità e teorie cospirative.

Mentre il Congresso gira a vuoto, una legge del Texas può cambiare (in peggio) internet

Nel frattempo è arrivata l'era della pandemia, che per un paio d'anni, prima del crollo borsistico del 2022, ha rafforzato sul piano economico i grandi protagonisti delle tecnologie digitali, ma li ha anche indeboliti sul piano politico. Nel 2020, anno devastato dal coronavirus, il valore delle sette maggiori corporation tecnologiche Usa è letteralmente esploso: Apple, Microsoft, Amazon, Alphabet-Google, Facebook Tesla e Nvidia hanno complessivamente aggiunto ben 3400 miliardi di dollari alla loro capitalizzazione di Borsa, una cifra pari alla somma del Pil dell'Italia e della Spagna (dati 2019).

Questo perché i distanziamenti e la sostituzione di molte attività fisiche con mansioni virtuali ha accresciuto enormemente il ruolo strategico delle grandi imprese digitali: maggior valore economico, maggiore peso, ma anche maggiori responsabilità sociali e politiche.

L'accusa mossa ad Amazon di fare concorrenza sleale nei confronti delle imprese che sono sue stesse clienti o quella rivolta al motore di ricerca di Google di non trattare tutti gli utenti pariteticamente quando fissa una scala di visibilità, riguardava, fino a qualche tempo fa, solo le imprese che preferivano vendere online anziché utilizzare i canali tradizionali del commercio fisico. Con la pandemia che ha sigillato le saracinesche trasferendo per molto tempo quasi tutto sul web, il problema è divenuto universale. E, quindi, ineludibile per la politica.

Ma se il Congresso non riesce a decidere, nel vuoto lasciato dalla legislazione federale si inseriscono i singoli Stati con misure che, comunque le si giudichino nel merito, rischiano di generare caos. E di trasferire altrove, magari alla Corte Suprema, scelte che spetterebbero al legislatore.

Si spiega così il grande nervosismo di *Big tech* che negli ultimi tempi, oltre ad aver visto ridimensionato il valore borsistico delle sue azioni al pari e a volte oltre i settori non di alta tecnologia, si è sentita assediata, più che dal Congresso federale (ormai presidiato da legioni di lobbisti della Silicon Valley), dalle amministrazioni locali: la California ha varato una sua legge sulla tutela della privacy che impone alle piattaforme limitazioni inesistenti in altre parti degli Usa, mentre nell'ottobre del 2020 il ministero della Giustizia si è unito a 11 Stati nell'avvio di una causa federale antitrust contro Google, accusata di abusi monopolistici nella gestione del suo motore di ricerca. Due mesi dopo la Federal Trade Commission, l'authority federale per la concorrenza, ha denunciato Facebook per pratiche anticompetitive, subito seguita dagli *attorney general* di ben 48 Stati dell'Unione. Poco dopo è partita un'altra denuncia di 38 di questi capi delle procure degli Stati, di nuovo contro Google, accusata di aver utilizzato il suo motore di ricerca per privilegiare il proprio servizio a danno delle imprese rivali. Nel novembre 2022, poi, Google ha accettato di pagare un indennizzo record di 391,5 milioni di dollari per chiudere un'altra causa intentata dagli *attorney general* di 40 Stati dell'Unione per violazione della privacy in materia di localizzazione: utenti i cui movimenti venivano registrati anche quando disattivavano, nel loro account, la funzione di tracciamento della posizione.

Ma la minaccia più seria per l'operatività delle reti sociali viene dalla legge, cosiddetta "anticensura", varata nel settembre del 2021 dallo Stato del Texas, che vieta alle grandi piattaforme (quelle con più di 50 milioni di utenti a livello federale) di continuare a eliminare attraverso l'opera dei loro moderatori i contenuti considerati in contrasto con i termini di servizio che ogni società si è data. Cioè le regole che, in assenza di una normativa pubblica, ogni rete sociale ha cominciato a imporre ai suoi utenti per arginare degenerazioni come la diffusione di falsità, calunnie, odio, pedopornografia. Oltre alle infiltrazioni malevole di potenze straniere e di organizzazioni terroristiche.

La maggioranza repubblicana del parlamento del Texas, convinta che dietro queste buone intenzioni ci sia, in realtà, la volontà delle reti sociali (dirette da manager prevalentemente democratici) di censurare i contenuti messi in rete dai conservatori, ha vietato, nello Stato, il ricorso al filtro dai moderatori. Le società di *Big tech* hanno fatto ricorso contro la legge sostenendo che il divieto di usare algoritmi e moderatori per eliminare i contenuti giudicati gravemente dannosi violi il loro diritto a esercitare un controllo editoriale garantito dal Primo emendamento, e che trasformerà il web, già ora responsabile di molte degenerazioni, in un pozzo nero di nefandezze.

Più che la legge texana in sé, difficile da applicare in un solo Stato, a preoccupare sono le battaglie giudiziarie che si sono scatenate su questo provvedimento e su una legge in parte simile votata dalla Florida. In tutti e due gli Stati tribunali e corti d'appello hanno preso decisioni contrastanti su tali normative aprendo la strada a un intervento della Corte Suprema dominata (ora e per molti anni a venire) da una maggioranza fortemente conservatrice. Un suo giudizio avverso ai gruppi della Silicon Valley (non scontato, visto che alcuni suoi giudici, anche conservatori, in passato hanno riconosciuto alle imprese editoriali ampi poteri di intervento sui contenuti diffusi) avrebbe inevitabilmente effetti che vanno molto oltre Texas e Florida.

Le conseguenze per internet sarebbero imponenti, ma oggi i big digitali pagano decenni di scelte contraddittorie: queste società hanno difeso a lungo il principio della loro totale irresponsabilità per ciò che circola sulle loro piattaforme, sostenendo di essere dei semplici collettori, geneticamente diversi dagli editori che gestiscono *media companies* e che scelgono cosa pubblicare. Poi, davanti all'invasione di contenuti immondi, hanno cominciato a filtrare, sostenendo di avere il diritto di fare scelte discrezionali: l'ammissione di essere *media company*. Ora sta arrivando la resa dei conti.

6.
Serve ancora l'antitrust nell'era dei giganti?

Le prime sette società americane quotate (dati di metà 2022) sono tutte imprese delle tecnologie digitali: Apple, Microsoft, Alphabet (Google), Amazon, Tesla (le vetture elettriche di Elon Musk considerate computer su quattro ruote), Meta (Facebook) e Nvidia. Imprese innovative, spesso monopoliste, con un potere enorme e un valore complessivo pari a quasi un quarto dell'intera capitalizzazione delle Borse Usa (dato che ha subìto qualche modificazione nei mesi successivi, tra calo delle quotazioni nei mercati azionari e crisi energetica).

Non si era mai visto, nella storia universale, tanto potere concentrato nelle mani dei capi di poche aziende che controllano conoscenza, informazione, socializzazione e pubblicità in gran parte del mondo. Ma quello delle concentrazioni monopoliste non è di certo un problema nuovo per il capitalismo americano.

Nel mezzo secolo tra la fine della Guerra civile, nel 1865, e l'inizio della Prima guerra mondiale (1914, anche se l'intervento americano è del 1917) un gruppo di imprenditori di grandi ambizioni e pochi scrupoli trasformò gli Stati Uniti da paese di contadini e allevatori in potenza industriale. Ferrovie, acciaio, banche, industrializzazione della catena alimentare, petrolio portano i nomi di John Jacob Astor (ed eredi), Cornelius Vanderbilt, Andrew Carnegie, John D. Rockefeller, Jay Gould, J.P. Morgan, Andrew Mellon, Henry Clay Frick, George M. Pullman. Musei, biblioteche, teatri e tante altre istituzioni culturali create con i loro lasciti non sono valsi ad ammorbidire il giudizio storico su personaggi ricordati come i *robber barons* dell'economia americana: grandi costruttori e grandi sfruttatori dei lavoratori, delle risorse naturali e di quelle pubbliche, più forti della politica e delle norme dello Stato. Fino a quando lo Stato reagì con il varo di leggi antitrust e riuscì, non senza fatica, ad applicarle, smontando alcuni monopoli.

Norme antimonopoli per i vecchi robber barons

L'America, patria del liberismo, ha cercato di correggere i suoi eccessi con tre interventi legislativi: a fine Ottocento con lo Sherman Antitrust Act del 1890, varato otto anni dopo la nascita del primo trust – quello della Standard Oil di Rockefeller –, creato per convincere i concorrenti a cedere il controllo delle loro aziende petrolifere in cambio di un lauto reddito garantito. Inizialmente efficaci, i vincoli dello Sherman Act cominciarono ben presto a essere aggirati dai baroni del capitalismo rampante, soprattutto con il ricorso alla creazione di holding. Theodore Roosevelt, presidente degli Stati Uniti nel primo decennio del Novecento, riuscì a smembrare alcuni oligopoli – soprattutto nelle ferrovie e nel mercato della carne che sei compagnie nazionali si erano spartite con un accordo segreto – mentre ne tollerò altri. La battaglia contro il trust petrolifero dei Rockefeller durò quasi vent'anni: dal tentativo fatto nel 1892 dallo Stato dell'Ohio di applicare lo Sherman Act alla sentenza della Corte Suprema che nel 1911, al termine di una lunga battaglia giudiziaria, decretò lo smembramento della Standard Oil in 34 società indipendenti: tra esse Exxon, Mobil, Chevron, Amoco e Conoco.

Nel 1914, sotto la presidenza di Woodrow Wilson, la legge del 1890 fu integrata con altri due provvedimenti: il Federal Trade Commission Act e il Clayton Antitrust Act. Due norme volte a chiudere le falle lasciate aperte dallo Sherman Act e a dare maggiore efficacia alla nuova legislazione creando un organismo permanente di tutela dei mercati e dei consumatori. Norme che hanno funzionato abbastanza bene tra le due guerre mondiali e poi ancora fino all'inizio degli anni Ottanta. L'ultimo intervento significativo fu la cancellazione del monopolio telefonico dell'American Telephone and Telegraph (AT&T) nel 1984 dopo una battaglia legale durata un decennio.

Negli ultimi quarant'anni, come abbiamo visto, il quadro è stato capovolto.

Un dato illustra meglio di ogni ricostruzione storica il cambio di atteggiamento delle authority americane: da oltre un quarto di secolo – da quando, cioè, le imprese digitali sono nate o hanno comunque preso consistenza, le agenzie federali per il controllo del mercato non hanno bloccato nemmeno una delle oltre 500 acquisizioni di aziende fatte da Facebook, Google, Amazon e Apple.

Regulators *su un binario morto nell'era della Silicon Valley. Il caso Giphy*

Se oggi, ad esempio, si discute della possibilità (puramente teorica) di imporre a Facebook di cedere una o più delle sue reti – Instagram, WhatsApp o Messenger – con le quali il gruppo era arrivato a controllare più del 75 per cento del mercato Usa dei social network prima dell'esplosione del fenomeno TikTok, nessuno, al tempo di quelle acquisizioni miliardarie, si chiese seriamente se Mark Zuckerberg stesse comprando le suddette società giovani e promettenti per migliorare il suo servizio o per togliere potenziali concorrenti dal mercato. Come abbiamo visto anche dai documenti pubblicati da Frances Haugen, ex product manager di Facebook, bastava una semplice indagine sulle e-mail scambiate dai dirigenti della compagnia per scoprire che la scelta era stata proprio quella di uccidere i concorrenti nella culla.

Un primo segnale concreto di risveglio dei cani da guardia dell'antitrust è arrivato solo il 30 novembre 2021, e dalla Gran Bretagna, non dagli Usa: la Cma, l'autorità britannica per la concorrenza e i mercati, ha ordinato a Meta-Facebook di vendere Giphy, una società che realizza formati per grafica digitale molto usati da tutte le reti sociali che era stata acquistata dal gruppo di Zuckerberg nel maggio 2020. Un'acquisizione apparentemente minore (i 400 milioni di dollari versati per Giphy sono briciole per il colosso californiano) ma che, secondo l'istruttoria compiuta dalla Cma, permette a Meta di ostacolare l'accesso delle altre reti sociali a essenziali servizi di grafica digitale, consentendo, di contro, ai suoi network – Facebook, Instagram, WhatsApp – di accrescere ulteriormente la loro quota del mercato britannico che è già del 73 per cento. Gli investigatori di Londra ritengono, inoltre, che la nuova proprietà potrebbe modificare i termini di accesso a Giphy imponendo ai suoi potenziali avversari (soprattutto TikTok, Twitter e Snapchat) di fornire i dati dei loro utenti se vogliono utilizzare i servizi di una società titolare di un essenziale format di grafica digitale.

Già disseminata lungo tutta la sua storia, la prova dell'atteggiamento aggressivo di Meta-Facebook emerge anche da come il gruppo americano sta agendo in Giphy: la Cma nota che la nuova proprietà ha subito bloccato i *display advertising services* che erano considerati l'attività più innovativa dell'azienda britannica. E anche quella poteva fare concorrenza a Meta, che già controlla il 50 per cento del mercato inglese di questo tipo di pubblicità digitale. È paradossale che a muoversi per primi tirando il freno siano stati gli inglesi e che le sanzioni siano state imposte soprattutto dall'Europa. In ogni caso le multe, anche miliardarie, vengono assorbite senza grandi drammi da gruppi come Facebook, capaci (almeno fino alla frenata planetaria del 2022) di realizzare profitti incredibili, che possono arrivare addirittura alla metà del loro fatturato. Quanto all'intervento della Cma, Meta ha fatto subito ricorso in appello, ma ha perso anche lì e dopo qualche giorno ha deciso di vendere Giphy. Una sconfitta storica per Meta-Facebook, che per la prima volta è stata costretta dalle autorità a cedere una parte del suo business. Conclusione insolitamente rapida per battaglie legali di questo tipo che negli Usa, in genere, durano anni. E certamente le imprese di *Big tech* daranno battaglia a oltranza nei tribunali se mai le proposte di ripristino delle norme antitrust in discussione al Congresso riusciranno a diventare legge o se le nuove authority antimonopolio dell'era Biden interverranno con più forza sui giganti della Silicon Valley

L'insostenibile leggerezza dell'idea di monopolio

Come si è arrivati a una simile situazione? Inettitudine o malafede dei *regulators*? Le autorità del mercato hanno rispecchiato le intenzioni (o l'incapacità di fare scelte precise) delle autorità politiche che le hanno nominate. A questo proposito va detto che, in centotrent'anni di storia della legislazione antitrust, negli Stati Uniti non è mai stato chiaro che cosa sia un monopolio e quale sia il limite oltre il quale scattano i vincoli normativi. Fino agli anni Settanta del Novecento il principio prevalente è stato quello dimensionale.

Con gli anni Ottanta, però, tutto cambia: l'unità di misura diventa la conseguenza che una concentrazione può avere sui prezzi praticati alla clientela. Se i prezzi non salgono, o addirittura scendono, è ammesso anche il monopolio. Il criterio, battezzato nella dottrina giuridica *consumer welfare standard*, sdogana l'idea che i monopoli non siano necessariamente un male e che le concentrazioni siano accettabili se non producono aumenti del costo dei servizi offerti. Diventano tollerabili, o addirittura virtuosi, fenomeni come il controllo assoluto del mercato dei motori di ricerca da parte di Google (sua una quota del 90 per cento circa del *search*), mentre le concentrazioni si diffondono anche fuori dalle tecnologie digitali: dalle compagnie aeree al cibo per cani e gatti.

È una curiosa inversione di tendenza: in passato, soprattutto nell'America che tende a tagliare i giudizi politici con la scure, l'accettazione dei monopoli era considerata un peccato della sinistra, statalista per Dna e condizionata dalla tradizione dei paesi socialisti, mentre negli Stati Uniti trionfava la "religione" di Ayn Rand, sacerdotessa di un capitalismo darwiniano e iperliberista. Con Reagan il liberismo, come l'antistatalismo, rimane un vessillo, ma può anche essere tradito nei fatti, così come il conservatorismo fiscale: secondo il leader repubblicano, il settore pubblico deve fare il meno possibile perché lo Stato è all'origine di tutti i mali, ma poi la sua presidenza espande notevolmente il debito pubblico. Ed è Antonin Scalia, il giudice più influente della Corte Suprema, vera bandiera della destra integralista, a stabilire in una sentenza del 2004 della massima magistratura costituzionale che "al fine di salvaguardare l'incentivo a produrre innovazione, il possesso di un potere monopolistico non sarà considerato illegale a meno che non sia accompagnato da elementi di condotta anticompetitiva".

Verdetto sconcertante per le piccole startup innovative, ma musica per le orecchie dei big della Silicon Valley. Come abbiamo già visto, Peter Thiel scandalizza gli economisti difendendo la creazione di monopoli tecnologici e affermando che la competizione è roba da perdenti: sbagliato, per lui, pretendere che ci sia sempre un concorrente quando già esiste un'impresa ad alta intensità di capitale che offre eccellenti opportunità al consumatore (come nel caso del motore di ricerca di Google). È solo un inutile spreco di risorse.

Il "Wall Street Journal", bibbia dei liberisti dei mercati finanziari, gli dà ragione: Thiel "difende solo i monopoli creativi, talmente validi che le altre imprese non riescono a offrire un'alternativa comparabile".

La trappola della soddisfazione del consumatore: l'involuzione dell'America

È una tesi difficile da condividere, al di là del fatto che possono esistere monopoli naturali legati a problemi logistici o di dimensioni di investimento (come la ferrovia, l'autostrada o la linea elettrica che collegano due città) che, però, vengono regolamentati in modo piuttosto stringente dagli Stati. Al contrario, negli ultimi decenni negli Usa la perdita di efficienza nei servizi e anche nella produzione si è accompagnata a un forte aumento delle concentrazioni di imprese.

Fra i tanti che non riescono a digerire una simile conversione c'è l'economista francese Thomas Philippon: è un progressista ma anche un critico dello statalismo e della burocrazia che deve aver conosciuto nella vecchia Europa, e un ammiratore del dinamismo che una sana ed equilibrata economia capitalista sa imprimere a un sistema-paese. Philippon, da quasi vent'anni docente di finanza alla Stern School of Business della New York University, affida il suo sconcerto a *The Great Reversal*: un saggio, pubblicato nel 2019, nel quale racconta l'involuzione del sistema-America che ha visto srotolarsi sotto i suoi occhi. La trasformazione dal paradiso dei consumatori che trovò nel 1999 quando, ancora studente, si trasferì negli Stati Uniti, al paese ingessato, meno produttivo, con meno competizione e più disuguaglianze della realtà attuale. Vent'anni fa volare in America era molto meno caro rispetto all'Europa: si poteva acquistare quasi tutto a buon mercato, i servizi informatici e di telecomunicazione erano più convenienti rispetto all'altra sponda dell'Atlantico. Non è più così, e Philippon attribuisce l'involuzione dell'America alle concentrazioni che hanno ridotto la competizione e creato giganti indifferenti al malumore dei loro clienti. Le imprese *extra-large* che fagocitano tutte le altre, secondo l'economista della NYU, non alimentano l'innovazione, come sostiene Thiel, ma la uccidono.

Come hanno fatto delle startup create da giovani geni imprenditoriali tendenzialmente progressisti a diventare in pochi anni giganti monopolisti o oligopolisti gestiti, dietro il velo di una retorica buonista, con metodi brutalmente capitalisti che ricordano quelli dei *robber barons*? E perché la logica liberista e contraria ad ogni efficace normativa antitrust di Reagan è rimasta in auge ancora per decenni dopo la fine di quell'era?

Per capirlo bisogna ripercorrere le avventure dei pionieri, divenuti grandi gruppi, che sono riusciti a sottrarsi ai regimi regolamentari rivendicando una presunta diversità del cyberspazio rispetto a tutte le altre attività umane: nessuno li ha seriamente contrastati quando hanno acquisito tutte le giovani società che potevano diventare temibili concorrenti. E quando le startup innovative non si sono lasciate acquisire, questi gruppi hanno potuto impunemente clonarle. Come ha fatto, ad esempio, Facebook con Snapchat.

Da cinque anni a questa parte – lo abbiamo già riferito a proposito delle violazioni della privacy e dell'irresponsabilità per i contenuti immessi in rete – per le imprese di *Big tech* la musica è cambiata: l'idillio con gli utenti è finito, e anche la politica, tanto a destra quanto a sinistra, ha cominciato a contestare i grandi monopoli digitali. Ma pure in materia di concentrazioni la distanza tra la contestazione e l'individuazione di soluzioni efficaci e condivise è enorme. Il metodo della soddisfazione del consumatore coniato da Bork è ormai superato soprattutto grazie ai riformatori democratici guidati da personaggi come la senatrice Amy Klobuchar: una democratica sempre alla ricerca di alleati in campo repubblicano e, al contempo, alle prese con la doppia contestazione degli ultrà conservatori, contrari a compromessi con i democratici su qualunque tema, e della sinistra radicale che ha portato i suoi alfieri, Lina Khan e Tim Wu, al governo. Un'area, quella che potremmo definire dei "turbo-liberal", che, decisa a scardinare i giganti della tecnologia, considera le proposte dei riformisti rattoppi per un vecchio sistema che va, invece, abbattuto e rifondato.

Gli attacchi sono rivolti soprattutto contro Facebook, Amazon e Alphabet-Google: società con un potere enorme su mercati – reti sociali, e-commerce, motori di ricerca, pubblicità digitale – che controllano in modo quasi monopolistico. Ma anche Apple, che fa affari soprattutto vendendo apparecchi elettronici prodotti in concorrenza con le industrie asiatiche, è accusata di abuso di posizione dominante per come gestisce il suo App Store nel rapporto con gli utenti. Microsoft è l'unica big che non viene quasi mai tirata in ballo e che, anzi, spesso si schiera con i riformisti del Congresso contro quelli che l'"Economist" ha soprannominato i "sultani digitali".

Microsoft, da capostipite dei monopolisti digitali a only adult in the room

Eppure, tutto è cominciato proprio dall'azienda fondata da Bill Gates e Paul Allen nel 1975. Dopo i primi successi – soprattutto lo sviluppo del linguaggio di programmazione Basic adottato dai computer Altair 8800 della Micro Instrumentation –, la consacrazione arrivò con il sistema operativo MS-Dos del 1982, ben presto adottato dai computer Ibm e Ibm-compatibili, cioè dall'80 per cento del mercato mondiale dei pc. Con MS-Dos, e poi con Windows 95 che lo sostituirà, Microsoft conquista un sostanziale monopolio dei sistemi operativi. Sfruttando il potere di mercato già conquistato, diventerà poi leader anche nei browser, con il suo Internet Explorer che riesce a prendere il sopravvento sul sistema Navigator di Netscape, fin lì leader del mercato, legando il software del browser al sistema operativo Windows, come abbiamo visto già monopolista del mercato. Operazione commerciale lecita o abuso di posizione dominante di Microsoft ai danni di Netscape e anche di un altro browser, quello di Java?

Nel 1997 il governo degli Stati Uniti denuncia Microsoft, accusata di aver violato le norme antitrust dello Sherman Act. Non è la prima volta che la società di Bill Gates finisce nel mirino delle autorità antimonopoli. La Federal Trade Commission (Ftc) aveva già indagato nel 1992 sospettando che Microsoft stesse abusando del suo quasi monopolio nei sistemi operativi per pc, ma al momento di decidere si era verificato uno stallo (due commissari favorevoli alla condanna e due contrari). Qualche tempo dopo, comunque, Janet Reno, *attorney general* dell'Amministrazione Clinton (carica che equivale a quella di ministro della Giustizia), era riuscita a ottenere da Microsoft l'impegno a non legare altri suoi prodotti alla vendita di Windows (mantenendo, però, la possibilità di integrare altri elementi nel suo sistema operativo).

Dopo alcuni anni, Microsoft ingloba Explorer in Windows, sostenendo trattarsi di una normale innovazione di prodotto che non altera la concorrenza e beneficia i consumatori: ricevono Explorer gratis. Il ministero della Giustizia e 18 Stati dell'Unione, però, respingono questa tesi: denunciano Microsoft, accusata di aver danneggiato Netscape e anche Sun Microsystems (suo il linguaggio Java) non solo integrando Explorer in Windows, ma anche facendo preinstallare i suoi sistemi nei pc di diverse marche, imponendo a molti suoi clienti di non usare prodotti Netscape e creando ostacoli tecnici che rendono problematico disinstallare il software Microsoft da un computer. Il processo inizia il 18 maggio 1998 e la causa va avanti a lungo, con un Bill Gates che, non abituato a vedere messa in discussione la sua autorità e il suo genio, quando viene chiamato a testimoniare ostenta atteggiamenti arroganti, dà risposte vaghe, fa ostruzionismo. Prende sottogamba governo, politici e avvocati, trattandoli da burocrati.

Strategia disastrosa: il 5 novembre del '99 Microsoft verrà riconosciuta colpevole di attività monopolistica. La società fa appello contro la sentenza, che viene emessa il 3 aprile del 2000. Poco dopo, il 7 giugno, il tribunale ordina di spezzare Microsoft in due entità separate: una per la produzione di sistemi operativi, l'altra per tutto il resto del software. La Corte d'appello ribalta una parte della sentenza, pur non contestando i fatti. Il 6 settembre del 2001 il governo Usa rinuncia a chiedere lo "spezzatino" di Microsoft e poco dopo (2 novembre) raggiunge un compromesso: la società di Redmond si impegna a condividere con altri produttori di software gli interfaccia applicativi dei suoi programmi. Molti Stati dell'Unione non aderiscono all'accordo governativo considerando la penalizzazione inflitta a Microsoft poco più che simbolica. La società di Gates ormai ha conquistato il mercato, Netscape è alle corde. Come notano a quel punto alcuni accademici, rinunciare a dividere in due la società riconoscendo che l'operazione è impossibile equivale a garantirle una sorta di immunità dalle regole antitrust. Ora, commenta qualcuno, Microsoft può morire solo per suicidio.

La società di Gates ebbe vita più difficile in Europa: il commissario alla concorrenza Mario Monti dette battaglia (guadagnandosi per questo il soprannome di SuperMario) e la Commissione UE, allora presieduta da Romano Prodi, impose a Microsoft di fornire agli altri produttori di software tutti i necessari dati di interfaccia. La società americana ricevette anche una multa di mezzo miliardo di euro: la più alta fino ad allora. Microsoft pagherà, ma rispetterà solo in parte gli impegni con i concorrenti, finendo così per collezionare altre multe negli anni successivi.

Dopo quelle esperienze, comunque, Bill Gates cominciò ad avere più rispetto per la politica e le sue istituzioni. Fino al punto di recitare, nelle recenti dispute tra Congresso e Silicon Valley, la parte del primogenito più adulto e responsabile che cerca di tenere in riga i suoi fratellini scapestrati. In realtà, Microsoft rimane in una posizione molto rilevante in diverse aree: continua a dominare con Windows i sistemi operativi per desktop, è seconda nel *cloud storage* (dietro Amazon) con la sua Azure, è co-leader nei videogiochi con la piattaforma Xbox, ha la sua linea di computer, smartphone, smartwatch, assistenti digitali. Ha, inoltre, acquistato e integrato nei suoi sistemi Skype, usata anche come strumento per rafforzare la dominazione delle reti professionali esercitata attraverso Microsoft Teams e LinkedIn, acquisita nel 2016, con i suoi 450 milioni di professionisti connessi, per 26 miliardi di dollari.

Ma la società, ora guidata da Satya Nadella, non è nella bufera che spazza i giganti digitali: secondo alcuni analisti riesce a essere dominante senza violare le regole, mentre per altri il merito è proprio di Nadella che tiene il gruppo fuori dalla mischia con la sua linea di basso profilo. Aiuta il fatto che, come già notato, le corti Usa non si siano mai messe d'accordo su quale livello di dominio del mercato debba essere considerato un monopolio.

Normalmente si ragiona sul 75 per cento (e Windows, secondo l'analisi di Gartner, è all'83 per cento, per quanto riguarda i sistemi operativi), ma non ci sono indicazioni ufficiali in questo senso.

Google: sovrana nel regno della conoscenza. E in quello della pubblicità digitale

Forse Microsoft non è più nel mirino anche perché oggi Google-Alphabet ha un controllo perfino maggiore (oltre il 90 per cento) di uno snodo assai più importante, rispetto al ruolo-cornice dei sistemi operativi, per quanto riguarda lo sviluppo della conoscenza e la capacità di influenzare l'evoluzione della società: quello dei motori di ricerca. E insieme a Facebook, a sua volta dominante nelle reti sociali, Google ha conquistato un controllo quasi totale del mercato della pubblicità digitale, almeno fino a quando non è arrivato sulla scena TikTok.

Nel 2000 – appena due anni dopo essere stata fondata dai due studenti di Stanford Page e Brin, che usarono un garage e un padiglione dell'istituto informatico regalato all'università californiana proprio da Bill Gates per costruire un'impresa che avrebbe sfidato Microsoft – Google diventò leader dei motori di ricerca scavalcando, grazie alla facilità di consultazione e al design essenziale, AltaVista, Yahoo! e Lycos che fin lì avevano dominato un mercato ancora nascente. Allora la società di Mountain View era riuscita a indicizzare un miliardo di pagine web. Sembrava il frutto di uno sforzo estremo, un risultato irraggiungibile per gli altri, ma da allora non ha fatto altro che crescere, e oggi le pagine web indicizzate sono, secondo le stime più diffuse (non ci sono dati ufficiali), tra i 500 e i 600 miliardi, con un miliardo di utenti sparsi nel mondo che ogni giorno interrogano il motore di Google 3,5 miliardi di volte.

Monopolio? I manager del gruppo californiano negano: i concorrenti ci sono, e se Google riesce ad avere il 92,7 per cento del mercato mondiale (seguita molto da lontano da Bing di Microsoft con il 2,78, Yahoo! con l'1,60 e la cinese Baidu con lo 0,92) è perché è universalmente riconosciuto come un prodotto migliore. È vero, ma le dimensioni stesse raggiunte dal suo sistema rendono impossibile una concorrenza vera e propria: ogni ricerca di un utente fornisce a Google dati che rendono il suo algoritmo sempre più efficace e potente. Così, il vantaggio sui possibili rivali non fa che crescere, mentre la selezione si fa più dura: oggi, a parte Bing (che ha da 100 a 200 miliardi di pagine indicizzate, meno della metà di Google), solo Amazon e Apple hanno un *crawler*, cioè un potente software automatizzato in grado di analizzare i contenuti di internet e indicizzarli. Amazon usa il suo bot per migliorare le prestazioni di Alexa, l'assistente vocale del gruppo di Bezos, mentre lo sviluppo del nuovo Applebot è considerato da molti analisti l'indizio di una volontà di Apple di provare a sfidare Google anche nel *search*.

Le accuse di abuso di posizione dominante mosse alla società (oggi guidata da Sundar Pichai), però, più che sulla potenza del suo motore, si concentrano sul monopolio esercitato su una sezione del mercato pubblicitario e sugli accordi di esclusione della concorrenza stretti con i produttori di computer e smartphone: operatori pagati profumatamente per preinstallare sui loro apparecchi il motore di ricerca di Google, il sistema operativo Android e altre app del gruppo californiano. Ad esempio, secondo la denuncia presentata il 20 ottobre del 2020 (quindi ancora in era Trump) dall'allora ministro della Giustizia Bill Barr e da 11 Stati dell'Unione, l'accordo di esclusiva stretto da Apple con Google frutta al gruppo fondato da Steve Jobs dagli 8 ai 12 miliardi di dollari l'anno: un quinto dei suoi profitti mondiali. La denuncia di Barr fu poi seguita, due mesi dopo, da quelle di altri 10 Stati presentata in Texas, mentre Google ha dovuto fronteggiare l'accusa di violazione delle regole della concorrenza anche davanti alla Commissione europea. In particolare, dopo essere stata messa sotto accusa nel 2016 dalla commissaria per la concorrenza Margrethe Vestager per il mancato versamento di 13 miliardi di euro di imposte in Irlanda (dove aveva goduto di un regime fiscale privilegiato), Google ha dovuto pagare sanzioni complessive per oltre 8 miliardi di euro. A quelle che abbiamo già citato si aggiunge infatti la sanzione da 2,4 miliardi per i servizi di comparazione e shopping.

Insomma, Google-Alphabet è in grado di sostenere un simile, imponente impegno finanziario grazie alla straordinaria potenza di fuoco conquistata con le prestazioni del suo motore di ricerca ma anche con centinaia di acquisizioni di aziende già affermate o di startup che le hanno consentito di trasformare il dominio della conoscenza in dominio della pubblicità e di diventare protagonista anche nelle piattaforme su *mobile*. Il primo passo fu, nel 2007, l'acquisto (per 3,1 miliardi di dollari) della concessionaria di pubblicità digitale DoubleClick: strumento usato per entrare in contatto diretto con migliaia di inserzionisti digitali, divenuti automaticamente nuovi clienti. Quella mossa, che consentì a Google di prendere il sopravvento (per monetizzazione del *search*) sui suoi concorrenti di allora Microsoft e Yahoo!, fu talmente efficace che la società riuscì addirittura a fare incetta di agenzie pubblicitarie di ogni tipo, da AdMob a Invite Media, a Applied Semantics. Attraverso quest'ultima società ha, poi, sviluppato il sistema di banner pubblicitari di AdSense. E ancora: nel 2010 Google è entrata nel settore dei viaggi comprando ITA Software, proprietaria di un sistema di ricerca dei voli online con il quale la società iniziò a fare concorrenza a Orbitz, Expedia e agli operatori del settore con Google Flights. Tutto nella logica di offrirsi all'utente come un *one stop shop*, un sito in grado di soddisfare tutte le esigenze del consumatore.

È la stessa logica che nel 2013 ha spinto la società, leader anche nelle mappe stradali digitali, ad acquistare (per 1,1 miliardi di dollari) l'israeliana Waze. Questa azienda aveva sviluppato un sistema diverso e altrettanto sofisticato che poteva diventare un concorrente pericoloso: comprandolo Google ha evitato questo rischio, ha proposto ai suoi utenti un'offerta più articolata e, soprattutto, ha acquisito i *location data* di milioni di utenti accumulati negli anni da Waze in modo da migliorare il suo software e da ottenere le informazioni su migliaia di altri esercizi commerciali da segnalare (a pagamento) sulle sue mappe.

La denuncia del ministero della Giustizia si concentra in modo particolare (22 pagine sulle 57 complessive del ricorso) sull'acquisto di Android. Nel 2005 Google spese appena 50 milioni di dollari per quella piattaforma, ma l'acquisto di un sistema operativo *open source* oggi installato sul 70 per cento degli smartphone del mondo è stato anch'esso decisivo per convincere i produttori di cellulari a preinstallare, così come fa Apple, il motore di ricerca e le app di Google sui loro apparecchi.

Come finirà questa battaglia? Vedremo più avanti quali sono le prospettive per quanto riguarda la modifica delle normative attuali. Quanto al procedimento per via giudiziaria avviato dal governo attraverso il ministero della Giustizia, i precedenti – come abbiamo visto ci sono voluti cinque anni per arrivare alla conclusione del caso Microsoft aperto nel 1997, mentre la disputa degli anni Settanta contro Ibm durò addirittura tredici anni – inducono a ritenere che anche stavolta i tempi saranno molto lunghi.

Ma, più ancora che su Google, oggi i fari del Congresso e delle authority di regolamentazione dei mercati sono puntati su un altro brand. Un'impresa delle reti sociali un tempo paladina della tutela della privacy fino al punto di rendere i post dei suoi utenti visibili solo alla comunità degli interlocutori diretti e di promettere solennemente a tutti i titolari di un account di non usare cookie di tracciamento per esplorare la loro attività online a fini pubblicitari. Quella società si chiama Facebook: Mark Zuckerberg che, rinnegati tutti i suoi impegni iniziali, ha progressivamente invertito la rotta, è riuscito a farla diventare, per diversi anni, un quasi-monopolio non solo americano ma mondiale dei social network, soprattutto grazie alla capacità di appropriarsi dei dati personali di miliardi di utenti, di scoprire le loro preferenze, perfino di scavare nella loro psicologia.

Esentato da ogni vincolo, ha fatto scelte spregiudicate, assai vantaggiose per Facebook, ma che hanno prodotto enormi danni sociali, politici e al mondo dell'informazione. Per questo il fondatore ha passato gli ultimi cinque anni a scusarsi per i guai sociali e politici procurati dal gruppo e a proporre rattoppi poco efficaci laddove il problema di fondo è la natura stessa del suo modello di business e degli algoritmi che lo alimentano.

Con la svolta dell'autunno 2021 – Facebook rinominata Meta con l'obiettivo di guidare la transizione dal mondo delle reti sociali a quello del Metaverso – Zuckerberg chiude la cosiddetta *factory of apologies*, la "fabbrica di richieste di perdono", cerca di distogliere l'attenzione dai disastri che le sue piattaforme stanno combinando in tutto il pianeta e annuncia la creazione di un mondo di realtà virtuale nel quale lavoreremo, giocheremo, comunicheremo, ci informeremo e faremo acquisti: un sistema che, se mai prenderà corpo l'universo "avatarizzato" da lui immaginato, gli consentirà di entrare ancor più in profondità nelle vite degli utenti, fino a raccoglierne le informazioni e i dati più intimi.

Come ha notato la giurista e imprenditrice Dina Srinivasan nel paper accademico *The Antitrust Case Against Facebook* pubblicato dal "Berkeley Business Law Journal" dell'Università della California, nel 2004 Facebook arrivò sul mercato e riuscì a sottrarre la leadership a MySpace proprio puntando sulla privacy, visto che i post sulla rete che era stata acquistata da Rupert Murdoch erano visibili a tutti di default. Quelli di Facebook, invece, erano riservati ad amici e compagni degli istituti scolastici e universitari. Nella sua *privacy policy* la rete prometteva agli utenti: "Noi non usiamo e non useremo in futuro cookie per raccogliere le vostre informazioni private".

In quella fase la tutela della privacy valorizzava il brand ma rendeva l'attività di Facebook meno redditizia. Così, nel 2007 Zuckerberg provò a introdurre Beacon: un sistema che consente di tracciare l'attività degli utenti anche quando navigano fuori dal sito della rete sociale. La reazione furiosa degli iscritti al network indusse ben presto la società a fare marcia indietro e lo stesso Zuckerberg definì un errore l'adozione di Beacon.

L'abbattimento delle tutele per la privacy, però, era solo rinviato: nel 2012 il gruppo non solo le ridusse drasticamente, ma cancellò l'obbligo, fin lì in vigore, di sottoporre ogni modifica di regole "sensibili" a un referendum tra gli utenti. In base alle norme in vigore fino a quell'anno ogni modifica doveva passare al vaglio della comunità. L'esito della consultazione fu disastroso per Facebook (88 per cento dei voti contrari alle modifiche proposte) ma Zuckerberg decise di andare avanti comunque: considerò quel referendum irrilevante visto che i circa 600mila voti espressi erano ben lontani dal quorum del 30 per cento degli iscritti alla piattaforma necessario per rendere l'esito del voto cogente.

Facebook, che già stava crescendo rapidamente come numero di utenti (100 milioni alla fine del 2008, 360 alla fine del 2009, 850 milioni alla fine del 2011) e che dal 2009, con l'introduzione del "bottone" dei like, aveva perfezionato la possibilità di scrutare preferenze e umori dei suoi utenti, riuscì finalmente a sviluppare a pieno regime il suo business di raccolta pubblicitaria "intelligente" basata sul *microtargeting* e la capacità di entrare tra le pieghe della psicologia dei consumatori.

Quando, ad aprile del 2012, mentre sta per entrare in Borsa quotandosi al Nasdaq, Facebook mette sul piatto quasi un miliardo di dollari per acquistare una società con appena 13 dipendenti, Instagram, sono in molti a pensare che Zuckerberg abbia soldi da buttare. In realtà, il fondatore ha visto nel modello di business, più moderno e basato sulle immagini anziché sui testi, di una startup arrivata rapidamente ad avere 30 milioni di utenti un potenziale, futuro rivale. Abbiamo già rilevato che Facebook ha deciso di assorbire Instagram e poi di comprare anche WhatsApp non solo per arricchire la sua offerta di servizi, ma anche per eliminare dal mercato potenziali, pericolosi concorrenti. È importante sottolineare qui che questa volontà di difendere la propria posizione di quasi-monopolio è emersa con chiarezza anche dai documenti interni della società raccolti dal Congresso nel corso dell'indagine sul rispetto delle norme antitrust.

Oggi il gruppo di Zuckerberg, con i suoi 3 miliardi di utenti, ha una posizione di assoluto dominio delle reti sociali (oltre il 70 per cento) che si estende a tutto il mondo salvo, sostanzialmente, la Cina (dalla quale è escluso), il Venezuela e il Giappone, dove sono più forti Twitter e Pinterest. I concorrenti occupano nicchie anche importanti e preziose come quella dell'informazione, presidiata negli anni scorsi da Twitter. Ma pur sempre di nicchie si tratta. L'unico avversario davvero temibile a livello di traffico, innovazione e capacità di attrarre i giovani è oggi TikTok, che gli ha già sottratto grosse fette di mercato, soprattutto tra gli adolescenti. Ma è una rete di proprietà cinese che in Occidente è destinata a incontrare problemi crescenti.

La deriva imperiale di Zuckerberg-Augusto

La pericolosità politica e sociale del modello di business di Facebook, nota agli esperti da un decennio, è divenuta evidente al grande pubblico, come abbiamo visto, con lo scandalo di Cambridge Analytica e la scoperta delle trame dei servizi segreti russi per interferire nelle elezioni americane del 2016 e alimentare con campagne di disinformazione un malessere sociale e una tendenza ad abbracciare posizioni politiche e linguaggi estremi: una deriva già prodotta dalla crescita di reti sociali senza regole, senza soggetti responsabili per i contenuti diffusi, nelle quali è possibile nascondersi dietro l'anonimato fino a creare movimenti di protesta inesistenti, con accuse lanciate a raffica da account dietro i quali non ci sono cittadini in carne e ossa ma "bot", agitatori elettronici prodotti in serie da mestatori interessati a creare il caos in un mondo nel quale le *cyberwars* stanno diventando importanti quanto, se non più delle guerre combattute usando carri armati e portaerei.

Dal 2016 (dopo l'elezione di Trump) in poi, Zuckerberg ha riconosciuto più volte i suoi errori, si è scusato davanti alle commissioni del Congresso che lo hanno "processato", ha promesso di chiudere la stalla quando, ormai, i buoi erano scappati. In ultima analisi – e pur avendo introdotto molti correttivi – non è riuscito a fare nemmeno questo: se avesse davvero voluto impedire alle sue piattaforme di funzionare da turbocompressore di pulsioni eversive e di manovre occulte avrebbe dovuto rinunciare a un modello di business basato sulla massimizzazione del traffico alimentato da algoritmi che favoriscono la diffusione delle posizioni più estreme, insultanti, urlate. Sono queste le esternazioni che attirano maggiore attenzione (alimentando, così, traffico, fatturato e profitti) rispetto alle analisi basate su argomenti razionali: preziose ma meno attraenti in un mondo dell'informazione trasformato in corrida. Lo ha ampiamente dimostrato, come abbiamo visto, la ex dirigente Frances Haugen con le sue denunce e con la pubblicazione di documenti interni di Facebook.

Le correzioni di rotta tentate da Zuckerberg sono risultate inefficaci non solo per questi meccanismi del *business model* di Facebook, ma anche per la mentalità imperialista dell'azienda e del suo fondatore. A testimoniarla c'è il modo in cui Mark Zuckerberg si è innamorato, idealizzandola, della figura di Augusto, tanto da esibire una capigliatura simile a quella dell'imperatore romano, studiare il latino e la storia classica (ormai pressoché ignorata dai programmi scolastici americani), trascorrere a Roma la sua luna di miele nel 2012, tornando poi più volte nella Città Eterna. L'antica Roma: il suo luogo dello spirito. Gaio Giulio Cesare Augusto, il personaggio più ammirato, quasi un modello. Lui stesso ne parla come di un imperatore che "con comportamenti molto duri" fino al punto di eliminare gli avversari politici e, forse, anche suo nipote, riuscì comunque, nei trentasette anni in cui fu al potere, a "plasmare il mondo in modo da garantire due secoli di pace".

La fascinazione di Zuckerberg può far sorridere soprattutto quando lui, in un raro momento di autoironia, racconta che durante il viaggio del 2012 "mia moglie mi prendeva in giro. Sosteneva che stavamo facendo il viaggio di nozze in tre: io, lei e Augusto, le cui statue comparivano in tutte le nostre foto". Ma da imprenditore ha avuto l'ambizione di costruire anche lui un impero: dall'obiettivo della crescita esponenziale da raggiungere a tutti i costi alle riunioni dei dirigenti concluse con il grido *domination!*, fino all'ambizione (coronata da successo) di una leadership planetaria basata sulla rapida moltiplicazione delle lingue e dei paesi in cui diffondere i servizi di Facebook. Consapevole che molte forzature avrebbero fatto danni e sollevato proteste, si creò l'alibi di una missione superiore da compiere, come quella di Augusto. Un obiettivo nobile, quello di "rendere il mondo un luogo più aperto, connesso e migliore".

Non è andata così: la logica della rapida crescita del business anche a costo di travolgere tutto (il suo celebre motto *Move fast and break things*) ha finito per prevalere. La causa antitrust contro Facebook lanciata nel 2020 da 46 Stati dell'Unione e da Washington (la capitale è una sorta di città-Stato), nonché la denuncia presentata nello stesso periodo dalla Federal Trade Commission possono sembrare un risveglio fuori tempo massimo: basti dire che a suo tempo le acquisizioni di Instagram e WhatsApp erano state autorizzate dalle authority che regolano il mercato, e che nei suoi otto anni alla Casa Bianca Barack Obama non ha mai sentito il bisogno di porre un limite alla trasformazione delle startup della Silicon Valley in giganti monopolisti. Ha continuato a dominare l'idea che le tecnologie digitali abbiano sconvolto i paradigmi rendendo certe concentrazioni monopolistiche inevitabili o addirittura virtuose.

Anche se oggi, per una curiosa congiunzione astrale, politica e magistratura dovessero mettersi in marcia in una direzione univoca per arginare o smontare i monopoli, i risultati concreti di queste azioni non si vedrebbero comunque per anni dato che l'attuazione di ogni misura, che verrebbe certamente impugnata dalle imprese di *Big tech*, dovrebbe passare attraverso le procedure della giustizia civile che, come abbiamo visto per i casi di Microsoft e Ibm, anche negli Usa sono lunghe e tortuose. Per questo Matt Stoller, un pubblicista che è forse il più acuto analista di usi e abusi dei grandi gruppi americani, dal suo blog, *Big*, chiede che contro Facebook vengano lanciate azioni penali (ad esempio, per *insider trading* o per aver truffato i suoi inserzionisti pubblicitari fornendo loro informazioni non vere e stime palesemente gonfiate). Sostiene che sarebbe l'unico modo per arrivare a qualche risultato concreto entro tempi ragionevoli.

Può darsi che ormai sia inopportuno, o addirittura impossibile suddividere un gruppo che, proprio per evitare interventi di questo tipo, negli ultimi anni ha fatto di tutto per integrare Instagram e WhatsApp in Facebook. Ma il ruolo che il gigante delle reti sociali gioca negli Usa e nelle altre democrazie industriali è solo una parte del problema: resta da capire se il Metaverso è una suggestione, magari una distrazione, o se i miliardi investiti da Zuckerberg (ma anche dagli altri gruppi) nella realtà virtuale (e in quella aumentata) non siano destinati a cambiare in pochi anni e in modo radicale lo scenario delle reti sociali. Il rischio è quello di arrivare, dopo tortuosi processi politici e giudiziari lunghi anni o addirittura lustri, a definire un nuovo sistema di regole per un mondo digitale ormai scomparso.

L'altro nodo è quello dell'impatto devastante che Facebook sta avendo al di fuori dell'Occidente: un impatto che la stampa internazionale, concentrata su ciò che accade negli Stati Uniti e in Europa, ha tardato a riconoscere. In molti paesi privi di sistemi di informazione capillare Facebook pesa ancor più che nei paesi avanzati. E laddove ci sono conflitti etnici o religiosi, un algoritmo come quello delle reti di Zuckerberg che valorizza soprattutto le posizioni estreme finisce implacabilmente per alimentare questi incendi. Se poi nei paesi anglosassoni molti eccessi dei messaggi postati sulle piattaforme del gruppo vengono bloccati da migliaia di moderatori, filtrare il traffico nel resto del mondo è reso problematico anche dalla difficoltà di reclutare moderatori che parlino decine o addirittura centinaia di lingue e dialetti. Il caso più noto è quello della persecuzione della minoranza islamica massacrata e costretta ad abbandonare la Birmania (24mila rohingya uccisi e 700mila profughi rifugiati in Bangladesh), ma casi simili si sono verificati in molte altre parti del mondo: dalle minoranze etniche dell'India, allo Sri Lanka, all'Etiopia della guerra per il Tigrai passando per Egitto, Siria, Palestina, Tunisia. E Facebook è il canale di informazione principale di grandi paesi come India, Nigeria, Indonesia. Le reti di Zuckerberg hanno, inoltre, avuto un ruolo assai rilevante nell'ascesa di leader radicali o addirittura autoritari come Bolsonaro in Brasile, Modi in India e Duterte nelle Filippine.

La stampa anglosassone ha cominciato a prendere di mira Zuckerberg solo quando, dal 2016, sono divenuti evidenti i danni provocati dalla sua società negli Stati Uniti. Ma l'incredibile leggerezza con la quale Facebook ha gestito il suo enorme potere in altre parti del mondo, fino a divenire il canale che ha trasformato tensioni etniche latenti in incendi indomabili sfociati in stragi, per lungo tempo non ha fatto notizia sui media occidentali. Una delle rare eccezioni: Max Fisher, un giornalista del "New York Times" che fin dal 2014 ha raccontato il fallito tentativo di democratizzazione della Birmania (oggi Myanmar). Ora, nel suo saggio *The Chaos Machine* documenta come negli anni dell'apertura all'America il regime di Rangoon (oggi Yangon) avesse puntato su internet per la modernizzazione del paese fino al punto di spingere i giornali governativi a scrivere che "un birmano senza un'identità su Facebook è come una persona senza un indirizzo di casa". In appena tre anni, dal 2012 al 2015, la penetrazione di internet è esplosa, passando dallo 0,5 al 40 per cento dei cittadini. Per tutti loro Facebook è diventata la piazza dell'informazione politica: milioni di messaggi controllati da un solo moderatore di lingua birmana. Fin dal 2013 una ricercatrice universitaria di Stanford avvertì la società di Zuckerberg che sulla sua piattaforma i sermoni incendiari di monaci buddisti che seminavano odio nei confronti delle minoranze musulmane stavano creando una situazione esplosiva. Facebook ignorò il monito e fece ben poco anche l'anno dopo, quando fu avvertita che la situazione stava precipitando. Fedele alla filosofia enunciata da Eric Schmidt di Google quando era andato in missione proprio a Rangoon come ambasciatore della Silicon Valley: "La risposta ai cattivi discorsi sono più discorsi, più voci, più discussioni". In Birmania, invece, la risposta al *bad speech* – insinuazioni, teorie cospirative, accuse false, manifestazioni di intolleranza – fu l'inizio delle persecuzioni contro i rohingya: prima picchiati in strada, poi la devastazione dei loro negozi, infine intere famiglie bruciate vive nelle loro case.

Amazon, da libreria digitale a leader mondiale del commercio (nel mirino di Lina Khan)

A lungo lontana dai riflettori perché i suoi business di e-commerce non interferivano direttamente con la politica e l'informazione Usa, Amazon è probabilmente la società che più ha beneficiato del sonno pluridecennale degli arbitri del mercato. Ed è, quindi, anche quella che oggi ha più da temere per il tentativo di riattivare la legislazione antitrust. Messa sotto accusa su più fronti e in vari paesi, l'impresa fondata da Jeff Bezos si sente perseguitata e dà battaglia ovunque: respinge le accuse di violazione delle norme della concorrenza che gli vengono da più parti – dall'Unione Europea al governo dell'India – contesta la multa da un miliardo e 128 milioni di euro che ha ricevuto alla fine del 2021 dall'autorità antitrust italiana, accusa la presidente della Federal Trade Commission, Lina Khan, di esserle pregiudizialmente ostile e le chiede di ricusarsi da ogni decisione su Amazon. La società scatena poi tutta la sua forza lobbistica per bloccare soprattutto una delle leggi sulla concorrenza in elaborazione al Senato che le vieterebbe, tra l'altro, di dare la preferenza, sulle piattaforme di commercio elettronico del gruppo, ai suoi prodotti rispetto a quelli di altri venditori che si affidano ad Amazon per raggiungere i loro clienti.

Detta così, sembra che per Amazon stia improvvisamente piovendo sul bagnato. Ma, intanto, anche per il gruppo di Bezos (il quale, dalla metà del 2021, ha ceduto la guida operativa al Ceo Andy Jassy) vale quanto detto per Facebook e gli altri: la distanza tra il risveglio delle coscienze antimonopoliste e l'adozione di misure capaci di produrre cambiamenti sostanziali è enorme.

C'è poi da tener conto che Amazon ha scelto di vivere pericolosamente moltiplicando i settori nei quali opera e adottando quasi ovunque strategie molto spregiudicate, in qualche caso addirittura estreme.

Nata nel 1994 come una libreria digitale, arrivata in Borsa nel '97, l'anno successivo Amazon si è allargata alla musica e ai video, per poi entrare negli altri settori del commercio digitale fino a diventare non solo leader indiscusso delle vendite online (40 per cento del mercato Usa con il più vicino inseguitore che è al 7 per cento), ma anche il maggiore *retailer* in assoluto, avendo sopravanzato il gigante Walmart che, con 2 milioni e 300mila dipendenti, è il maggior datore di lavoro d'America (seguito proprio da Amazon, con circa un milione e mezzo di addetti). La società di Seattle cerca di mimetizzarsi sostenendo che non è un colosso, visto che controlla solo l'1 per cento del commercio degli Stati Uniti. Ma è un ragionamento che non sta in piedi: va considerata la forza del gruppo, la sua capacità di condizionamento settore per settore (nei libri acquistati online e negli e-book, ad esempio, la quota di mercato di Amazon non è lontana dal 70 per cento). Sommare tutto, mettendo insieme tariffe di trasporto, transazioni di materie prime, vendite di veicoli, servizi alla persona, ha poco senso.

La realtà è che Amazon negli ultimi vent'anni è cresciuta rapidamente, penalizzando a lungo i profitti e adottando strategie spregiudicate come quelle dei prezzi tenuti volutamente bassi per costringere i concorrenti con le spalle meno robuste ad abbandonare il mercato. Nell'adottare queste politiche Amazon è stata abile a sfruttare l'inerzia delle autorità di sorveglianza non solo per estrarre benefici "anomali" dai settori nei quali stava operando, ma anche per trasferirli in nuove aree di attività. Così, il venditore di libri è diventato man mano anche molto altro: un grande editore (soprattutto di testi autopubblicati), il re di un'infinità di aree del commercio elettronico, una casa di moda, un venditore al dettaglio di alimentari (con la catena di supermercati bio Whole Foods), un fornitore di servizi sanitari, un produttore cinematografico e di programmi televisivi (Amazon Studios e Amazon Video, oltre alla recente acquisizione della Metro-Goldwyn-Mayer), un gruppo manifatturiero che produce beni con i quali fa concorrenza ai venditori che usano le sue reti, una grande e assai redditizia piattaforma pubblicitaria, un capillare sistema logistico di distribuzione. Amazon si è costruita la sua rete di depositi, centri di smistamento, camion, furgoni, aerei cargo e ora sta cominciando anche a entrare nel capitale di società di consegne a domicilio come la britannica Deliveroo, con l'obiettivo di integrare le attività di queste aziende con i servizi di Amazon Prime, espandendo, così, la sua area di business.

Ma Amazon – arrivata a valere 1860 miliardi di dollari nell'autunno 2021 prima di scendere, un anno dopo, intorno ai 1150 – è anche (e forse in futuro sarà soprattutto) una *tech company* che è già leader del mercato del *cloud computing* con AWS (sta per Amazon Web Services), avanza lungo la frontiera dell'intelligenza artificiale coprendo con il sistema Echo-Alexa il grosso della domanda di assistenti vocali per la persona (i sistemi di Google, Microsoft e Apple seguono molto distanziati), mentre sta sviluppando la sua presenza anche nella domotica e nella sorveglianza: da quella della casa con sensori e l'apertura elettronica delle porte, alle avanzatissime tecniche di riconoscimento facciale del sistema Rekognition messe a disposizione anche della polizia e dei servizi di intelligence.

Se è difficile rispondere alla domanda se sia ancora opportuno o possibile smembrare il monopolio delle reti sociali di Facebook-Meta come si è fatto in passato per quelli del petrolio, della telefonia o dei computer Ibm, è chiaro che lo sviluppo dell'arcipelago di attività del gruppo Amazon e le sue tecniche diversificate e spregiudicate di conquista dei mercati, impunemente utilizzate per decenni, hanno creato problemi ancor più complessi sui quali è assai difficile intervenire. A parte il Congresso che, come vedremo, ha davanti a sé un percorso molto tortuoso, un ruolo di primo piano dovrebbe averlo Lina Khan con la sua Ftc. A questa giovane accademica divenuta "*watchdog*" che deve la sua notorietà soprattutto a un saggio, *Amazon's Antitrust Paradox*, pubblicato nel 2017 dal "Law Journal" dell'Università di Yale, non manca certo la determinazione a intervenire. Accusata da Amazon, proprio sulla base di quella pubblicazione, di essere ostile in modo preconcetto al gruppo di Bezos, Khan ha respinto questo sospetto, ha rivendicato la sua onestà intellettuale e si è rifiutata di fare un passo indietro.

La stessa tesi da lei sostenuta nel saggio impone alla Federal Trade Commission analisi più articolate: Amazon da giudicare, nella logica antitrust, non solo sulla base della convenienza dei prezzi praticati, ma anche sull'impatto complessivo che il gruppo ha sull'economia e sulla società. Vale a dire occupazione, sviluppo di una sana platea di concorrenti, conseguenze dello sviluppo dell'e-commerce per le reti dei negozi fisici. E, se in questi anni Amazon è stata spesso messa sotto accusa per la durezza delle condizioni di lavoro nei suoi depositi, ora il "Wall Street Journal" invita l'authority a considerare anche, nel formulare i suoi giudizi, che negli ultimi anni il gruppo di Bezos, assumendo centinaia di migliaia di dipendenti e riconoscendo a tutti un salario minimo di 15 dollari l'ora (e a molti anche di più), ha dato un contributo significativo all'innalzamento dei livelli retributivi in America.

Infine, Apple. Di fronte alle accuse di violazioni massicce delle regole antitrust piovute soprattutto su Google, Amazon e Facebook, la società creata da Steve Jobs ha sempre sostenuto una sua "diversità genetica" che la porrebbe al riparo dal commettere peccati di questo tipo: il fatto di avere un business centrato soprattutto sulla vendita di apparecchi fisici (iPhone, iPad, computer Mac, smart watch e altro ancora) la escluderebbe per definizione dal novero dei monopolisti, visto che deve competere con gli altri giganti dell'elettronica di consumo, dalla coreana Samsung a quelli cinesi, e la terrebbe anche lontana dallo sfruttamento a fini commerciali dei dati dei suoi utenti. Ma non la pensano così le authority per la concorrenza di Italia, Germania, Olanda e della stessa Unione Europea, che stanno indagando o hanno già multato la società di Cupertino ritenendo che anche lei tragga vantaggio da questi dati: non li vende a interlocutori esterni come fanno Google o Facebook, ma li usa al suo interno per migliorare la propria redditività. E poi ci sono i tribunali che negli Stati Uniti stanno esaminando cause nelle quali Apple, come detto, deve rispondere di abusi di posizione dominante nella gestione del suo App Store: sviluppatori e altri utenti costretti non solo a versare *fee* a volte esagerate per i servizi forniti dal negozio digitale, ma spesso vincolati all'ulteriore balzello dell'obbligo di utilizzare (non gratuitamente) anche i sistemi di pagamento predisposti da Apple.

Insomma anche Tim Cook, top manager che si presenta sempre nei panni del poliziotto buono, pronto a disarmare Facebook e Google offrendo agli utenti la possibilità tecnica di negare ai social media l'accesso alle proprie informazioni personali e ai dati di navigazione su internet, ha qualcosa da farsi perdonare. Tanto più che da qualche tempo Apple sta cercando di compensare il minor dinamismo del mercato dei suoi iPhone aumentando proprio gli introiti pubblicitari vendendo inserzioni su Apple News, nell'Apple Store e su Apple Tv. E anche Amazon sta cercando di espandersi su questo fronte.

C'è però chi nota che Apple, concedendo ai proprietari di iPhone la possibilità di negare a Facebook l'accesso ai propri dati, è stata ben più efficace del governo e del Congresso nell'arginare l'espansione sul mercato pubblicitario del gigante delle reti sociali.

L'uragano Musk si abbatte su Twitter. Iron Man ora vorrebbe condizionare la politica

Fondata nel 2006 come società di microblogging da Jack Dorsey, Evan Williams, Biz Stone e Noah Glass, Twitter non ha mai raggiunto dimensioni paragonabili a quelle di Facebook, né ha mai trovato un convincente modello di business. Ha chiuso in perdita 6 degli ultimi 8 bilanci ma è stata sempre al centro dell'attenzione per la sua capacità di diventare la principale piazza dell'informazione digitale: punto di riferimento essenziale per il giornalismo nell'era di internet che personaggi come Donald Trump (88 milioni di follower quando era presidente) hanno saputo trasformare anche in un potente megafono elettronico.

Le tempestose storie delle offerte e dei dietrofront di Elon Musk hanno riempito le cronache dei giornali di tutto il mondo per l'intero 2022, fino a quando, il 28 ottobre scorso, al miliardario di origine sudafricana non è rimasta altra scelta che acquistare la società a un prezzo elevatissimo: i 44 miliardi di dollari inizialmente offerti per un'azienda che, mese dopo mese, ha continuato a deperire in un mercato azionario della tecnologia che nel corso dell'anno ha registrato crolli a ripetizione.

A fine 2022, mentre chiudiamo le ultime pagine di questo libro, quello che fino a pochi giorni prima era stato l'uomo più ricco del mondo si è messo al timone di una nave ormai alla deriva (che, secondo analisti qualificati, al momento dell'acquisto non valeva più di 10 miliardi) e fatica a governarla: da un lato la sua pretesa di trasformarne l'organizzazione cacciando metà dei dipendenti e imponendo ai superstiti turni di superlavoro, massima intensità e fedeltà assoluta al suo progetto ha portato a esodi di massa dell'equipaggio con il rischio che un vascello senza più marinai finisca comunque sugli scogli. Dall'altro l'assolutismo del *free speech* di Musk: la sua determinazione ad applicare con rigidità ingegneristica idee di libertà che devono tenere conto dei contesti politici e sociali e degli attori malevoli che operano al loro interno. Tutto questo ha rischiato di trasformare una piattaforma privata di gran parte dei filtri dei moderatori che controllano la liceità dei contenuti immessi in rete in una piazza selvaggia dominata dall'odio e dal travisamento della realtà.

Più che delle ultime vicissitudini di un'azienda data da alcuni addirittura per morente e alla quale Musk ha imposto repentini cambi di rotta sul sistema di moderazione, sulla sospensione degli account di chi non rispetta le regole di servizio e anche sui rapporti con il personale (dipendenti licenziati e poi richiamati avendo scoperto che ricoprivano ruoli-chiave, smart working cacciato dalla porta e fatto rientrare dalla finestra), è il caso di soffermarsi sulla personalità e sull'avventura professionale, umana, e, ormai, anche politica e geopolitica di Musk: un imprenditore sicuramente geniale e di enormi capacità ma anche narcisista, umorale e sempre più convinto di poter trasferire il suo *Iron Man* cinematografico nel mondo reale delle scienze sociali, dei rapporti di lavoro e anche di quelli con i governi.

Insieme ai follower su Twitter (125 milioni a inizio 2023, più di quelli del picco di Trump) cresce la sua influenza grazie all'auto elettrica, a SpaceX divenuta protagonista assoluta nello spazio, al rapporto con il Pentagono (i suoi missili che mettono in orbita satelliti militari). La sua rete di satelliti Starlink, che garantisce, fra l'altro, le comunicazioni civili e militari in Ucraina nonostante la distruzione delle reti terrestri da parte dei russi, fa ritenere a Musk di aver acquisito anche una dimensione politica sovranazionale (con conseguente enunciazione di piani alquanto *naïf* per una pace tra Mosca e Kiev, e anche per Taiwan).

Con Twitter, se mai riuscirà a farle riprendere quota, Musk non solo cerca di entrare da padrone nel mondo delle reti sociali e di condizionare l'informazione giornalistica, ma vuole provare a influenzare direttamente anche la politica. La combinazione tra un'immensa ricchezza, una grande visibilità e un non dissimulato disprezzo per le istituzioni è una miscela molto pericolosa.

Musk si ritiene investito della missione di liberare l'economia e il mondo da regole e vincoli che impediscono una totale libertà di iniziativa: sia che questa si esprima attraverso un progetto imprenditoriale, sia che riguardi la libertà di espressione nelle sue forme più estreme. La sua visione non è il frutto di una riflessione approfondita sulla società ma di una rivendicazione di libertà individuale che deriva dal suo modo di lavorare.

Il rifiuto di regole imposte a priori è tipico della comunità di internet, e nell'ambito della tecnologia si è dimostrato estremamente efficace, per lo stimolo che può dare a un'imprenditorialità creativa. Si parte da un'intuizione che non si sviluppa in un progetto pianificato ma in un'esplosione di vitalità. Si procede per prove ed errori, finché l'obiettivo alla base del progetto non viene raggiunto. Questo imprime uno straordinario dinamismo ma impone anche di assumere grossi rischi. Un'iniziativa imprenditoriale può riuscire a sostenerli, ma il tentativo di applicare questa ricetta al sistema politico-sociale è estremamente pericoloso. Lo sviluppo della civiltà va di pari passo con l'adeguamento delle regole che una società impone ai suoi membri per garantirne la pacifica convivenza e l'ordinato sviluppo.

Anche nel mondo della tecnologia esiste un sistema di pesi e contrappesi che è dato dal lavoro condiviso di menti brillanti e dal controllo sociale esercitato attraverso la condivisione. Musk, però, vuole abolire il controllo sociale su qualsiasi attività. Il suo straordinario ego lo porta a pensare di poter fare a meno degli ingegneri che hanno sviluppato la piattaforma, così come non si sente tenuto a adeguarsi alle norme che regolano i mercati finanziari: vale tanto per lo spericolato processo di acquisizione di Twitter quanto per la definizione dei meccanismi della sua remunerazione come capo di Tesla, o per la disinvoltura con cui fa affermazioni che incidono sulla quotazione dei suoi titoli in Borsa.

Il caso Musk impone una riflessione su un tema che in molti paesi ha prodotto norme di legge stringenti. Quali limiti si devono imporre, in tema di controllo dei mezzi di informazione, a imprenditori che hanno una straordinaria disponibilità economica e una molteplicità di interessi nei campi più diversi?

7.
Apprendere e socializzare in un mondo interconnesso

Hiroko ha settantanove anni. Ha rubato in un supermercato caffè, tè, riso, bibite, un mango. È alla terza condanna: stavolta un anno e mezzo di detenzione. Magrissima, serena, racconta che per lei, rimasta da anni sola e scivolata nella povertà dopo essere stata una moglie e una madre del ceto medio, il carcere è un'oasi: "Non sono libera, ma non devo nemmeno preoccuparmi di nulla. Ricevo tre pasti al giorno e finalmente ho una vita sociale, molte persone con cui parlare. Mia figlia viene a trovarmi una volta al mese. Dice che non si sente in colpa, che mi trova patetica. Forse ha ragione lei, ma a me va bene così".

Non è un caso isolato: la stampa nipponica è piena di storie di anziani – soprattutto donne – che per difficoltà economiche, ma più spesso perché non riescono a sopportare la solitudine, commettono reati non gravi ma penalmente rilevanti con l'unico obiettivo di finire per un po' di tempo in carcere. Come Takako Suzuki: un tempo vendeva cosmetici in un grande magazzino e allevava due figli. Ora il marito è morto e lei, affetta da una lieve forma di demenza, non può contare sull'aiuto dei familiari. Così ha preferito rubacchiare per farsi arrestare. In carcere, come ha ricostruito un'inchiesta dell'agenzia di stampa nipponica NHK, queste persone trovano una sistemazione, cure mediche, gente con cui parlare e, magari, un nuovo compagno di vita. Non esistono statistiche specifiche, ma non mancano dati significativi: nel penitenziario di Kasamatsu oltre un quinto delle 300 donne incarcerate ha più di sessantacinque anni. E, a livello nazionale, l'83 per cento dei reati commessi dalle detenute ultrasettantenni è rappresentato da piccoli furti nei negozi.

L'epidemia di solitudine che colpisce le società contemporanee, non solo gli anziani, è un fenomeno complesso, con cause molteplici. Alcuni studiosi asiatici la considerano una patologia dell'Occidente, legata al culto della libertà che porta le persone, soprattutto nei paesi anglosassoni, a coltivare un individualismo sfrenato che fa perdere la consapevolezza di essere parte di una comunità. Poi, però, si scopre che la solitudine colpisce duro anche in Giappone e in una Cina che sta invecchiando rapidamente.

Solitudine fisica e psicologica, senza confini né limiti di età. E la rivoluzione delle tecnologie digitali è considerata il fattore più rilevante di questa degenerazione, soprattutto a causa dell'uso compulsivo che ne viene fatto, dalle reti sociali ai videogiochi. Fenomeni che vengono studiati da tempo: dal celebre *Alone Together*, il saggio con il quale più di dieci anni fa Sherry Turkle, docente di psicologia e scienze sociali del Mit di Boston, fotografò, con centinaia di interviste, la solitudine nella quale cadono milioni di giovani che si illudono di sostituire la vita sociale fisica con quella mediata da uno schermo, al più recente *The Lonely Century* dell'economista britannica Noreena Hertz. Un libro, quest'ultimo, che descrive il modo nel quale la sempre più diffusa epidemia di solitudine produce gradi crescenti di isolamento sociale che incidono pesantemente su molte sfere (a partire da quelle della vita sentimentale e dei rapporti sessuali), arrivando a minacciare "non solo la salute fisica e mentale delle nostre società, ma anche le nostre democrazie".

E non sono soltanto i rapporti sociali a uscire trasformati, frammentati, dal nuovo mondo dell'*always connected*.

"Internet sta frantumando la mia capacità di concentrazione e di osservazione. La mia mente si sta abituando a raccogliere informazioni nello stesso modo in cui la rete le distribuisce: un flusso di particelle che si muovono a grande velocità. Io stesso, che mi sentivo un subacqueo immerso nel mare delle parole, ora schizzo sulla superficie come un ragazzino su un acquascooter." Quindici anni fa, nel 2008, Nicholas Carr fu il primo a denunciare, con un saggio sulla rivista "The Atlantic" (il titolo era una domanda: *Google ci rende stupidi?*), il calo del livello di attenzione e la riduzione della capacità di pensare in profondità di tutti noi, dovuti all'intensità del flusso di informazioni – utili e inutili, vere, fuorvianti e false – che ci arrivano grazie alla tecnologia. In un'epoca dominata dalla meraviglia per le infinite possibilità offerte da nuovi strumenti come i motori di ricerca, le mappe digitali, l'ipertesto che ti consente con un click di raggiungere un'altra pagina dedicata all'argomento al quale ti stai interessando, quell'articolo diventa un primo campanello d'allarme che fa emergere dubbi e malesseri di molti altri che avevano le stesse percezioni ma non le manifestavano in pubblico temendo di apparire intellettualmente obsoleti. *Surfing the Internet*, che noi traduciamo navigare in rete, in realtà non dà l'idea di traversate oceaniche verso nuovi mondi, ma quella di uno scivolare sulla schiuma delle onde. Si comincia a parlare di *multitasking* mentale e in tanti denunciano che da qualche tempo hanno difficoltà a concentrarsi sulla lettura di testi lunghi: "Appena ci sediamo per leggere un documento di qualche pagina o un libro," conferma Andrew Sullivan, un conservatore libertario, "ci sentiamo a disagio dopo pochi paragrafi. Voltiamo pagina e siamo già pronti per un link".

Quell'articolo diventò un libro, al quale ne sono seguiti molti altri di Carr e non solo, soprattutto scienziati della psiche che hanno studiato alterazioni cliniche come quelle della memoria, il cui esercizio diventa sempre meno necessario, dato che le macchine ci risparmiano la fatica di dover ricordare. È l'inizio di un processo di presa di coscienza lungo e non ancora concluso perché, se alcuni fenomeni quali le alterazioni del comportamento diventano subito abbastanza evidenti, la comprensione delle cause è assai più problematica, come anche l'individuazione di possibili rimedi.

All'alba del nuovo millennio, in un mondo in cui i geniali imprenditori che offrono (in genere gratuitamente) motori di ricerca, reti sociali e altre piattaforme per altri servizi digitali sembrano benefattori dell'umanità, si parte dall'idea delle *unintended consequences* delle innovazioni: gli effetti negativi vengono riconosciuti, ma appaiono l'involontaria e inevitabile conseguenza di nuove tecnologie i cui effetti positivi sono largamente prevalenti. All'inizio, tra l'altro, lo stesso Carr mette le mani avanti: "Sono sensazioni, non pretendo di illustrare una verità scientifica. Del resto anche nel Quindicesimo secolo Gutenberg fu messo sotto accusa da chi riteneva che la stampa avrebbe avuto un impatto disastroso sulla struttura sociale. Quindi farete bene a essere scettici del mio scetticismo".

L'algoritmo di raccomandazione e quello predittivo

Ci vorranno anni, altri studi, esperimenti e dibattiti per dimostrare che molte di queste conseguenze negative non sono affatto *unintended*, ma discendono direttamente dai *business model* scelti da alcune società tecnologiche. Sono prese di coscienza che arrivano in modo graduale. Non ci vuole molto tempo per scoprire che il continuo passaggio da una pagina a un'altra in modo sempre più compulsivo è incentivato dai gestori delle piattaforme digitali che guadagnano su ogni click dei loro utenti. Ne serve parecchio di più per capire come le reti sociali raccolgono e monetizzano i dati personali dei titolari dei loro account. E come, stimolandoli ad esempio con lo strumento dei like, costruiscono (e vendono) anche i profili psicologici degli utenti. Ancora più complessa la ricostruzione del funzionamento degli algoritmi: da quelli di raccomandazione che ci risparmiano la fatica di selezionare e scegliere (e, quindi, di ragionare) a quelli predittivi, capaci, cioè, sulla base della scia infinita di dati che lasciamo nel web relativi alle nostre azioni, di prevedere (con un certo grado di approssimazione) come ci comporteremo in futuro.

Apparentemente il desiderio di cambiare rotta è generale (perfino Facebook chiede – almeno a parole – un nuovo sistema di regole), ma come? È difficile individuare un sentiero ben definito perché, con la tecnologia digitale che progredisce velocemente e in assenza di norme, gli algoritmi continuano a evolvere seguendo solo la logica di mercato, cioè quella della massimizzazione del profitto, senza tener conto delle conseguenze sociali e anche politiche del mutamento dei comportamenti umani indotti da tecnologie disegnate per creare dipendenza o per premiare le prese di posizione più dirompenti. Nel caso degli algoritmi predittivi ci troviamo poi, come vedremo più avanti, di fronte a scenari non molto diversi da quelli del film *Minority Report*. La fantascienza di Philip Dick portata sullo schermo da Steven Spielberg in appena vent'anni sta diventando realtà.

La politica arranca, spesso gira a vuoto, per scarsa competenza ma anche perché la rapida evoluzione della tecnologia e la difficoltà di misurarne in modo scientificamente verificabile le sue conseguenze complicano la sua missione. Che rischia di diventare proibitiva alla luce di un altro fattore: gli unici ad avere la disponibilità di tutti i dati, la conoscenza esclusiva (e tenuta segreta) del funzionamento dei loro sistemi sono proprio i giganti di *Big tech*, i quali dispongono anche di capacità finanziarie pressoché illimitate. Gruppi che in genere si astengono dallo studiare le conseguenze che le loro innovazioni hanno sull'essere umano e sulla società o, se lo fanno, non rendono pubblici i risultati raccolti: torneremo anche su questo.

Il calo dell'attenzione e la crescente difficoltà di concentrarsi su un argomento sono stati tra i primi fenomeni analizzati. L'effetto di interazioni molto intense su internet, l'uso spasmodico dello smartphone, il flusso caotico ma anche ricco di informazioni che ognuno di noi si trova a processare quotidianamente sono stati studiati, soprattutto a livello accademico, non solo sul piano psicologico ma anche su quello fisiologico della psiche. Grande attenzione è stata dedicata ai mutamenti dei circuiti del cervello da quando la teoria della neuroplasticità ha preso il sopravvento rispetto alla convinzione degli scienziati – prevalente fino agli anni Settanta del secolo scorso – di un completamento della struttura neuronale del "muscolo della mente" entro i primi tre anni di vita dell'individuo. Gli studi effettuati negli ultimi decenni a partire dalle ricerche di Michael Merzenich dell'Università della California di San Francisco mostrano che, in realtà, il cervello è in grado di evolvere in risposta agli stimoli anche in età adulta, sia pure in misura più limitata. Gli impulsi che riceve sono in grado di intensificare o rallentare le sinapsi, cioè le connessioni tra i miliardi di neuroni attivi al suo interno e, forse, anche di aumentarne il numero (ma questo non è ancora dimostrato).

Cervelli ricablati: la memoria diventa un optional

In ogni caso gli esperti si stanno convincendo che è possibile – nel bene e nel male – ricablare il cervello umano sulla base dell'immersione dell'uomo in un universo digitale nel quale cambiano le relazioni sociali, i modi di apprendere, la funzione stessa della memoria, ormai considerata da molti studiosi alla stregua di un optional: ne rimane una piccola quantità, accompagnata dallo sviluppo della capacità di rintracciare un'informazione quando serve, mentre il grosso viene trasferito su supporti elettronici esterni al cervello. Non ci sono ancora conclusioni scientifiche consolidate, ma studi ed esperimenti svolti in molte parti del mondo e pubblicati sulle riviste scientifiche come *The "online brain"*, redatto da scienziati delle università di Harvard, Sydney, Oxford, Manchester e del King's College di Londra, confermano la capacità del cervello di adattarsi e di modificare il suo funzionamento in base agli stimoli ricevuti dall'esterno. Le alterazioni fisiche che sono state osservate e che vengono attribuite all'intensità dell'esposizione al web riguardano ispessimenti della corteccia cerebrale e aumento o diminuzione della sostanza grigia nelle aree del cervello esposte a un intenso volume di interazioni digitali. Interessate, soprattutto, le aree che presiedono al controllo degli impulsi e al processo decisionale.

Carr e molti altri studiosi guardano con preoccupazione a

queste alterazioni fisiologiche: temono che il persistere di utilizzi scriteriati delle tecnologie digitali possa portare a danni cerebrali permanenti. Altri scienziati replicano che, oltre a quelli negativi, il web produce anche effetti positivi: (ad esempio, stimola gli anziani in declino cognitivo), mentre i videogiochi – il cui abuso è sicuramente nocivo – possono diventare la chiave per risolvere alcuni problemi sanitari, visto che ne sono stati sviluppati di specifici per combattere la dislessia, l'autismo e migliorare i meccanismi dell'attenzione. I casi virtuosi, però, non possono far dimenticare le vaste aree critiche.

In attesa di studi clinici più completi e di risultati consolidati soprattutto sugli adolescenti (fin qui, per dimostrare che la neuroplasticità riguarda anche gli adulti, la maggior parte delle ricerche non è stata indirizzata sui giovani), sono comunque ormai acquisiti i dati sui mutamenti del comportamento e dei meccanismi dell'apprendimento. In particolare i cosiddetti nativi digitali, a differenza dei loro genitori, hanno un modo di ragionare meno condizionato da schemi preconcetti, ma più fragile: alle strutture logico-deduttive lineari dell'insegnamento tradizionale preferiscono l'apprendimento disorganizzato. Il che vuol dire assimilare più in fretta ma solo le nozioni utili al momento, mentre per il resto ci si limita a imparare come recuperare rapidamente altre nozioni quando diventeranno necessarie.

È, come vedremo più avanti, la rivoluzione degli "strumenti del comunicare" descritta da McLuhan che arriva alle sue estreme, e problematiche, conseguenze.

Multitasking *e calo dell'attenzione*

L'obiettivo di un percorso scolastico tradizionale, farsi una cultura, è sostituito dalla condivisione con il gruppo e dalla pubblicazione del proprio pensiero. Attraverso i social si ricevono molte più informazioni. Per certi versi, quindi, anche grazie alla pratica del *multitasking*, i giovani di oggi sanno più cose. Ma cambiano fonti d'informazione di continuo (mediamente 27 volte l'ora secondo alcuni studi recenti) e, dovendo passare da un testo all'altro in una girandola senza tregua, finiscono per ricorrere a una lettura a blocchi (*skim reading*) fatta in modo discontinuo, saltando da una schermata all'altra. Negli ultimi anni, poi, immagini, video e meme hanno sostituito sempre più spesso la parola scritta nelle comunicazioni interpersonali. Mentre la voce, che era pressoché scomparsa da quando una nuova etichetta digitale aveva imposto sms, messaggistica istantanea e altre comunicazioni scritte al posto della telefonata, ricompare come podcast, comandi vocali o assistenti personali, da Alexa a Siri, ma soprattutto WhatsApp, la piattaforma che nel primo semestre del 2022 ha gestito 7 miliardi di messaggi vocali giornalieri.

Le conseguenze di questo continuo, tambureggiante flusso di informazioni si vedono non solo nei meccanismi dell'apprendimento, ma anche nel comportamento. Uno studio condotto da Microsoft in Canada ha fatto capire a questa società che l'*attention span* dei suoi utenti – la loro capacità di concentrarsi per un po' su un testo prima di distrarsi – si è ridotta dai 12 secondi del 2000 agli 8 del 2015. Da allora, probabilmente, la situazione è ulteriormente peggiorata. Ne è consapevole Satya Nadella, l'amministratore delegato del gruppo fondato da Bill Gates, per il quale "in futuro la materia prima più scarsa sarà proprio l'attenzione umana". E questo non vale solo per la lettura: basta vedere com'è cambiata la cinematografia, le cui nuove opere, anche quando ricostruiscono storie settecentesche o ottocentesche, sono caratterizzate da un ritmo incalzante, un continuo succedersi di colpi di scena. Rivedere vecchi film che abbiamo amato mette a disagio anche gli anziani, non più abituati a scene statiche e dialoghi intervallati da silenzi.

Calo di attenzione, ma anche impazienza: uno studio più recente, condotto nel 2019 su 2000 cittadini britannici adulti, indica che gli intervistati si aspettano una risposta alle loro e-mail entro 90 minuti, al ristorante si innervosiscono se il piatto che hanno ordinato impiega più di 14 minuti a uscire dalle cucine, mentre 16 secondi è il tempo massimo che si è disposti ad aspettare per il caricamento di una pagina web.

Città, scrittura, Gutenberg: le rivoluzioni che hanno cambiato l'uomo

Che le innovazioni producano cambiamenti anche profondi nella società e nei comportamenti degli individui non è certo una novità. La creazione delle città, avvenuta tra cinque e diecimila anni fa, ha posto fine a un'esistenza essenzialmente nomadica, obbligando gli individui a adattarsi a una più elevata densità abitativa, con tutti i problemi di organizzazione sociale, politica e di tipo sanitario che ciò comporta. L'introduzione della scrittura – prima rupestre, su tavolette, poi su pergamene e fogli rudimentali, fino ai libri degli amanuensi – ha cambiato non solo la cultura e la sua organizzazione, ma anche il modo di pensare e, probabilmente, la stessa fisiologia del cervello degli antichi con il passaggio da una conoscenza tutta immagazzinata nella mente dei singoli individui e affidata alla loro capacità di memorizzare ed elaborare nozioni alla sua trasposizione su supporti cartacei. Basti pensare a Socrate, che concepiva la cultura come dialogo, e al suo discepolo Platone che, pur avendo scritto molto, ma unicamente per tramandare la sua conoscenza ai posteri, condivideva le certezze del suo maestro: solo il dialogo e la tradizione orale consentono di sviluppare e arricchire la cultura con gli stimoli e gli spunti che emergono dal confronto. L'alfabeto greco, semplificando quello fenicio ed essendo adattabile anche a lingue di altri popoli, fu strumento di democrazia e, diremmo oggi, di internazionalizzazione. Ma per i grandi filosofi greci, la scrittura che ha rivoluzionato la civiltà umana aveva il difetto di indebolire la memoria e, con la sua natura statica, inanimata, capace di far ricordare solo cose e fatti dei quali si è già a conoscenza, finiva anche per atrofizzare il pensiero: una barriera capace di ostacolare la circolazione delle idee che i maestri dell'antica Grecia consideravano prodotto esclusivo della dialettica tra i partecipanti a un dialogo.

La rivoluzione successiva, destinata a lasciare un segno profondo sull'umanità per oltre cinquecento anni, inizia nel 1436 quando Johannes Gutenberg, un artigiano dell'oreficeria, sfrutta la sua profonda conoscenza dei metalli per creare un sistema di stampa a caratteri mobili, aiutato da Andreas Dritzehn, un suo assistente al quale aveva insegnato l'arte del taglio delle pietre preziose, e da Andreas Hellmann, proprietario di una cartiera. È l'inizio di una prima rivoluzione della comunicazione di massa: la cultura non è più patrimonio solo di pochi eruditi, si diffonde l'uso delle lingue dei vari popoli a discapito del latino, fin lì lingua franca e collante del potere di autorità politiche e religiose che ora si sentono minacciate. Gutenberg è essenziale per la Riforma protestante di Martin Lutero che tiene testa a condanne e scomuniche traducendo la Bibbia in tedesco e diffondendo ovunque le sue opere (300mila copie distribuite solo tra il 1518 e il 1520).

La stampa ha cambiato la società, ma lo ha fatto in modo graduale, dal Quattrocento al Novecento: dalla rivoluzione luterana alla nascita della tipografia, con le sue macchine che, nel Ventesimo secolo, apre le porte a duecento anni di civiltà dei giornali e a una diffusione molto maggiore della letteratura scolastica, di quella scientifica e della stessa narrativa con la nascita del romanzo popolare. Poiché leggere è un'attività svolta da ognuno di noi singolarmente, con la diffusione della lettura è cresciuta, soprattutto negli Usa, la tendenza all'individualismo.

I cambiamenti di oggi, poi, sono molto più repentini per via della rapidità nell'introduzione di nuove tecnologie come quella delle mappe stradali digitali o quella del motore di ricerca di Google: la possibilità di accedere a una conoscenza senza limiti sulla quale, dal 2007, si è sovrapposto un ulteriore acceleratore con l'arrivo sul mercato del primo iPhone. È l'inizio dell'era degli smartphone: il turbocompressore di una potenza tecnologica che è sempre con te, nel palmo della tua mano.

Dal pensiero lineare della parola stampata alla mente frammentata dell'era audiovisiva

Anche nel mondo dell'informazione giornalistica tutto cambia, e in modo assai più rapido, radicale, con i mezzi di comunicazione del Ventesimo secolo: telefono, radio, cinema, tv, prima ancora di arrivare alla rivoluzione digitale. Il primo a vedere lucidamente tutte le implicazioni è Marshall McLuhan: nella sua opera fondamentale del 1964, *Gli strumenti del comunicare*, descrive come i nuovi media cambiano il nostro modo di percepire la realtà, di ragionare, di valutare, di decidere. La mente lineare, attenta, concentrata sulla comprensione di un testo, sviluppatasi nel mondo di Gutenberg, improvvisamente lascia il campo a una mente frammentata, bombardata di informazioni che l'individuo non ha il tempo di sottoporre ad analisi. Spesso non dispone nemmeno dei criteri necessari per poter formulare un giudizio.

E non si tratta solo di capacità di analizzare i contenuti: l'altra intuizione di McLuhan, quella sintetizzata dal suo motto più celebre, "il mezzo è il messaggio", indica che è la tecnologia stessa a dare forma alla nostra percezione. E all'alba del nuovo secolo, con la comunicazione digitale e le reti sociali, la rivoluzione dei processi mentali si fa ancora più profonda e caotica. Nulla di paragonabile a quanto accaduto nelle precedenti rivoluzioni del pensiero: "Nella sua storia," sostiene Nicholas Carr, "l'uomo non ha mai avuto a che fare con un *medium* così ubiquo, presente in tutti gli aspetti della sua personalità. Un *medium* capace non solo di cambiare il modo in cui pensiamo, ma anche quello che pensiamo del pensiero".

Troppo e troppo in fretta. Queste trasformazioni, come abbiamo visto, cambiano anche anatomicamente il nostro cervello: adattandosi agli stimoli dei nuovi media, la mente sviluppa alcune aree cerebrali e ne trascura altre. Aumenta la capacità di assorbire ed elaborare stimoli di ogni tipo, e diminuisce la capacità di ricordare, visto che dipendiamo sempre più da una memoria esterna, supplementare, che si sovrappone a quella biologica. Ne risulta in parte compromessa una fase essenziale come quella del consolidamento della memoria: il trasferimento delle esperienze principali dalla memoria breve a quella di lungo termine. Un processo indispensabile per analizzare in profondità e sviluppare il pensiero critico.

E Carr non è di certo l'unico intellettuale a lanciare l'allarme. Jaron Lanier, scienziato sociale, musicista e, soprattutto, pioniere delle tecnologie digitali, esploratore della realtà virtuale dall'alba delle sue prime sperimentazioni (già nel 1984 fonda VPL Research e inventa i primi, rudimentali, guantoni e visori per connettere il corpo umano a uno scenario softwarizzato), fin dal 2000 mette in guardia dalle facili infatuazioni: nel suo "mezzo manifesto" (*One-Half of a Manifesto*) denuncia quello che definisce il totalitarismo cibernetico di chi, come Ray Kurzweil, il teorico della *singularity*, considera l'uomo un computer biologico destinato a essere raggiunto e superato dall'intelligenza delle macchine.

Nei libri successivi (soprattutto *You Are Not a Gadget* del 2011 e *Who Owns the Future?* del 2013) e in alcuni saggi brevi, Lanier mette in guardia dai facili entusiasmi per la filosofia *open source* che gli pare una caricatura di collaborazione democratica e paritaria. L'eclettico uomo di cultura nota che tutte le innovazioni principali, dall'iPhone alle reti sociali, per nulla *open*, sono di proprietà delle imprese di *Big tech* e avverte che la gratuità dei contenuti ne impoverisce la qualità. Sostiene, poi, che il declino del ceto medio, spesso considerato conseguenza della globalizzazione, dipende anche da una gestione miope della rivoluzione digitale: sedotta da società tecnologiche che lui definisce Siren Servers, con riferimento alle sirene di Ulisse, abbagliata dalla promessa di servizi gratuiti, la *middle class* dà via gratis i suoi preziosissimi dati. Ma, soprattutto, Lanier invita gli utenti ad abbandonare le reti sociali "che ci rendono più duri, meno empatici, più tribali" e trasformano l'individuo in un'"estensione automatizzata di queste piattaforme".

E, anche se proveniente da un personaggio geniale ma scostante, nel 2015 fa sensazione la scelta di Andrew Sullivan – personalità giornalistica di primo piano come firma di "Time", "The Atlantic" e "Daily Beast" e poi con il suo blog, *The Dish*, seguito da 30mila utenti paganti – di abbandonare il web: "Sono saturo di vita digitale, voglio tornare al mondo reale. Sono un essere umano prima che uno scrittore e un blogger". C'è chi accoglie con scetticismo lo scarto del celebre polemista inglese trapiantato negli Stati Uniti, ma Sullivan analizza in modo nitido il suo disagio umano: "Voglio tornare a leggere. Lentamente, con cura. Assorbire un libro difficile e ritirarmi nei miei pensieri per un po'. Tornare a dare forma alle idee dentro di me senza dover trasformare istantaneamente tutto in un blog".

Big tech *consapevole dei danni per gli utenti ma nasconde i dati*

La differenza rispetto ad altri periodi di grandi innovazioni non sta solo nella potenza delle nuove tecnologie e nella loro capacità di creare rapidamente una realtà del tutto nuova senza dare all'uomo il tempo di metabolizzare il cambiamento. Se in passato questo cambiamento avveniva sulle ali del dinamismo di qualche stampatore rinascimentale o su quelle della nascita di concentrazioni di potere in città nelle quali un grande industriale diveniva anche editore di giornali, essenziali per la formazione dell'opinione pubblica, nell'era di *Big tech*, come nota Lanier, un potere molto più vasto e penetrante è concentrato nelle mani di pochissime aziende (meno di dieci) americane e cinesi. E se il potere dell'industriale-editore di una sola città era sotto gli occhi di tutti e le tecniche di persuasione erano trasparenti, almeno per chi voleva vederle, nell'era digitale giganti come Facebook, Google, Twitter, Alibaba e WeChat esercitano la loro influenza sterminata mediante algoritmi sul cui funzionamento viene mantenuto un segreto assoluto.

Non solo queste aziende non rivelano criteri e tecniche psicologiche e di marketing utilizzate per massimizzare i guadagni fino a livelli mai visti prima nella storia del capitalismo ma, avendo nel loro database tutte le nostre informazioni personali, sono in grado di valutare, oltre agli effetti economici, anche l'impatto sociale della loro attività. E, quando scoprono – com'è accaduto a Facebook – che l'utilizzo dei social media è dannoso per 360 milioni di utenti (1 su 8) che hanno comportamenti compulsivi, o che l'esposizione a giudizi ingenerosi su Instagram getta nella disperazione molti giovani, la cosa viene sepolta negli archivi aziendali.

C'è voluta la denuncia di una ex dirigente che se n'è andata sbattendo la porta come Frances Haugen per far emergere il caso. L'abbiamo già incontrata nelle pagine di questo libro: ingegnere di Google passata a Facebook nel 2019 come product manager inquadrata nel team *civic integrity* con l'obiettivo di combattere la disinformazione e rendere meno tossici gli scambi sul sito, Haugen si accorge ben presto che l'azienda di Mark Zuckerberg non ha alcuna intenzione di rinunciare a quote di traffico – e quindi a un po' di pubblicità e profitti – per ripulire la sua piattaforma. Nella primavera del 2021 si dimette da Facebook. Poi, a settembre, consegna al "Wall Street Journal" gli studi interni del suo ex datore di lavoro, dai quali emerge che dal 2019 la società analizza gli effetti deleteri che le sue reti sociali, soprattutto Instagram, hanno sugli adolescenti. L'azienda sa dall'inizio del 2020 che un terzo dei teenager attivi su Instagram ha visto la propria vita digitale trasformarsi in fonte di ansia e depressione: si sentono criticati o peggio per come appaiono in rete, cominciano a odiare il loro corpo. Facebook prende atto, archivia e non fa nulla per correggere la rotta. Anzi, nel marzo 2021, rispondendo davanti al Congresso a domande sull'effetto delle reti sociali sugli adolescenti, Zuckerberg afferma che "dalle ricerche che abbiamo visto risulta che l'uso delle app dei social network incide in modo benefico sulla salute mentale". In ottobre Haugen, dopo la consegna dei documenti "scottanti" al "Journal", si espone in pubblico, prima in televisione poi nelle audizioni parlamentari, e le cose cominciano pian piano a cambiare, con il capo di Instagram Adam Mosseri costretto infine ad ammettere che il problema è serio.

Nel frattempo, dopo la denuncia del quotidiano economico di Rupert Murdoch arrivano altre inchieste, come quella del "New York Times", sempre del 2021, dalla quale emerge che negli ultimi decenni i fattori che minacciano maggiormente gli adolescenti sono cambiati: ansia, depressione, autolesionismo, tentazioni suicide al posto di alcol, droga e del timore di gravidanze indesiderate. Non tutto dipende dalla rivoluzione digitale, ma internet, denunciano psicologi ed esperti di comunicazione, amplifica e accelera. I tribunali cominciano a occuparsi delle morti di giovanissimi ossessionati dai video, trovati sui social, di suicidi o di sfide rischiosissime come quella dell'autosoffocamento. In Gran Bretagna turba l'opinione pubblica il caso di Molly Russell, una ragazza di quattordici anni trovata morta per apparente suicidio nel novembre 2017. Dopo quasi cinque anni di indagini il *coroner* ha ricostruito l'ossessione di Molly per i video di suicidi o di persone che si infliggono ferite dolorose che riusciva a trovare su Instagram – alcuni dei quali, proiettati in aula, fanno star male dipendenti del tribunale e persino uno psicologo – e accusa: "Internet ha compromesso la sua salute mentale contribuendo alla sua morte in misura non marginale". Nessuna condanna penale né indennizzi, ma la famiglia ottiene la condanna morale che ha cercato per anni: Molly vittima di un uso folle della tecnologia.

Negli Stati Uniti, dove nascono addirittura studi legali specializzati come il Social Media Victims Law Center, fanno discutere le denunce contro TikTok dei genitori di Lalani Erika Walton e di Arriani Jaileen Arroyo, otto e nove anni, morte per aver raccolto una pericolosissima sfida di autosoffocamento stringendosi una corda intorno al collo: un caso legato alla cosiddetta *blackout challenge* vista tante volte sulla rete sociale cinese. Arriani ne aveva anche parlato in famiglia citando il caso di una bimba italiana di dieci anni morta a Palermo in circostanze analoghe.

TikTok si difende citando casi di ragazzi che si sono uccisi in questo modo nel 1995 e nel 2007, quando le reti sociali ancora non esistevano. Ma i social moltiplicano, sfuggono al controllo degli adulti e seducono dando la possibilità di mostrare sprezzo del pericolo mettendo in rete i video delle proprie esibizioni nelle sfide più scellerate: da quelle della "balena azzurra", una prova folle arrivata dalla Russia nel 2016 che comporta, fra l'altro, tagli delle vene e camminamenti sui cornicioni, fino all'ingestione di pasticche di detersivo per lavatrice. Incidenti e bravate ci sono sempre stati, ma il digitale è un turbocompressore: nel 2018 la "Tide Pods Challenge" è divenuta talmente popolare negli Usa da costringere i capi di Procter & Gamble, produttrice del detersivo, a fare una campagna online per chiedere ai giovani di non inghiottire le capsule.

A parte i comportamenti sconsiderati, è conclamato che la dipendenza dai social aggravi i disturbi del sonno e altri tipi di disagio. E, nonostante la rete ormai fittissima di connessioni virtuali, quella dei ragazzi del terzo millennio è la generazione che soffre maggiormente di solitudine.

Sherry Turkle l'aveva capito già oltre dieci anni fa. E la scelta fatta ancor prima da Steve Jobs e da altri imprenditori della Silicon Valley di limitare drasticamente l'accesso dei loro figli ai telefonini e agli altri strumenti digitali avrebbe dovuto rappresentare un segnale d'allarme assordante. Ora ci sono anche i dati: dal 2007 al 2016 gli interventi di pronto soccorso negli ospedali Usa per ragazzi dai cinque ai diciassette anni sono aumentati del 117 per cento per attacchi di ansia, del 44 per cento per casi di depressione e disturbi dell'attenzione, mentre il numero complessivo delle visite pediatriche è rimasto stabile. Dallo studio, pubblicato dall'American Academy of Pediatrics, emerge anche che gli interventi legati a episodi di autolesionismo sono aumentati del 329 per cento, mentre quelli per problemi di alcolismo sono calati del 39 per cento. Nel 2007 meno della metà dei ragazzi aveva un cellulare e non si trattava certamente di smartphone. Nel

2018 il 95 per cento dei giovani aveva un cellulare, quasi sempre "intelligente", e la metà di loro dichiarava di essere pressoché perennemente connesso in rete.

Le denunce sui danni che l'uso spregiudicato delle nuove tecnologie può provocare sulle menti dei giovani ormai non si contano. Nella primavera del 2022 l'allora senatore Andrea Cangini, dopo aver raccolto testimonianze di esperti nelle audizioni parlamentari, ha pubblicato un libro, *CocaWeb*, che ha suscitato polemiche per la tesi secondo cui videogiochi e smartphone, attraverso meccanismi come il rilascio della dopamina, creino dipendenza come la cocaina. Un paragone forse eccessivo per il quale Cangini è stato molto criticato. Polemiche nel mondo accademico anche per l'improvviso stop alla crescita del quoziente d'intelligenza (IQ) dei cittadini dei paesi avanzati, che era andata avanti per tutto il Ventesimo secolo. Il fenomeno è evidente ma non omogeneo e sulle cause non ci sono certezze: c'è chi, come l'Organizzazione mondiale della sanità, dà la colpa alle degenerazioni dell'ambiente, ma i più tendono ad attribuire questo calo dell'IQ proprio al cattivo uso delle tecnologie digitali, soprattutto da parte dei teenager.

Nel frattempo altri studi hanno dimostrato che le piattaforme delle società di *Big tech* vengono ingegnerizzate per catturare l'attenzione degli utenti (tutti, non solo gli adolescenti) il più a lungo possibile, agendo sulle emozioni, creando dipendenza grazie a reazioni neurochimiche che producono un flusso continuo di dopamina: una sostanza che provoca una sensazione di benessere, ma anche un forte impulso a ripetere l'esperienza. E, come abbiamo già visto in precedenza, per suscitare emozioni forti non c'è niente di più efficace che esaltare le posizioni estreme, alimentare conflitti, magari dare sfogo all'odio. Con stimoli di questo tipo non c'è molto spazio per il ragionamento, le analisi pacate: non hanno la stessa capacità di attrazione dell'invettiva o, addirittura, della calunnia. Che, tenendo gli utenti incollati al web, trasforma l'attenzione in fatturato pubblicitario e, quindi, in profitti.

La ribellione di critici e tecnopentiti. Ma Agre, che aveva previsto tutto, preferisce svanire

Fenomeni studiati per anni, ma con molte lacune: non solo non c'è mai stata una vera presa di coscienza a livello politico, né tentativi di correre ai ripari dandosi qualche regola, ma il governo Usa, il paese che si è sempre vantato di essere all'avanguardia e attento all'innovazione, ha ridotto più volte, nel Dopoguerra, i fondi per la ricerca degli effetti delle tecnologie digitali sull'uomo. Dal 2005 al 2015, ad esempio, i finanziamenti al National Institute of Mental Health destinati allo studio dei problemi mentali che affliggono molti adolescenti sono stati tagliati del 42 per cento.

Insomma, le tecnologie digitali offrono tantissimi benefici, ma il loro sviluppo e la loro sperimentazione vanno governati come si fa negli altri campi. La rinuncia della politica a intervenire o anche solo a monitorare sta avendo conseguenze pesanti: le guerre culturali che oggi dilaniano gli Stati Uniti e contribuiscono all'indebolimento della sua democrazia derivano anche dalle scelte tecnologiche di business fatte da una casta segreta di ingegneri elettronici. Con un impatto che nessuno, al di fuori delle aziende di *Big tech*, è in grado di valutare. Così imprenditori e *computer scientists* possono impunemente soffiare sul fuoco, non per intenti cospiratori ma, banalmente, per rimpinguare traffico e profitti senza dover rispondere a nessuno di decisioni che possono essere socialmente devastanti. Sapendo di essere sotto osservazione, magari queste reti filtrano i contenuti che circolano sulle loro piattaforme alla vigilia degli appuntamenti elettorali, salvo tornare, dopo il voto, alla filosofia della massimizzazione del traffico e del fatturato.

Oltre alle analisi critiche degli accademici, oggi chi vuole agire contro l'abuso delle tecnologie digitali ha a disposizione le sempre più frequenti denunce di chi – come Haugen – ha conosciuto questa realtà dall'interno. Sono i "pentiti" dei quali abbiamo già parlato: da Tristan Harris, che avrebbe dovuto essere la coscienza etica di Google, ad Alex Stamos, lo scienziato ex capo della sicurezza informatica di Facebook, a Nir Eyal che, dopo aver pubblicato, con *Hooked*, una guida nella quale insegna alle imprese come catturare i clienti e renderli dipendenti dai suoi prodotti, ha scritto *Indistractable*: un saggio nel quale offre al pubblico l'antidoto per disintossicarsi.

Fra i tanti critici, alcuni dei quali sono diventati veri e propri professionisti della denuncia, si distingue la figura di Philip Agre: un *computer scientist* divenuto umanista che trent'anni fa previde e denunciò le degenerazioni che sarebbero derivate dall'intelligenza artificiale, se non assoggettata a criteri morali. Nel 1997, prima ancora della fondazione di Google, pubblicò un paper sui pericoli dello sviluppo incontrollato di queste tecnologie considerato ancora oggi illuminante: dentro c'era l'intuizione del prossimo avvento del riconoscimento facciale e il timore di un suo sfruttamento da parte di regimi autoritari. Ma Agre aveva anche previsto, ad esempio, il potere devastante di una disinformazione digitale ben costruita e la difficoltà di correre ai ripari in modo efficace.

Oggi potrebbe essere un guru acclamato, ma è impossibile chiedergli consiglio: nel 2009 si è dimesso dall'Università della California di Los Angeles ed è scomparso. Vive in una località sconosciuta e ha tagliato i ponti con il mondo. È riemerso solo una volta, anni fa, per bloccare i suoi vecchi colleghi dell'Ucla che volevano pubblicare una raccolta dei suoi scritti.

Dobbiamo rassegnarci a una trasformazione definitiva, antropologica, dell'*Homo sapiens*, a una sorta di ricablaggio delle nostre menti? Il *multitasking* accompagnato dalla crescente incapacità di concentrarsi su letture lunghe, il cambiamento dei meccanismi dell'apprendimento con l'accumulazione della conoscenza sostituita dall'abilità nel trovare le nozioni necessarie quando servono potrebbero anche rivelarsi passaggi epocali, senza ritorno.

Ma la rapida evoluzione della tecnologia e la mancanza di regole che lo indirizzino non modifica solo i meccanismi di apprendimento: cambia, come abbiamo visto, i comportamenti sociali e crea isolamento, solitudine e, spesso, incapacità di distinguere in modo netto la realtà fisica da quella virtuale.

Emerge un nuovo tipo di socialità condizionata dal sistema di incentivi prodotto dalla tecnologia: il pensiero plasmato dalla pubblicità, la conoscenza filtrata attraverso meccanismi di intrattenimento, per non perdere l'attenzione dell'utente. E poi l'autopromozione, l'individuo che trasforma se stesso in un prodotto di marketing.

Il business del sesso. E quello delle patologie digitali

Cambiamenti nelle dinamiche sociali, nel bisogno di stimoli visuali continui, nelle relazioni sentimentali, nell'area del sesso: i rapporti interpersonali sempre più mediati da uno strumento digitale pesano in ogni ambito in misura crescente. Incontri che avvengono in rete, magari utilizzando i siti specializzati, possono rimanere per sempre nell'etere, promuovere solide relazioni che si trasferiscono nella vita reale o, più spesso, risolversi in incontri fisici insoddisfacenti (o, addirittura, traumatici) anche perché preparati in modo troppo superficiale.

Il risultato è un aumento del numero dei single, il cambiamento delle pratiche di formazione delle famiglie con rischi di impoverimento demografico di tutti i paesi avanzati, mentre quella che fino a ieri sembrava fantascienza libidinosa diventa previsione di molti psicologi: il rapporto affettivo, e anche quello sessuale, che finisce per essere ricercato nella relazione con robot sempre più perfezionati, negli ologrammi o nelle incursioni nella realtà virtuale.

Il sesso è da sempre un motore occulto della crescita del traffico nel web. Ora il *sextech* è già un'industria che vale 30 miliardi di dollari. Gli analisti prevedono il suo raddoppio entro cinque anni. Mai sottovalutare la forza del business in America: ogni anno al Consumer Electronics Show, la fiera dell'elettronica di Las Vegas, vengono presentate nuove tecnologie che hanno a che vedere con la sfera affettiva. Non solo piattaforme per incontri o bambole gonfiabili sostituite da partner robot sempre più realistici per i materiali con i quali vengono realizzati e perché dotati di intelligenze artificiali sempre più sofisticate, capaci di sostenere dialoghi non troppo complessi (ci sono già bordelli nei quali si può scegliere tra una prostituta in carne ed ossa e una *sex doll*), ma anche la Hug Shirt, una blusa "attrezzata" attraverso la quale si può mandare un abbraccio a distanza come fosse un'e-mail, o bocche artificiali che riproducono, sempre a distanza, l'effetto di un bacio.

Casi estremi? Stranezze? Forse. E i futuristi come Ian Pearson, secondo il quale nel 2050 il sesso con i robot diventerà più comune di quello tra esseri umani, possono anche essere solo personaggi che cercano di stupire per conquistare visibilità. Ma intanto si moltiplicano e si rafforzano imprese come RealDoll e Realbotix che producono bambole sessuali sempre più perfezionate, al di fuori di regole e controlli. Christine Hendren, docente alla Duke University, ha denunciato davanti alle telecamere della Bbc che alcuni di questi robot sono programmati per riprodurre lo scenario di uno stupro, altri per comportarsi come bambini. E chi li sviluppa sostiene che in questo modo fa del bene: cattura l'attenzione del pedofilo evitando che vada a violentare un bambino vero.

Di tutto questo, di come la tecnologia può penetrare nelle sfere più intime dell'individuo e sconvolgerle, la politica non si occupa. Eppure le alterazioni della sfera affettiva, i cambiamenti profondi che già si registrano nel rapporto fra i sessi, hanno conseguenze sociali, etiche e demografiche profonde. E che non si tratti di fenomeni marginali lo dimostrano, oltre allo straordinario successo dei siti pornografici che raccolgono quasi un terzo di tutto il traffico del web, anche episodi significativi come quello che si è verificato al Tesla AI Day 2022.

Quando Elon Musk ha presentato un prototipo ancora rudimentale del suo robot Optimus che dovrebbe arrivare sul mercato entro cinque anni, promettendo che sarà capace di sostituire l'uomo in quasi tutti i lavori ripetitivi, in molti gli hanno chiesto di svilupparne anche una versione *sex robot.* "Naturalmente," ha risposto loro su Twitter, "ci sarà anche una versione *catgirl* di Optimus."

Cresce il fatturato di *sextech*, ma nascono anche nuovi business che trasformano in reddito – in Pil – perfino il disagio mentale da eccessivo uso degli strumenti digitali. Un campo di ricerca molto attivo è quello della biometrica comportamentale che aiuta a misurare stati fisici e psichici. Il *digital phenotyping* reclama un suo spazio nella medicina: valuta lo stato di salute mentale di una persona sulla base delle sue interazioni con gli apparecchi digitali. Sono molte le startup che operano in questo campo, ma la Mindstrong Health di Palo Alto è già una realtà consolidata. La Sharecare di Atlanta analizza i livelli di stress durante le telefonate, basandosi soprattutto sulla voce, mentre Cogito, una startup finanziata dal Pentagono (attraverso la Darpa), studia gli stati di ansia e depressione, raccogliendo dati dagli smartphone. Anche Apple si sta mobilitando in quest'area.

E nel mondo dei videogiochi, un'industria potentissima che alla fine del 2020 vantava 2,7 miliardi di utenti a livello globale, l'allarme degli psicologi (nel 2015 l'American Psychological Association ha presentato un rapporto dal quale emerge che giocare con i videogame violenti aumenta l'aggressività e diminuisce l'empatia nei confronti delle vittime) è stato minimizzato mentre si punta a valorizzare gli aspetti positivi: giocatori che imparano a reagire più rapidamente, a focalizzarsi sulle informazioni in quel momento più rilevanti e che si allenano a ricordare. Anche questo diventa business: da quasi vent'anni ha cominciato a svilupparsi un'industria del *brain training*, con imprese come Posit Science che, con programmi che comprendono alcuni minuti al giorno di videogiochi e altri esercizi, in parte concepiti specificamente per gli anziani, cercano di migliorare la memoria dei loro utenti, i tempi di reazione e la capacità di concentrazione.

Tutte iniziative di aziende private che si muovono nel campo delicatissimo della psiche umana senza alcun controllo da parte di governi che, negli Usa come in Europa, in altri campi, ad esempio l'alimentazione, sono abituati a regolamentare anche aspetti minori dei processi produttivi.

Intanto, con la diffusione di TikTok, sta diventando imponente il fenomeno dei giovani utenti spinti ad autodiagnosticarsi possibili patologie psichiche – dall'autismo ai deficit dell'attenzione e all'iperattività, fino a disturbi dissociativi della personalità e bipolarità – utilizzando i test (ed eventualmente i trattamenti) offerti online, a pagamento, da siti che si presentano come centri specializzati in indagini sulla salute mentale. Il rischio è quello di una diffusione incontrollata di diagnosi di malattie mentali e di prescrizioni di psicofarmaci.

Le associazioni degli psichiatri avvertono che non più del 3 per cento della popolazione Usa soffre di una di queste patologie mentre gli hashtag sulle sindromi neurodivergenti sono stati consultati 3 miliardi di volte, quelli sull'ADHD (deficit dell'attenzione) 10,6 miliardi di volte e quelli sugli attacchi d'ansia addirittura 13,1 miliardi di volte.

Ne sta nascendo un business gigantesco e incontrollato come quello di Cerebral Inc., una startup nata nel 2020 e finanziata con 300 milioni di dollari dalla società di investimenti nipponica SoftBank: nel giro di due anni ha acquisito 200mila pazienti che per consulti e cure online (colloqui con infermieri più che con medici) pagano rette che variano dagli 85 ai 325 dollari al mese. Inchieste giornalistiche di Bloomberg e di altri media testimoniano la disinvoltura con la quale vengono diagnosticate alla stessa persona molteplici patologie con relativa prescrizione di psicofarmaci.

Molti pazienti, spesso spinti da influencer che pubblicizzano questa sorta di cliniche psichiatriche digitali via TikTok o Instagram, si dicono soddisfatti del servizio ricevuto. Soprattutto chi non ha un'assicurazione sanitaria e non può permettersi costosi consulti con medici in carne e ossa. Ma le inchieste raccontano anche di tanti altri che si sentono abbandonati a se stessi. Ricevono indicazioni contraddittorie da un coordinatore e poi scoprono che quella persona non esiste: uno stesso nome usato da un gruppo di assistenti diversi che si alternano al computer. Mentre un'infermiera arriva a esaminare e a prescrivere farmaci a 30 pazienti al giorno.

Per legge negli Usa psicofarmaci come le anfetamine e le metanfetamine non potrebbero essere prescritti senza che il paziente sia visitato di persona da un medico. Ma in molti Stati ci sono eccezioni, ad esempio per l'ADHD, e certi divieti vengono aggirati con le vendite online che si sono diffuse molto negli anni della pandemia: periodo durante il quale i divieti sono di fatto caduti. TikTok sostiene di suggerire a chi ha patologie serie di contattare uno studio medico fisico, ma intanto diffonde a piene mani pubblicità di cure psichiatriche digitali.

A fronte di questa inerzia di parlamenti e governi nel regolare anche solo le derive più pericolose di business digitali che toccano gli aspetti più delicati della vita delle nostre società, dalla corrosione delle istituzioni democratiche a una gestione spregiudicata delle cure mediche, fa impressione accorgersi di come, nel settore privato, sia bastato che il capo di Apple, Tim Cook, decidesse di inserire nei suoi iPhone un comando che consente all'utente di scegliere se dare l'accesso ai propri dati personali a società che li utilizzeranno a fini pubblicitaria per ridimensionare i business più avventurosi di un gigante come Facebook, obbligandolo a cambiare parzialmente rotta.

Il paternalismo autoritario di Xi Jinping e l'era di TikTok

L'unico governo che si muove, oggi, con decisione in questi campi è quello cinese di Xi Jinping. Ma la sua scelta di razionare, ad esempio, il tempo che i ragazzi possono trascorrere davanti a una console sa di paternalismo e di autoritarismo. Quello del gigante asiatico è un caso complesso del quale ci occuperemo più avanti. Pechino dapprima ha stimolato le imprese a competere e a diventare globali, poi ha sfruttato le loro enormi capacità tecnologiche per acquisire uno sterminato volume di dati sui suoi cittadini da usare a scopo di controllo sociale e politico. Infine, ha "tagliato le unghie" alle imprese che lo stesso regime aveva promosso, spingendole a uscire dalle Borse occidentali, e ha messo la museruola a imprenditori divenuti, secondo un regime che mantiene pur sempre il comunismo nel suo brand, troppo popolari, potenti e indipendenti. Insomma, il caso cinese fa riflettere ma non è un modello da seguire.

Di certo il continuo aumento dell'esposizione alla tecnologia e l'ulteriore calo delle interazioni fisiche registrato negli anni della pandemia soprattutto nel mondo del lavoro, come vedremo nel prossimo capitolo, rendono un intervento ancora più urgente. Bisogna, però, capire bene dove sta andando la tecnologia per evitare il rischio che la politica, dopo tante esitazioni, concentri i suoi sforzi di regolamentazione su un modello di reti sociali che, con l'ascesa di TikTok (prodotto cinese), sembra destinato a cambiamenti profondi se non addirittura a una trasformazione in qualcosa di molto diverso: il sogno-incubo di un Metaverso che si impone come un'intera vita digitale sovrapposta a quella fisica o, più probabilmente, una serie di metaversi che si contenderanno, a fini commerciali, il tempo e l'attenzione degli utenti offrendo esperienze ininterrotte di servizi e intrattenimento nella realtà aumentata o in quella virtuale.

8.
Tecnologia e manipolazione della politica: i rischi per la democrazia

Da quando, il 24 febbraio 2022, i russi avevano avviato l'operazione militare speciale contro l'Ucraina, Zlata, una giovane avvocata nata a Kiev ma trapiantata in Italia, non riusciva a staccare lo sguardo dallo smartphone. Le circostanze della vita l'avevano portata a Milano ma a Kiev aveva parenti e colleghi che la tenevano costantemente informata. A pochi giorni dall'avvio dell'invasione, la preoccupazione che l'offensiva russa avesse successo, portando morte, distruzione e, soprattutto, un cambio di regime e una sottomissione del paese a Mosca era fortissima.

La mattina di mercoledì 16 marzo, le più fosche previsioni sembravano materializzarsi in un video che le era appena stato inviato da un amico. Il presidente Zelensky, parlando dal podio dell'Ufficio della Presidenza della Repubblica, invitava i combattenti a deporre le armi e a tornare a casa perché non aveva senso morire in guerra. Qualcosa, però, non convinceva la giovane avvocata, che aveva l'occhio allenato di chi si era occupato di crimini informatici. Il labiale di Zelensky sembrava corrispondere con il parlato, ma la voce risuonava strana, quasi metallica, il volto rigido, con un incarnato diverso da quello del collo, e poi tanti altri piccoli particolari non la persuadevano. Il video lo aveva inizialmente pubblicato il sito di Ukraina 24, ma si era rapidamente diffuso sulle principali piattaforme social diventando virale. L'angoscia per quello che sembrava un tradimento della volontà di resistere del popolo ucraino, però, durò poco. A Zlata arrivò la notizia che lo stesso Zelensky in un video su Telegram aveva smascherato l'opera di disinformazione attribuendo il *deepfake* all'attività dei servizi russi con l'obiettivo di screditare il presidente e di demoralizzare la popolazione. Intanto sui social il video di Zelensky traditore era stato rimosso mentre diventavano virali i video di Zelensky a piedi per le vie di Kiev intento a organizzare la resistenza.

Che i russi avessero esperienza nella produzione e nell'utilizzo di *deepfake* era abbastanza noto. Nell'estate 2021 uno spot trasmesso da tutte le televisioni per Megafon, una delle più importanti società di telecomunicazioni russe, vedeva protagonista Bruce Willis nei panni di un naufrago. Il popolare attore nel video appariva più giovane e senza rughe, suscitando la curiosità e le discussioni in rete sul suo prodigioso ringiovanimento.

La spiegazione era abbastanza semplice: quello dello spot non era Bruce Willis ma un attore russo calvo e con una corporatura simile sul quale era stato digitalmente sovrapposto il volto della star americana. Un anno dopo, nel settembre 2022, il "Telegraph" scriveva che l'attore – che, nel frattempo aveva annunciato il ritiro dai set cinematografici perché colpito da afasia – aveva aperto una nuova era del cinema: quella degli attori che intraprendono una seconda carriera, tutta digitale (e in gran parte fuori dal loro controllo), vendendo il loro volto e i diritti di performance a società specializzate nella produzione di *deepfake* autorizzati.

La tecnologia del trapianto digitale, sperimentata già da anni a Hollywood e sfruttata da tecnopirati che, ad esempio, inseriscono in una sequenza di un film porno il volto di personaggi celebri dello spettacolo, della politica o dello sport, da qualche tempo viene usata, legalmente, anche da agenzie pubblicitarie che, per ridurre i costi di produzione degli spot, propongono a una star di prestare il suo volto senza che debba spostarsi insieme a tutto il suo team, con le relative spese, per girare una scena di 20 secondi.

Creative Artists Agency, l'agenzia di Willis, aveva venduto i diritti per quell'unica scena utilizzata nello spot e Maria Chmir, capo di Deepcake, una società georgiana (la Georgia asiatica, non quella Usa) che si sta specializzando nella creazione di algoritmi basati su reti neurali artificiali, finita sotto i riflettori dei media, spiega di aver riprodotto il volto di Willis in movimento grazie a un algoritmo che è stato addestrato utilizzando 34mila immagini dell'attore tratte dai film di *Die Hard*. Film datati con l'attore più giovane, immagini con qualche sbavatura: tutte cose che hanno fatto sorgere dubbi agli spettatori più attenti. Ottimo per la strategia di marketing dei russi di Megafon: bene la controversia, i dubbi, i meme che fanno discutere e amplificano l'impatto della campagna.

La pratica si sta diffondendo per gli spot televisivi, ma Deepcake ha cominciato a usare i *deepfake* legali anche in altri campi. Ad esempio, per creare il *digital twin* di un esperto che debba tenere una conferenza ma si sente a disagio in pubblico o davanti a una telecamera. O che semplicemente abbia poco tempo.

Nella rivoluzione dell'informazione dell'era digitale – dai giornali che hanno perso il ruolo di principale strumento di analisi e formazione dell'opinione pubblica al *citizen journalism* che trasmette immagini da luoghi irraggiungibili per la stampa (campi di battaglia, dittature feroci che reprimono ogni tentativo strutturato di informare), fino al dominio delle reti sociali che finiscono per privilegiare contenuti estremi e teorie cospirative –, quello dei *deepfake* è il fenomeno che spaventa di più: può scatenare ondate di odio, rivolte, addirittura guerre, mettendo in bocca a leader politici frasi incendiarie che non hanno mai pronunciato, costruite ad arte.

Su "Wired" lo storico dell'era digitale Steven Levy, un guru della Silicon Valley che certo non manca di entusiasmo per la tecnologia, si chiede cosa diventerà la realtà man mano che i progressi del *machine learning* renderanno i *fake* sempre più perfetti: "Come farò a sapere che chi vedo davanti a me è davvero la persona che conosco? E dove troverò questi gemelli generati da un computer? Ovviamente nel Metaverso, che sarà talmente falso da rendere il falso reale". Di questo ci occuperemo più in profondità nel tredicesimo capitolo.

I *deepfake* rendono drammaticamente evidente un'alterazione dei meccanismi della conoscenza che va oltre le distorsioni del sistema dell'informazione digitale. Molti pensano che radicalizzazione, effetto *echo chamber*, slogan semplicistici che spazzano via le analisi pacate dei problemi visti in tutta la loro complessità siano fenomeni transitori, crisi di crescita proprie di ogni rivoluzione tecnologica.

Il rischio che politica e comportamenti sociali vengano distorti da una rappresentazione seducente ma falsa della realtà, costruita con gli strumenti digitali, è grave; tuttavia, forse, ai fini della tenuta di una comunità che ha bisogno di riconoscersi in un minimo di valori e certezze comuni, è ancor più pericolosa la sovrapposizione di reale e virtuale che anestetizza la nostra capacità di riconoscere i fatti.

Spaventati dagli incubi di Orwell, ma si stanno avverando quelli di Huxley

Si avvera la profezia del critico culturale Neil Postman che nel 1985, all'alba di internet, nel saggio *Amusing Ourselves to Death* (ripubblicato di recente in Italia con il titolo *Divertirsi da morire*) scrisse che, mentre George Orwell in *1984* disegnava un mondo dominato da una dittatura che negava l'informazione e metteva al bando i libri, Aldous Huxley, nel suo *Il mondo nuovo*, andava oltre: descriveva un'umanità schiacciata da un potere assoluto che non aveva bisogno di vietare i libri perché nessuno, immerso in un mare di informazioni contraddittorie di tutti i tipi, avrebbe avuto interesse a leggerli, preferendo chiudersi in un atteggiamento scettico e passivo. "Orwell," afferma Postman, "temeva che la verità ci sarebbe stata nascosta. Huxley temeva che la verità sarebbe stata fatta affogare in un mare di irrilevanza." E anche il critico considerava quest'ultimo il rischio maggiore.

La lezione di Huxley l'hanno assimilata bene le dittature di Pechino e Mosca, le quali non si sono limitate a bloccare con i firewall la circolazione di informazioni sgradite ai regimi: consapevoli che la vera posta in gioco è l'attenzione dei cittadini, l'hanno annacquata diffondendo nelle loro reti eserciti di troll digitali; in Cina, in particolare, il governo ha messo in campo il 50 Cent Party, la sua armata della disinformazione digitale, abilissima nel confondere le acque: di fatto un altro, e più sofisticato, tipo di censura.

Ma quello magistralmente descritto da Huxley novant'anni fa è un pericolo che, anche senza il potente supporto dei *deepfake*, nel web ha cominciato a materializzarsi già da tempo grazie al megafono incontrollato delle reti sociali che diffondono a piene mani opinioni estreme ma anche falsità evidenti e teorie cospirative che attirano un seguito enorme.

Negli Stati Uniti Donald Trump ha sdoganato visioni un tempo semiclandestine, come quelle della destra suprematista bianca, ha potuto mentire sistematicamente su molte questioni senza mai pagare pegno, fino a rendere quasi irrilevante la pratica del *fact checking*, ed è riuscito a imporre allo stesso establishment del suo partito uno stile di governo autoritario che ha indebolito le istituzioni democratiche americane, soprattutto grazie alla sua padronanza dei meccanismi della comunicazione e a un uso spregiudicato dei social media. Reti che, comunque, già stavano portando acqua al suo mulino – quello della radicalizzazione e dello spargimento di cortine fumogene sulla realtà – grazie al funzionamento distorto dei loro algoritmi.

Coltivata dai democratici e anche dai repubblicani di lungo corso messi con le spalle al muro da un leader sovranista che ha travolto molti valori fondanti del loro partito, la speranza che questa degenerazione finisse con il trasloco di Trump dalla Casa Bianca a Mar-a-Lago è durata poco. Il rifiuto dell'ex presidente di riconoscere la sconfitta ha alimentato onde di risentimento che hanno continuato a gonfiarsi anche durante i lunghi silenzi di "The Donald". I sondaggi che già all'indomani del voto fotografavano un paese nel quale la maggioranza dei repubblicani non considerava Biden il suo presidente legittimo avevano colpito l'opinione pubblica, ma poi erano stati derubricati a dati statistici di affidabilità relativa, destinati comunque a evolvere, annacquati dal passare del tempo. Non è andata così: la tendenza a considerare irrilevante la realtà dei fatti, a negare l'evidenza, non solo si è radicata in una parte della società, ma è penetrata anche nel Congresso, mettendo sempre più in pericolo i delicati meccanismi della democrazia Usa. La campagna per le elezioni di Midterm del novembre 2022 ha confermato quanto questa degenerazione sia penetrata anche nelle istituzioni.

Il ruolo delle reti sociali nel logoramento delle istituzioni democratiche

Questo fenomeno è stato fotografato da un rapporto pubblicato un mese prima del voto dalla Stern School of Business della New York University. La *Big lie*, lo slogan della grande bugia del voto 2020 che Trump ha strappato ai democratici e rivoltato a suo favore, si è diffusa fino a produrre metastasi: i ricercatori scrivono che l'idea che Biden non sia il presidente legittimo con il tempo si è trasformata da insinuazione di Trump e della sua cerchia di fedelissimi in articolo di fede del partito repubblicano che, con poche, coraggiose, eccezioni, ha diffuso l'idea che il processo elettorale americano sia in gran parte corrotto. Con la conseguenza che quasi tutti i candidati repubblicani alle elezioni di medio termine in Stati nei quali non c'è una maggioranza netta di uno dei due partiti, i cosiddetti *battleground States*, hanno messo la non credibilità del sistema elettorale al centro delle loro campagne.

L'esito del voto, che in molti casi non ha premiato gli esponenti trumpiani più oltranzisti, ha evitato contestazioni su larga scala dei risultati. Ma nella Camera, ora a maggioranza repubblicana, sono comunque entrati molti ultrà decisi a dedicare l'attività parlamentare da qui alle presidenziali del 2024 a una serie di inchieste contro Biden, la sua famiglia e i suoi ministri, piuttosto che all'attività legislativa. Mentre continuano a essere messe in campo, negli stati considerati contendibili, iniziative che mirano a indebolire la credibilità del sistema elettorale.

Un ruolo importante in questo processo degenerativo l'hanno svolto i conduttori più popolari, e più vicini a Trump, di Fox News, ma i ricercatori della Stern School hanno approfondito soprattutto le responsabilità delle reti sociali per il logoramento delle istituzioni democratiche non solo negli anni passati, ma anche in tempi recenti, quando l'uso perverso delle loro piattaforme era divenuto ormai evidente. I social hanno promesso di proteggere le elezioni di Midterm dalla disinformazione, ma le loro regole, contestate soprattutto da destra perché era un privato a fissare limiti che hanno una valenza anche politica, e i filtri spesso inefficaci hanno finito per esacerbare, anziché eliminare, il negazionismo elettorale, soprattutto negli Stati nei quali la contesa è più incerta: Arizona, Michigan, Nevada, Pennsylvania, Georgia e Wisconsin.

Risultato: mentre nelle piazze i candidati si davano battaglia come in passato, anche se con linguaggi molto più aspri, dietro le quinte i funzionari addetti allo spoglio delle schede elettorali e a certificare i risultati delle votazioni negli Stati "caldi" hanno vissuto un 2022 da incubo. I personaggi più esposti hanno continuato a ricevere minacce rivolte a loro e alle loro famiglie, ma nella maggior parte dei casi per i funzionari il problema principale è stato quello di fronteggiare massicce e coordinate richieste di rivedere tutti i documenti elettorali delle presidenziali 2020. Iniziative di esponenti conservatori che, sfruttando le leggi che garantiscono la trasparenza e le possibilità di verifica delle votazioni, miravano a paralizzare gli uffici elettorali che avrebbero dovuto destinare tutte le loro energie alla preparazione del voto 2022: una sorta di prova generale delle contestazioni che potrebbero essere messe in campo alle prossime presidenziali. Un'operazione che, come abbiamo appena visto, non ha avuto pieno successo.

La vigilia elettorale è stata caratterizzata da una biforcazione ancor più radicale rispetto al passato e basata non su divergenti valutazioni di sostanza politica, bensì sulla creazione di una narrativa priva di riscontri nella realtà. Mentre chi seguiva la campagna sui giornali (compresi quelli conservatori di Murdoch) o sulle principali reti tv (con la parziale esclusione della Fox) aveva la sensazione di assistere a un confronto duro ma condotto nel consueto alveo istituzionale, la destra che si informa sui social media si è sentita ripetere la *Big lie* trumpiana fino all'ossessione. "*Stolen election*" (elezione rubata) è un'espressione che nel mese che va dal 19 giugno al 19 luglio 2022 è comparsa nei post di Twitter ben 325.589 volte: il 900 per cento in più rispetto allo stesso periodo dell'anno precedente.

Tornando all'indagine della Stern School della NYU, tra i fattori critici citati ci sono la decisione, presa da Facebook nel 2019, di escludere gli esponenti politici dal *fact checking*, l'abitudine di Twitter di attivare la sua *civic integrity policy* (le falsità segnalate e, a volte, rimosse) solo nel periodo dei cicli elettorali, lasciando per il resto campo libero al negazionismo, e la diffusione della disinformazione anche su TikTok, l'ultima arrivata: la società, di proprietà cinese, si è impegnata a correre ai ripari, ma il flusso di falsità non si è ridotto in modo significativo.

TikTok cresce, cambia i rapporti tra social media, diventa nuovo terreno di scontro Usa-Cina

La crescente diffusione di TikTok e della sua formula basata su video molto brevi che ha attratto gran parte del traffico dei più giovani ha indotto molti a ipotizzare che la generazione Z (ragazzi dagli undici ai venticinque anni) abbia messo in moto meccanismi (come il ridimensionamento dell'importanza dei like) che porteranno a una revisione delle gerarchie nel mondo delle reti sociali. Qualcosa si sta sicuramente muovendo (prendono, ad esempio, quota nuove reti come Twitch per il gioco e il *live streaming* o Discord per le chat tra i gamer), ma è presto per tirare conclusioni.

Una cosa, però, è chiara fin d'ora: TikTok è sicuramente una nuova grande protagonista (in poco più di cinque anni di vita ha superato il miliardo di utenti nonostante sia stata messa al bando in India) ma, anche se è zeppa di video di balletti e scenette satiriche, non è una rete sociale più benevola o meno pericolosa delle altre. A parte le perplessità poste dall'essere di proprietà cinese, con il conseguente timore (espresso tanto dall'Amministrazione Trump quanto da quella di Biden) che i dati degli utenti americani e del resto dell'Occidente possano finire nelle mani del governo di Pechino, TikTok ha due grossi problemi. Da un lato, i suoi video brevi, visualizzati a raffica dai ragazzi fino a diventare virali, possono creare problemi di dipendenza perfino più acuti di quelli di altre reti: nel gennaio dello scorso anno l'hashtag

#tiktokaddict era già stato visitato più di 500 milioni di volte. In secondo luogo questo social ha inquietanti aspetti di sorveglianza (il suo semplice interfaccia video consente all'app di sapere cosa l'utente sta guardando) e diventa uno strumento sempre più manipolabile man mano che cresce il suo ruolo anche come canale d'informazione con un valore politico: un quarto dei quasi 100 milioni di utenti americani dichiara di considerare la rete cinese una fonte di notizie. Non si può quindi ignorare il rischio che il suo algoritmo, sviluppato a Pechino, possa essere modificato, ad esempio, per far sparire l'accusa mossa alla Cina di essere stata all'origine della pandemia, o per tentare di spostare le responsabilità per la guerra in Ucraina da Mosca ai paesi della Nato. Né si può escludere che, nell'imminenza delle presidenziali americane, le autorità di Pechino siano tentate di favorire il loro candidato preferito chiedendo a ByteDance, la holding di controllo cinese, di modificare l'algoritmo di TikTok a suo favore.

Problemi e dubbi che non toccano solo gli Stati Uniti: come è noto, tutti i leader dei partiti italiani nell'estate 2022 hanno fatto campagna anche su TikTok in vista delle elezioni politiche di settembre.

Il tramonto della stampa e delle capacità di comprendere la complessità

In passato stravolgimenti della realtà in grado di avere un impatto massiccio sull'opinione pubblica erano possibili solo laddove i mass media erano controllati da un regime dittatoriale.

Nelle democrazie la stampa rispecchiava i diversi punti di vista, alimentava dibattiti e confronti di posizioni, pur con tutti i limiti di logiche commerciali che spingevano molte testate al sensazionalismo e gli squilibri legati agli orientamenti politici dei grandi editori o all'intervento (a volte più immaginario che reale) dei cosiddetti "poteri forti": i gruppi industriali o finanziari che entravano nella proprietà di organi di informazione.

La promessa della democrazia di una rete aperta a tutti, del *citizen journalism* più credibile del giornalismo professionale perché non legato a centri di potere si è ben presto rivelata un'illusione, come abbiamo visto. E non si tratta solo dell'ingenuità dei protagonisti della rivoluzione digitale e la loro pretesa di considerare tutto il mondo con i suoi mille pregiudizi, conflitti etnici, dispute politiche, guerre come una grande Silicon Valley con i suoi asettici rapporti sociali. La carta stampata, attraverso la quale è stato veicolato per due secoli il dibattito politico, impone a chi scrive e a chi legge tempi, livelli di attenzione e rigore logico che nell'era del *browsing* compulsivo, dei concetti semplificati e compressi rilanciati continuamente via Twitter, sono andati completamente persi. Le grandi architetture ideologiche del Novecento, utilizzate dai partiti di massa in un contesto democratico e veicolate dalla stampa, hanno contribuito a dare una direzione allo sviluppo della società. Senza un confronto fra grandi affreschi ideologici prevalgono le ragioni della forza e gli stimoli emotivi: viene a mancare il senso della direzione.

Lo abbiamo visto nei capitoli precedenti con storie di intellettuali immersi nel digitale, come Andrew Sullivan, che a un certo punto hanno sentito il bisogno di staccare la spina per tornare alle letture profonde, a riflettere sottraendosi al ping pong infinito del botta e risposta su Twitter. Certo, la diffusione del digitale e l'impero degli algoritmi che privilegiano le invettive e le frasi nette, estreme, anche se inconsistenti sul piano logico, ha ridimensionato il ruolo dei cosiddetti *mainstream media*: ci sono singoli *pundit* dell'estrema destra, come l'ex poliziotto ed ex agente del servizio segreto Dan Bongino, che sulle reti sociali hanno una audience più vasta di quella del "New York Times" con il suo pubblico mondiale (nell'ottobre 2020 il quotidiano ha scritto che, sulla base della metrica dell'*engagement* mensile, la pagina Facebook di Bongino generava più traffico di quelle dello stesso "Times", del "Washington Post" e della Cnn messe insieme).

Eppure chi vuole tenere i piedi ben piantati nella realtà dei fatti deve rivolgersi al giornalismo professionale: il solo capace con le sue indagini di separare le suggestioni (le elezioni truccate, le teorie cospirative applicate ai seggi del testa a testa fra Biden e Trump) dai dati oggettivi. Come nel caso dei segretari di Stato repubblicani, che hanno certificato i risultati anche quando favorevoli al candidato democratico dopo aver verificato che non c'erano stati brogli, e le centinaia di magistrati, in gran parte conservatori, che hanno respinto tutti i ricorsi trumpiani per la loro inconsistenza o perché citavano circostanze rivelatesi false.

Dall'ambizione della Silicon Valley di riformare la società e la politica alla Torre di Babele

L'accelerazione e la trasformazione del ciclo dell'informazione nell'era digitale erano di certo inevitabili, ma la politica avrebbe dovuto porsi il problema di come salvaguardare, nel nuovo contesto, la tenuta delle istituzioni democratiche. Ogni situazione potenzialmente destabilizzante è stata invece ampliata e accelerata dai *big* della tecnologia: perché funzionale allo sviluppo del loro business e alla massimizzazione dei profitti. All'origine le intenzioni erano buone. Qualche tecnologo si era convinto di avere la missione di trasformare non solo alcuni aspetti dell'economia, ma anche tutto il resto: la finanza, la società e, in ultima analisi, la politica.

Idee che, come abbiamo visto, hanno radici lontane, ad esempio nelle utopie di John Perry Barlow e Stewart Brand; ma se vogliamo parlare di idee più strutturate espresse in pubblico da personaggi di grande potere possiamo guardare al 2012 come a un anno-cerniera, quando Facebook, nata otto anni prima, raggiunge il miliardo di utenti e arriva in Borsa. Mark Zuckerberg in un'intervista televisiva afferma che "il nostro compito è quello di ricablare il mondo da cima a fondo". In una lettera indirizzata agli investitori va oltre: sostiene che, cambiando il modo in cui la gente diffonde e consuma informazione, dando agli utenti un potere di condivisione, avrebbe creato le condizioni per "trasformare le nostre industrie e le nostre istituzioni essenziali". E ancora: "Quante volte abbiamo osservato qualcosa e pensato che potesse essere fatto meglio? Io posso abbattere questo sistema e costruirne uno migliore".

Nei dieci anni successivi lui ha provato a fare proprio questo. Ma i risultati sono stati profondamenti diversi da quelli che aveva immaginato. Insieme ai fondatori di Twitter e YouTube e a un pugno di altri imprenditori della Silicon Valley, ha costruito quella che lo psicologo e docente di etica della New York University, Jonathan Haidt, ha descritto sull'"Atlantic" come una nuova Torre di Babele. Meccanismi apparentemente innocui come i like e i retweet, pensati per usi virtuosi, hanno finito per dare spazio e, addirittura, incoraggiare gli usi malevoli, scatenando gli istinti peggiori: sempre meno espressioni di preferenze, sempre più premi e punizioni inferti con la logica del branco. Impreparati davanti all'emergere di quegli angoli oscuri dell'animo umano che i brillanti creatori di startup, più a loro agio con gli algoritmi che con Dostoevskij, non hanno mai preso in considerazione nei loro disegni ingegneristici. Chris Wetherell, un ingegnere di Twitter che ha lavorato alla creazione del "bottone" dei retweet ha raccontato al sito BuzzFeed che, quando vide le conseguenze del suo lavoro, si pentì dicendo: "Forse abbiamo appena messo un'arma con il colpo in canna nelle mani di un bimbo di quattro anni". Ma le crisi di coscienza, i pentimenti, qualche pallido tentativo di correggere la rotta sono emersi solo anni dopo. All'inizio i tycoon della Valle hanno preferito derubricare queste patologie a fenomeni marginali, scorie che si creano inevitabilmente in ogni costruzione utile. O, addirittura, le hanno ignorate totalmente per non compromettere il funzionamento di un giocattolo che cominciava a rivelarsi enormemente remunerativo.

I comportamenti superficiali di questa nuova industria sono in parte spiegabili. All'inizio i ragazzi delle startup faticavano a trovare finanziamenti: banche e società d'investimento studiavano bene i progetti prima di rischiare i loro soldi e cercavano di inserire un *adult in the room*, un manager più navigato. Con la diffusione del *cloud computing* che ha abbassato i costi di avvio e di funzionamento delle imprese e l'enorme accumulo, negli Usa, di capitali in cerca di buone occasioni d'investimento, i giovani imprenditori si sono sentiti più forti e liberi e gli stessi *venture capitalists*, come Marc Andreessen, li hanno incoraggiati a rischiare di più.

Bolsonaro e il fallimento di una politica che regola tutto ma non protegge le istituzioni dagli effetti perversi della tecnologia

È incredibile che strumenti che hanno trasformato la società e indebolito la democrazia siano stati sviluppati e introdotti senza alcun controllo. Sono meccanismi che possono risultare devastanti soprattutto per le democrazie che, a differenza dei regimi autoritari, in cui si possono sempre alterare i comportamenti dei sudditi usando l'arma della propaganda o incutendo paura, sopravvivono solo se i cittadini riconoscono la legittimità delle regole in vigore e delle istituzioni chiamate a farle rispettare.

Com'è potuto accadere?

Se lo chiede anche il politologo Ian Bremmer, fondatore di Eurasia, uno dei maggiori centri di ricerca sui rischi internazionali, che nel suo ultimo saggio *Il potere della crisi* vede nella velocità dello sviluppo tecnologico e nella sua gestione la più seria delle tre grandi questioni – le altre due sono il deterioramento del clima e la difesa di tutti i popoli dai virus in un'era che sarà segnata da nuove pandemie: "Siamo nel bel mezzo della rivoluzione dell'intelligenza artificiale con algoritmi il cui funzionamento non è compreso nemmeno dai programmatori che li hanno creati. Eppure vengono ugualmente messi in circolazione così, al buio, usando intere popolazioni come cavie in tempo reale. Sarebbe inconcepibile dare questa libertà a società che producono vaccini, cibi geneticamente modificati o nuove terapie mediche. Invece per gli algoritmi questa è la routine quotidiana. Può una società civile funzionare in questo modo? E le democrazie possono continuare a funzionare o un controllo sempre più centralizzato della governance diventerà la nuova normalità?".

Un'affermazione estrema che a qualcuno potrà apparire eccessiva: tecnologia e reti sociali che, non governate, rischiano di far sparire la democrazia dal mondo? Certo, è un pugno nello stomaco, ma per capire che il ragionamento del politologo non è campato in aria basta dare un'occhiata a quello che è successo negli ultimi anni al Brasile, potenza emergente con una democrazia fragile.

Nel 2012 un deputato privo di peso politico, una testa calda che i suoi colleghi, compresi quelli del suo stesso partito, cercavano di evitare ma che aveva un notevole seguito su YouTube, prese di mira una psicologa, Tatiana Lionço, che in una conferenza accademica a porte chiuse aveva parlato della necessità di combattere l'omofobia nelle scuole. Partendo dal video dell'intervento ripreso da uno dei presenti con uno smartphone, con uno spregiudicato lavoro di taglia e cuci riuscì a mettere in rete un filmato nel quale accusava Lionço di essere a favore della pedofilia, di distribuire nelle scuole kit per convertire i bambini all'omosessualità, addirittura di far parte di una cospirazione planetaria comunista e Lgbt.

Insultata, minacciata di morte, abbandonata da tutti, per anni Lionço si è dovuta nascondere. E anche dopo essere tornata all'insegnamento, ha continuato a vivere nella paura, visto che le minacce non sono mai cessate.

Per l'anonimo deputato che le ha rovinato l'esistenza, Jair Bolsonaro, quella cospirazione inventata a tavolino e diffusa via YouTube è divenuta il trampolino che l'ha trasformato in un leader nazionale. L'establishment brasiliano, destra compresa, ha continuato a tenere a distanza questo inquietante personaggio che faceva politica inventando complotti e usando una retorica gonfia d'odio. Quando, nel 2018, Bolsonaro si candidò alla presidenza, nessuno pensava che avesse chance: invece stravinse con dieci punti di scarto.

Nel suo *The Chaos Machine*, Max Fisher, oltre a raccontare questa agghiacciante ascesa, ha raccolto interviste ad alcuni politici brasiliani che sono riusciti ad arrivare in parlamento inventando complotti, seguendo l'esempio di Bolsonaro: confessano candidamente di averli usati come rampa di lancio, ma soprattutto spiegano come YouTube, dando campo libero a un algoritmo di raccomandazione che promuove i contenuti più visti, non ha soltanto creato una comunità isolata o alterato le abitudini degli utenti: "Ha radicalizzato l'intero movimento conservatore brasiliano in modo talmente efficace da aver fatto sparire la vecchia guardia della destra". Gli effetti di questa drammatica, gigantesca manipolazione continuano a manifestarsi sotto gli occhi di tutti e a suscitare reazioni di sorpresa: nelle elezioni presidenziali e parlamentari dell'autunno 2022, Bolsonaro è stato battuto da Lula, ma i candidati a lui vicini hanno colto successi che sono andati molto oltre le previsioni.

Restando un gradino sotto gli allarmi planetari di Bremmer, è comunque paradossale che, mentre a tutela del consumatore si pretende l'accertamento dell'origine e della composizione di un prodotto e da tempo sia stata proibita la pubblicità subliminale poiché il meccanismo che influenza le scelte non è trasparente, nel caso dell'informazione questi temi non siano stati nemmeno presi in considerazione. Mentre si è lasciato campo libero agli influencer che tendono ad attirare l'attenzione su un prodotto o a creare consenso – da sfruttare in campo commerciale o anche politico – utilizzando soprattutto i meccanismi della suggestione.

Non che in passato non si sia fatto ricorso a strumenti di questo tipo.

Fino a un certo punto, le condizioni per influenzare l'opinione pubblica a fini politici nell'era del web, pur nella diversità degli strumenti disponibili, sono apparse non molto diverse dalle tecniche di propaganda che hanno caratterizzato la politica fin dall'epoca della presidenza di Woodrow Wilson negli Usa. Allora, per convincere una popolazione americana pacifista, del tutto contraria a un intervento nella Prima guerra mondiale, venne creato il Comitato sull'informazione pubblica che in pochi mesi riuscì a rovesciare i sentimenti dei cittadini.

I mezzi a disposizione all'epoca erano meno complessi e sofisticati di quelli di oggi, ma non meno efficaci: lo dimostra, ad esempio, il manifesto dello "Zio Sam" che invitava a aderire alla leva, e che è tuttora un'icona della propaganda politica. Gli strumenti utilizzati dalla Commissione avevano molti punti in comune con gli strumenti usati attualmente: dalla martellante comunicazione ad ogni evento sociale fatta da 75mila volontari reclutati e addestrati alle immagini a forte contenuto emotivo, alle *fake news* che da sempre sono uno strumento ampiamente utilizzato per le azioni di propaganda. La differenza rispetto ad allora sta nel livello di trasparenza del processo. Nella capacità di identificare con chiarezza autore, natura e scopo del messaggio, trasparenza che oggi non c'è. Il web ha democratizzato la capacità di manipolazione. Chiunque può mobilitare il pubblico su temi politicamente sensibili o potenzialmente eversivi: le piattaforme mettono a disposizione tutti gli strumenti praticamente senza costi.

L'attualità dell'uomo-massa di Ortega y Gasset

Del resto, nel corso del Novecento ogni innovazione tecnologica nel campo dei mezzi di comunicazione di massa è stata utilizzata a fini di propaganda politica. La radio fu usata in modo assai efficace, ad esempio, dal regime nazista, che si preoccupò addirittura di produrre una radio popolare affinché i messaggi del Führer fossero diffusi il più ampiamente possibile.

L'utilizzo degli strumenti di propaganda risulta particolarmente efficace soprattutto nei confronti dell'opinione pubblica indistinta: quella per cui il grande filosofo spagnolo José Ortega y Gasset negli anni Trenta formulò l'espressione di "uomo-massa". Scriveva Ortega y Gasset, ne *La ribellione delle masse*, che l'uomo-massa non è identificabile con una classe sociale: è un uomo medio senza qualità soddisfatto di quello che è e non intenzionato a migliorare perché si ritiene perfetto. La sua cultura è fatta di luoghi comuni, di pregiudizi, di parvenze di idee che il caso ha ammucchiato nella sua coscienza. Una descrizione che nasceva dall'acquiescenza dell'opinione pubblica nei confronti del fascismo, ma che a novant'anni di distanza descrive bene i caratteri anche di una parte della società contemporanea.

Nell'era digitale che consente di mettere insieme un gran numero di dati su ogni singolo individuo e, quindi, di costruire messaggi diretti a gruppi specifici di utenti o, addirittura, personalizzati su base individuale, la propaganda indistinta perde peso.

I rischi che la democrazia corre nell'era del web e dei social media sono molto più sottili rispetto al passato e non derivano tanto dalle tecnologie in sé, quanto dall'enorme concentrazione di potere che si è creata intorno a queste tecnologie e dall'assenza di trasparenza nei messaggi.

Nell'era del web, propaganda rivoluzionata con big data*: primo test, la Brexit*

Carole Cadwalladr, la giornalista del "Guardian" che nel 2018 fece esplodere lo scandalo di Cambridge Analytica pubblicando sull'"Observer" un'intervista nella quale l'ex direttore della ricerca della società informatica, Christopher Wylie, rivelò l'accesso illegale a milioni di profili personali resi disponibili da Facebook, in un appassionato discorso a Vancouver spiegò come i dati della società di Zuckerberg resero inefficace il divieto di finanziamento alla politica in vigore in Gran Bretagna dal Diciannovesimo secolo, contribuendo a creare in modo subdolo le condizioni per la Brexit.

Nel suo intervento Cadwalladr illustrò dettagliatamente il tipo di messaggi veicolati nella campagna a favore della Brexit e indicò anche alcuni dei finanziatori di quella spregiudicata e opaca manovra mediatica. Tra loro spiccava Robert Mercer, il miliardario che ha finanziato la campagna elettorale di Trump attraverso una Super Pac (organizzazioni politiche che possono ottenere contributi illimitati per diffondere le loro idee senza sostenere in modo esplicito uno specifico candidato), chiamata "Make America Number 1" e gestita da sua figlia Rebekah. Mercer è lo stesso personaggio che ha sostenuto attraverso Cambridge Analytica Nigel Farage nella campagna pro-Brexit e ha finanziato Breitbart News, il sito a lungo gestito da Steve Bannon, lo stratega della vittoria di Trump nelle presidenziali del 2016, e altri strumenti di propaganda di estrema destra.

Campagne opache, manovre sotterranee rese possibili dal fatto che, mentre nelle trasmissioni televisive e radiofoniche il rapporto fra chi utilizza il mezzo a fini politici e il pubblico è trasparente, nel senso che è chiara l'identità di chi diffonde il messaggio e le finalità che persegue, nei social media non è necessariamente così. A volte la propaganda politica assume forme e finalità opache e, soprattutto, non è identificabile il soggetto che alimenta la propaganda. Tenuto conto dell'anonimato in rete, della facilità di realizzare furti di identità, della possibilità di utilizzare software progettati per simulare conversazioni con esseri umani, chiunque abbia un interesse ad alimentare un'attività di propaganda per qualsiasi finalità lo può fare con la ragionevole sicurezza di non dover rendere conto delle sue azioni. Si stima che nella campagna presidenziale americana conclusasi con l'elezione di Trump, i bot – cioè account attivati in modo automatico a fini strumentali, dietro i quali non c'è una persona fisica – abbiano prodotto circa un quinto dei tweet diffusi in rete.

Nell'era del web il concetto di pluralismo dell'informazione ha cambiato completamente di significato. Non più l'esposizione di ogni individuo a una pluralità di fonti da confrontare per farsi un'opinione ma la trasmissione a ciascun individuo delle sole informazioni coerenti con le sue idee e anche i suoi pregiudizi. Segmentando la comunicazione da trasmettere si possono raggiungere solamente soggetti sensibili a uno specifico messaggio, evitando di esporli a temi che potrebbero suscitare reazioni negative. In questo modo si possono creare gruppi omogenei al loro interno, ma completamente isolati da altri portatori di opinioni diverse. Così è stata organizzata la campagna della Brexit, che come spiegano Bastos e Mercea in un articolo sulla "Social Science Computer Review", ha visto all'opera molte migliaia di *Twitterbots* utilizzati per diffondere e amplificare la campagna a favore dell'uscita del Regno Unito dall'Unione Europea. Bot che sono stati disattivati o rimossi immediatamente dopo la chiusura delle urne.

Addio convergenza al centro: con segmentazione e linguaggio radicale il digitale valorizza le forze estreme

Rispetto ai metodi del passato, le tecnologie digitali offrono possibilità di manipolazione dell'opinione grazie alla loro potenza, alla loro duttilità e, anche, alla loro economicità: un messaggio distribuito attraverso i social media o altre piattaforme sul web ha costi considerevolmente più bassi e un'efficacia assai più elevata di un messaggio distribuito attraverso i media tradizionali. È per questo motivo che quasi metà del fatturato pubblicitario italiano finisce oggi su internet e va a beneficio di due grandi player, Google-Alphabet e Facebook-Meta, i quali, fra l'altro, retrocedono solo le briciole agli autori dei contenuti che vengono immessi in rete. Sul fronte dei giornali i dati del rapporto Censis del 2021 sulla spesa delle famiglie per consumi mediatici, ricreativi e culturali dicono che dal 2011 al 2021 i lettori di quotidiani sono scesi del 65 per cento e di altrettanto è scesa in valore la raccolta pubblicitaria.

L'obiettivo dei comunicatori è quello di mantenere alta l'attrazione esercitata sui loro follower: per questo è necessario moltiplicare i messaggi, cogliendo gli umori che vengono intercettati dall'analisi dei dati. Non è importante che i messaggi siano coerenti. Anzi, una certa dose di incoerenza è il segnale che si sta sempre dalla parte giusta, cioè dalla parte dei mutevoli umori della gente. Quello che conta è che i messaggi funzionino: cioè diventino virali e vengano ritrasmessi. Quelli che fanno presa vengono spinti, gli altri vengono abbandonati.

Nei sistemi politici tradizionali, le difficoltà a segmentare l'elettorato imponevano di mantenere una comunicazione generica e un linguaggio moderato per avere presa sulla maggioranza. Questo portava a una naturale convergenza verso il centro del sistema politico. Nell'era del web l'obiettivo è quello di mobilitare specifiche categorie di elettori senza alienarne altri. Il linguaggio deve possedere una carica emotiva in grado di mobilitare quelli che lo ricevono e sono incentivati a ritrasmetterlo. E poi deve essere semplice, netto, per favorire la massima diffusione di un messaggio. Come sostiene Giuliano da Empoli, docente allo Sciences-Po, a Parigi, oggi si cerca di arrivare alla maggioranza non più convergendo verso il centro ma sommando gli estremismi.

In Europa abbiamo numerosi esempi sotto i nostri occhi. Negli Stati Uniti la regola, che sembrava inscalfibile, delle elezioni presidenziali che si vincono al centro è stata frantumata da Trump: un fenomeno che non è limitato alla radicalizzazione della destra visto che, dopo la vittoria di "The Donald" nel 2016, anche in campo democratico l'estrema sinistra ha cominciato a rivendicare un suo primato sull'establishment moderato del partito. Joe Biden l'ha spuntata con difficoltà e, comunque, è un leader non amato.

Più facile mobilitare le piazze, ma le proteste svaniscono presto

Oltre a incidere sullo spettro delle posizioni politiche favorendo la loro polarizzazione, a rendere il linguaggio politico più brutale e a favorire le visioni semplicistiche di problemi complessi, le tecnologie digitali hanno pesato profondamente anche sull'organizzazione dei movimenti politici, sulla psicologia dei manifestanti, sulla forza delle proteste di piazza.

Lo abbiamo visto in Egitto, dove le proteste oceaniche di Piazza Tahrir del 2011, osannate come la rivoluzione di Google, sono poi svanite nel nulla. Anzi, sono state seguite dall'ascesa al potere dei militari. Ma è successo anche nelle grandi democrazie industriali: negli Stati Uniti il movimento di Occupy Wall Street si è sciolto come neve al sole dopo aver goduto, nello stesso 2011, di una breve stagione di celebrità mondiale. E anche la rivolta dei gilet gialli, che nel 2018 mise a ferro e fuoco la Francia governata da Macron facendo temere per la tenuta delle istituzioni della *Republique*, non ha avuto conseguenze significative.

I motivi di tutto ciò li ha spiegati bene Zeynep Tüfekçi nel libro *Twitter and Tear Gas*. La sociologa turca trapiantata negli Usa parla avendo una conoscenza molto diretta della materia, poiché, prima di intraprendere la carriera accademica e di opinionista per alcune delle più autorevoli testate anglosassoni ("Atlantic", "Economist", "New York Times"), ha partecipato da attivista a vari movimenti di piazza, da Seattle a Istanbul, passando proprio per Tahrir e Occupy.

Tüfekçi smonta la retorica delle rivoluzioni di Facebook o Google notando che la tecnologia che consente di mobilitare a tempo di record, attraverso la rete, la piazza, è anche all'origine dell'evanescenza di questi movimenti. Nel Novecento, prima di internet, una grande protesta popolare era il frutto di un lungo e faticoso lavoro organizzativo. Ci voleva tempo, ma questo dava anche struttura e consapevolezza a un movimento. Si definivano linee di comando, si ragionava sui compromessi che potevano essere pragmaticamente accettati per arrivare al successo finale. La sociologa confronta la maturità del movimento Usa per i diritti civili della metà del Novecento, Martin Luther King e l'enorme complessità dell'organizzazione della Marcia del 1963 a Washington, con l'evanescenza di molte manifestazioni dell'ultimo ventennio digitale. I movimenti che nascono a tempo di record online sono quasi sempre fragili: non si danno una struttura né obiettivi di lungo periodo, ma mancano anche le scelte tattiche necessarie per garantirsi qualche margine di manovra. La velocità porta debolezza, aggravata, spesso, dalla pretesa di andare avanti senza avere una leadership precisa: movimenti nei quali tutti sono uguali con il rischio che basti una voce dissenziente per mandare all'aria l'intero progetto. Tanto la creazione di un altro movimento, più o meno gemello, sembra a portata di click. Tüfekçi definisce queste patologie nell'organizzazione dei movimenti "adhocrazia": la tendenza ad "affrontare le questioni solo quando emergono con prepotenza e a farlo solo con le persone che in quel momento sono attive in campo".

Discorso diverso, ovviamente, per le rivolte che maturano nei regimi dittatoriali, come la protesta delle donne in Iran nell'autunno 2022. Qui la drammaticità delle condizioni di vita e la durezza della repressione fanno crescere nel tempo un grado di consapevolezza e una determinazione che possono portare ad accettare sacrifici estremi, fino a mettere a rischio la propria vita.

Il miraggio della democrazia internettiana

L'avvento del web avrebbe dovuto segnare la nascita di un sistema molto più pluralista ma, in realtà, nelle piattaforme il grado di concentrazione è aumentato, e ancora di più lo sarà con l'ulteriore diffusione delle nuove modalità di consumo: video on demand, streaming, download, pay per view.

Come detto in precedenza, anche la pubblicità, di gran lunga la più vasta fonte di entrate per questo settore, è sempre più concentrata tra Google-Alphabet, Facebook-Meta e Amazon. Uno strapotere di *Big tech* che impoverisce il giornalismo e la produzione culturale in genere: da un lato, infatti, penalizza gli editori di stampa, tv e dei siti di informazione. Dall'altro, disincentiva la produzione di contenuti di qualità. Le grandi piattaforme basate sulla pubblicità e sulla profilazione del cliente, infatti, hanno dilatato la diffusione di contenuti ma hanno drammaticamente ridotto le risorse disponibili per gli autori, che si tratti di giornalismo, letteratura o musica.

Non sono disponibili dati internazionali omogenei sulla remunerazione degli autori. I dati invece ci sono, ad esempio, per il Regno Unito, laddove il rapporto dell'Authors' Licensing and Collecting Society, un'associazione che tutela gli interessi degli autori, segnala l'impoverimento degli scrittori professionisti britannici. L'indagine del 2017, che ha coinvolto 5500 professionisti della scrittura, registra che i loro ricavi hanno subìto una flessione del 25 per cento rispetto al 2005. Il reddito medio annuo dei professionisti della scrittura ammontava a 10.500 sterline quando nel 2005 sfiorava le 14mila. Si tratta di un valore economico, già modesto nel 2005, ma che si attesta ben al di sotto del reddito annuo minimo stimato dalle agenzie specializzate britanniche in 18mila sterline. Stando a queste valutazioni, la paga oraria di uno scrittore professionista nel 2017 è stata di 5,73 sterline.

Sconfitti i vecchi gatekeepers, *la rete è dominata da padroni ancor più potenti*

Il paradosso è che l'avvento di internet avrebbe dovuto creare una straordinaria opportunità per la democrazia grazie soprattutto a due elementi: la facilità con cui attraverso la rete le conoscenze diventano accessibili e la scomparsa dei *gatekeeper* tradizionali. Cioè quel sistema di intermediari specializzati del mondo dell'informazione e dell'editoria che organizza, seleziona e definisce la gerarchia delle notizie. Contrariamente alle aspettative delle origini, mentre in tanti celebravano la fine del dominio del giornalismo nell'informazione, è nato un nuovo sistema di *gatekeeping* enormemente più concentrato di quello dei media tradizionali rispetto al quale internet avrebbe dovuto rappresentare la soluzione.

Tim Berners-Lee, il papà della rete, di fronte ai molti problemi emersi negli ultimi anni nell'uso di internet, a partire dai temi di propaganda politica e di interferenza nei processi elettorali, ha affermato che il web "è diventato motore di iniquità e di divisione condizionato da forze potenti che lo usano per perseguire le loro specifiche agende". Per questo motivo si sta impegnando da anni nello sviluppo di una nuova piattaforma che abbia l'obiettivo di restituire a tutti il controllo e il presidio sui propri dati.

La differenza e la pericolosità della situazione attuale rispetto al passato sta nella combinazione tra la disponibilità di un'enorme quantità di dati personali che riguardano anche le sfere più intime dei comportamenti di ciascuno e il grado di concentrazione dei *gatekeepers* a livello mondiale. Si è passati da una grande quantità di giornali e riviste controllati da centinaia di gruppi editoriali, a quattro gigantesche compagnie che detengono di fatto il monopolio di organizzazione, gerarchia e trasferimento dell'informazione: Meta, Google-Alphabet, Amazon e Twitter. Società che si sono dimostrate non solo refrattarie a qualsiasi intervento di regolamentazione circa l'uso dei dati di cui vengono in possesso, ma anche pronte a mettere questi dati a disposizione di terze parti senza verificare l'utilizzo che ne verrà fatto. Il ridimensionamento, nel 2022, del valore borsistico delle società di *Big tech* ne riduce la forza economica, ma non cambia sostanzialmente il loro ruolo dominante nel mondo dell'informazione, se non per l'arrivo di un altro protagonista: TikTok.

Negli Stati Uniti il contesto politico istituzionale nel quale queste compagnie si trovano a operare è diventato nel tempo, per motivi politici, meno sensibile ai problemi della concentrazione di potere economico e ai rischi conseguenti. La Corte Suprema, dominata dalla componente repubblicana, ha progressivamente lasciato che si riducesse la pluralità delle voci dell'informazione rendendo meno stringenti le regole per la concentrazione e ha consentito una sempre maggiore flessibilità nell'uso di risorse economiche da destinare a finalità di tipo politico da parte di imprese e altre organizzazioni economiche con il pretesto della libertà di parola.

La Corte Suprema consente al potere economico di invadere la sfera della politica

Nel passato, al fine di garantire la pluralità delle voci, la Corte Suprema aveva giustificato le scelte del governo volte a impedire alle società attive nei media di creare situazioni di monopolio. Nel 1994 Rupert Murdoch venne obbligato a vendere il "Boston Herald" prima di acquisire la rete cittadina affiliata alla Fox, così come venne impedito al gruppo Time-Life di acquisire la casa editrice libraria Random House, successivamente venduta ai tedeschi di Bertelsmann.

L'orientamento conservatore della Corte Suprema, gia evidente a partire dalla presidenza Nixon, è diventato negli anni sempre piu spinto, favorendo la crescita dell'influenza politica delle grandi concentrazioni economiche. È esemplare la sentenza *Citizens United v. Federal Election Commission* che ha reso più facile, per soggetti con ampie disponibilità economiche, destinare risorse illimitate al finanziamento di campagne elettorali.

Nel caso specifico, prima delle presidenziali 2016 l'organizzazione conservatrice Citizens Rights aveva rivendicato il diritto di promuovere e distribuire un film aspramente critico nei confronti di Hillary Clinton in violazione della legge americana che prevede la proibizione per una società o un sindacato di fare investimenti per sostenere o impedire l'elezione di un candidato. Nonostante l'indicazione contraria delle normative, quel diritto è stato riconosciuto dalla Corte: secondo i giudici l'investimento per promuovere un candidato era garantito dal principio della libertà di espressione del Primo emendamento.

Un'alterazione delle regole di questo tipo, che avrebbe avuto conseguenze pesanti in qualunque periodo storico, ne ha molte di più in quella del *microtargeting* e dell'intelligenza artificiale: strumenti utili al fine della conquista dei voti con mezzi di puro valore tecnico e di marketing. Metodi che non hanno nulla a che fare con la qualità della proposta politica dei candidati. E che possono essere utilizzati a piene mani da chi ha grandi disponibilità economiche.

Il *targeting* degli elettori è ormai diventato così preciso che nei collegi e negli Stati nei quali i sondaggi danno un testa a testa fra democratici e repubblicani i due partiti sono in grado di inviare messaggi – in genere come pubblicità nel corso delle trasmissioni in streaming – personalizzati per ogni elettore e costruiti sulla base dell'analisi di centinaia di tipi di dati diversi: informazioni che vanno dalle iscrizioni nelle liste elettorali e l'assiduità nel partecipare alle votazioni fino a età, sesso, etnia, valore dell'abitazione, abitudini di consumo, mestiere, titolo di studio, possesso di armi, abbonamenti a riviste e altro ancora. I progressi dell'intelligenza artificiale rendono questi meccanismi sempre più efficienti: consentono a società di consulenza come la democratica Sterling Technology o la repubblicana Numinar di indicare ai loro clienti non solo i potenziali elettori ma anche i soggetti che, secondo il loro algoritmo predittivo, potrebbero rispondere positivamente alla richiesta di un contributo finanziario.

Con lo streaming offerto da Netflix, Amazon o dalle altre piattaforme e quello dei canali sportivi – audience gigantesche che hanno ormai di gran lunga superato quella delle reti televisive tradizionali – è nato un nuovo, enorme mercato pubblicitario che elude controlli e regole elettorali: gli spot politici trasmessi dalle tv sono, infatti, sorvegliati e i broadcaster sono tenuti per legge a dire chi sono gli inserzionisti. Le piattaforme streaming sono, invece, totalmente deregolamentate: non hanno alcun obbligo di rivelare chi c'è dietro le loro pubblicità e quanto vengono pagate.

Non è quindi il web o la tecnologia a determinare rischi per la democrazia, ma il modo in cui viene usata e l'enorme concentrazione di potere economico e di influenza politica in mano a un ristrettissimo numero di soggetti: un'evoluzione che rappresenta un cambiamento profondo della natura della democrazia americana, caratterizzata da un sistema di *checks and balances* estremamente efficace che impediva a qualsiasi soggetto di acquisire un potere senza condizionamenti, in campo politico o economico.

Le ultime decisioni di Trump durante il suo mandato confermano e rafforzano queste tendenze. La nomina di Brett Kavanaugh, uno dei tre giuristi conservatori scelti dal presidente repubblicano per la Corte Suprema, è destinata a dare un nuovo impulso al rafforzamento di posizioni di monopolio. Kavanaugh, infatti, non solo ha più volte sostenuto in sentenze o in dibattiti pubblici la legittimità di spese senza limite a favore dei gruppi di *advocacy* politica, ma si è anche espresso per il diritto alla riservatezza sui versamenti destinati alle campagne elettorali. Una vera mutazione genetica della democrazia americana, che lascia aperto un solco profondo nelle dinamiche politiche del paese guida dell'Occidente.

9.
La pandemia accelera la rivoluzione del lavoro automatizzato

Estate 2017. Elon Musk è già sulla cresta dell'onda con le sue auto elettriche e i suoi missili, ma deve ancora dimostrare di essere capace di mandare uomini nello spazio a bordo di astronavi private, mentre Tesla, che ad aprile ha superato prima il valore di capitalizzazione della Ford, poi quello di General Motors, i due vecchi giganti Usa dell'auto, è ancora un'azienda che produce solo poche decine di migliaia di esemplari della sua Model S, celebratissima per sofisticazione tecnologica ed eleganza ma molto costosa.

Ora è il momento del salto di qualità con il lancio della Model 3, propagandata da tempo come l'auto che metterà la propulsione elettrica e le tecnologie di autopilota più avanzate a disposizione dell'americano medio, con la versione "base" che dovrebbe costare 35mila dollari (in realtà, poi, i prezzi saranno notevolmente superiori). Soprattutto, Model 3 deve trasformare Tesla da piccolo produttore di vetture di qualità in casa automobilistica che sfida i big mondiali e conquista saldamente la leadership nella propulsione elettrica.

Musk sa che l'inizio della produzione sarà pieno di problemi, dice di prevedere sei mesi infernali. Il 28 luglio, giorno del lancio, Tesla riesce a consegnare solo 30 Model 3. L'obiettivo è quello di crescere rapidamente arrivando a costruire 5000 vetture a settimana a fine dicembre 2017, per poi puntare alle 10mila settimanali nel 2018.

Gli analisti sono scettici ma Musk, che spesso mette l'asticella troppo in alto, ha dimostrato più volte di riuscire a centrare obiettivi che sembravano fuori portata, anche se con qualche acrobazia e non nei tempi previsti. Stavolta, però, Elon non vuole soltanto passare da una produzione semiartigianale a una su larga scala. Vuole anche fare del suo nuovo stabilimento – in realtà un vecchio impianto costruito a Fremont, nella Silicon Valley, per una *joint venture*, poi fallita, tra Toyota e General Motors, che Tesla ha comprato e ristrutturato – quella che lui stesso definisce una *alien dreadnought*: un'astronave aliena zeppa di robot.

L'uomo, abituato alle scommesse audaci che sono state per lui la regola negli anni spesi nel software, quelli del lancio di PayPal, sottovaluta i problemi del mondo della manifattura: se sbagli nella produzione di un oggetto fisico, non puoi correggere tutto in corsa riscrivendo un codice. Ad agosto dalla catena di montaggio di Tesla escono solo 100 vetture a fronte di prenotazioni già salite a quota 455mila. A settembre le auto prodotte sono 1500. Poi emergono nuovi problemi: nell'ultimo trimestre 2017, mentre il titolo Tesla crolla da 340 a 252 dollari, vengono completate solo 2425 vetture, circa la metà delle 5000 previste per ogni settimana.

Il calvario continua nei primi mesi 2018. Ad aprile Musk cambia strada. Apre lo stabilimento a una troupe della Cbs, mostra ciò che non funziona e confessa: "L'automazione eccessiva è stata un errore. Un mio errore, per essere precisi. L'essere umano è stato sottovalutato. Avevamo creato un sistema complesso, pieno di nastri trasportatori automatizzati. Non ha funzionato: abbiamo buttato via tutto". La linea di montaggio torna a riempirsi di operai in carne e ossa: la produzione riparte a razzo, ma l'ambizioso obiettivo di produrre mezzo milione di auto rimane lontano. Gli scettici alzano di nuovo la voce; allora Musk decide di lasciare i suoi critici senza fiato facendo l'impensabile: monta una grande, lunghissima tenda nei piazzali dello stabilimento adibiti a parcheggio e lì sotto fa installare una seconda linea di montaggio della Model 3. Tesla decolla: come produzione e in Borsa. Ma addio astronave aliena.

Oltre a pretendere dall'hardware la flessibilità e la rapidità di aggiustamento del software, l'imprenditore aveva commesso l'errore di concentrare troppe novità insieme: nuovo stabilimento, moltissime nuove tecnologie introdotte simultaneamente e la sfida, da lui stesso annunciata, di passare "dalla velocità umana alla velocità robotica", senza compromessi con un'automazione spinta per il montaggio di un prodotto, l'auto, che nella versione tradizionale, con un motore a combustione interna, è composto di circa 4500 pezzi ma anche nella versione con motore elettrico scende di poco sotto i 3000.

Non che Musk abbia rinunciato alla fabbrica totalmente automatica: ce l'ha nel Dna, è solo andato avanti troppo in fretta. Ma il suo cambio di passo è un evento significativo per chi analizza l'impatto della robotizzazione e dell'intelligenza artificiale sul mercato del lavoro. Il caso Tesla conferma che il malessere dei lavoratori che temono di essere rimpiazzati dalle macchine senza poter trovare un impiego alternativo altrettanto remunerativo dipende, almeno in parte, da entusiasmi tecnologici che hanno portato a un eccesso di automazione.

Un fenomeno, come vedremo, denunciato da economisti di rango come Daron Acemoğlu e che ha esacerbato le tensioni fra i lavoratori. Il cambio di rotta di Tesla è stato significativo anche perché Musk non ha eliminato i robot, ma li ha sostituiti con gli uomini solo nei passaggi più complessi del montaggio ricorrendo spesso a formule miste che hanno portato operai e robot a lavorare insieme: una sperimentazione sul campo di quella simbiosi tra uomo e macchina che gli evangelisti impegnati a diffondere il credo di un progresso tecnologico sostenibile propongono da tempo come modello per il futuro.

Fabbriche come astronavi aliene e navi da guerra automatizzate

Ma l'automazione della fabbrica, così come quella dei servizi che, con i progressi dell'intelligenza artificiale, si sta diffondendo ovunque, dagli studi legali al commercio al dettaglio, dai tributaristi ai laboratori di diagnostica medica, andrà avanti rapidamente nonostante gli incidenti di percorso. È stato sempre così, fin da quando, negli anni Ottanta, la General Motors cominciò ad automatizzare la verniciatura. I critici sogghignavano perché i primi robot si spruzzavano la vernice uno sull'altro anziché sulle auto. Ma poi gli errori sono stati corretti e oggi in quasi tutti gli stabilimenti del mondo l'uomo è scomparso dagli ambienti nei quali vengono verniciati i veicoli. Con vantaggi economici per le aziende e grande sollievo per la salute degli operai.

Che l'obiettivo fosse quello della massima automazione possibile lo dimostrano anche le scelte del Pentagono, da sempre impegnato a sfruttare la tecnologia per mantenere il primato del suo apparato bellico. Nell'estate del 2019, mentre Musk festeggiava il primo trimestre nel quale Tesla si avvicinava alle 100mila vetture prodotte (rispetto alle 40mila dell'anno precedente) e in un mondo non ancora investito dalla pandemia, l'"Atlantic", magazine progressista attento a captare i mutamenti economici, sociali e politici indotti dalla tecnologia, saliva a bordo della *USS Gabrielle Giffords*, un avveniristico trimarano da combattimento della classe LCS (Littoral Combat Ship), per esplorare i cambiamenti in vista nel mondo del lavoro, più che il futuro della guerra sui mari.

Minimal manning, la minimizzazione del numero di marinai a bordo, la filosofia abbracciata dalla US Navy, era il nuovo vangelo che il Pentagono, apripista tecnologico dall'aerospazio alla creazione di internet, trasferiva al settore privato. Una nave altamente automatizzata, disegnata per operare con un equipaggio di soli 40 uomini: un quinto dei marinai imbarcati su vascelli simili della marina Usa, un decimo di quelli di un cacciatorpediniere della Seconda guerra mondiale. Pochi ma molto diversi da quelli di un tempo: niente specialisti ma marinai ibridi, capaci di svolgere diversi ruoli a bordo (gestire sistemi informatici, lanciare missili e droni, controllare i motori, cucinare).

Fare di più con meno, del resto, è sempre stata una ricetta gradita alle imprese che hanno investito massicciamente in automazione per sfruttare al meglio gli straordinari progressi tecnologici, ma anche perché condizionate dall'alto costo del lavoro e da una fiscalità che lo penalizza ulteriormente: tutte spinte a ridurre drasticamente il personale. Una filosofia abbracciata da aziende come la compagnia aerea SkyWest Airlines che ha lanciato bandi per l'assunzione di "agenti con competenze incrociate capaci di emettere biglietti, fare i controlli di sicurezza, occuparsi della manutenzione degli aerei e gestire imbarco e riconsegna dei bagagli". Un trend che era stato confermato anche da personaggi di grande esperienza come Laszlo Bock, fondatore della startup Humu ed ex capo delle strategie culturali di Google, per il quale in futuro le imprese cercheranno nei loro dipendenti soprattutto agilità mentale.

Due anni dopo, nell'estate 2021, mentre gli Stati Uniti cercano di riprendersi faticosamente da un'epidemia di coronavirus che ha devastato le famiglie e l'economia, i riflettori dell'"Atlantic" sono puntati altrove: il modello di welfare della Danimarca (il più efficiente in quanto concede i sussidi più sostanziosi senza che questo, apparentemente, si traduca in disincentivi al lavoro) e quello dell'Islanda, che riduce la settimana lavorativa a quattro giorni. E, ancora, aziende grandi e piccole – quelle tecnologiche come Kickstarter, ma anche divisioni di giganti come Unilever e Microsoft – che stanno sperimentando la settimana cortissima in qualche loro divisione all'estero. Mentre, dopo aver discusso inutilmente per anni di Ubi (*universal basic income*), un reddito di cittadinanza al quale gran parte dell'America si era mostrata allergica, i sussidi a pioggia sono stati introdotti a passo di carica quando è arrivata la pandemia insieme ai suoi effetti recessivi e alla disoccupazione di massa. Intanto dal laboratorio California usciva un'altra proposta che piaceva a molti, ma di difficile applicazione: sostituire l'Ubi con l'Ubc (*universal basic capital*), capitale invece di sussidi. L'idea: anziché ricorrere a una redistribuzione assistenziale, tentare una "pre-distribuzione" di asset, magari riservandola ai giovani, modi per diffondere l'azionariato in una platea molto più vasta di soggetti consentendo anche a chi non ha tutele previdenziali e sanitarie di costruirsi una posizione assicurativa. E ancora: nel 2020 gli elettori dello Stato della West Coast hanno votato la Proposition 24 (in vigore dal 2023) in base alla quale viene istituito una sorta di fondo sovrano fantasma alimentato dalle multe pagate dalle imprese per violazione della privacy.

Questo progetto, approvato dagli elettori sulla base di informazioni abbastanza sommarie, è sostenuto soprattutto dalle aziende della Silicon Valley (l'ex capo di Google Eric Schmidt e il fondatore di Snapchat, Evan Spiegel, ne sono i fan più convinti) che mirano ad attutire le tensioni sociali alimentate dal malessere degli sconfitti della rivoluzione tecnologica. L'obiettivo: attribuire ai cittadini non sussidi ma un capitale di base (denaro filantropico, versato dalle imprese o tratto dai bilanci pubblici) che ognuno potrà investire per costruirsi un fondo pensione, migliorare le cure mediche, pagarsi un programma di aggiornamento professionale o altro. E lo stesso governatore della California Gavin Newsom propone di usare 100 milioni di dollari del surplus fiscale (i bilanci 2021-22 dello Stato hanno chiuso in forte attivo) per creare conti universitari per i figli di famiglie povere che vogliono andare avanti negli studi.

Passa un altro anno, e il fenomeno della *great resignation*, i tanti americani che abbandonano impieghi faticosi o minacciano di dimettersi se costretti a tornare in ufficio dopo aver sperimentato il lavoro da remoto, non si ridimensiona nemmeno dopo l'esaurimento dei sussidi varati dal governo per contrastare gli effetti recessivi del Covid-19. I conservatori attribuiscono all'eccessiva generosità di questi aiuti la difficoltà delle imprese a trovare manodopera. Ci vorrà il drastico aumento dei tassi deciso dalla Federal Reserve nel tentativo di arginare la fiammata dell'inflazione raffreddando l'economia per correggere, in parte, queste dinamiche, vista la prospettiva di una ripresa della disoccupazione.

Ma la pandemia sembra aver spinto comunque molti a ripensare il loro rapporto con il lavoro, a non metterlo più al centro della propria esistenza, a non considerarlo il fattore che definisce la propria identità. La sinistra, poi, si dice convinta che, anche laddove i sussidi incidano sulla struttura del mercato del lavoro, la cosa non sia necessariamente negativa: l'erogazione di un salario minimo, qualora si trovino risorse per diffondere simili forme di welfare, offre maggiori opportunità di scelta al lavoratore, non più costretto ad accettare una retribuzione da fame. Mentre l'ultracinquantenne che ha perso il suo impiego, ormai automatizzato, e che fatica ad acquisire le conoscenze necessarie per approdare ai mestieri digitali, può anche scegliere di non cercare una nuova occupazione dedicandosi, invece, ad altro: il volontariato o la cura della famiglia, se ha di che vivere grazie al patrimonio che si è costruito e a un po' di sostegni.

Il camionista: da dinosauro in via di estinzione a risorsa introvabile

Certo, se dovesse essere confermata anche in un contesto economico più difficile, una simile mutazione "genetica" del rapporto con il lavoro non sarebbe priva di rischi: dal rallentamento della crescita (a meno che non si cambi il modo di calcolare il Pil, introducendo anche parametri ambientali e di benessere sociale) a un contributo all'aumento dell'inflazione. L'impennata registrata nel 2022, dovuta soprattutto alla crisi energetica, agli effetti della guerra in Ucraina e ai problemi post-pandemici delle *supply chains* globali, è stata sostenuta, almeno negli Usa, anche dalla crescente difficoltà di trovare lavoratori per molte funzioni essenziali – dagli autotrasportatori ai tecnici informatici, passando per gli infermieri –, con relativa forte lievitazione del costo dei servizi.

Un cambio di attitudine di questo tipo, però, potrebbe contribuire a ridimensionare i timori di una futura disoccupazione di massa legata all'automazione non solo di alcune produzioni industriali, ma anche di molti servizi, compresi quelli che richiedono competenze professionali specifiche. Un modo non ortodosso, ma forse anche meno doloroso, per ridurre gli squilibri tra domanda e offerta. Mentre l'obiezione a una minor partecipazione dei cittadini al mondo del lavoro, forte sul piano economico e con importanti risvolti etici, potrebbe diventare meno solida dal punto di vista delle conseguenze sociali: fin qui si è ritenuto che lasciare qualcuno senza un impiego significhi togliergli non solo disponibilità economiche, ma anche dignità, dato che il lavoro è considerato fattore essenziale per definire l'identità dell'uomo. Ora una quota rilevante di cittadini, soprattutto giovani, sembra non pensarla più così.

Un caso spettacolare è proprio quello dei camionisti. I tre milioni e mezzo di americani che si guadagnano da vivere guidando un "bisonte della strada" o un grosso furgone vivono da anni nel timore dell'estinzione: sono i primi destinati a essere sostituiti dagli autisti robot, dato che è molto più facile introdurre un sistema di veicoli a guida autonoma negli incolonnamenti di camion della circolazione autostradale piuttosto che nel traffico caotico delle città. Spaventati e impoveriti da livelli retributivi sempre meno soddisfacenti, i lavoratori del settore, sentendosi abbandonati dai sindacati e ignorati dalla sinistra, sono entrati in massa nell'esercito dei *forgotten men* di Donald Trump.

Malessere, proteste, blocchi stradali. Ma, nonostante anni di annunci di rivoluzioni imminenti, la temuta automazione della cabina di guida è ancora lontana dal diventare una realtà quotidiana mentre i camionisti, atterriti dalle prospettive di disoccupazione di massa, ora sono ricercatissimi (negli Usa ne mancano almeno 80mila, ma il fenomeno è diffuso anche in Europa, dalla Gran Bretagna alla Germania) e gli scaffali di molti supermercati a volte restano vuoti proprio perché non si trova chi trasporti le merci.

Cosa è successo? La tecnologia, oltre a creare sistemi automatizzati, ha prodotto una modificazione genetica nel mercato del lavoro: mentre vanno in pensione gli autisti della generazione del *baby boom* post-bellico che amavano attraversare in lungo e in largo l'America, cresciuti in un'era di venerazione per la meccanica e affezionati al rombo dei loro bisonti cromati, i giovani che dovrebbero sostituirli spesso preferiscono scegliere altre strade. Appartengono alla generazione digitale, pensano ai veicoli come a degli iPad su quattro ruote, non sono affascinati dagli autoarticolati né hanno voglia di essere continuamente in viaggio.

Dalla disoccupazione tecnologica allo smart working

Per anni gli studiosi americani si sono divisi tra chi prevedeva che i robot avrebbero lasciato milioni di lavoratori senza un impiego, sostituendo l'uomo non solo nelle funzioni ripetitive della fabbrica o della guida di un veicolo ma anche in molte di quelle professionali, e gli ottimisti, che invece sono convinti che il lavoro non mancherà, anche se cambierà per la scomparsa di molti vecchi mestieri.

Si è discusso a lungo della diversità della transizione tecnologica verso il digitale rispetto alle rivoluzioni industriali che l'hanno preceduta: quelle del vapore, dell'elettricità e del motore a combustione interna hanno creato intere nuove economie che richiedevano un impiego massiccio di manodopera anche non specializzata, dalle fabbriche alla realizzazione di infrastrutture pesanti come ferrovie, strade e aeroporti, mentre oggi i giganti della *Internet economy* creano poco lavoro diretto. Questi gruppi sostengono di stimolarlo indirettamente, ma è difficile dimostrare che i nuovi mestieri saranno sufficienti a rimpiazzare quelli cancellati dalla rivoluzione informatica. Senza contare che, se pure l'approdo finale sarà un'economia più prospera per tutti, in mezzo ci sarà un lungo periodo di transizione tecnologica denso di problemi sociali, e quindi politici, di difficile gestione.

Le rivoluzioni industriali di fine Settecento e Ottocento sono sfociate in un mondo capace di produrre un livello di benessere mai conosciuto prima, ma per diversi decenni le vittime della transizione hanno vissuto vite segnate da sofferenze tremende, come quelle descritte nei suoi racconti da Charles Dickens. Sofferenze e privazioni che oggi, nell'Occidente interconnesso e abituato a un elevato tenore di vita, sarebbero intollerabili: farebbero saltare i già precari equilibri delle nostre democrazie.

Lo riconoscono anche gli studiosi della task force creata dal Massachusetts Institute of Technology per cercare di capire come la tecnologia sta cambiando i mestieri. Nel loro rapporto *Artificial Intelligence and the Future of Work*, Thomas Malone, Daniela Rus e Robert Laubacher, certamente dei tecnottimisti, spiegano che i forti incrementi della produttività resi possibili dalla tecnologia nella seconda metà del Ventesimo secolo (con quella di ogni agricoltore cresciuta addirittura di 15 volte) sono il fattore che ci consente, oggi, di godere di un tenore di vita superiore di 20 volte rispetto a quello sperimentato dai nostri antenati nell'era pre-industriale. Ma i tre studiosi riconoscono anche che durante la rivoluzione industriale "ci sono volute diverse generazioni prima che i lavoratori riuscissero a ottenere una vera crescita dei salari reali. Il passaggio dalla civiltà agricola a quella industriale ha provocato strazianti scompensi sociali e culturali. L'evoluzione tecnologica garantisce benefici di lungo periodo, ma le transizioni possono essere molto penose".

I due fronti contrapposti erano comunque d'accordo su un punto: si stava andando verso un ulteriore aumento delle disuguaglianze determinato dall'approfondirsi del solco tra chi sa cavalcare la rivoluzione digitale, governa le macchine, impara a lavorare in simbiosi con esse o, comunque, evita i mestieri destinati a essere automatizzati, e chi, invece, è relegato dal lato degli sconfitti o dei danneggiati. Lavoratori sostituiti da un robot che non riescono a riqualificarsi oppure dipendenti che, svolgendo mansioni fisiche o a diretto contatto con il pubblico non facilmente automatizzabili, pur rischiando poco rimarranno con occupazioni meno pregiate e peggio retribuite.

Quasi tre anni di pandemia hanno modificato il quadro: il processo di digitalizzazione è avanzato più rapidamente in tutti i settori: e-commerce, sanità, industria, banche, fino ai servizi della pubblica amministrazione. La diffusione dello smart working, il lavoro in modalità remota, ha cambiato stili di vita e dinamiche urbane con conseguenze economiche e sociali ancora tutte da valutare ma sicuramente notevoli. La ripresa a singhiozzo post-pandemia, le ricadute per le varianti, i sussidi a pioggia offerti da molti governi per attutire gli effetti recessivi della crisi sanitaria hanno fatto salire i prezzi e alimentato fenomeni difficili da interpretare, tra cui un'elevata disoccupazione in molti paesi pur in presenza di una parallela, vasta offerta di posti di lavoro che restano scoperti.

È, poi, ancor più difficile comprendere come sono cambiate le prestazioni lavorative di impiegati e professionisti ai tempi del Covid, con la pandemia che a volte è diventata l'occasione per ottimizzare tempi e risorse. E, mentre le aziende hanno modalità, più o meno precise, per misurare le differenze di efficienza e produttività tra lavoro in ufficio e in remoto, altrettanto non si può dire per la pubblica amministrazione, il cui processo di digitalizzazione ha preso quota ma con non poche ombre. E il contatto diretto fra utente e impiegato allo sportello, che prima era la regola, ora è diventato una rara eccezione in alcuni settori, un evento impossibile in altri.

Digitalizzazione a tappe forzate

La digitalizzazione dei servizi amministrativi è sicuramente una necessità, ma, almeno in una prima fase, il trasferimento delle procedure su internet, oltre ad aver creato grandi difficoltà agli utenti meno a loro agio con la tecnologia, ha deresponsabilizzato molti uffici pubblici che, non più incalzati dai cittadini, hanno fissato loro appuntamenti a distanza di mesi. In tempi di

Covid in molte regioni atti come l'emissione delle carte d'identità, che un tempo venivano espletati in tempi rapidi (addirittura poche ore nell'imminenza di elezioni), sono diventati misteriosamente assai più laboriosi. Un problema che non riguarda solo la burocrazia italiana: negli Stati Uniti le procedure di amministrazioni come l'Irs (il fisco federale) o l'Uscis, il servizio di immigrazione e cittadinanza, che prima venivano svolte nell'arco di qualche settimana, ora richiedono parecchi mesi. Nell'estate 2021, ad esempio, ci sono state molte proteste per attese anche di sei mesi per l'emissione dei passaporti.

Qualunque sia il giudizio su alcuni suoi effetti deleteri, comunque, non c'è dubbio che la pandemia ha messo il turbo alla digitalizzazione: da qui non si torna indietro, anche se c'è da riflettere sulle conseguenze della sostituzione troppo rapida del rapporto interpersonale con quello dominato dalle macchine. L'urgenza di sostituire il contatto fisico con una connessione informatica per minimizzare i rischi di contagio ha fatto, poi, passare in secondo piano le remore legate alla tutela della riservatezza dei dati personali, anche in campo sanitario: nell'emergenza epidemiologica, insomma, gli avvocati del diritto alla privacy hanno faticato a far sentire la loro voce.

Negli Stati Uniti questa digitalizzazione a tappe forzate sta cambiando i rapporti fra pazienti e medici, con la diffusione delle visite in remoto, spesso inevitabilmente meno efficaci, mentre molti malati cronici che vivono in zone rurali, ad esempio i diabetici, vengono ora seguiti in modo più assiduo, magari da un infermiere specializzato che riferisce al medico. E a un dermatologo può bastare un'immagine della cute ripresa da un iPhone per effettuare una prima diagnosi. Ma la telemedicina è una realtà destinata a diffondersi sempre più anche in Europa.

Non è però solo la sanità, il settore che negli Usa ha resistito più a lungo all'avvento dell'era digitale, ad aver subìto una trasformazione radicale. Già nell'autunno del 2020, con l'America sprofondata da sei mesi nella tragedia del Covid-19, l'accademico del Mit e di Stanford Erik Brynjolfsson, autore, con Andrew McAfee, di saggi acuti e illuminanti come *La nuova rivoluzione delle macchine* e il più recente *La macchina e la folla*, affermò che "nelle ultime venti settimane, abbiamo visto più cambiamenti del nostro modo di lavorare che nei precedenti vent'anni".

Cambiamenti radicali, eppure Brynjolfsson – un tecnottimista che considera l'innovazione inarrestabile, pur nella consapevolezza che si creeranno problemi sociali – giudica eccessivi gli allarmi per il prossimo avvento di un'era di disoccupazione tecnologica di massa: insieme al collega Matt Beane, alla fine del 2020 ha pubblicato sulla "Sloan Management Review" del Mit di Boston un'indagine dalla quale risulta che le imprese americane stanno sì investendo massicciamente in robot e automazione, ma che ci vorrà molto più tempo di quanto comunemente si creda affinché gli imprenditori trovino il modo giusto di sfruttare appieno le nuove tecnologie.

Brynjolfsson si mostra poco preoccupato anche perché convinto che, superato qualche anno di rodaggio dell'applicazione delle nuove tecnologie ai processi industriali, la produttività si impennerà. Un cambio di rotta che, secondo l'accademico, non dovrebbe danneggiare eccessivamente i lavoratori. A conferma della sua tesi, l'economista cita il caso Amazon che, pur avendo investito a piene mani nell'automazione dei suoi grandi depositi di scambio, nel solo 2020 ha fatto più di 400mila assunzioni arrivando a superare il milione di addetti.

Ma qui l'ottimismo di Brynjolfsson sembra davvero eccessivo visto che a un summit sul lavoro dello HAI, l'istituto di Stanford per l'umanizzazione dell'intelligenza artificiale del quale Erik è uno dei capi, James Manyika, presidente del McKinsey Global Institute, ha presentato uno studio secondo il quale, benché solo il 10 per cento dei lavori sia destinato a sparire per effetto della globalizzazione e dell'introduzione dell'intelligenza artificiale, almeno il 60 per cento degli impieghi totali in futuro vedrà un terzo delle proprie mansioni svolto dai robot. E, stando a un altro studio di McKinsey, i lavoratori messi alle corde dalla rivoluzione tecnologica, stimati in ben 37 milioni già nel 2020, sono saliti a quota 45 milioni per effetto della pandemia.

L'inarrestabile avanzata dell'esercito dei robot

Secondo l'International Federation of Robotics, il 2021 è stato l'anno record dei robot industriali: ne sono stati installati mezzo milione nelle fabbriche di tutto il mondo (+22 per cento rispetto al primato precedente, stabilito nel 2018). La federazione parla di *Roboconomy*, con 3,5 milioni di questi automi che stanno cambiando il modo in cui le cose sono prodotte, trasportate e anche consumate. La Cina fa la parte del leone: suoi la metà dei robot installati nel mondo. La sola industria automobilistica del gigante asiatico nel 2021 ne ha attivati ben 62mila. Un tempo la Cina era considerata la fabbrica del mondo per via del suo lavoro a buon mercato, ma non è più così. Nel 2020 l'operaio cinese costava mediamente 6,5 dollari l'ora: più del doppio di quello vietnamita e oltre il 30 per cento in più di quello messicano. Per questo, anche qui si punta ad aumentare la cosiddetta *robot density*. Come in Giappone dove, dopo una stasi durata un decennio, l'installazione nelle fabbriche è ripresa a pieno ritmo a partire dal 2017.

Ma ora, avverte il "Wall Street Journal", i robot industriali stanno per essere sopravanzati da quelli dei servizi. Ogni Walmart d'America (la più grande catena di supermercati) ne ha almeno uno: macchine usate per effettuare consegne, scaricare merci dai camion, pulire i pavimenti dei megastore dopo la chiusura. I *service robots* consegnati nel 2021 sono stati solo 121mila, ma il dato è di certo sottostimato e, comunque, destinato a crescere esponenzialmente nei prossimi anni, visto che le aziende che li producono sono più di mille in tutto il mondo, mentre i costruttori di robot industriali sono solo un centinaio.

Sono tre le forze che rendono inarrestabile l'avanzata dei robot nei paesi industrializzati. In primo luogo, i trend demografici, con la popolazione che, (dall'Europa al Giappone), tenderà a calare (al netto di fenomeni migratori sempre più difficili da gestire) e, contemporaneamente, a invecchiare: cominciano così a diffondersi, a partire dal Giappone, robot che assistono gli anziani nelle case di riposo e altri che aiutano i *senior* ancora attivi a fare meno fatica. Il secondo fattore è il salto tecnologico compiuto con l'intelligenza artificiale, che ha reso i robot più vicini all'essere umano: stanno acquisendo la capacità di vedere, interagire, svolgere compiti manuali semplici muovendosi nello spazio grazie a sensori e agli occhi delle telecamere. Infine, la convenienza: l'aumento del costo del lavoro da un lato e il miglioramento della tecnologia dall'altro. In Cina è stato calcolato che un robot di nuova generazione in grado di svolgere il lavoro di due o tre operai si ripaga, mediamente, nel giro di due anni.

Ad esempio, Dhl, dopo aver sperimentato per diciotto mesi in un suo deposito di Memphis il robot su quattro ruote "Stretch" della Boston Dynamics, capace di scaricare casse da un camion o da un container, ha deciso di impiegarne una trentina nei suoi magazzini a partire dalla prima metà del 2023. Qui la difficoltà principale può essere quella del rapporto con i lavoratori, visto che, ad esempio, i porti nei quali attraccano le navi portacontainer sono, in genere, tra gli ambienti più sindacalizzati. I sindacati degli scaricatori e dei driver del porto della West Coast americana cercano, ad esempio, di limitare i terminali che verranno automatizzati e di negoziare preventivamente il destino del personale che resterà senza lavoro.

Alla fine, anche i tecnottimisti riconoscono che il progresso tecnologico, comunque inarrestabile, avrà costi sociali rilevanti, destinati a pesare anche sul piano economico perché, come scrivono Manyika e Spence, la "crescita delle disuguaglianze e il declino degli investimenti privati potranno avere un impatto negativo sulla domanda", mentre "il 60 per cento dei guadagni di produttività post-pandemia verranno da innovazioni e ristrutturazioni concepite per tagliare il costo del lavoro: più efficienza... ma alla fine la produttività più alta genererà un ciclo vizioso e non virtuoso".

Torna in campo lo Stato?

Sono molti, del resto, gli studi che disegnano scenari meno tranquillizzanti dal punto di vista del mercato del lavoro: ad esempio, il 43 per cento delle imprese del campione usato dal World Economic Forum di Davos per le sue indagini afferma che entro il 2025 ridurrà in misura significativa la forza lavoro grazie all'integrazione dei processi tecnologici. E allora anche il tecnottimista Brynjolfsson, pur ribadendo che la rivoluzione tecnologica non va in alcun modo rallentata e assicurando che "le macchine sono ancora lontane dall'acquisire un'intelligenza artificiale generale", ammette che una modifica del sistema tributario per le imprese in America potrebbe contribuire ad attutire gli effetti sociali di questa transizione: attualmente, infatti, il fisco negli Stati Uniti (e non solo lì) tassa le aziende per il lavoro dei loro dipendenti in carne e ossa molto più che per i capitali investiti in automazione.

I pericoli di una disoccupazione tecnologica non riguardano solo gli Usa e gli altri paesi hi-tech. In Italia varie ricerche, soprattutto quelle dell'Università di Trento, hanno identificato le aree lavorative a rischio di automazione: dai trasporti alla logistica, dalla produzione industriale ai servizi legali, fiscali, contabili, finanziari, fino alle vendite e l'assistenza clienti. E poi ancora centralini, portinerie, casse dei supermercati, consegne. In uno studio pubblicato dalla rivista "Stato e mercato", Mariasole Bannò, Emilia Filippi e Sandro Trento, docenti delle università di Brescia e Trento, spiegano che ci sono tre fattori che limitano le probabilità di un'automazione totale. Si tratta di tre capacità ancora strettamente umane: quella di percezione e di manipolazione (orientarsi in situazioni destrutturate, maneggiare oggetti), l'intelligenza creativa (produrre idee nuove) e l'intelligenza sociale (capacità di rispondere in modo, insieme, intelligente ed empatico).

Valutando, anche alla luce di questi limiti, le possibilità di automazione di 800 professioni, questi studiosi hanno calcolato che in Italia nei prossimi anni saranno a rischio da un minimo di 3,87 a un massimo di 7,12 milioni di posti di lavoro. Problemi seri, anche se verranno attenuati da due fattori: con l'invecchiamento dovrebbero venire meno (al netto degli immigrati) circa 1,5 milioni di posti di lavoro. E, sempre a causa dell'invecchiamento, dovrebbero crearsene altri 2-3 milioni per la cura degli anziani.

Ma il vero motore dell'automazione ora si è spostato in Asia, e più precisamente in Cina, per i motivi tecnologici e di costo del lavoro che abbiamo appena visto.

Da almeno cinque anni, quando lo incontrammo e intervistammo la prima volta, Kai-Fu Lee – un *computer scientist* di Taiwan che negli Stati Uniti ha lavorato in Apple, Microsoft e Google, prima di trasferirsi a Pechino, dove oggi dirige la sua società di *venture capital* Sinovation Ventures – sostiene che i governi e le comunità devono prepararsi a uno tsunami nel mondo del lavoro. Il motivo? L'intelligenza artificiale è intrinsecamente diversa da tutte le altre grandi innovazioni tecnologiche del passato proprio per la sua capacità di sostituire l'uomo in quasi tutte le sue funzioni, comprese molte di quelle intellettuali.

All'inizio Kai-Fu Lee non venne preso molto sul serio negli Usa, anche perché il suo monito circa un imminente sorpasso di Pechino nelle tecnologie digitali risultava indigesto agli americani. Poi l'evidenza delle cose ha cominciato a scuotere anche gli scettici e il suo libro, *AI Superpowers: China, Silicon Valley and the New World Order*, ha ottenuto un successo mondiale. Oggi lo scienziato divenuto *venture capitalist* propone a governi e imprese una strategia per evitare di essere travolti dagli effetti politici e sociali della rivoluzione tecnologica basata su tre R: *relearn, recalibrate, renaissance.* In sostanza: riconvertire i lavoratori e indirizzarli verso impieghi sostenibili dal punto di vista ambientale, delle nuove esigenze sociali e del rapporto con le macchine. Compiti che richiedono anche l'impegno delle imprese, ma la cui responsabilità di fondo non può che ricadere sui governi. Basti pensare che l'Organizzazione mondiale della sanità calcola che, con gli attuali trend demografici, nel 2030 nel mondo mancheranno ben 18 milioni di lavoratori nel campo delle cure mediche.

Ricalibrare, la seconda R, significa imparare a usare l'intelligenza artificiale, che non è un totem né sarà un singolo strumento generico, ma un insieme di capacità adattate alle diverse professioni: modalità per introdurre la realtà aumentata nei campi più diversi – dalla ricerca di nuovi farmaci al *fact checking* nel giornalismo – dei quali dovremo imparare a servirci. Kai-Fu Lee spera, infine, che, come le ricche città italiane del Quindicesimo secolo diedero vita al Rinascimento, l'intelligenza artificiale, aprendo nuovi orizzonti all'uomo, liberandolo dalla routine e lasciandogli più tempo per coltivare la sua creatività e le sue passioni, inneschi una nuova fase di rinascita.

Le speranze dello scienziato e imprenditore cinese forse resteranno tali, ma messaggi come il suo oggi vengono presi molto più sul serio rispetto al passato anche nel mondo anglosassone, tendenzialmente liberista, perché la pandemia ha reso evidente che, se uno Stato ipertrofico in tempi normali è una zavorra per le nazioni, in situazioni di emergenza un suo eccessivo ridimensionamento può avere conseguenze gravi.

La pandemia non solo ha accelerato i processi di automazione, ma ha anche ridotto la resistenza delle masse a questa rivoluzione. Prima del Covid-19 erano in tanti a volerla rallentare; con il coronavirus e la consapevolezza che dobbiamo prepararci ad altre ondate epidemiche in futuro, l'uso delle macchine e dei sistemi informatici per creare un'intercapedine anti-contagio (ad esempio, le app di *tracking*) è diventata cosa molto più accettabile.

Dalla Cina, intanto, Kai-Fu Lee segnala che, dopo la pandemia, nel gigante asiatico l'automazione sta arrivando ovunque. Racconta che negli ospedali ci sono ormai flotte di robot che puliscono e sterilizzano gli ambienti, mentre a Pechino, durante i periodi che ha trascorso in lockdown nel suo appartamento, il cibo e le altre forniture gli venivano portati da androidi. E propone forme innovative di collaborazione tra pubblico e privato non solo per offrire nuove carriere a chi rimane ai margini della rivoluzione tecnologica, ma anche per sviluppare nuovi tipi di simbiosi digitale tra uomo e macchina, visto che l'intelligenza artificiale, oltre a mettere molti mestieri su un binario morto, offrirà nuove possibilità d'impiego nei *data centers*, nello sviluppo delle reti 5G, nel software, nella manutenzione dei robot.

Lavoro tra robot e cambio di paradigma

Di rinascimento parla anche Nancy Brune, politologa dell'Università del Nevada a Las Vegas, ma in un senso diverso: fa parte della pattuglia di intellettuali progressisti che hanno visto nella pandemia un'occasione unica per modificare i rapporti di forza a favore dei lavoratori. E che, quindi, interpretano gli squilibri che si sono creati con la ripresa delle attività economiche in America come il segnale di un cambio di mentalità: i dipendenti non sono più alla mercé del datore di lavoro, ma anche nelle aziende più note e avanzate, da Facebook a Google, sono riusciti, almeno in una prima fase, a imporre le loro condizioni, ad esempio rinviando il rientro in ufficio e reclamando un ricorso permanente allo smart working almeno per parte della settimana. Ciò vale per l'aristocrazia dei professionisti della conoscenza che lavorano per le società tecnologiche e che hanno competenze specifiche difficili da trovare, ma comincia, almeno in parte, a valere anche per chi lavora a diretto contatto con il pubblico: gli infermieri, come il personale di bus, treni e metropolitane, che nella pandemia si sono scoperti *essential workers*. Dipendenti molto esposti, ma anche indispensabili e, quindi, da retribuire meglio e da sottoporre a turni meno stressanti.

Tra l'altro, è proprio qui che, secondo alcuni analisti, sarebbe da ricercare uno dei motivi per cui tarda a manifestarsi un aumento della produttività: nell'era post-pandemica le imprese americane (ma vale anche per gli altri paesi con settori produttivi dipendenti dall'estero per foniture di semilavorati o accessori) stanno investendo, anche se non necessariamente per tagliare nell'immediato il costo dell'unità prodotta. Con i colli di bottiglia che si sono creati nel sistema della distribuzione, gli scaffali vuoti nei supermercati, le industrie automobilistiche costrette a diminuire la produzione perché a corto di microprocessori e altre componenti, l'attenzione è andata soprattutto al rafforzamento e all'accorciamento delle *supply chains* da ottenere anche con interventi (aumento delle scorte di magazzino, rinazionalizzazione di produzioni che erano state trasferite in paesi con manodopera a basso costo) che danno più sicurezze ma fanno salire i costi.

Qualcosa sta, comunque, davvero cambiando anche nel rapporto del lavoratore con le aziende, le quali, pur di trattenerlo, sono disposte a pagarlo di più o a fare altre concessioni. Intanto c'è l'aumento del salario minimo da 7,25 a 15 dollari l'ora, promosso dal governo democratico ma non ancora deliberato dal Congresso (i repubblicani frenano), che viene ormai adottato alla spicciolata da un gran numero di aziende, da Amazon a McDonald's, a Starbucks. Ora vedremo quale sarà l'impatto del mutato clima economico: il fenomeno della *great resignation* ha continuato a manifestarsi anche dopo la fine della stagione dei sussidi a pioggia, ma sicuramente verrà messo alla prova dalla recessione attesa nel 2023 e dall'ondata di licenziamenti già iniziata, negli Usa, nella seconda metà del 2022.

In ogni caso bisogna prepararsi a gestire trasformazioni profonde predisponendo nuove tutele sociali, ma anche cavalcando con coraggio la sfida dell'intelligenza artificiale. Da evitare catastrofismi che paralizzano anche perché, ha notato l'"Economist" nella sua inchiesta sul lavoro dell'aprile 2021, Giappone, Singapore e Corea del Sud, pur essendo i paesi con la maggiore diffusione di robot industriali, hanno anche i più bassi livelli di disoccupazione.

Un'intelligenza artificiale dal volto umano e l'impatto di quella generativa

Bisognerà aspettare che la polvere si depositi per capire fino a che punto il virus ha alterato le priorità nelle scelte di vita della gente. Ma è già abbastanza evidente che nel rapporto fra lavoro e tecnologia c'è un pre- e un post-pandemia. Prima della crisi sanitaria il trend era chiaro: polarizzazione del lavoro, con la progressiva riduzione di quello impiegatizio e nei servizi di tipo ripetitivo. Un'evoluzione che ricalcava il percorso avviato qualche decennio prima nelle linee di montaggio di molte fabbriche, ma spinto a un livello molto più elevato dall'intelligenza artificiale che consente di rimpiazzare gli uomini con le macchine anche in funzioni di concetto. Una nuova condizione destinata a portare a un aumento della domanda di lavoratori ad alta qualificazione e, parallelamente, anche a un allargamento della platea degli impieghi meno qualificati – non automatizzabili o troppo costosi da automatizzare – con conseguente, ulteriore proletarizzazione di quello che rimane del ceto medio.

Da anni alcuni autorevoli economisti, tra cui Daron Acemoğlu del Mit di Boston, sostengono che molte imprese si sono lanciate in processi di automazione troppo spinti. Sulla base delle sue ricerche, Acemoğlu afferma che almeno metà del gap retributivo creatosi negli ultimi quarant'anni tra i lavoratori della conoscenza e chi svolge mansioni a basso livello di specializzazione è attribuibile proprio all'automazione che ha pesato più degli effetti della globalizzazione (la concorrenza del lavoro a basso costo dei paesi più poveri) e dell'indebolimento dei sindacati. Convinzioni simili sono state espresse da altri economisti di rango come i premi Nobel Paul Romer e Joe Stiglitz.

I critici della *excessive automation* non attaccano *Big tech* in quanto produce innovazioni a getto continuo, ma se la prendono con la tendenza delle imprese commerciali a utilizzarle seguendo la ricetta capitalista più brutale: massimizzare il profitto immediato senza tener conto delle conseguenze di più lungo periodo, dell'impatto sul mondo del lavoro, sulla società, sull'ambiente.

Davanti alla crescita sempre più rapida delle disuguaglianze e del disagio sociale, già da qualche anno aveva cominciato lentamente a diffondersi, anche nel mondo imprenditoriale, la consapevolezza dell'insostenibilità di una filosofia aziendale, quella ispirata ai precetti liberisti di Milton Friedman, che vede nella soddisfazione dell'interesse immediato degli azionisti l'unica stella polare verso la quale orientare la rotta. È dell'agosto del 2019 il documento con il quale la Business Roundtable, l'associazione che raduna quasi tutte le maggiori corporation americane, ha ridefinito i suoi princìpi di *corporate governance*: i 181 amministratori delegati firmatari di un manifesto che si apre con un'allarmata considerazione di Jamie Dimon, capo di JPMorgan Chase, la maggiore banca d'affari americana ("il sogno americano è vivo, ma si sta logorando"), afferma che in futuro l'obiettivo delle imprese dovrà essere quello di procurare benefici a tutti gli *stakeholders* – lavoratori, clienti, fornitori e la comunità che vive intorno all'azienda – oltre agli *shareholders* (cioè gli azionisti).

Non si può dire che da allora le imprese Usa abbiano cambiato davvero rotta, ma tra i manager si è andata sicuramente diffondendo una sensibilità maggiore, soprattutto per i problemi ambientali e il rapporto con la forza lavoro.

L'accelerazione dei processi di automazione imposti dalla pandemia, esplosa pochi mesi dopo la pubblicazione dei princìpi della Round Table, ha paradossalmente messo ancora più in evidenza l'importanza della componente umana: essenziali la collaborazione tra persone e quella tra persone e macchine e le questioni relative alla motivazione al lavoro.

Qui bisognerà vedere anche quale sarà l'evoluzione dell'intelligenza artificiale generativa, nuovo campo di attività che tanto ha affascinato e fatto discutere i tecnologi americani nella seconda metà del 2022: si tratta, come vedremo meglio nel tredicesimo capitolo, di un'evoluzione del *machine learning* capace non solo di analizzare dati e decidere azioni su questa base, ma anche di generare nuovi contenuti. Vale per la trasformazione di input di testo in immagini, ma anche per la creazione di nuovi testi. Si discute già di come questa evoluzione tecnologica potrà influenzare il mondo dell'arte, visto che per la prima volta ci troveremo davanti a macchine in grado di avere un ruolo in qualche misura creativo.

Ma è chiaro che, in caso di consolidamento di questa nuova tecnologia, si allargherà il campo delle professioni intellettuali che potranno essere gestite, almeno parzialmente, dalle macchine. È presto per fare previsioni sull'evoluzione di questa *Generative AI*. Se ne può azzardare solo una: benché sviluppata soprattutto dai laboratori di OpenAI di Sam Altman – un centro di ricerche a suo tempo fondato da Musk, Thiel e altri big della Silicon Valley – la nuova tecnologia non dovrebbe favorire la creazione di nuovi monopoli o oligopoli. OpenAI, infatti, almeno per ora, ha scelto di rendere il grosso della nuova tecnologia *open source*, probabilmente perchè ha bisogno del feedback di un gran numero di sviluppatori per allargare la sua base di dati. Questa scelta sembra destinata a far nascere una nuova generazione di startup (le avanguardie sono già all'opera) impegnate a sviluppare un'infinità di nuove applicazioni. I gruppi di *Big tech* certamente cercheranno di accaparrarsi quelle più significative, ma stavolta dovrebbero trovare un argine nella maggior determinazione delle autorità antitrust e in una politica che, per quanto profondamente divisa, anche negli Stati Uniti è ormai consapevole della necessità di limitare il potere dei giganti digitali.

Simbiosi uomo-macchina invece dei robot tuttofare. Svolta dopo la pandemia?

È molto significativo che un entusiasta della tecnologia come Erik Brynjolfsson, un accademico di Stanford immerso nella realtà dell'industria hi-tech della Silicon Valley e convinto, come abbiamo visto, che in sei mesi di pandemia l'automazione sia avanzata più che nei precedenti vent'anni, in un articolo pubblicato all'inizio del 2022 dalla rivista accademica "Daedalus" abbia messo in guardia dalla cosiddetta "trappola di Turing". Parliamo del test ideato nel 1950 dal pioniere dell'intelligenza artificiale Alan Turing, che consente di dichiarare una macchina intelligente quando produce una interazione non distinguibile da quella ottenuta con un essere umano. Secondo Brynjolfsson la logica di questo test ha spinto le imprese a progettare i sistemi di intelligenza artificiale con il fine di sostituire i lavoratori anziché migliorare le loro prestazioni: una strada sbagliata.

La complessità e le insidie di questa nuova situazione hanno indotto fin dal 2018, prima ancora dell'inizio della pandemia, il

Mit di Boston a istituire una task force di economisti e tecnologi per esplorare le prospettive del mercato del lavoro in un mondo sempre più popolato da macchine intelligenti. Le ricerche di vari comitati, confluite nel rapporto finale degli economisti David Autor, David Mindell ed Elisabeth Reynolds diventato poi un libro nel 2022, *The Work of the Future*, mette in luce che gli Stati Uniti hanno un numero troppo elevato di impieghi di bassa qualità e mal retribuiti. Decenni di crescita economica e di aumento della produttività non hanno procurato alcun beneficio a gran parte della forza lavoro. Gli autori non mettono sul banco degli imputati la tecnologia, ma la cattiva gestione che ne è stata fatta per responsabilità delle imprese, della politica e per l'inadeguatezza delle istituzioni sociali che avrebbero dovuto contribuire a dare un volto umano all'automazione. "Gli Stati Uniti," si legge nel rapporto finale, "hanno lasciato che i canali attraverso i quali tradizionalmente i lavoratori hanno fatto sentire la loro voce si atrofizzassero. Non hanno cercato di promuovere nuove istituzioni né di salvare quelle esistenti."

È curioso che in un paese nel quale i sindacati sono ridotti, soprattutto nel settore privato, ai minimi termini (e totalmente assenti nell'alta tecnologia), da un grande centro di eccellenza dell'ingegneria e della *computer science* venga l'invito ad aumentare il salario minimo e a varare leggi che rendano più facile la contrattazione collettiva sui luoghi di lavoro.

Ma David Autor, celebre ed eclettico economista del lavoro, chiarisce che lui e gli altri ricercatori del Mit non vogliono assolutamente porre limiti alla tecnologia: "È utile e inevitabile, ne abbiamo bisogno: contribuisce in molti modi a rendere la nostra vita migliore". E in un'intervista al "New York Times" spiega che "chi ha paura della tecnologia, in realtà ha paura di come il capitalismo la usa, di come la sfruttano i mercati. Non ci mancano posti di lavoro. Ci mancano buoni posti di lavoro". E a chi sostiene che il mercato risolverà il problema perché, con milioni di americani che lasciano i vecchi impieghi, le aziende saranno costrette a offrire stipendi più alti e migliori condizioni contrattuali, Autor risponde: "Non credo che basti, visto che il mercato non ha risolto il problema di questi squilibri crescenti per tutti gli ultimi quarant'anni".

Può colpire che un tempio della tecnologia come l'ateneo di Boston proponga, oltre a cambiamenti profondi nell'istruzione scolastica e massicci piani di *retraining*, un rafforzamento delle rappresentanze dei lavoratori e lo sviluppo di nuovi tipi di organizzazioni sindacali per l'era dell'integrazione tra uomini e macchine. Ma, spiega, è questa una delle risposte che ci siamo sentiti di dare alla sfida lanciata dal presidente del Mit, Leo Rafael Reif, il quale, consapevole che il suo istituto "stava sfornando nuove tecnologie a getto continuo, ma senza porsi il problema delle loro possibili conseguenze, ci ha chiesto di studiare il modo per minimizzare gli effetti negativi e massimizzare i benefici" della rivoluzione in atto.

Insomma, l'eccessiva spinta all'automazione fa emergere quanto sia invece centrale il contributo dell'uomo in un momento in cui l'economia è caratterizzata da una mancanza di disponibilità di molti a intraprendere un percorso lavorativo, con il risultato di registrare una carenza di manodopera anche in contesti di alta occupazione.

È in tale contesto che, anche al di là del rilancio delle rappresentanze dei lavoratori, cominciano a prendere forma ipotesi di correttivi che potrebbero essere adottati dai governi. Come Brynjolfsson, anche Acemoğlu sostiene che "da vent'anni si investe molto per accelerare l'automazione e molto meno nelle tecnologie miranti a incrementare la complementarità tra uomini e macchine". L'intelligenza artificiale progredisce rapidamente e sarà in grado di sostituire l'uomo in operazioni sempre più complesse, ma rimane un'intelligenza specializzata, mentre la mente umana ha capacità di interazione sociale, è reattiva a eventi imprevisti, agisce secondo il senso comune: doti ignote alle macchine, ancora lontane dal raggiungere la cosiddetta intelligenza generale.

È per questo che molti tecnici ed economisti ritengono che una soluzione possibile sia proprio quella della simbiosi tra uomo e macchina, più che quella della sostituzione del lavoratore con il robot, e non solo per evitare ulteriori lacerazioni del tessuto sociale, ma anche perché mettendo insieme le doti esclusive della mente umana e quelle specialistiche delle macchine si ritiene di poter dar vita a delle *superminds*: menti capaci di svolgere compiti fisici e cognitivi di livello superiore. I primi passi li ha compiuti qualche anno fa Ibm, utilizzando il suo supercomputer Watson, celebre per aver superato gli umani nel quiz televisivo *Jeopardy!* come assistente di oncologi in alcuni ospedali americani d'eccellenza: capace, con il suo database contenente informazioni su quasi tutti i casi simili, di dare un contributo decisivo nella diagnosi di cancro. Oggi, nello stesso Mit di Boston, il Center for Collective Intelligence sta sviluppando un nuovo approccio chiamato *supermind design* che cerca di introdurre elementi di creatività nel lavoro congiunto di uomini e computer. È stato il governo di Singapore a dare seguito per primo al lavoro del Mit finanziando per 40 milioni di dollari un progetto (M3S: Mens, Manus and Machina) che affronta il tema dell'affiancamento dell'intelligenza artificiale nel mondo del lavoro con un trial sull'aeroporto Changi.

In che modo favorire sviluppi di questo tipo? Come Brynjolfsson, anche Acemoğlu propone correttivi fiscali, notando che oggi in America il lavoro è tassato al 25 per cento mentre per le macchine, una volta considerati sgravi e agevolazioni varie, il prelievo scende quasi a zero. C'è chi teme che interventi simili possano avere effetti traumatici, come uno shock che blocchi o rallenti il necessario sviluppo tecnologico. Per evitare il rischio, Acemoğlu propone alla politica di seguire una strada già battuta in passato con risultati positivi, anche se insufficienti, in campo ambientale: applicare all'intelligenza artificiale un sistema di incentivi e disincentivi simile a quello – composto di aiuti alla ricerca, sussidi alla produzione, uso del fisco per spostare gradualmente i consumi verso le fonti meno inquinanti e pressione sociale sulle aziende perché riducano le emissioni di CO_2 – adottato per lo sviluppo delle energie rinnovabili.

10.
La guerra delle spie

La sera del 23 febbraio 2022, Victor Zohra, il capo del sistema di sicurezza informatica ucraina, era riunito con i suoi più stretti collaboratori in un edificio governativo riservato della capitale Kiev per fare il punto sulle misure da adottare nei confronti dei ripetuti attacchi dei giorni precedenti ai sistemi informativi del suo paese. A gennaio gli hacker avevano impiantato un *malware* distruttivo, il WhisperGate, nei sistemi informatici di numerosi uffici governativi, con ripetuti attacchi di *denial of service* contro imprese, uffici pubblici e banche nei giorni successivi. L'Ucraina era abituata alla guerriglia elettronica russa e si era già attrezzata per farvi fronte, anche con l'aiuto delle agenzie di intelligence occidentali. Quella sera, però, la discussione era dominata da un tema più urgente. Gli americani avevano avvertito il presidente Zelensky che i russi si stavano preparando ad attaccare il paese e che l'invasione militare era imminente, questione di ore. Tutte le strutture di difesa informatica dovevano essere portate allo stato di massima allerta e qualsiasi anomalia andava registrata. Alle tre del mattino del 24 febbraio cominciarono ad arrivare le prime segnalazioni di un blocco delle comunicazioni attraverso il satellite KA-SAT gestito dalla società californiana Viasat. La società fornisce connettività a banda larga e servizi di rete ad alto grado di sicurezza per usi civili e militari e per questo viene utilizzata dagli ucraini per le comunicazioni tra i vertici civili e militari del paese. L'attacco colpiva i terminali terrestri che ospitano i modem che fungono da ponte tra i flussi provenienti da satellite e le reti terrestri a banda larga e li metteva fuori uso.

Un'ora dopo, le truppe che Mosca aveva ammassato a Belgorod, la città di confine fortificata dallo zar Boris Godunov per resistere agli attacchi dei Tatari di Crimea, attraversavano il confine con l'Ucraina e si dirigevano verso Charkiv, dando avvio a quella che Putin aveva definito un'"operazione militare speciale". Era chiaro che l'attacco informatico aveva lo scopo di colpire il sistema di comando e controllo ucraino impedendo al governo e ai militari di coordinare la difesa del paese. Gli ucraini non potevano saperlo, ma la Russia aveva schierato sul fronte di combattimento anche il sistema di guerra elettronica Leer-3: un'unità servita da droni in grado di prendere il controllo del sistema di comunicazioni locale.

Le modalità con cui l'attacco elettronico era stato condotto indicavano chiaramente che la pianificazione russa prevedeva di concludere le operazioni militari in breve tempo, rovesciando subito il governo di Zelensky e mettendo al suo posto un governo amico. L'elemento più importante di una strategia di difesa in questo caso è la rapidità di risposta: e su questo il team di Zohra, con l'aiuto occidentale, si era preparato a lungo. Occorreva spostare dati e servizi critici al di fuori del perimetro interessato dall'attacco: cosa che venne fatta velocemente consentendo al governo di mantenere il coordinamento della difesa. L'attacco russo, seppure efficace sul piano tecnico, non riuscì, dunque, a realizzare lo scopo per il quale era stato immaginato: quello di creare la paralisi del sistema di comando ucraino e di consentire ai militari di compiere rapidamente la missione loro assegnata. Gli ucraini si preparavano da tempo a un attacco informatico su grande scala ma, con sorpresa di tutti, l'offensiva che si è sviluppata a partire dal 24 febbraio dai russi è stata particolarmente inefficace. Il sistema di comando e controllo ucraino ha continuato a funzionare e l'infrastruttura di comunicazioni è stata prontamente sostituita dall'utilizzo della rete di satelliti messa a disposizione da Elon Musk. Ben diversamente era andata qualche anno prima, nel 2015, quando i russi avevano sperimentato il primo attacco su larga scala alle infrastrutture critiche del paese.

I russi spengono le luci in Ucraina

L'antivigilia di Natale del 2015, nella sala di controllo della società che fornisce energia elettrica alla regione di Ivano-Frankivs'k – un'area dell'Ucraina occidentale che deve il suo nome allo scrittore Ivan Franko e che nei primi anni Novanta era stata uno dei centri propulsori del movimento indipendentista ucraino –, i tecnici di turno guardavano distrattamente i monitor in attesa di finire il turno. La giornata era tranquilla e gli unici pensieri erano per i preparativi del Natale. Non c'era nessun particolare motivo di preoccupazione: la Prykarpattya Oblenergo (PO), dall'epoca della sua fondazione nel 1936, aveva sempre assicurato un servizio decente. E poi, da quando l'Ucraina aveva rotto i ponti con la Russia, le cose erano anche migliorate. La società aveva fatto qualche investimento per elevare la qualità del servizio e per dare maggiori garanzie di continuità delle forniture. Dopo l'incidente di Chernobyl tutti i controlli nelle centrali erano stati rafforzati e il personale era diventato più attento nella gestione degli impianti.

A turbare l'atmosfera tranquilla di quel pomeriggio ci pensò un movimento inaspettato su uno dei monitor che sorvegliavano le diverse componenti del sistema di distribuzione dell'energia elettrica. Normalmente, quando qualcosa non funziona nella sala controllo, lo si capisce subito. Si accende una spia rossa e un cicalino comincia a suonare insistentemente. L'addetto controlla l'anomalia e il più delle volte risolve il problema intervenendo da remoto.

Questa volta, però, era diverso. Non era scattato alcun allarme ma il cursore del pannello di controllo aveva cominciato a muoversi senza che uno degli addetti lo stesse azionando. All'inizio il tecnico di guardia non si era preoccupato. Ogni tanto capita che il cursore sul monitor si muova senza che questo crei problemi. Basta armeggiare con il mouse e tutto torna a posto. Mentre l'addetto tentava sempre più freneticamente di riprenderne il controllo, il cursore aveva raggiunto gli interruttori di alimentazione delle sottostazioni e uno dopo l'altro li stava azionando.

In poco tempo le 30 sottostazioni gestite dalla centrale vennero disattivate, lasciando senza elettricità né riscaldamento 230mila ucraini. L'attacco alla centrale era partito alle 15.30 e con l'interruzione delle forniture iniziarono le chiamate ai centralini per avere spiegazioni su quanto stesse avvenendo. Nessuno, però, riusciva a prendere la linea. Il sistema telefonico della regione aveva smesso di funzionare. Contemporaneamente alla centrale, infatti, era stata attaccata anche l'infrastruttura telefonica, intasando i circuiti e impedendo di comunicare. Non c'erano precedenti per quanto era successo, né motivazioni riconducibili agli apparati della centrale. L'unica spiegazione era che qualcuno da remoto avesse condotto un attacco impossessandosi dei sistemi di controllo.

Per sua fortuna la società aveva mantenuto i sistemi di ripristino manuale, così gli addetti, muovendosi nel buio e nella neve, riuscirono nel giro di qualche ora a riattivare l'alimentazione delle sottostazioni. Alle 18.30 le 15 città dei Carpazi che dipendevano per l'elettricità dalla centrale tornarono alla normalità. Fu una fortuna che i vecchi sistemi di ripristino manuale non fossero stati smantellati: era stata la prudenza o, forse, la mancanza di fondi. Se la stessa cosa fosse avvenuta negli Stati Uniti, dove i sistemi di controllo della rete elettrica sono completamente automatizzati e non hanno funzionalità di recupero manuale, la situazione sarebbe stata drammatica.

Per capire che cosa effettivamente fosse avvenuto ci vollero alcuni mesi. In Ucraina si erano già verificati attacchi informatici riconducibili ai russi, ma nessuno aveva mai avuto la dimensione e la complessità dell'attacco alla centrale della PO. Si trattava dunque di un'escalation della guerra cibernetica con la quale la Russia mandava un messaggio all'Ucraina per segnalare che la sua capacità offensiva non era rivolta solo ai presidi militari ma poteva colpire anche la popolazione civile.

Le tensioni con la Russia si erano manifestate già a partire dalla "rivoluzione arancione" del 2004, quando era stato eletto presidente il filoccidentale Viktor Juščenko al posto di Viktor Janukovyč, il candidato sponsorizzato dai russi. Nel corso del decennio successivo gli ucraini avevano sviluppato una collaborazione con la Nato e con gli apparati dell'intelligence americana che avevano consentito di sventare alcuni attacchi informatici particolarmente insidiosi, come quello contenuto in un'e-mail che l'intelligence ucraina aveva sottoposto per un esame a iSight – la società specializzata in minacce informatiche di Chantilly (Virginia). Nell'allegato al messaggio era contenuto un *exploit*: un codice che sfrutta una vulnerabilità informatica per penetrare in un sistema e attaccarlo, chiamato BlackEnergy. Si trattava dello stesso codice che sarebbe stato usato per l'attacco alla centrale. Aperto l'allegato in un ambiente protetto, e analizzate le funzionalità del *malware* contenuto all'interno, era emerso un quadro inquietante. Il programma scaricava il codice infetto e apriva un varco che consentiva di prendere da remoto il controllo del sistema. A missione compiuta veniva attivato un meccanismo di cancellazione di tutti i dati presenti su server e *workstation* per impedire l'identificazione di chi aveva sferrato l'attacco.

Hacker e Gru: l'intelligence russa sceglie la cyberwar

BlackEnergy aveva una lunga storia. Era stato sviluppato parecchi anni prima da un hacker russo di nome Dmytro che lo proponeva in vendita nei forum per hacker a 40 dollari. Il *tool* era pensato originariamente per attacchi cosiddetti *denial of service*, con i quali si saturano le risorse di un sistema informatico impedendogli di fornire servizi agli utenti. Si tratta di attacchi molto fastidiosi, ma che normalmente si esauriscono in un tempo limitato e senza danni irreversibili, se non quelli dovuti all'impossibilità di comunicare situazioni di emergenza.

Ma il *tool* aveva attirato l'attenzione dei servizi russi, i quali lo avevano acquisito e ne avevano ampliato le funzionalità mettendo al lavoro il Sandworm Team: un'unità dell'esercito russo specializzata nella guerra cibernetica. L'unità fa parte di un gruppo di hacker appartenenti al sesto dipartimento del Gru, la direzione centrale dell'intelligence russa che ha la responsabilità della guerra elettronica. Il Gru era un'istituzione importante all'epoca dell'Unione Sovietica. L'ente da cui derivava era stato creato nel 1918 all'interno della Armata Rossa sotto la supervisione civile di Lev Trockij. Nel tempo aveva condotto operazioni spettacolari, come la stampa di biglietti falsi da 100 dollari con cui Yan Berzin alla fine degli anni Venti aveva proposto a Stalin di finanziare il piano quinquennale e di mettere in ginocchio il capitalismo. Le sue spie avevano contribuito allo scandalo Profumo che aveva destabilizzato il governo inglese nel 1963. Dal Gru dipendevano anche le forze speciali (le *spetsnaz*) impiegate sia nell'invasione dell'Ungheria, sia durante la guerra in Afghanistan.

Dopo la dissoluzione dell'Unione Sovietica il Gru attraversa un periodo di crisi: i budget e il personale sono ridotti drasticamente per il venir meno delle esigenze connesse alla Guerra fredda. La crisi culmina nel 2008, con il conflitto che la Russia conduce in Georgia per il controllo dell'Ossezia del Sud. L'apparato militare russo, pur vincendo la guerra, mostra carenze nell'attività di intelligence, imputate proprio al Gru: ciò porta a una sostituzione dello stato maggiore e a un ulteriore ridimensionamento dell'attività a favore di altri corpi di intelligence. Con la nomina di Igor Sergun a capo del Gru, nel 2011 prende avvio una drastica ristrutturazione delle attività e il potenziamento di quelle relative alla guerra elettronica.

In verità, i russi avevano già sperimentato strumenti di guerra elettronica qualche anno prima. Nel 2007 l'amministrazione comunale di Tallin, la capitale dell'Estonia, aveva deciso di rimuovere uno dei simboli dell'appartenenza all'Unione Sovietica. Si trattava della statua di bronzo nel parco Tionismagi, al centro della città, che onorava i militari dell'Armata Rossa. Sotto la statua alta un paio di metri erano sepolti i resti dei soldati morti nei combattimenti. La rimozione aveva provocato violenti scontri e la protesta della minoranza russa dell'Estonia. All'epoca questo paese era già molto avanzato nel campo delle tecnologie, con il 60 per cento della popolazione che usava regolarmente il web.

A difesa della memoria dell'Armata Rossa e della popolazione di etnia russa era scattato un attacco di hacker che aveva bloccato le comunicazioni del sistema bancario, delle agenzie del governo e di molte società operanti nel paese. Nonostante molti disservizi, però, i soggetti colpiti avevano ripreso rapidamente il controllo della situazione. Un attacco simile si era ripetuto nel 2008 in Georgia, in concomitanza con la guerra, ma evidentemente ai servizi russi non bastava compromettere il sistema di comunicazioni dei loro avversari: le potenzialità dei nuovi strumenti di guerra elettronica erano maggiori e andavano sviluppate. Occorreva testarle, e proprio l'Ucraina era diventata per il Gru il principale campo di sperimentazione.

Alcuni tentativi erano stati compiuti fin dal 2010, ma dopo la ristrutturazione l'attività offensiva si era intensificata, divenendo molto più sofisticata. Tentativi di incursione si erano avuti anche in America nel 2014, con l'attacco contro le compagnie petrolifere che operavano nell'aeroporto di San Francisco, condotto mediante una versione modificata del virus utilizzato in Ucraina, il BlackEnergy 2.

Era in Ucraina, comunque, che le incursioni si erano verificate più frequentemente: erano stati colpiti uffici pubblici, comitati elettorali, emittenti televisive, e con varianti sempre più sofisticate di *malware*. Non era facile risalire all'origine dell'infezione, perché spesso il *malware* si insediava all'interno delle macchine per strati successivi e si ricomponeva rendendosi pronto all'azione anche parecchio tempo dopo. Ma il sospetto di tutti era che l'attacco provenisse proprio dai servizi russi.

Gli americani spengono le centrifughe dell'Iran

L'uso di sofisticati programmi informatici come strumento di guerra cibernetica non era, però, un'invenzione dei russi. Questi ultimi, pur avendo dimostrato formidabili doti di recupero, erano partiti in ritardo. Gli americani, invece, avevano già da tempo sviluppato un ricco arsenale la cui efficacia era stata dimostrata nel 2010 dall'attacco contro l'impianto di arricchimento dell'uranio di Natanz in Iran. L'Iran aveva un programma di costruzione di centrali nucleari avviato ai tempi dello scià, ma l'unica centrale che erano riusciti a costruire, quella di Bushehr, aveva subìto pesanti danni durante la guerra con l'Iraq negli anni Ottanta.

Il programma era stato ripreso agli inizi degli anni Duemila con la costruzione, nei pressi della città di Natanz, di un impianto per l'arricchimento dell'uranio attraverso l'uso di centrifughe fornite dai tedeschi della Siemens. L'obiettivo era di arrivare a 50mila centrifughe per la produzione di uranio da destinare all'alimentazione della centrale. Si trattava, però, di un programma molto ambizioso che aveva insospettito gli americani convincendoli che fosse in realtà finalizzato alla realizzazione della bomba atomica. Un evento destinato a cambiare radicalmente gli equilibri nell'area a danno di Israele ma anche di altri paesi vicini come il Pakistan e l'India. Le ispezioni dell'agenzia internazionale per l'energia atomica in Iran non rappresentavano certo un deterrente per la continuazione di un programma destinato a dotare il paese di un'arma nucleare. Ma neppure si poteva ricorrere a un bombardamento degli impianti: occorreva impedire o quantomeno rallentare il programma di arricchimento dell'uranio con una soluzione efficace ma che non lasciasse tracce: un attacco informatico finalizzato a compromettere la funzionalità degli impianti.

Non è chiaro come l'infezione sia stata introdotta. Probabilmente era stato infettato il computer di un addetto alla centrale nucleare mediante una chiavetta elettronica. Le modalità di intrusione erano estremamente sofisticate. Il *worm* dal computer era in grado di scavalcare i sistemi di controllo della centrale passando attraverso una serie di vulnerabilità nascoste della piattaforma Microsoft. Per passare, il *worm* doveva usare un certificato digitale falso che gli dava accesso ad altre componenti della piattaforma. Il *tool* probabilmente messo a punto dalla National Security Agency era stato concepito per andare alla ricerca del controllore logico programmabile che regolava la velocità delle centrifughe Siemens a gruppi di 164 unità. Una volta installato lo metteva fuori controllo e di conseguenza le centrifughe acceleravano fino a rompersi. Il programma aveva richiesto un lungo periodo di preparazione. Avviato durante la presidenza Bush rappresentava l'elemento più delicato all'interno delle consegne che l'amministrazione uscente trasmetteva a Obama, il nuovo presidente appena insediato. Dopo l'autorizzazione da parte di quest'ultimo il programma venne attivato. Nel giro di pochi mesi, 2000 delle 8700 centrifughe installate vennero messe fuori uso, lasciando nella più totale confusione gli addetti alla centrale e il governo iraniano.

Anche in questo caso ci volle un po' di tempo prima che gli iraniani capissero che cos'era accaduto. Il mistero fu risolto solo grazie al fatto che il *worm* era sfuggito al controllo dei suoi creatori e aveva cominciato a diffondersi nel resto del mondo. Fu un'impresa di *cybersecurity* bielorussa ad accorgersene per prima. Analizzando la codifica software del programma, Symantec in California e Kaspersky Lab in Russia arrivarono alla conclusione che si trattava di un virus finalizzato al sabotaggio. La scoperta del virus, denominato Stuxnet, venne immediatamente notificata a Microsoft, che provvide a sua volta ad avvertire i clienti dell'esistenza del rischio, raccomandando un aggiornamento del software – il cosiddetto *patch* – subito messo a punto. Quando, nel 2012, prima il "New York Times" e poi il "Wall Street Journal" svelarono la natura dell'attacco, attribuendone implicitamente il merito ai servizi segreti Usa, la risonanza internazionale fu enorme. Il ruolo dei servizi americani non venne mai confermato anche se fu istituita una commissione del governo federale per appurare come la notizia fosse trapelata. Comunque non si faceva fatica a immaginare che l'operazione fosse stata condotta dagli americani e dagli israeliani in collaborazione con i servizi tedeschi, i quali probabilmente avevano dato accesso alla piattaforma di controllo delle centrifughe realizzata dalla Siemens.

In quel momento molti governi aprirono gli occhi su un fenomeno che fino ad allora non avevano nemmeno preso in considerazione. Non solo il tema della protezione informatica diventava di assoluta urgenza, ma soprattutto si apriva un terreno completamente nuovo per arricchire l'arsenale militare in funzione difensiva o offensiva. Di colpo l'individuazione delle vulnerabilità informatiche non ancora individuate – gli *zero-days*, così chiamati perché non bisogna far passare nemmeno un giorno dal momento in cui la vulnerabilità è individuata per mettere il *patch*, la toppa informatica –, si trasformò da hobby per appassionati di computer a terreno di caccia per i servizi di tutto il mondo e straordinaria opportunità di guadagno per chi riusciva a individuarli.

La vulnerabilità al servizio dell'intelligence

Il problema nasce dal fatto che ogni programma contiene migliaia e spesso milioni di righe di codice, che a loro volta richiamano altri programmi con altri milioni di righe di codice. Per fare un esempio, il codice sorgente del motore di ricerca di

Google è fatto di alcuni miliardi di righe di codice. In questi programmi si annidano errori e imprecisioni che sono all'origine dei continui aggiornamenti da parte delle società di informatica. Quelli che non vengono individuati danno luogo a vere e proprie porte di accesso che possono essere utilizzate dai servizi di sicurezza ma soprattutto da terroristi, criminali o malintenzionati in genere. Gli *zero-days* rappresentano oggi il 75 per cento dei file malevoli utilizzati per attaccare un'organizzazione e crescono ogni anno a tassi a doppia cifra. Si tratta di attacchi relativamente semplici da organizzare perché nel 90 per cento dei casi vengono condotti attraverso l'invio di e-mail.

Nonostante gli interventi per rimediare alle vulnerabilità, gli *zero-days* si rinnovano continuamente con la crescita della digitalizzazione della società e dell'economia, arrivando a superare abbondantemente il miliardo di oggetti ogni anno. Nei primi tempi della diffusione di internet le società di informatica ricompensavano coloro che individuavano uno *zero-day* con una menzione sui loro siti. Ma a volte veniva offerta anche l'assunzione. Con lo sviluppo di internet e la sempre maggiore diffusione del suo utilizzo, alcune società, come Microsoft, iniziarono a ricompensare gli hacker con piccole somme di denaro. Altri, invece, consideravano la scoperta dei bachi come operazioni di lesa maestà: a volte si rivolgevano alla giustizia per perseguire gli stessi scopritori. Tutto cambiò quando si venne a sapere che Stuxnet era servito per un'operazione di natura militare nei confronti dell'Iran.

Il mercato divenne molto più strutturato, si formarono imprese specializzate, tra cui la piccola società italiana di Luigi Auriemma e Donato Ferrante, la ReVuln, finita sulle pagine del "New York Times" quando si scoprì che vendeva *zero-days* alla Nsa americana. Ma, oltre alla società dei due italiani, se ne presentarono sul mercato molte altre, come la Vupen di Montpellier in Francia e la Exodus Intelligence di Austin, alcune delle quali operanti solo nel *dark web*. Soprattutto, cambiò la remuneratività e quindi anche l'attrattività di operazioni in questo settore. In seguito all'ingresso nel mercato dei servizi di intelligence di diversi paesi, i prezzi decollarono, con punte ben oltre il milione di dollari per *zero-days* particolarmente importanti: prezzi cresciuti nel tempo, al punto che nel 2019 il broker Zerodium offriva 2 milioni di dollari per un programma in grado di rimuovere le restrizioni di accesso del sistema operativo di Apple.

La verità è che gli Stati Uniti sfruttavano segretamente le vulnerabilità dei sistemi informatici ben prima della creazione di

Stuxnet. L'attività era cominciata fin dalla decisione di Clinton di aprire internet a usi commerciali. A quell'epoca i servizi americani vivevano una situazione di incertezza. Era crollata l'Unione Sovietica e, con essa, la necessità di mantenere una struttura di intelligence di enormi dimensioni, ma soprattutto erano a rischio i colossali budget che avevano alimentato l'attività dei servizi nei decenni precedenti. All'inizio degli anni Novanta il Congresso aveva ridotto di oltre un terzo il budget delle agenzie che facevano parte della *intelligence community* americana ed era concreta la prospettiva di ulteriori tagli. Occorreva urgentemente trovare nuovi settori di attività e nuove opportunità. Stansfield Turner, l'ex capo della Cia, in un articolo pubblicato su "Foreign Affairs" aveva indicato nella difesa dell'economia americana una possibile area di riconversione per tante professionalità che rischiavano la disoccupazione. Ma nello stesso periodo lo sviluppo delle autostrade digitali, promosso da Clinton e Gore, presentava spazi di altrettanto, se non maggiore, interesse.

Già nel 1993, un organismo chiamato Intelligence Community, creato nel 1981 dalle 17 agenzie Usa di intelligence per condividere analisi di interesse comune, aveva lanciato un programma detto "Massive Digital Data Systems" organizzando una serie di convegni aperti ai docenti delle principali università tecniche americane per riflettere sulle opportunità e sui problemi posti da quello che allora si vedeva chiaramente essere un futuro di crescita esponenziale dell'informazione disponibile online. Era evidente che sarebbero state disponibili informazioni in qualsiasi formato: testo, audio, video. Occorreva attrezzarsi per raccoglierle e analizzarle.

Ogni agenzia aveva i suoi momenti di riflessione per capire come sfruttare le nuove opportunità. Negli ultimi mesi del 1995 la Cia aveva creato un gruppo di lavoro per valutare il proprio livello di competenze in questo settore e il grado di preparazione per sfruttare il web a fini di intelligence. Le conclusioni furono che c'era moltissimo da fare e che occorreva procedere rapidamente. Per questo nel 1996 la Cia costituì il Clandestine Information Technology Office, con il quale creò il sistema di competenze per individuare, analizzare e sviluppare gli strumenti tecnologici per operare nel nascente mondo dell'informazione.

A dirigerlo venne chiamato James Gosler: lo scienziato che per primo ai Sandia National Laboratories si era occupato delle vulnerabilità dei sistemi informatici dedicati alla crittografia e all'armamento nucleare. Il tema della sicurezza negli anni Settanta era confinato a sistemi specializzati e mai si pensava che sarebbe stato fatto oggetto di un collegamento tra computer. Nel 1968 la Defense Science Board Task Force on Computer Security escluse che si potesse garantire la sicurezza della rete in un sistema aperto e nel 1972 James Anderson, nella prima Conferenza di *computer communication*, dichiarò che la comunicazione tra computer offriva un obiettivo estremamente attraente per condurre attacchi, mettendo esplicitamente in guardia dai rischi che una rete di computer presentava.

In effetti a quell'epoca sicurezza e resilienza viaggiavano su due binari distinti. Allo sviluppo di internet, che pure era voluto dai militari per tutelare la continuità del sistema di comando e controllo in caso di attacchi nucleari, si richiedeva capacità di garantire comunicazione anche negli scenari più catastrofici. Ma le caratteristiche di flessibilità nell'instradamento dei pacchetti erano esattamente l'opposto rispetto a quello che sarebbe stato necessario per assicurare l'inviolabilità delle comunicazioni.

Per oltre cento anni la tecnologia delle comunicazioni si era basata su un'infrastruttura che creava un collegamento fisico tra due punti la cui identità era certa. Con internet non c'era più un collegamento fisico diretto, ma nemmeno la certezza dell'identità dei due terminali del collegamento. Inoltre, dal punto di vista progettuale, l'intelligenza veniva posta ai punti terminali della rete mentre l'infrastruttura serviva solo ad assicurare l'instradamento del traffico.

Nel nuovo mondo aperto da internet non erano solo le agenzie di intelligence a muoversi. Anche i *contractors* della Difesa avevano capito che si aprivano prospettive nuove e ricche di opportunità. SAIC, uno di questi *contractors*, si preoccupò di costituire il Center for Information Strategy and Policy con il compito di raccogliere stimoli e suggerimenti sull'*information warfare* da mettere a disposizione dell'*intelligence community*.

Non che le agenzie fossero a digiuno di esperienze nel settore. Come ha rivelato un'indagine del parlamento svizzero pubblicata nel novembre 2020, già all'inizio degli anni Settanta la Cia aveva acquisito la ditta elvetica di crittografia Crypto AG installando delle *backdoors* nel suo software. L'aveva fatto in collaborazione con la Bnd, l'intelligence della Germania occidentale, e per decenni avevano fornito crittografia a più di cento paesi del mondo che si fidavano della neutralità della Svizzera e avevano utilizzato Crypto per le loro comunicazioni più riservate. Nel 1994 i tedeschi, preoccupati che la loro presenza venisse alla luce, vendettero le loro partecipazioni; viceversa gli americani rimasero fino al 2018, sentendosi sicuri che nemmeno WikiLeaks avrebbe potuto mettere a repentaglio la loro presenza.

Per la Cia, che aveva una notevole competenza nelle tecnologie, internet offriva enormi opportunità. Nel passato l'agenzia si era mossa con grande efficacia sul fronte dell'innovazione, come testimonia il fatto che il 23 giugno 2016 alle 21.43, su Twitter, la Cia comunicò di avere inventato già negli anni Sessanta la tecnologia degli ioni di litio per le batterie. Servivano per migliorare la performance dei sistemi di sorveglianza e per prolungare l'operatività dei satelliti, ma la Cia ci teneva a dire che aveva messo un'importantissima tecnologia a disposizione per usi civili. Quello che non specificava, però, era il rapporto fra gli sviluppi tecnologici promossi dall'agenzia e il lavoro di John Goodenough, Michael Stanley Whittingham e Akira Yoshino che nel 2019 avevano ricevuto il premio Nobel per la chimica proprio per lo sviluppo delle batterie agli ioni di litio. La tecnologia era stata utilizzata dalla ricerca medica per sviluppare applicazioni salvavita, come i pacemaker. Successivamente ne ha beneficiato tutta l'industria elettronica e di intrattenimento, e in tempi più recenti anche il settore dei trasporti, con la rivoluzione delle auto elettriche. Sul fronte delle tecnologie, la Cia non era mai stata ferma e aveva sviluppato nel tempo una strumentazione sempre più sofisticata, addirittura creando nel 1999 In-Q-Tel, il fondo di *venture capital* che finanziò gli stadi iniziali di molte startup di internet.

La militarizzazione del cyberspazio

Agli inizi degli anni Duemila si ebbe un'accelerazione dell'attività delle agenzie di intelligence nel settore della tecnologia, ma soprattutto una radicale trasformazione della natura e un ampliamento del ruolo della Sigint (le attività di intelligence basate sulla raccolta di informazioni elettroniche), con la conseguenza di relegare a un ruolo secondario la Humint, l'intelligence gestita direttamente sul campo dagli agenti segreti. La scarsità di competenze nel settore tecnologico imponeva una maggiore concentrazione di risorse e, in particolare, rendeva indefinibile l'ambito territoriale delle strutture dedicate che fino ad allora erano ben distinte fra le unità che operavano all'interno dei confini nazionali e quelle all'estero. Il problema non riguardava solo la raccolta di informazioni relative a nemici dall'altra parte dell'oceano ma anche la difesa interna da attacchi terroristici e dal rischio di compromissione elettronica di infrastrutture critiche.

La necessità di procedere più rapidamente sulla strada di un rafforzamento del sistema di intelligence venne fornita nel 1999 negli Stati Uniti da una serie di attacchi coordinati ai computer della Difesa e a quelli dei fornitori di questo dipartimento, ai quali fu dato il nome in codice di Moonlight Maze. Gli attacchi furono ricondotti a un computer collocato a Mosca, e sembrerebbero aver consentito di accedere a una rilevante quantità di dati segreti del Pentagono. Dalle scarse informazioni disponibili sull'attacco e dal fatto che sia stato immediatamente identificato non è chiaro se la responsabilità fosse effettivamente attribuibile ai russi né se rappresentasse un rischio serio.

Ad ogni modo, era un'ottima occasione per alzare il livello di attenzione della politica e i budget dedicati alla *cyberwar* da parte delle agenzie di intelligence americane che erano stati pesantemente penalizzati negli anni precedenti. L'evento, infatti, destò enorme preoccupazione sia nell'ambito del dipartimento della Difesa, sia a livello federale. In risposta all'attacco venne emessa la Presidential Decision Directive 63 relativa alla protezione delle infrastrutture critiche. Fu inoltre creato il National Infrastructure Protection Center, con il compito di difendere l'infrastruttura nazionale pubblica e privata da attacchi cibernetici, e potenziata la Defense Information Systems Agency.

La vera svolta delle attività delle agenzie su internet arrivò dopo l'11 settembre, con l'approvazione del Patriot Act. La legge permetteva all'Fbi e alla Cia di effettuare accessi al traffico internet senza autorizzazione degli organi giudiziari e agevolava lo scambio di informazioni tra le varie agenzie di intelligence. Ma, soprattutto, estendeva enormemente i campi di attività delle agenzie stesse. Per rispetto formale al principio di legalità venne comunque creato un organo giudiziario separato dalla magistratura ordinaria che dovrebbe controllarne l'attività ma che opera in totale segretezza. Un aspetto merita una menzione speciale: l'accesso a Swift, il sistema dei pagamenti internazionali. Gli americani si erano rivolti a Swift per accedere alle informazioni finanziarie già nel 1992, ma senza successo. Dopo l'11 settembre Swift non aveva più potuto resistere alle pressioni degli americani e aveva permesso l'accesso ai dati, consentendo loro di realizzare in Virginia un *data center* che replicava le informazioni che transitavano su Swift all'interno di un programma chiamato TFTP (Terrorist Finance Tracking Program). Il 23 giugno del 2006 il "New York Times" rivelò l'esistenza dell'accordo che consentiva alle autorità americane di accedere ai dati Swift, sollevando reazioni sia negli Stati Uniti sia in Europa, e costringendo il Segretario di Stato Hillary Clinton e Tim Geithner, il segretario del Tesoro, a un tour fra gli alleati per riuscire a mantenere in vita, pur se in forma diversa, quell'accordo.

Chi beneficiò maggiormente della svolta nelle attività di intelligence fu la Nsa, grazie anche alla nomina a direttore dell'agenzia del generale Keith Alexander voluta da Donald Rumsfeld, segretario alla Difesa dell'Amministrazione Bush. Nel passato i direttori dell'agenzia provenivano dalle diverse armi ma non avevano necessariamente competenze specifiche nel settore della tecnologia. Con Alexander veniva invece nominata una persona che non solo aveva trascorso tutta la sua carriera all'interno delle divisioni di intelligence delle varie unità della Difesa, ma soprattutto aveva una profonda competenza tecnica: laureato in fisica e in tecnologia dei sistemi, dialogava alla pari con i maggiori esperti del settore.

Keith Alexander, da Star Trek *alla creazione dello US Cyber Command*

L'entusiasmo di Alexander per la tecnologia era tale da averlo spinto a far attrezzare la sala di comando di Fort Belvoir – la sede dell'intelligence dell'esercito della quale era stato il leader – come il ponte di comando di un'astronave. Al centro della sala, in posizione dominante, aveva fatto collocare dallo studio DBI Architects una grande poltrona dalla quale si dominava la parete con gli immensi pannelli di controllo. Alexander aveva l'ossessione del controllo ed era nota la sua bulimia per l'informazione, ma, al tempo stesso, possedeva grandi capacità organizzative e riusciva sempre a dare risposte pronte nei momenti più critici.

Il mandato di direttore dell'agenzia durava di norma tre anni; raramente un comandante veniva confermato per un periodo più lungo. Attraverso l'avvicendamento in un ruolo delicato, la politica si garantiva che non venissero costituite posizioni di potere. Ma questa volta la situazione era diversa: lo shock dell'11 settembre aveva modificato le priorità e metteva in testa a tutto l'esperienza e la capacità di affrontare una nuova categoria di rischi.

Avvicinandosi la scadenza del primo mandato di Alexander, il segretario alla Difesa Bob Gates, sorprendentemente confermato nell'incarico dal nuovo presidente Obama pur provenendo dall'Amministrazione Bush, si preoccupò che le sue competenze venissero mantenute all'interno della struttura e che Alexander non si muovesse verso l'impresa privata, dove avrebbe trovato ben altri riconoscimenti economici rispetto a quelli che garantiva il settore pubblico. Nel passato era accaduto spesso che, lasciando l'incarico, i direttori dell'intelligence trovassero un remunerativo impiego al vertice di società di consulenza.

Per Gates trattenere Alexander significava non solo garantirsi una straordinaria competenza, ma anche affrontare un tema di cui si discuteva da tempo negli ambienti dell'intelligence militare, e cioè come creare un vero e proprio corpo autonomo nel settore della difesa cibernetica, un corpo indipendente dalle altre armi e con autonome capacità di offesa. A sollevare formalmente l'argomento, che in precedenza era stato solo oggetto di discussioni di tipo accademico, era stato Mike McConnell, direttore della Nsa nella fase della grande transizione dei servizi di intelligence all'inizio degli anni Novanta. McConnell era rimasto sempre in contatto con Gates, con il quale aveva maturato una lunga amicizia. La riorganizzazione dei servizi di intelligence consentiva, dunque, a Gates di offrire un incentivo a Keith Alexander per rimanere a capo del settore, con la promozione a generale a quattro stelle, ma soprattutto di avviare una trasformazione radicale in tema di difesa cibernetica.

Il processo che portò alla costituzione di un corpo militare separato per la guerra elettronica non fu semplice anche perché l'idea era quella di concentrare all'interno della struttura anche la difesa in campo civile di competenza del Department of Homeland Security. Con Janet Napolitano, il segretario del dipartimento nominato da Obama, Gates aveva un buon rapporto, per cui si arrivò rapidamente a un accordo che di fatto consentì la costituzione dello US Cyber Command, e il mantenimento di Alexander sia come direttore della Nsa, sia come comandante in capo della nuova forza armata.

Fu l'inizio di un periodo di intensa attività per Alexander e di successi, tra cui Stuxnet, ma anche di drammatiche crisi, come quella determinata dalle rivelazioni di Edward Snowden sull'attività di sorveglianza della Nsa e sull'esistenza di Prism, il programma in grado di sorvegliare gran parte del traffico internet mondiale. Nel 2014, pochi mesi dopo lo scandalo, Alexander si dimise avendo maturato quasi un decennio come capo della Nsa. Con grande sorpresa di tutti, trattandosi di un funzionario che aveva occupato una posizione così delicata, a pochi mesi dalla sua fuoriuscita Alexander fondò la società IronNet Cybersecurity, apportando brevetti di sua proprietà che gli garantivano introiti rilevanti. In un articolo del 31 luglio 2014 l'"Atlantic" si chiedeva come fosse possibile che Alexander, da capo della Nsa, responsabile delle più segrete attività degli Stati Uniti, avesse avuto anche il tempo di brevettare degli strumenti anti-intrusione che evidentemente non erano serviti per difendere la Nsa stessa, data la facilità con cui Snowden si era impossessato di un milione e 700mila documenti dell'agenzia.

La cosa che allora gli venne maggiormente rimproverata, comunque, fu l'aver sistematizzato l'uso spregiudicato della vulnerabilità. In occasione di un'intervista rilasciata all'"Australian Financial Review", Alexander dichiarò testualmente: "Chiedere alla Nsa di non cercare punti di debolezza nella tecnologia sarebbe un grave errore". L'affermazione ebbe vasta risonanza negli Stati Uniti dopo la scoperta che, invece di segnalare le vulnerabilità al fine di rendere internet più sicuro, la Nsa le sfruttava per militarizzare la rete. La questione venne posta a Obama dal Review Group on Intelligence and Communication Technologies, un organismo di controllo formato nel 2013 dopo le rivelazioni di Snowden. Le conclusioni del gruppo di lavoro indicarono la necessità di eliminare le vulnerabilità nei software di uso comune. Per il resto, le stesse vulnerabilità andavano utilizzate solo "per la raccolta di intelligence di altissima priorità e con una procedura autorizzativa di alto livello".

I ladri svaligiano la cassaforte della Nsa

Nella lista dei provvedimenti presi da Obama in seguito al report, la questione della vulnerabilità venne, però, ignorata. Ciò lasciò, di fatto, alle agenzie di intelligence mano libera nel continuare a utilizzare gli *exploit*. La pericolosità del sistema messo in piedi da Alexander emerse con il secondo incredibile furto di software di proprietà della Nsa. Questa volta non si trattava solo di aver reso pubbliche informazioni riservate, come nel caso dei documenti di WikiLeaks, ma di aver messo a disposizione di terroristi e criminali delle armi micidiali. Un gruppo di hacker denominato Shadow Brokers aveva avuto accesso all'archivio di *exploit* della Nsa e lo aveva messo in vendita sul *dark web*.

Apparentemente il furto era stato commesso nel 2013, o comunque il materiale sottratto si fermava al 2013, ma gli Shadow Brokers avevano fatto sapere che ne erano entrati in possesso solo nell'autunno 2016. Gli hacker resero noto tramite Twitter che avrebbero messo a disposizione sul web una serie di *zero-days exploit* specificamente destinati ad attaccare programmi di Microsoft, firewall aziendali e software antivirus. Chi voleva comprarli doveva prepararsi a fare un'offerta. All'inizio la notizia fu accolta con scetticismo, ma la progressione di annunci da parte degli hacker divenne sempre più precisa e circostanziata finché, nell'aprile 2017, in un ultimo tweet, gli hacker resero disponibile, tra gli altri, il *tool* EternalBlue. Si tratta di un *exploit* che consente agli attaccanti di prendere possesso del sistema operativo della macchina infettata e attraverso questa di propagarsi a tutta la rete di macchine collegate leggendo e scrivendo file che a loro volta possono attivare o disattivare altri programmi all'interno della rete. In questo modo, sfruttando EternalBlue, l'attaccante è in grado di sottrarre password e altre informazioni sensibili, ma anche di crittografare file online o corromperli rendendoli illeggibili.

È proprio quello che avvenne qualche mese dopo la diffusione dell'*exploit*, quando hacker nordcoreani usarono come vettore EternalBlue per propagare un *malware* chiamato WannaCry: rilasciato sul web nel maggio 2017, infettò milioni di computer in tutto il mondo. Il *ransomware* crittografava il contenuto dei computer chiedendo un riscatto per decrittarli. Microsoft, sospettando la disponibilità dell'*exploit*, aveva fornito un *patch* pochissimo tempo prima dell'attacco ma, poiché su moltissimi computer l'aggiornamento non era stato installato per distrazione o per altre necessità, l'effetto dell'infezione fu comunque devastante. Nel giro di ventiquattr'ore 200mila organizzazioni in 150 paesi vennero "contagiate". Tra queste il sistema sanitario nazionale inglese, le ferrovie tedesche, la Renault in Francia, Telefónica in Spagna, la polizia giapponese e quasi tutte le stazioni di servizio di PetroChina. E varianti di WannaCry continuarono a circolare anche in seguito, ad esempio infettando nel 2018 la Taiwan Semiconductor Manufacturing Company.

Ma l'attacco più devastante della storia mediante un *exploit* della famiglia di quelli rubati alla Nsa fu quello legato a NotPetya, messo in rete nel 2017 un mese dopo la diffusione di WannaCry da alcuni hacker russi. Si tratta di un *malware* che ha finalità altamente distruttive perché crittografa irreversibilmente il settore del disco rigido che contiene la sequenza di comandi necessari all'avvio del sistema operativo. Il *malware* va poi alla ricerca di tutti i computer collegati alla rete e li disattiva in maniera definitiva.

L'attacco era rivolto contro l'Ucraina, e nel giro di poche ore mise in ginocchio una buona parte dell'economia nazionale. Vennero colpiti 4 ospedali, 6 società elettriche e 22 banche. L'intero sistema dei pagamenti smise di funzionare privando i cittadini della possibilità di utilizzare sportelli ATM e POS. Perfino i computer usati dagli scienziati che lavoravano al contenimento della centrale di Chernobyl erano stati messi fuori uso, così come era stata disattivata praticamente tutta l'infrastruttura informatica del governo ucraino. L'infezione era però arrivata rapidamente anche in Europa attraverso un computer della società di logistica Maersk, che a Odessa aveva installato un programma di contabilità creato da un'impresa di software locale. Da lì l'infezione era arrivata alla sede centrale di Maersk, a Copenaghen, da cui veniva gestita una rete logistica colossale composta da 600 navi, con una capacità di 3,8 milioni di container, e da migliaia di camion in tutto il mondo. Dalla Danimarca l'infezione si era poi diffusa a tutti i 76 terminal della Maersk, da Los Angeles a Bombay, fermando il lavoro di decine di migliaia di persone.

Per ripristinare il sistema, nonostante gli sforzi frenetici, ci vollero parecchi giorni. Buona parte delle informazioni venne recuperata dai dischi di backup disponibili presso gli uffici informatici centrali. Nell'azione di recupero i tecnici di Maersk si resero conto che mancava un pezzo centrale della rete informatica, e cioè il *domain controller*, il server che funziona come mappa dettagliata della rete e che definisce le procedure per autorizzarne l'accesso. Senza quel pezzo di software era impossibile riattivare il sistema. Dopo una disperata indagine per vedere se ne fosse sopravvissuto uno intatto, si scoprì che in un terminal del Ghana, a causa di un blackout, i computer erano stati temporaneamente disconnessi proprio nel momento dell'attacco e questo aveva salvato il prezioso *domain controller*.

L'infezione aveva comunque danneggiato moltissime imprese, tra le quali la farmaceutica Merck, e società di trasporti come Tnt, la francese Saint-Gobain e, in Inghilterra, la Benckiser. In totale, i danni stimati in un rapporto della Casa Bianca a livello mondiale arrivarono a 10 miliardi di dollari.

Il raid degli Shadow Brokers portò il Congresso americano a varare in tutta fretta un provvedimento che tramutava in legge la procedura voluta da Obama per controllare l'utilizzo delle vulnerabilità. Il "Patch Act", come venne chiamato il Protecting Our Ability to Counter Hacking Act del 2017, creava un'autorità indipendente con il compito di segnalare le vulnerabilità. Sostanzialmente il meccanismo che aveva previsto Obama, ma con il correttivo di un comitato indipendente. Un provvedimento che lasciava armi cibernetiche nelle disponibilità delle agenzie di intelligence e che comunque non sarebbe riuscito a evitare il disastro di WannaCry o di NotPetya. La messa in sicurezza di una rete di computer dipende, infatti, non solo dalla tempestiva disponibilità dell'informazione sulla vulnerabilità, ma anche dalla disponibilità del *patch* che risolve la vulnerabilità. Le vecchie versioni di software normalmente non vengono più aggiornate dalle case produttrici lasciando, così, molti utilizzatori in balìa degli aggressori. Ma i responsabili sono anche gli utilizzatori che, come abbiamo detto, per distrazione o negligenza non aggiornano sistematicamente i software. La cosa è particolarmente rilevante per la piattaforma di Windows, che ha un monopolio a livello mondiale nei sistemi operativi e in una parte importante del software applicativo.

Dall'Apocalisse georgiana all'enigma SolarWinds

Dopo tante aggressioni parziali, alla fine di ottobre 2019 è scoppiata un'altra guerra elettronica. Stavolta l'assalto si è tradotto nell'oscuramento dei contenuti pubblicati online di migliaia di homepage della Georgia. Durante l'attacco, i siti delle corti di giustizia sono stati vittima del saccheggio di una consistente quantità di documenti processuali che non erano destinati a diventare di dominio pubblico. Le reti televisive sono rimaste senza segnale e il blocco delle trasmissioni ha incrementato il senso di paura che non ha tardato a diventare endemico. Non si sa chi possa aver mandato a segno questo attacco massiccio, ma in molti hanno pensato che dietro l'operazione ci fossero ancora una volta i servizi russi.

Il timore di paralisi dei sistemi informatici su cui si basa la regolarità dei servizi essenziali nel vivere quotidiano è più che giustificato. Analogamente a quel che accade in molti paesi occidentali anche in Georgia – già nel 2011 – era stata data solenne garanzia di aver raggiunto un livello di protezione adeguato. Ma per garantire la sicurezza non bastano l'istituzione di alcuni Computer Emergency Response Team e l'instaurazione di rapporti di mutua assistenza con organizzazioni internazionali e imprese del settore della sicurezza informatica. I sistemi di difesa da attacchi elettronici richiedono un'organizzazione di tipo militare che poche istituzioni – e spesso nemmeno gli Stati – possono permettersi.

Per confermare che il mondo continua a essere esposto a

gravi attacchi cibernetici si possono fare almeno due esempi. Il primo caso si è verificato il 21 ottobre 2016, quando un attacco di Distributed Denial of Service (DDoS) a DYN, un provider di servizi Dns (il sistema di dominio dei nomi) statunitense ha generato per sei ore gravi disservizi per circa 70 delle aziende "Ott", *Over-the-top*: imprese leader nelle reti sociali e nei servizi online statunitensi tra le quali Amazon, Cnn, Comcast, Fox News, Netflix, "New York Times", PayPal, Reddit, Skype, Spotify, Starbucks, Tumblr, Twitter, Verizon, Visa, "Wall Street Journal", "Wired", Xbox. L'oscuramento dei servizi Dns forniti da DYN ha reso impossibile la traduzione del nome dei siti a cui gli utenti richiedevano di accedere (ad esempio www.wsj.com per il "Wall Street Journal") negli indirizzi IP necessari a internet per svolgere il proprio lavoro: un ulteriore esempio di come le caratteristiche di progettazione della rete rendano possibili attacchi con un impatto potenzialmente devastante. La *botnet* MIRAI, cioè la rete di computer infettati utilizzata per l'attacco, era composta da circa 10 milioni di apparecchi, per la maggior parte decoder, videoregistratori e videocamere intelligenti, connessi a internet e quindi dotati di un proprio indirizzo IP. Si è trattato di uno dei primi esempi di attacco effettuato sfruttando *botnet* di device Iot (dispositivi dell'Internet delle cose) e – nei fatti – del primo significativo blackout di internet negli Stati Uniti.

Il secondo caso riguarda un attacco condotto alla fine del 2020 contro la società SolarWinds, che gestisce sistemi critici del governo federale americano e di almeno altre 200 organizzazioni in tutto il mondo. L'attacco alla piattaforma Orion della compagnia texana – un sistema utilizzato per la gestione e il monitoraggio delle reti svolgendo un'attività estremamente delicata all'interno di grandi organizzazioni – ha permesso agli aggressori di creare una porta di accesso per penetrare i computer e, da lì, arrivare a tutti i clienti della società grazie alla compromissione degli aggiornamenti automatici che l'azienda effettua periodicamente per conto degli utenti. In questo modo un attaccante può disabilitare gli strumenti di sicurezza, modificare le configurazioni, caricare dei file non autorizzati o impedirne l'applicazione.

La responsabilità dell'attacco ancora una volta è stata attribuita alla Russia, ma non è chiaro da dove, in effetti, esso sia pervenuto perché nell'operazione sono stati utilizzati server americani. Inoltre, non è chiara nemmeno quale sia stata la finalità dell'attacco, cioè se limitata a un'attività di spionaggio oppure se abbia predisposto le condizioni per un attacco futuro.

Iran e Corea del Nord e i risultati di attacco alle infrastrutture critiche di internet

Un allarme serio sui rischi di attacchi informatici arriva dall'autorità che governa indirizzi, numeri e nomi della megalopoli del web: Icann, ossia l'Internet Corporation for Assigned Names and Numbers. Nel mirino ci sono i Dns che, lo abbiamo appena visto, rappresentano uno dei punti di massima vulnerabilità delle comunicazioni hi-tech. I Dns sono l'equivalente dei centralini che, prima dell'avvento della teleselezione, permettevano a un abbonato telefonico di raggiungere un utente dislocato in un'altra città: elaborano l'indirizzo web che digitiamo sulla tastiera in una sequenza composta da quattro numeri da 0 a 256 tra loro separati da punti, consentendo il corretto instradamento della connessione verso la destinazione desiderata. Un problema al livello dei Dns compromette quindi l'esito di qualsivoglia connessione via internet, e può addirittura tradursi in una paralisi globale.

Di fatto, l'allarme dell'Icann mette in guardia da quello che gli esperti di computer e *network security* considerano una minaccia apocalittica. Nel mirino ci sono i server su cui avviene la trascodifica delle destinazioni del traffico in rete e gli archivi in cui sono memorizzati i numeri corrispondenti alle diverse (e numerosissime) entità. L'obiettivo degli attaccanti è quello di mandare in tilt quegli apparati o di scompaginare le risorse di cui essi hanno necessità per il loro regolare funzionamento, così da ottenere il blocco della navigazione o il dirottamento degli utenti verso destinazioni indesiderate o comunque differenti dalla meta prefissata.

L'Icann prospetta un assalto su larga scala; il maggiore sospettato è l'Iran, visto come possibile epicentro della minaccia poiché molte aggressioni finora manifestatesi negli Stati Uniti sarebbero riconducibili a quell'area geografica. Ma anche la Corea del Nord appare essere all'origine di numerosi attacchi e non solo negli Stati Uniti.

Il confronto tra Usa e Cina e lo sviluppo del 5G

La grande questione che si pone oggi riguarda l'evoluzione futura delle tecnologie internet con la connessione di milioni di oggetti, sensori, e attuatori alla rete. Si passerà da un'infrastruttura tecnologica finalizzata prevalentemente a far comunicare le persone a una finalizzata a interconnettere gli oggetti. Lo sviluppo dell'intelligenza artificiale contribuirà a farli interagire con un limitato controllo umano. Ciò, da un lato, potrebbe ridurre il rischio di errori e aumentare le possibilità di controllo, ma sicuramente farà crescere anche il numero totale di righe di codice nelle quali possono annidarsi delle vulnerabilità. All'interno di questa rivoluzione assume particolare rilievo lo sviluppo del 5G. Il tema è stato oggetto di grande attenzione da parte degli americani soprattutto per il ruolo che ha assunto la società cinese Huawei nella realizzazione di infrastrutture per questa tecnologia. Il rapporto con Huawei è stato da sempre al centro di un contenzioso fra Stati Uniti e Cina, per lungo tempo limitato comunque al problema del furto di proprietà intellettuale. Progressivamente la questione ha assunto la massima importanza per la sicurezza nazionale, e gli americani sono intervenuti non solo per estromettere completamente i cinesi dalla fornitura di infrastrutture, ma addirittura per isolare il loro paese e gli alleati dell'Occidente da qualsiasi interazione con componenti di origine cinese: il 5 agosto 2020 è stato annunciato da Mike Pompeo il Clean Network Program, che estende a tutto il sistema infrastrutturale il principio per cui il percorso delle comunicazioni che interessano gli Stati Uniti e i suoi alleati non deve passare attraverso alcuna componente che sia prodotta o gestita da una società cinese. Rientrano in questa operazione di pulizia una molteplicità di soggetti che presidiano i diversi aspetti del sistema delle comunicazioni: le società cinesi che gestiscono i servizi internazionali, i cavi sottomarini che trasportano il traffico internet, le compagnie che offrono servizi per i consumatori sviluppati in Cina, come WeChat e TikTok, gli *application stores* dei produttori di telefoni cellulari e di sevizi cloud di entità cinesi come Alibaba, Baidu e China Mobile.

Pur avendo assunto quindi toni molti aspri, il contenzioso fra Cina e Stati Uniti sul tema cibernetico tuttavia non è mai diventato un confronto di natura militare – semmai, un confronto che riguarda la necessità per gli Usa di difendere la propria superiorità tecnologica e il relativo vantaggio strategico. Sugli Stati Uniti pesa la perdita negli ultimi vent'anni di competenze nel settore delle infrastrutture di comunicazione. La Western Electric, nata dallo smembramento di AT&T, aveva riorganizzato le sue attività nel 1996 creando (come abbiamo raccontato nel secondo capitolo) Lucent, il leader delle infrastrutture di telecomunicazioni americano. Alla fine del secolo scorso, nel momento di massimo entusiasmo per le telecomunicazioni, che portò alla bolla finanziaria di internet, Lucent incorse in due errori che ne compromisero la sopravvivenza. Il primo fu quello di utilizzare un protocollo proprietario per le comunicazioni invece di adottare il protocollo standard di internet; il secondo fu quello di destinare enormi investimenti allo sviluppo della fibra ottica, un settore nel quale Lucent aveva notevoli competenze tecnologiche. L'eccesso di capacità di fibra ottica comportò una crisi della domanda fatale per la società, determinandone un indebolimento strutturale, risolta solo nel 2006 con l'assorbimento da parte dei francesi di Alcatel, come abbiamo visto. Nemmeno questa combinazione, tuttavia, riuscì a sopravvivere alle problematiche del mercato delle telecomunicazioni, e nel 2016 la società dovette fondersi con Nokia Networks: un gruppo che a sua volta era il risultato della riorganizzazione dell'iconica società finlandese, leader nel mercato della telefonia mobile per oltre due decenni.

L'Occidente è rimasto con una sola compagnia in grado di confrontarsi ad armi pari con Huawei: la Ericsson svedese. Per questo è vitale per gli Stati Uniti contenere il più possibile la presenza di Huawei, che controlla oltre il 30 per cento del mercato mondiale delle infrastrutture di telecomunicazioni ed è una delle società di tecnologie che dedica maggiori risorse all'attività di ricerca e sviluppo.

Il conflitto con Huawei nasce poco dopo la decisione americana di ammettere la Cina nel Wto agli inizi dei Duemila. Nel 2003 Cisco Systems, la società Usa che detiene il sostanziale monopolio dei router, accusò Huawei di aver violato cinque brevetti e di aver addirittura copiato il codice sorgente di alcuni prodotti. La causa si concluse con un accordo in base al quale Huawei cambiò il codice sorgente e smise di utilizzare alcuni brevetti contestati. Da quel momento non le venne più consentito di accedere alla tecnologia americana. Nel 2008 il governo impedì a Huawei di acquisire la 3Com Corporation, nel 2010 le vietò l'acquisto della divisione di telefonia mobile di Motorola e di fornire apparecchiature a Sprint Nextel e nel 2011 bloccò l'acquisto di 3Leaf Systems. Fino ad arrivare agli episodi più recenti di boicottaggio totale e all'arresto, nel dicembre 2018, del Cfo di Huawei, Meng Wanzhou.

In realtà gli Stati Uniti non si sono limitati a una interdizione passiva. Le rivelazioni di Snowden e quelle contenute nei documenti di WikiLeaks mostrano che la Nsa era riuscita a infiltrarsi nel sistema operativo di Huawei in un'operazione chiamata Shotgiant creando *backdoors* che permettevano di accedere al contenuto della documentazione della società e, potenzialmente, anche ai sistemi dei clienti. La giustificazione di questa intrusione era data dalla necessità, per l'Nsa, di accertare i legami tra Huawei e i servizi militari cinesi. Dai documenti pubblicati da Snowden emerge che attraverso queste *backdoors* la Nsa aveva acquisito una quantità enorme di documenti.

Nonostante l'immenso materiale esistente negli Stati Uniti sulle attività di spionaggio cinese, non c'è evidenza di attacchi finalizzati a un sabotaggio o a una compromissione di sistemi critici. Per questo motivo probabilmente il presidente Obama e Xi Jinping, nel settembre 2015, firmarono un accordo finalizzato a realizzare un dialogo ad alto livello per combattere cybercrimine e cyberspionaggio. Resta il fatto che per gli Stati Uniti la crescita delle competenze e delle tecnologie di matrice cinese rappresenti un grave rischio per il mantenimento del vantaggio strategico di cui hanno goduto per oltre settant'anni. Anche per questo motivo, nell'ottobre 2022, il presidente Biden ha indicato al dipartimento del Commercio di restringere l'accesso cinese alle tecnologie dei semiconduttori avanzati di progettazione americana.

Guerre elettroniche e guerre convenzionali

I grandi interventi a fini militari nel cyberspazio con l'operazione degli americani in Iran e con quelle russe in Ucraina, in Estonia e in Georgia hanno prodotto, da parte di potenze grandi e piccole, la corsa a integrare i loro arsenali per affrontare il nuovo contesto. Allo stesso tempo, hanno anche avviato all'interno degli stati maggiori militari e tra i responsabili politici un dibattito approfondito sulla natura del confronto internazionale nel mondo del cyberspazio. Il tema ha riguardato il confine tra Cne (*computer network exploitation*) e Cna (*computer network attack*), cioè il confine tra lo sfruttamento del cyberspazio per carpire informazioni e quello a fini offensivi. La linea di demarcazione è sottile ma, mentre la prima area rientra in una modalità di rapporti fra Stati nota e in qualche modo accettata, la seconda pone problemi completamente nuovi.

Da sempre intercettare informazioni è stato considerato fondamentale per la sicurezza di uno Stato, fin da quando le informazioni viaggiavano a cavallo o sul collo di un piccione. Ma in passato non era possibile interrompere completamente la catena di trasmissione delle informazioni. Oggi si realizza il paradosso per cui una tecnologia creata per aumentare la resilienza dell'infrastruttura fisica in caso di un evento devastante, ad esempio una guerra nucleare, può essere totalmente compromessa nella trasmissione di contenuti. Il paradosso nasce dal fatto che i progettisti di internet avevano individuato tre elementi chiave per garantire la possibilità di comunicare anche nelle situazioni più estreme e cioè la trasmissione di informazioni in formato digitale attraverso pacchetti, la flessibilità dei percorsi di trasmissione e la eliminazione di qualsiasi intelligenza dalla infrastruttura fisica. Una scelta efficace e opportuna che aveva, però, sottovalutato un rischio: eliminando l'intelligenza dalla infrastruttura e spostandola ai margini del sistema, nei terminali, si moltiplicavano i potenziali punti di aggressione. E l'aumento esponenziale delle capacità di calcolo avrebbe reso, anno dopo anno, i potenziali strumenti di aggressione sempre più sofisticati e letali. Lo sviluppo di internet ha finito per mettere ancora più a rischio proprio le infrastrutture vitali che si volevano proteggere.

Un secondo oggetto di discussione ha riguardato la natura del confronto fra potenze antagoniste in un mondo interconnesso. Durante la Guerra fredda era stato definito un sistema di regole finalizzate a impedire che una guerra scoppiasse per un errore o per incomprensioni sulle mosse dell'avversario. In questo contesto lo spionaggio era non solo tollerato ma, in qualche modo, incentivato. Che cosa significasse una guerra era chiaro a tutti, e il fatto di conoscere la dimensione e la natura dell'armamento nemico manteneva quello che era stato definito l'equilibrio del terrore. In un mondo iperconnesso tutto ciò non vale più. Specialmente gli esperti militari cinesi, dopo la dimostrazione di forza data dagli americani nella guerra in Iraq con la superiorità della loro infrastruttura tecnologica rispetto a quella, molto più modesta, di origine russa, e dopo l'attacco condotto attraverso Stuxnet alle centrali iraniane, si sono chiesti se il concetto di deterrenza fosse trasferibile dalle armi atomiche alla guerra elettronica, e se in tale contesto avesse ancora senso parlare di risposta flessibile: la base della dottrina militare negli anni Cinquanta e Sessanta.

Il dibattito si è svolto in ambito accademico e militare sia negli Stati Uniti sia in Cina, e ha messo in luce come il mondo cibernetico presenti delle diversità sostanziali rispetto al mondo precedente e ponga problemi tattici e strategici inesplorati. È stata presto abbandonata l'idea che le armi cibernetiche presentino vantaggi strategici rispetto a quelle convenzionali perché meno identificabili e meno cruente, a favore di una più attenta riflessione sui rischi.

Ci sono numerosi fattori che definiscono la diversità tra l'equilibrio di forze che si realizza in un mondo tradizionale e il nuovo mondo. Si tratta di elementi legati soprattutto alle asimmetrie che il nuovo contesto crea. Nel passato l'equilibrio era determinato dall'equivalenza delle forze in campo, e la verificabilità di questa parità di forze ne garantiva il mantenimento. Nel nuovo mondo si creano invece almeno tre importanti asimmetrie difficilmente misurabili. La prima riguarda l'enorme differenza di spesa tra l'attività di difesa e quella di attacco. Mentre la difesa è molto costosa, dovendo tutelare tutto il perimetro di un possibile attacco che spesso coincide con l'intera infrastruttura nazionale, l'attaccante ha il vantaggio di poter utilizzare strumenti normalmente a basso costo. La seconda riguarda lo spazio temporale in cui l'attacco viene individuato. L'aggressione può essere programmata per svilupparsi con grande ritardo rispetto alla data in cui è stata predisposta, privando l'oggetto dell'aggressione della consapevolezza del rischio.

Infine, una terza asimmetria riguarda la difficoltà di identificare la fonte dell'attacco. Se non sai chi ti ha aggredito è difficile reagire per tempo in modo da scoraggiare o punire l'avversario. Tutto ciò porta ad ampliare lo spettro di chi può sferrare l'attacco. Non più, quindi, solo uno Stato con le sue regole e i suoi soggetti istituzionali, ma anche soggetti esterni come gruppi criminali o terroristi possono essere all'origine di un attacco di natura militare. La guerra tradizionale aveva dei nemici identificabili, delle regole e un ordine: la guerra cibernetica offre invece spazio all'instabilità e al disordine nelle relazioni internazionali.

11.
Dai *killer robots* ai microdroni: verso la guerra automatica

La prima volta è successo in Libia, il 27 marzo del 2020. Uno sciame di droni autonomi Kargu-2, di fabbricazione turca, viene lanciato contro le forze armate del generale ribelle Haftar dall'esercito del governo di Tripoli, riconosciuto dall'Onu. Haftar, il signore della guerra della Cirenaica appoggiato dagli Emirati arabi che gli forniscono aerei, missili e droni cinesi, dall'Egitto e dai mercenari russi della brigata Wagner, deve battere in ritirata, con numerose perdite. I droni non sono una novità sul campo di battaglia ma in precedenza erano sempre stati comandati da un operatore umano; in questa occasione, invece, per la prima volta si muovono autonomamente alla ricerca del bersaglio guidati da un algoritmo di intelligenza artificiale. Lo accerta a giugno 2021, dopo una complessa indagine, una commissione di esperti del Consiglio di Sicurezza delle Nazioni Unite.

Dall'uccisione del leader di Al-Qaeda Al-Zawahiri, colpito da un missile americano R9X Hellfire sul terrazzo della sua casa-rifugio di Kabul, all'uso massiccio di droni turchi da parte dell'Azerbaijan per bloccare l'offensiva dell'Armenia nella guerra per il controllo del Nagorno-Karabakh, l'impiego a fini bellici dei robot del cielo è ormai frequente: altri droni venduti dalla Turchia all'Ucraina si sono rivelati utilissimi per arrestare l'avanzata dei tank russi nei primi giorni dell'attacco di Mosca al paese confinante, mentre Israele ha usato velivoli senza pilota anche per spargere gas lacrimogeni sui manifestanti palestinesi nei territori occupati del West Bank nelle stesse ore in cui Hamas rispondeva lanciando droni kamikaze verso varie città dello Stato ebraico.

Ma, se confermato, l'episodio libico rappresenta un cambio di paradigma: un'arma che sceglie un bersaglio e lo colpisce senza intervento umano. È la fantascienza del *killer robot* che diventa realtà, per la prima volta certificata da un'autorità sovranazionale. Il rapporto dell'Onu è netto nel sostenere che l'attacco è stato condotto dai droni in modo autonomo ("un sistema bellico autonomo e letale programmato per attaccare bersagli senza richiedere una *data connectivity* tra l'operatore e l'arma"), anche se non parla di vittime. STM, l'azienda che produce il Kargu-2, prima conferma che i suoi droni possono colpire "bersagli fermi o in movimento grazie alla capacità della piattaforma di processare istantaneamente le immagini raccolte e al suo algoritmo di *machine learning*". Poi frena, sostenendo di non essere ancora arrivata pienamente a questo livello di sofisticazione e di ritenere comunque eticamente necessario un intervento umano nella decisione d'attacco.

Confermato o meno che sia l'episodio libico, è evidente che, con la diffusione di sensori di ogni tipo e il software che ormai penetra ovunque e trasforma tutti gli aspetti di un conflitto, la prospettiva raggelante della guerra automatica è dietro l'angolo.

"Io continuo ad avvertire che l'intelligenza artificiale, se non regolamentata, oltre a essere una grande risorsa, può diventare la più grave minaccia esistenziale per l'umanità, ma non succede niente: finché la gente non vede i robot che scendono in strada e uccidono non sa come reagire, gli sembra tutto irreale." Già sei anni fa, nel luglio 2017, Elon Musk sfogava così, davanti alla conferenza dei governatori degli Stati americani, la sua frustrazione per la mancanza di iniziative per la messa al bando delle armi ad attivazione autonoma che, con i rapidi progressi dell'intelligenza artificiale (IA), rischiano di diventare non più controllabili dall'uomo.

E non si tratta solo di robot killer o di droni che possono colpire ovunque anche un singolo individuo, guidati dai segnali emessi dal suo cellulare. Hollywood ci ha abituato a pensare a tutto ciò in termini di androidi con superpoteri – RoboCop e Terminator – dagli istinti malvagi o amichevoli. Ma tecnologi e filosofi della scienza disegnano scenari molto diversi. Sempre Musk, prendendo spunto dal jet della Malaysia Airlines con 298 persone a bordo abbattuto nel 2014 sui cieli dell'Ucraina, con ogni probabilità per un errore dei separatisti filorussi, immagina uno scenario estremo e agghiacciante: un'intelligenza artificiale priva di vincoli che, avendo ricevuto il compito di massimizzare il valore di un portafoglio azionario scommettendo sull'aumento delle quotazioni delle industrie militari e sulla caduta di quelle che vendono beni di consumo, scatena una guerra: "Entra come un hacker nel *route server* del jet della Malaysia, lo spinge a sorvolare una zona ad altissima tensione tra due paesi e poi avverte in modo anonimo i ribelli che un aereo nemico sta volando sulle loro teste".

Musk: l'intelligenza artificiale bellica più pericolosa della bomba atomica

Sono scenari come questi, dice Musk, che lo terrorizzano: "La possibilità di conseguenze impreviste di un'azione decisa con intenzioni non violente", di pura speculazione finanziaria. "Immaginiamo cosa può accadere se a un'intelligenza artificiale viene affidato un compito esplicitamente distruttivo. È per questo che io, pur essendo normalmente contrario alle regolamentazioni" che frenano creatività e innovazione, "nel caso delle armi autonome letali sono convinto che i governi debbano intervenire. E devono farlo in fretta – aggiunge Musk – perché l'intelligenza artificiale applicata alle armi è più pericolosa della bomba atomica: l'intervento deve essere proattivo anziché reattivo, come si fa di solito – come con le nuove misure di sicurezza adottate dopo un incidente aereo – perché se agisci dopo aver perso il controllo dell'intelligenza artificiale sarà troppo tardi."

In realtà armi in grado di colpire in modo automatico o, comunque, senza intervento umano, ne esistono da tempo: basti pensare ai sistemi antimissile Patriot capaci di distruggere in pochi secondi, senza aspettare i tempi di reazione di un operatore, un ordigno in arrivo. E da secoli gli Stati in guerra spargono mine sul terreno e in mare per difendersi da possibili attacchi. Ma si tratta, appunto, di sistemi difensivi. Ora la svolta riguarda lo sviluppo di sistemi offensivi.

I militari studiano da decenni vantaggi e rischi dell'automazione della guerra. Gli inglesi hanno armato già dal 2005 i *Tornado* della Royal Air Force con i missili aria-terra *Brimstone*, in grado, una volta lanciati, di andare dritti al bersaglio indipendentemente dalla volontà del pilota e con la capacità di distinguere un carro armato da un autobus o un'autovettura. Nel primo decennio di questo secolo lo stato maggiore decise di utilizzarli poco durante l'intervento in Afghanistan, quasi per nulla in Iraq, mentre il loro impiego fu maggiore in Libia dove, secondo i rilievi della Raf, nel 2011 riuscirono a distruggere otto carri armati dell'esercito di Gheddafi dislocati in ambienti urbani evitando di fare molte vittime fra i civili.

Negli ultimi anni il rapido sviluppo dell'IA ha ingigantito e reso sempre più complesse queste problematiche. E il conflitto in Ucraina, come tutte le guerre, ha funzionato da ulteriore acceleratore tecnologico: nel giugno del 2022 la Nato ha annunciato la creazione di un fondo per l'innovazione dotato di un miliardo di dollari, destinato al sostegno di startup che operano in settori – intelligenza artificiale, automazione, analisi dei dati – di interesse militare. E, mentre Francia e Gran Bretagna hanno identificato l'IA come tecnologia-chiave per la difesa del futuro, anche la Commissione esecutiva della UE ha destinato un miliardo di euro allo sviluppo di nuove tecnologie di difesa.

Dinamiche che, oltre che sull'evoluzione dell'automazione della guerra, possono avere una loro incidenza nei rapporti di forza tra aziende tecnologiche e governi. Ad esempio, Meredith Whittaker, direttrice dell'AI Now Institute e consulente della Federal Trade Commission sull'intelligenza artificiale, sostiene (in un articolo pubblicato dalla rivista "Prospect") che, alimentando una retorica che sa di Guerra fredda, queste aziende di *Big tech* cercano di costruire una narrativa nelle quali loro si presentano come "infrastrutture critiche per la nazione" troppo grandi e importanti per essere divise o sottoposte a regolamentazione. Intanto uomini di scienza, imprenditori visionari, filosofi, politici, organizzazioni non governative si muovono per ottenere la messa al bando delle armi automatiche offensive così come è stato già fatto con i trattati che hanno limitato la proliferazione nucleare e vietato le armi chimiche, quelle batteriologiche e le mine antiuomo.

Le prime campagne contro le armi ad attivazione autonoma sono partite nel 2012. Nella sede dell'Onu di Ginevra, poi, da sette anni a questa parte si discute, in ogni sessione annuale della UN Convention on Certain Conventional Weapons (Ccw), di una messa al bando dei robot killer, senza risultati: servirebbe l'unanimità di ben 125 paesi, ma per ora siamo a quota 30. E, quello che più conta, i paesi con le maggiori capacità tecnologiche e militari – Stati Uniti, Cina e Russia – sono contrari ad ogni limitazione. Anche l'ultima conferenza, tenutasi a Ginevra dal 25 al 29 luglio 2022, si è chiusa con un nulla di fatto, stavolta anche per un veto di Mosca.

Campagne (infruttuose) contro le armi autonome

Eppure la società civile e la comunità scientifica si stanno muovendo con sempre maggior determinazione: la *Campaign to*

Stop Killer Robots è stata lanciata nell'aprile 2013 da un gruppo di organizzazioni guidate da Human Rights Watch e Amnesty International. Nel luglio del 2015 è stata pubblicata una lettera-appello che denuncia i rischi dell'automazione della guerra e chiede la messa al bando dei *killer robots*. L'hanno firmata scienziati come Stephen Hawking e intellettuali come Noam Chomsky, imprenditori visionari, tra cui il cofondatore di Apple Steve Wozniak e quello di Twitter Jack Dorsey, lo stesso Elon Musk, Demis Hassabis (cofondatore di DeepMind, per anni il centro di ricerche più avanzato nel campo dell'intelligenza artificiale, ora incorporato dentro Google), insieme a più di mille esperti del settore.

Tre anni dopo, nel luglio del 2018, 200 imprese, sempre guidate da Elon Musk, e oltre mille scienziati e specialisti del settore hanno firmato un impegno (*pledge*) a non partecipare a programmi finalizzati alla realizzazione di armi basate sull'IA. Una presa di coscienza graduale non priva di ricadute concrete. Nei giganti dell'economia digitale molti dipendenti, compresi ingegneri e *computer scientist*, hanno cominciato a chiedere di non cedere più alta tecnologia, a cominciare da quella del riconoscimento facciale e dall'IA, ai militari, alle polizie e anche all'Ice, l'agenzia per l'immigrazione che va a caccia di clandestini.

Mentre Amazon, Oracle e Microsoft resistevano o rispondevano alle pressioni interne con concessioni solo parziali, Google decise di fare un passo indietro. Pressato da 3mila dipendenti firmatari di una petizione nella quale si chiedeva alla società fondata nel 1998 da Larry Page e Sergey Brin di "uscire dal business della guerra", nel giugno del 2018 l'amministratore delegato, Sundar Pichai, promise che l'intelligenza artificiale di Google non sarebbe più stata usata per progetti militari e, alla scadenza del contratto, l'anno dopo, uscì da Project Maven: un programma di perfezionamento del software dei droni del Pentagono destinato a renderli più precisi negli attacchi dal cielo.

La resistenza delle grandi potenze, poi, non ha impedito al segretario generale dell'Onu, António Guterres, di chiedere più volte – anche alla Conferenza sulla sicurezza di Monaco di Baviera del febbraio 2021 – la rinuncia a sviluppare tecnologie che consentano alle armi di colpire senza l'intervento diretto dell'uomo. Sul piano politico l'atto forse più significativo è venuto dal parlamento europeo che ha sostanzialmente chiesto una rinuncia a sviluppare la tecnologia per le armi autonome.

Tanti passi avanti importanti dal punto di vista della presa di coscienza delle reali dimensioni del problema da parte dei politici e dell'opinione pubblica, ma tutto questo non porterà a una messa al bando, e non solo per la determinazione delle grandi potenze tecnologiche, Usa, Cina e Russia: di fatto è difficilissimo tracciare un confine tra armi ad alta sofisticazione tecnologica e armi totalmente autonome e anche tra armi offensive e difensive. Un sistema di batterie antimissili automatiche e molto precise che mette un paese totalmente al riparo dagli attacchi dal cielo è sicuramente un sistema difensivo. Ma è anche un sistema che altera radicalmente l'equilibrio basato sulla deterrenza: se il tuo avversario diventa invulnerabile può attaccarti in ogni momento senza temere rappresaglie. E le resistenze non vengono solo da queste tre grandi potenze militari: i paesi che usano l'intelligenza artificiale nei loro sistemi bellici sono già almeno 30.

In America una parola decisiva è venuta dalla presentazione del rapporto della National Security Commission on Artificial Intelligence: un organismo composto da esperti di altissimo livello che è indipendente e solo consultivo ma è stato istituito per legge dal Congresso ed è finanziato dal Pentagono. Dell'organismo, guidato dall'ex presidente e amministratore delegato di Google Eric Schmidt e dall'ex viceministro della Difesa Robert Work, fanno parte, fra gli altri, il Ceo di Oracle Safra Catz, il capo degli scienziati di Microsoft Eric Horvitz, l'amministratore delegato di Amazon Andy Jassy e il capo dei servizi di intelligenza artificiale Cloud di Google Andrew Moore.

La commissione ha lavorato intensamente per un anno producendo un documento voluminoso (756 pagine) nel quale si danno molti suggerimenti per correzioni di rotta nel campo della difesa. Sull'intelligenza artificiale non solo viene respinta la richiesta di una messa al bando delle armi ad attivazione autonoma, ma si afferma che il governo americano ha "l'imperativo morale" di investire massicciamente in questo campo.

Ciò perché, secondo la commissione, Cina e Russia lo stanno già facendo e, in particolare, la Cina sta prendendo il sopravvento sugli Stati Uniti nel campo dell'intelligenza artificiale. Sopravanza di molto l'America non solo in termini di laureati in ingegneria e *computer science* e di investimenti nel settore, ma, ormai, è leader anche per quanto riguarda la ricerca universitaria: ha superato da anni gli Usa per numero di paper accademici pubblicati e per numero di citazioni di questi lavori (anche se per ora gli Usa riescono a trattenere i "cervelli" migliori che si formano nei loro atenei).

E il 12 settembre 2022 l'Olanda è stato il primo paese della Nato a schierare *killer robots* terrestri: alle forze armate sono stati consegnati quattro UGV (*unmanned ground vehicle*) prodotti da un'industria dell'Estonia, la Milrem Robotics. Il robot, in realtà un piccolo carro armato, un minicingolato corazzato sul quale possono essere montati lanciarazzi, mitragliatrici, cannoncini, è stato battezzato dal produttore THeMIS: sta per Tracked Hybrid Modular Infantry System.

Don Howard: il filosofo che all'uomo preferisce la mancanza di emotività della macchina

Mentre i robot killer diventano realtà, a sorpresa spunta anche qualche filosofo che trova etico affidarsi alle macchine: se uno scienziato come Max Tegmark, matematico e astrofisico del Mit di Boston nonché cofondatore del Future of Life Institute, autore del saggio *Life 3.0* su opportunità e pericoli dell'IA, taglia corto sostenendo che le armi intelligenti sono "disgustose e destabilizzanti come le armi batteriologiche e vanno trattate nello stesso modo", Don Howard, filosofo della scienza di Notre Dame, università cattolica dell'Indiana, espone un punto di vista completamente diverso: a chi sostiene che emozioni ed empatia frenano le azioni immorali dell'uomo mentre la macchina è più pericolosa perché non ha di queste remore, Howard obietta che "la filosofia morale, da Platone a Kant, considera l'emotività un ostacolo, non un aiuto all'etica, un fattore di annebbiamento della ragione". Le emozioni, aggiunge, a volte "spingono a cose orribili come la violenza razzista praticata per paura". Meglio un robot senza pulsioni emotive, insomma.

Mary Wareham, attivista da decenni di Human Rights Watch che, dopo aver combattuto e vinto la battaglia per la messa al bando delle mine antiuomo (per la quale nel 1997 ha avuto, insieme ad altri, il premio Nobel per la pace), da otto anni coordina la campagna contro i *killer robots*, non ci sta. Respinge questo tipo di giustificazioni e si scaglia contro il rapporto di Eric Schmidt: "Concentrare tutto sulla necessità di contrastare Cina e Russia significa solo incoraggiare una corsa alle armi intelligenti".

Negli ultimi anni l'azione della campagna della Wareham è stata molto efficace: tra i suoi strumenti di maggiore impatto, *Slaughterbots* (robot massacratori), un agghiacciante cortometraggio realizzato nel 2017 dal Future of Life Institute nel quale a uccidere non sono dei RoboCop ma minuscoli droni poco più grandi di un coleottero armati con alcuni grammi di esplosivo che, lanciati a sciami su una città o un campus universitario, fanno strage entrando dalle finestre e colpendo le vittime predestinate scelte dall'intelligenza artificiale in base ai dati contenuti nei loro cellulari.

Sconvolgente, ma sono in tanti, anche nella comunità scientifica, a non credere che l'umanità corra davvero un rischio così grave o che uno scenario come questo possa diventare tecnicamente possibile entro pochi anni. Non è, però, solo per ragionamenti simili che gli Stati Uniti vogliono continuare a sviluppare questa tecnologia bellica. Il Pentagono deve fronteggiare molti nuovi problemi come la minaccia degli UUV della Russia (sta per *unmanned underwater vehicles*): sottomarini senza equipaggio come i Poseidon che possono essere armati anche con missili nucleari e restare in immersione per lunghi periodi al largo delle coste americane. E poi c'è sempre la Cina che dichiara esplicitamente di puntare al primato nell'intelligenza artificiale entro il 2030.

A preoccupare gli Stati Uniti è anche l'allargamento del confronto strategico ormai esteso perfino allo spazio e la saldatura che si va delineando tra i suoi due avversari strategici: i piani per creare una base comune russo-cinese sulla Luna ne sono un segnale significativo. Intanto la coalizione mondiale che era alla base dell'Iss, la stazione spaziale internazionale in orbita intorno alla Terra, si è sfaldata: la Cina ha deciso di costruirsi una sua base orbitante, la Russia non solo promette di spezzare la stazione riprendendosi i suoi moduli, ma, furiosa per il sostegno dell'Occidente all'Ucraina, a un certo punto è arrivata a minacciare di farla precipitare sulla Terra. Gli Stati Uniti, che fin qui hanno sostenuto il grosso delle spese di gestione del programma mondiale, non intendono pagare il conto di un rinnovo di tutte le apparecchiature della base per allungarne la vita operativa il cui esaurimento è previsto intorno al 2030.

La guerra hi-tech invade lo spazio (e coinvolge anche i satelliti commerciali)

Washington preferisce investire nell'esplorazione dello spazio lontano, mentre per le orbite intorno alla Terra sta pensando di costruirsi una sua stazione spaziale più piccola ed essenzialmente militare: c'è da difendere anche la rete dei suoi satelliti diventati il sistema nervoso del mondo, dalle telecomunicazioni ai percorsi stradali che riceviamo sugli smartphone. Ormai sono diventati obiettivi militari non solo i satelliti del Pentagono, ma anche quelli commerciali, visto che nel conflitto ucraino sono stati proprio gli occhi dei satelliti privati i più utili per l'esercito di Kiev: i satelliti spia militari Usa sono pochi e le procedure per desecretare e trasferire a un paese straniero i loro dati sono piuttosto complicate, mentre i satelliti di osservazione di società come Planet Labs e Spire, concepiti per impieghi agricoli, controlli del traffico marittimo, mappatura commerciale e altro ancora, hanno fornito agli ucraini immagini dettagliatissime, praticamente in tempo reale. E dei 500 satelliti privati da osservazione che ruotano attorno alla Terra almeno 350 sono americani.

Insomma, tecnologie sempre più penetranti che cambiano il modo in cui si combattono i conflitti fino allo spettro della guerra automatica, mentre i governi delle fazioni contrapposte non solo non pensano di concordare regole e limiti come quelli stabiliti a suo tempo con i trattati di non proliferazione nucleare e con gli accordi Usa-Urss di limitazione degli arsenali atomici, ma interrompono il dialogo o arrivano a minacciare rappresaglie apocalittiche.

Peraltro, anche se fosse possibile raggiungere accordi sulla limitazione dell'autonomia delle armi, sarebbe difficilissimo verificarne il rispetto: se per gli ordigni nucleari c'è sempre la possibilità di ispezionare impianti fisici, centrifughe o altri sistemi di arricchimento dell'uranio, con le tecnologie digitali è tutto virtuale, impalpabile. E, anche quando il software viene applicato a sistemi materiali, i confini sono spesso indistinguibili, anche a volerli valutare in buona fede. Sia da un punto di vista concettuale che per le possibilità di *dual use*.

Problemi che riguardano i governi ma anche le singole aziende: Sundar Pichai, come abbiamo appena raccontato, nel 2018 si è impegnato con i dipendenti del gruppo che dirige, Google, a non fornire più la sua intelligenza artificiale per sistemi d'arma ed è uscito dal progetto Maven del Pentagono. Ma, come ha notato per prima la rivista "Forbes", nel 2019 Pichai è diventato amministratore delegato anche di Alphabet, la holding che controlla Google, la cui società di investimenti in *venture capital* GV (sta per Google Venture) investe (con quote di minoranza ma molto consistenti) in aziende come Orbital Insight e Planet che producono sofisticate tecnologie di osservazione e spionaggio dal cielo e dallo spazio (per droni e satelliti) a uso sostanzialmente militare.

E, comunque, l'aggressione russa all'Ucraina e l'espansione dell'apparato militare cinese, fatta puntando soprattutto su sistemi d'arma intelligenti, stanno spingendo le imprese della Silicon Valley a rivedere la loro allergia alle tecnologie utilizzabili in campo militare: un'ostilità che risale ai tempi della guerra del

Vietnam con le proteste giovanili che dai campus universitari raggiungevano quelli delle aziende informatiche.

Altri tempi: un'epoca nella quale i malumori della Silicon Valley preoccupavano assai poco il Pentagono, i cui fornitori erano gruppi come Lockheed, Boeing, Grumman, Raytheon, solidamente radicati nelle produzioni militari convenzionali.

Tutto cambia nell'era dominata dal software: si moltiplicano i casi di tecnologie studiate per scopi civili che trovano, in realtà, il loro miglior impiego in campo bellico, magari montate su sistemi fisici di difesa che possono avere caratteristiche *dual use* come nel caso dell'SGR-A1, un robot semovente costruito dalla Samsung e in servizio nella Zona demilitarizzata al confine tra Sud e Nord Corea. Grazie a telecamere che funzionano anche in assenza quasi totale di luce e ad altri sensori e sistemi di riconoscimento, il robot individua chi oltrepassa il confine e lo avverte con un altoparlante che se non torna indietro verrà colpito. Se l'incursore continua ad avanzare, SGR-A1 ha una mitragliatrice che può essere attivata da un soldato in carne e ossa che preme il grilletto da una postazione remota, ma il robot può anche decidere di mirare e fare fuoco da solo, se è impostato in funzione automatica.

Problemi che arrivano fino al limite delle capacità fisiche dell'uomo: l'Air Force americana deve affrontarli nello sviluppo dei NGAD (Next Generation Air Dominance), caccia di sesta generazione, molto più avanzati degli attuali F-35 ed F-22 Raptor. Non un singolo aereo, come ha spiegato il generale dell'aviazione Brian Kelly, ma una famiglia di soluzioni con e senza pilota. Mezzi a bordo dei quali l'uomo, se ci sarà, verrà sottoposto, a causa della velocità e della maneggevolezza dei jet e della molteplicità di informazioni da sincronizzare istantaneamente, a sollecitazioni fisiche e sensoriali tali da rendere il trasferimento delle decisioni-chiave alle macchine la soluzione migliore per sperare di non essere abbattuti o di riuscire a colpire il proprio bersaglio.

Un progetto proiettato verso il 2030, ma del quale esiste già un prototipo che l'Air Force ha fatto volare segretamente nel settembre del 2020. Gli attivisti delle ong si chiedono se l'aviazione non stia procedendo sulla strada dei *killer robots*: un timore alimentato anche da sperimentazioni meno segrete come quella fatta il 14 dicembre 2020 nella base californiana di Beale dove un vecchio aereo spia U-2 è stato attrezzato con un'intelligenza artificiale in grado di controllare e gestire autonomamente i sistemi radar, i sensori e i sistemi d'arma. Al pilota (che può sempre disattivare questi sistemi automatici) rimarrebbe solo la gestione del volo.

La terza rivoluzione della guerra dopo la polvere da sparo e l'atomica

Insomma, il sentiero è tracciato: la tecnologia va in questa direzione e gli Stati Uniti sono decisi a mantenere il primato della digitalizzazione anche nelle armi, così come Russia e Cina sperano di ridurre il gap del potenziale militare che li divide dall'America proprio grazie a scorciatoie tecnologiche di vario tipo: strumenti da *cyberwar* o un uso estremo del *machine learning*.

Anche un accademico come Oren Etzioni che ora dirige l'Allen Institute for Artificial Intelligence, nell'analizzare vantaggi e rischi di queste nuove armi, riconosce che sarà difficile farne a meno anche solo per motivi economici visto che, ad esempio, alcuni anni fa il ministero della Difesa aveva calcolato che ogni soldato dislocato in Afghanistan costava complessivamente al contribuente Usa almeno 850mila dollari l'anno: l'adozione massiccia di robot di supporto (come il Talon, una sorta di jeep armata dotata di sistemi di sorveglianza e riconoscimento, gestibile con un costo annuo di 230mila dollari) avrebbe consentito di ridurre le dimensioni di una brigata da 4mila a 3mila uomini.

Per Etzioni il problema non è quello di impedire l'uso dell'intelligenza artificiale che molti strateghi ormai considerano l'essenza della terza rivoluzione dell'"arte della guerra" dopo l'invenzione della polvere da sparo e la costruzione della bomba atomica. Né quello di imprimere sull'IA il marchio dell'immoralità, visto che la scelta di schierare sul campo di battaglia robot anziché soldati non è di per sé condannabile, soprattutto se contribuisce a risparmiare vite umane (ma può anche ridurre le remore a evitare nuovi conflitti per il timore di un elevato numero di perdite). Anzi, il fatto che le macchine non odiano e non sono condizionate dall'istinto di sopravvivenza potrebbe, secondo i sostenitori della "guerra intelligente", ridurre i morti provocati da atteggiamenti del tipo "prima spara poi chiedi spiegazioni".

Dopo essersi posto per anni molti quesiti etici, arriva a conclusioni simili anche Paul Scharre nel suo libro *Army of None: Autonomous Weapons and the Future of War*. Ranger dell'esercito americano, Scharre cominciò ad avere dubbi nel 2004 quando, in pattugliamento sulle montagne dell'Afghanistan, trovò una bambina di circa cinque anni che conduceva un gregge di capre e camminava curiosamente vicina a una pattuglia di fucilieri. Dopo un po' si rese conto che era stata mandata lì da un vicino villaggio talebano, per seguirli. Tecnicamente si trattava di "nemico combattente" e quindi, in base alle leggi di guerra, poteva essere uccisa: un atto legale ma immorale. Non essendo in una situazione di pericolo immediato la pastorella fu semplicemente allontanata. Scharre si chiese se un'intelligenza artificiale avrebbe mai potuto attuare una distinzione tra legale ed etico. Da allora cominciò a studiare l'impatto della tecnologia sugli eventi bellici. Arrivando alla conclusione che l'intelligenza artificiale non può essere fermata, poiché non guidata dai militari, bensì dall'evoluzione tecnologica delle grandi corporation digitali del settore commerciale. L'obiettivo, allora, non essendo realisticamente possibili divieti assoluti, potrebbe essere quello di negoziare regole internazionali (come quelle sulle mine antiuomo) tali da fare in modo – per dirla sempre con Scharre – che "le tecnologie che salveranno vite sulle strade rendendo più sicure le auto a guida autonoma riducano anche il numero di vittime civili in combattimento rendendo la guerra più precisa e più umana".

Difficile ma forse non impossibile visto che anche in Cina, come riportato da un'indagine della Brookings Institution dell'aprile 2020, ricercatori e scienziati militari cominciano a interrogarsi sulle implicazioni etiche dell'intelligenza artificiale. Tutti la vogliono utilizzare, ma forse non è impossibile arrivare a concordare alcune regole minime di comportamento davanti al rischio – che non può non spaventare anche Pechino e Mosca – di perdere il controllo di una tecnologia, quella dell'IA, che potrebbe distruggere anche chi l'ha creata.

Organizzando, nel settembre del 2020, il primo meeting della neonata Artificial Intelligence Partnership for Defense con l'obiettivo di creare una consapevolezza internazionale sull'uso etico della tecnologia a partire da un impiego responsabile dell'IA, il Pentagono sembra aver fatto un primo passo in questa direzione. Primo e limitato, visto che sono stati chiamati a partecipare Australia, Canada, Giappone, Francia, Israele, Gran Bretagna, Svezia, Danimarca, Estonia, Finlandia, Norvegia e Corea del Sud. Cioè unicamente paesi alleati e neanche tutti: quelli che hanno posizioni di qualche rilievo in settori avanzati delle tecnologie informatiche.

12.
Criptovalute, *blockchain*, monete digitali: cosa sta succedendo al denaro?

Cambia il lavoro, ma cambia anche il denaro. Due anni fa il consiglio comunale di New York ha dovuto approvare una legge che obbliga chi vende cibo e i negozi del commercio al dettaglio ad accettare pagamenti in denaro contante (1000 dollari di multa in caso di violazione della norma) in modo da consentire di fare acquisti anche a chi non ha carte di credito o di debito né un conto in banca perché povero, anziano o senza fissa dimora. Regole simili sono state introdotte in diverse città americane, da San Francisco a Filadelfia. Non è un bel segnale quando, per mantenere in vita un sistema di pagamento forse entrato nell'era dell'obsolescenza ma comunque ben collaudato, bisogna obbligare gli operatori economici a usarlo dietro la minaccia di multe.

Da tempo, del resto, a New York, ma ancor più in molte città dell'Asia e anche dell'Europa, si può andare in giro per settimane senza mai toccare una banconota: si usa il *plastic money* (e ormai anche la carta di credito, con i suoi sessantaquattro anni di storia, sta diventando obsoleta) o si paga tramite smartphone su una delle tante piattaforme disponibili. Il nostro rapporto con i soldi, insomma, sta cambiando e non si tratta semplicemente di sistemi di pagamento.

Il denaro che usiamo non è solo quello emesso dagli Stati attraverso le loro banche centrali: c'è anche quello creato dalle banche commerciali con il credito e altri strumenti finanziari (come i derivati) sempre più sofisticati. Da qualche anno poi hanno cominciato a diffondersi mezzi di pagamento introdotti da privati il cui valore dovrebbe essere garantito dalla complessità dei processi tecnologici che devono essere attivati per arrivare a coniare (virtualmente) la nuova moneta e dalla sua registrazione sulla *blockchain* per assicurare che non venga riprodotta illegalmente da falsari digitali.

Prima, fin dal 2008 – tempi di crisi finanziaria mondiale provocata dal fallimento della Lehman Brothers e dal conseguente crollo di Wall Street – è arrivato il pionieristico bitcoin: misterioso fin dal suo creatore, Satoshi Nakamoto, la cui identità (forse una persona fisica, forse un gruppo di tecnici visionari) è tuttora ignota. Poi la progressiva diffusione di altre criptovalute come l'ether, basato sulla piattaforma Ethereum, e degli Nft (*non-fungible tokens*): un sistema di certificazione che dovrebbe garantire la proprietà esclusiva di qualcosa (un'opera d'arte, un'immagine, un filmato, un brano musicale) che non esiste nel mondo fisico ma solo in quello digitale e al quale, altrimenti, non potrebbe essere attribuito un valore perché replicabile all'infinito sul web.

Inizialmente frequentato solo da pochi appassionati o esperti di tecnologie digitali e da personaggi, spesso criminali, attratti dalla possibilità di eseguire transazioni elettroniche anonime mantenendo segreta l'identità dei protagonisti, il mondo delle criptovalute negli ultimi anni è cresciuto in modo impressionante, per poi registrare un grave crollo nel 2022: ad alimentarlo c'è stata sicuramente una bolla speculativa, ma, almeno all'inizio, è stata forte la molla ideologica di una ribellione contro i meccanismi del capitalismo di Wall Street con i suoi eccessi finanziari.

Dai bitcoin del misterioso Nakamoto al fallimento della FTX di Sam Bankman-Fried

Queste spinte hanno fatto esplodere la capitalizzazione delle valute digitali, ma le hanno rese anche molto instabili: nel novembre del 2021 il loro mercato è arrivato a valere più di 3mila miliardi di dollari (per avere un'idea, come il reddito nazionale 2020 dell'Italia e della Spagna messi insieme), per poi scendere in inverno sotto i 2mila miliardi, risalire oltre questa quota nel marzo 2022, e calare di nuovo in estate e autunno, fino a scendere sotto i mille miliardi dopo la bancarotta di FTX, il terzo mercato (*exchange*) di criptovalute che aveva anche emesso una sua moneta digitale, FTT, e creato l'*hedge fund* Alameda. Questo sistema, messo in piedi nel 2019 dal giovanissimo e spregiudicato criptofinanziere Sam Bankman-Fried era arrivato rapidamente a valere 32 miliardi di dollari, ma era stato costruito con pratiche azzardate e in parte fraudolente. Crollata come un castello di carte, FTX si è lasciata dietro un buco stimato a fine 2022 in 8 miliardi di dollari. Nonostante le fluttuazioni a volte brutali e imprevedibili delle criptovalute che, prive di un valore intrinseco, rispondono più a stimoli psicologici che ad analisi economiche, questi investimenti si erano diffusi moltissimo, soprattutto tra le giovani generazioni, prima del disastroso 2022 segnato, come vedremo, oltre che dalla bancarotta di FTX, dal crollo di Terra, una delle *stablecoins* considerate più affidabili, oltre che di maggior valore, svanita nel nulla.

Secondo un'indagine compiuta dal Pew Research Center a fine 2021, il 16 per cento degli americani adulti ha investito almeno una volta in criptovalute. Vuol dire 40 milioni di investitori. Il tasso più elevato lo si trova fra i maschi giovani (sono o sono stati criptoinvestitori il 43 per cento degli uomini tra i 18 e i 29 anni). E negli ultimi tre mesi di quell'anno le app di Coinbase, Binance e FTX – le piattaforme attraverso le quali è più facile acquistare e vendere valute digitali – sono state scaricate 100 milioni di volte.

In molti casi si è trattato di curiosità, voglia di sperimentare qualcosa di nuovo rischiando poco, desiderio di cavalcare l'onda di tendenze effimere, oltre al miraggio di fulminei arricchimenti. Ma è un fatto che pochi tra i giovani di oggi – parliamo di quelli che riescono a risparmiare – investono in strumenti finanziari tradizionali come le obbligazioni o i titoli del Tesoro. Un'indagine condotta a metà aprile 2022 (quindi prima dei fallimenti di Terra ed FTX ma dopo il crollo del valore delle monete digitali nel *cryptowinter*) da Charles Schwab, gigante americano dei servizi finanziari che opera in tutto il mondo, fornisce un'interessante "radiografia" dell'atteggiamento dei risparmiatori Usa: quasi la metà dei più giovani (il 45 per cento dei Millennials, cioè i nati tra il 1980 e la metà degli anni Novanta e il 46 per cento della Generazione Z, i nati tra la fine degli anni Novanta e il 2010) desidera inserire criptovalute nei suoi piani pensionistici privati, i fondi 401(k), diffusissimi negli Stati Uniti, dove la pensione erogata dalla *social security* è molto limitata. Del resto i giovani di questo campione dichiarano quasi nelle stesse percentuali (43 per cento dei quarantenni e 47 per cento dei ventenni) di avere già fatto qualche investimento in valute digitali.

Totalmente diverso l'atteggiamento degli investitori meno giovani: l'interesse della Generazione X (nati tra il 1965 e il 1980) a investire in criptovalute scende al 33 per cento e crolla addirittura all'11 per cento tra i Baby Boomer, cioè i nati tra il 1946 e il 1964. E in rete si sono diffuse comunità di utenti capaci di vivere immersi nella tecnologia – ragazzi nativi digitali o i loro genitori "immigrati" digitali – che, affascinati dall'ideologia del decentramento anche finanziario reso possibile dalla tecnologia della *blockchain*, pensano sia venuto il momento di superare i sistemi gerarchici centralizzati della politica, di tante articolazioni della società, ma anche della finanza e, addirittura, della moneta: il *sancta santorum* della stabilità degli Stati. Argomento suggestivo, ma privo di solide basi, visto che le criptovalute, a dispetto del loro nome, sono delle non-monete: non il denaro che siamo abituati a conoscere, ma un sistema di registri (libri mastri) distribuiti che certificano dei movimenti contabili registrati in modo indelebile sulla suddetta *blockchain* con una procedura sicura ma che assorbe una grande capacità di calcolo e, quindi, brucia molta energia (problema per il quale, come vedremo, si stanno cercando soluzioni).

Stiamo parlando di meccanismi molto delicati, visto che la fiducia nella propria valuta e nell'affidabilità delle banche è essenziale per la tenuta di qualunque sistema. Lo ha sottolineato più volte negli anni scorsi anche Mario Draghi quando era alla guida della Banca centrale europea. A chi gli chiedeva un giudizio sulle criptovalute o un consiglio per i ragazzi che pensano di investire in bitcoin, ha risposto senza mezzi termini che il bitcoin non può essere considerata una valuta, non solo perché, a differenza dell'euro, che ha un valore stabile, le cripto hanno grandi oscillazioni, ma soprattutto perché, "mentre l'euro è sostenuto dalla Bce e il dollaro dalla Federal Reserve, non c'è nessuno alle spalle del bitcoin, pronto a sostenerlo". Ma i fan delle criptovalute pensano che sia giunta l'ora di superare i sistemi monetari centralizzati perché, secondo loro, i governi non li gestiscono in modo efficiente né sono davvero in grado di controllarli, come ha dimostrato la crisi del 2008: banche e altre istituzioni finanziarie che hanno creato un'enorme liquidità con strumenti speculativi misteriosi e sofisticati, sfuggiti a qualunque tipo di supervisione delle autorità monetarie, intervenute solo dopo il disastro per cercare di mitigarne gli effetti. È tutto da vedere se e quanto di questo desiderio di sostituire la finanza tradizionale con le criptovalute sopravvivrà anche tra i fan della cosiddetta "DeFi" (finanza decentrata) alla scomparsa nel nulla di FTX e Terra con Sam Bankman-Fried, il ragazzo prodigio delle criptovalute, tenuto in palmo di mano anche da tanti leader democratici, finito dietro le sbarre, liberato su cauzione e incriminato con 8 capi di imputazione per i quali rischia una condanna a oltre cento anni di carcere. I critici considerano questi due fallimenti un colpo mortale, mentre i fautori del nuovo sistema sostengono che FTX era il contrario di un sistema trasparente e decentrato costruito attorno alla *blockchain*: Bankman-Fried aveva creato, invece, un sistema centralizzato, oscuro e basato su una leva finanziaria enormemente squilibrata (troppi debiti e capitale investito a fronte delle riserve e del capitale proprio). Per i profeti della finanza decentrata, insomma, FTX somiglia più al vecchio mondo del crollo della Lehman Brothers che al loro.

Cos'è la moneta?

È davvero così? Quello di FTX è sicuramente un caso estremo di comportamenti scriteriati e truffaldini maturati in una totale assenza di procedure trasparenti e verifiche, interne ed esterne. La vicenda ha costretto tutto il mondo della finanza decentralizzata a riflettere sulle pratiche opache diffuse nel mondo delle cripto e sui tanti tradimenti delle buone intenzioni iniziali: nei mea culpa seguiti al crollo di FTX alcuni dei costruttori del nuovo sistema hanno ammesso che il mondo delle criptovalute va ripulito in quanto ormai costituito, in buona parte, da gente avida e arrogante. Insomma, è ancora ipotizzabile che le cripto possano diventare, un giorno, parziali sostituti del dollaro o dell'euro, alimentando sistemi economici supplementari capaci di offrire ulteriori possibilità di crescita produttiva, magari con emissioni finalizzate a obiettivi specifici come il disinquinamento o il finanziamento della transizione energetica? O stiamo parlando di valute prive di un valore intrinseco, per loro natura instabili e quindi pericolose per gli Stati e destinate a diventare preda degli stessi squali della speculazione finanziaria responsabili del disastro del 2008, che con la loro prepotenza e forza finanziaria possono facilmente emarginare gli idealisti del decentramento? Le ricerche degli economisti di istituzioni internazionali come l'Ocse e le analisi dei vertici della Bce convergono verso una bocciatura delle cripto per la loro assenza di valore intrinseco, ma anche perché le loro caratteristiche digitali non solo non le hanno messe al riparo da manipolazione ed eccessi, come i mutui subprime che portarono allo tsunami del 2008, ma hanno reso possibili azzardi ancora più estremi nello squilibrio fra investimenti e asset che dovrebbero garantirli.

Ci si era illusi che bastasse un algoritmo per mettere una valuta digitale al riparo dai rischi di oscillazioni estreme, con il panico che si diffonde tra gli investitori.

Duro il giudizio espresso da Fabio Panetta, membro italiano nell'esecutivo della Bce, in un discorso pronunciato a Londra il 7 dicembre 2022: "Si è esaurito l'entusiasmo di chi credeva che la tecnologia potesse liberare la finanza dalla necessità di regole e controlli. La finanza non può essere al tempo stesso stabile e indipendente da requisiti di credibilità, di fiducia. E la fiducia non può essere rimpiazzata dalla fede religiosa in un algoritmo". Questa crisi ucciderà le cripto? Secondo Panetta sopravvivranno, ma solo perché l'essere umano ama scommettere, non perché questi sistemi di pagamento offrano benefici alla società.

Come vedremo più avanti, negli Usa l'autorità monetaria, altrettanto netta nel ritenere necessaria una severa regolamentazione del settore, non aveva, invece, escluso, che la finanza decentrata potesse arrivare ad avere un suo valore economico.

Per avere un'idea dei limiti delle criptovalute bisogna in primo luogo chiederci cos'è la moneta e come viene gestita. Non è questa la sede per analizzare formazione e funzionamento dei sistemi valutari: solo alcuni punti schematici per cercare di esplorare vantaggi e rischi della digitalizzazione dei valori di scambio e della loro emissione da parte di privati. E per capire fino a che punto è necessario regolamentare quest'area (notificando le attività, vietando quelle più rischiose, introducendo obblighi assicurativi a tutela degli utenti e altro ancora), cercando, però, di non limitare il dinamismo dei suoi veri imprenditori.

E, allora, cos'è la moneta? La teoria economica da sempre ne definisce tre caratteristiche essenziali: mezzo di pagamento, unità di conto e riserva di valore.

Le monete virtuali possiedono la prima delle tre caratteristiche, mentre non possono essere considerate un'unità di conto che, per sua natura, deve avere un valore costante. Il bitcoin, invece, può quintuplicare il suo valore in sei mesi, com'è avvenuto tra l'autunno del 2020 e l'inverno del 2021, per poi vedere la sua quotazione dimezzata in sessanta giorni (da 64mila a 35mila dollari da metà novembre 2021 a metà gennaio 2022). Stesso discorso per la riserva di valore: quale accorto risparmiatore metterebbe nel suo salvadanaio una moneta che può subire un simile crollo in pochi giorni? Scommesse per speculatori spregiudicati che dispongono di altre, e ben più sicure, riserve patrimoniali.

Davanti a questa obiezione gli evangelisti delle criptovalute replicano che la funzione della riserva di valore è garantita dal fatto che il numero delle "banconote virtuali" di una certa criptovaluta che possono essere messe in circolazione è limitato. Dunque si tratta di una riserva destinata ad apprezzarsi.

In termini economici generali questo dovrebbe introdurre nel sistema un impulso deflazionistico, un po' come avveniva nell'era del *gold standard* con l'emissione di dollari, sterline e altre valute che non poteva eccedere il valore dell'oro e dell'argento estratti:

la garanzia fisica della solidità della moneta. Vedremo più avanti quali possono essere gli effetti macroeconomici di una vasta diffusione delle cripto.

Oro o cripto? La prova del fuoco della riserva di valore

Ma, per restare alla cronaca di questo convulso periodo della nostra storia, va notato l'imbarazzo di chi aveva sostenuto che, più ancora che volano di crescita economica, le criptovalute sono destinate a diventare non solo una riserva di valore, ma la più duttile e mobile di queste riserve in tempi di crisi – sommosse, guerre, rivoluzioni – quando le banche smettono di funzionare o sono difficili da raggiungere, mentre chi fugge ha bisogno di portare con sé qualcosa che non pesi, non sia ingombrante, ma valga molto: insomma, il bitcoin bene-rifugio come l'oro ma più facilmente trasferibile. Ideale per genti costrette, dall'Afghanistan all'Ucraina, ad abbandonare la propria terra e a stabilirsi altrove. A febbraio 2022, con l'offensiva scatenata da Putin, il bitcoin e le altre monete virtuali avrebbero dovuto impennarsi, dopo il calo dei mesi precedenti. E invece i primi mesi del conflitto hanno fatto crescere soprattutto il valore del vecchio lingotto d'oro, mentre le criptovalute hanno continuato ad accumulare ribassi: due mesi dopo l'inizio della guerra il bitcoin valeva quanto il 24 febbraio, giorno dell'invasione dell'Ucraina. E ciò nonostante il fatto che, dopo le tante voci di una severa regolamentazione da parte del governo americano, proprio nei primi giorni dello scontro Joe Biden avesse firmato un ordine esecutivo di tutt'altro tenore. Un atto amministrativo che, limitandosi ad aprire il cantiere del dollaro digitale e avviando una fase di studio dei benefici delle criptovalute emesse da privati, è stato accolto con sollievo dal mondo della finanza decentralizzata che l'ha interpretato come un'apertura di credito.

Insomma, i milioni di ucraini fuggiti dal loro paese, pur essendosi dimostrati abili nell'uso di smartphone e reti sociali, non hanno fatto incetta di valute digitali. Che hanno continuato a perdere valore per tutta l'estate. Va, però, anche notato che, come vedremo più avanti, il governo di Kiev, composto da ministri giovani e tecnologicamente avveduti, ha sollecitato e ricevuto anche aiuti economici in criptovalute per diverse decine di milioni di dollari, utilizzati per finanziare la difesa dall'invasione russa.

Un altro argomento dei profeti della criptofinanza è che, storicamente, l'emissione della moneta non è stata affatto un monopolio permanente dei governi. E anche la valuta degli Stati non ha più un valore intrinseco, almeno dall'agosto del 1971 quando l'allora presidente degli Stati Uniti Richard Nixon decise di sospendere la convertibilità del dollaro in oro, proprio per evitare gli effetti deflazionistici dei quali abbiamo appena detto.

Non sono notazioni infondate: è vero che la regola della convertibilità, molto diffusa fino a mezzo secolo fa, ha avuto rilevanti eccezioni. Ad esempio, gli "assegnati" emessi dalla Francia nel 1789, l'anno della Rivoluzione, non erano una moneta convertibile, avendo come corrispettivo teorico solo la messa in vendita dei beni del clero. E anche in America la Guerra d'indipendenza dalla corona britannica e la Guerra civile di metà Ottocento tra unionisti e secessionisti del Sud furono finanziate con l'emissione di monete non convertibili come i cosiddetti *greenbacks*.

In America babele di monete private fino all'Ottocento

Così come è vero che negli Stati Uniti fino a tempi relativamente recenti – poco più di un secolo fa – circolavano anche dollari di dubbio valore emessi da banche non solide. In precedenza, a metà dell'Ottocento, quasi chiunque poteva emettere banconote: Stati, città, banche private, ma anche società ferroviarie, negozi, ristoranti, perfino chiese. Se chi le stampava e poi le metteva in circolazione andava fallito o anche, solo, si trasferiva in un altro Stato, quel biglietto non aveva più valore. L'era cosiddetta delle *wildcat banks* finì con il varo, nel 1863, del National Banking Act che proibì queste emissioni selvagge, ma non quelle delle banche commerciali riconosciute che continuarono a stampare dollari. Tuttavia, anche questi perdevano il loro valore se la banca falliva. È solo nel 1913, con la nascita della Federal Reserve, la banca centrale Usa, che al governo viene riconosciuto un monopolio nell'emissione del denaro che altrove esiste da secoli (in Gran Bretagna dal 1694).

Con la creazione della Fed finisce la babele delle diverse monete che erano più un intralcio che una promozione della crescita, visto che chi produceva beni e servizi spesso non era certo del valore del denaro con il quale veniva pagato. Ma anche questa ritrovata stabilità è un'illusione che si dissolve con il Grande crollo del 1929. Quando erogano prestiti, le banche non dispongono di tutto il denaro necessario per rimborsare i depositanti se questi si presentano tutti insieme all'incasso: è un rischio remoto, soprattutto con un'economia in piena espansione e il risparmio che cresce dando apparente solidità a un sistema finanziario comunque basato, in ultima analisi, sulla fiducia. Ma quando arriva, improvvisa, la crisi, la gente si spaventa e corre agli sportelli. Gli istituti di credito, ben presto a corto di liquidità, sospendono i rimborsi. La fiducia crolla, le file si allungano, le banche falliscono, decine di milioni di posti di lavoro vanno in fumo.

Ci vorrà il Banking Act del 1933, con cui nasce la Federal Deposit Insurance Corporation (Fdic), per restituire credibilità al sistema bancario grazie a un meccanismo assicurativo dei depositi dei risparmiatori garantito dallo Stato. È lo stesso sistema di garanzie che nel Dopoguerra ha consentito, anche in Europa e in Italia, di allargare fortemente il credito per sostenere la rinascita economica grazie a un clima di fiducia generalizzato circa il rispetto dei contratti stipulati dai risparmiatori con le loro banche.

Oggi gli istituti di credito, davanti alla digitalizzazione che avanza anche in economia e a sistemi di certificazione come quelli della *blockchain* e degli *smart contracts* che consentono di regolare le transazioni finanziarie rapidamente e a costi ridotti, appaiono obsoleti o sono comunque obbligati a rivedere a fondo il loro ruolo di intermediari costosi e con lunghi tempi di esecuzione. La diffusione delle criptovalute e dei relativi sistemi di pagamento era stata, quindi, vista da molti anche come un modo per spingere il sistema creditizio a essere più efficiente, dinamico e meno costoso.

Del resto un forte ridimensionamento del ruolo delle banche è nella mente dei tecnologi fin da quando, intorno all'anno 2000, due giovani geni, Elon Musk e Peter Thiel, credettero di poter portare la *disruption* digitale anche nel mondo creditizio con l'introduzione di sistemi di pagamento elettronici come il loro PayPal.

Banche: obsolete ma essenziali per la stabilità finanziaria

Le banche, sopravvissute a quella prima ondata rivoluzionaria, ne affrontano ora un'altra basata sulla digitalizzazione del denaro. La Casa Bianca, con l'ordine esecutivo del presidente Biden del 9 marzo 2022 e con le direttive "per lo sviluppo responsabile degli asset digitali" emesse il successivo 16 settembre, mostra di voler regolamentare ma non ostacolare questa nuova rivoluzione. E anche nella prudenza dell'autorità monetaria e del segretario del Tesoro, Janet Yellen, c'è l'intenzione di sfruttare tutte le opportunità di crescita economica offerte dalla finanza digitale, temperata, però, dalla necessità di proteggere chi usa questi strumenti monetari innovativi. Dopo il fallimento di FTX, in realtà, i democratici e la stessa Yellen sono stati accusati di aver tenuto un atteggiamento eccessivamente accondiscendente nei confronti del mondo delle criptovalute, evitando tempestivi interventi di regolamentazione anche per le pressioni lobbistiche di Sam Bankman-Fried, grande finanziatore del partito di Biden.

Ma in America, fin dall'era Reagan, i grandi sostenitori della *deregulation* sono stati i repubblicani. Anche dopo il crollo di FTX Tucker Carlson, il più popolare dei commentatori di Fox News, che ogni giorno dispensa dalle otto alle nove di sera le sue arringhe ai telespettatori conservatori, ha accusato il governo dei democratici di voler sfruttare questa crisi per regolamentare strettamente e prendere il controllo delle criptovalute, eliminando il denaro contante (trasmissione del 17 novembre 2022).

Yellen, comunque, si è preoccupata soprattutto di evitare commistioni tra i due sistemi: criptofinanza e sistema creditizio tradizionale sono rimasti due mondi sostanzialmente separati. Cosa che lei considerava necessaria per evitare o, almeno, limitare il rischio di contagi e di una destabilizzazione del sistema finanziario che potrebbe avere conseguenze disastrose.

Come abbiamo appena visto, infatti, la solvibilità delle banche, che oggi diamo per scontata quando affidiamo loro i nostri risparmi, non è un bene garantito di per sé. La percezione di solidità è il risultato della creazione di sistemi capaci di produrre un clima di fiducia.

Ci sono cose che tendiamo a considerare certezze indiscutibili, come l'aria che respiriamo, ma che non lo sono affatto: sono conquiste che, per continuare a distribuire i loro effetti benefici, richiedono una costante manutenzione.

L'abbiamo scoperto negli ultimi anni per la libertà e la democrazia, minacciate dall'avanzata, in tutto il mondo, di regimi autoritari. Ce ne rendiamo conto con una guerra in Europa che consideravamo un'ipotesi inverosimile. Chi ha meno di cinquant'anni e non ha vissuto negli anni dell'inflazione a due cifre nel 2022 ha scoperto che anche i prezzi stabili non sono un dato di fatto, ma vanno mantenuti con politiche e modelli di consumo adeguati, a partire dal campo dell'energia. Potremmo doverlo scoprire un domani, e in modo drammatico, anche per un'improvvisa perdita di fiducia nella moneta e nelle sue autorità: difficile immaginare qualcosa di più disastroso per una democrazia e la sovranità di uno Stato delle file di cittadini che si accalcano davanti alle banche e ai bancomat cercando disperatamente di ritirare i loro risparmi.

Si spiega così la prudenza di Yellen che, nel prendere atto del rapido processo di digitalizzazione della finanza e della tendenza a ridurre il ruolo degli intermediari centralizzati, ha fissato cinque criteri per la valutazione di opportunità e rischi e la definizione di una cornice di regole: 1) necessità di diffondere sistemi di pagamento istantanei, anche perché oggi il ritardo nell'incasso dello stipendio grava come una tassa impropria sui lavoratori dipendenti (problema particolarmente sentito negli Usa dove molti vengono pagati con assegni settimanali); 2) per le *stablecoins* private, emesse a fronte di un patrimonio liquido o liquidabile, definire chiaramente standard e sistemi di garanzia per evitare situazioni caotiche come quella del 2008, consapevoli che, se un sistema fallisce, i primi a pagare sono i deboli; 3) regole *tech neutral*, cioè basate sulla necessità di contrastare i rischi reali che si manifestano (protezione dalle frodi e dal furto di dati) e non sulle tecnologie su cui le nuove attività sono basate; 4) moneta sovrana degli Stati che deve restare l'asse portante di sistemi finanziari funzionanti e ordinati con la difesa del ruolo interno e internazionale del dollaro; 5) impegno comune di politica, forze sociali, mondo accademico, imprese e cittadini per un'innovazione responsabile, nel solco di quello che l'America ha fatto nel Dopoguerra con la rete autostradale, la conquista dello spazio, internet e la rivoluzione delle biotecnologie.

Promesse di rivoluzioni digitali democratiche e gold rush

Dunque prudenza ma senza bocciare pregiudizialmente nuove iniziative come l'emissione di criptovalute finalizzate a progetti specifici o, anche, la sperimentazione di nuovi servizi resi possibili dallo sviluppo delle tecnologie digitali.

Prudenza comprensibile, ma che ha fatto storcere il naso a imprenditori – alcuni visionari, altri spinti da intenti speculativi o da pulsioni ideologiche che risalgono all'ultraliberismo di Ayn Rand – decisi a portare la *disruption* anche nel cuore della finanza. E che è percepita come un freno (o una protezione dell'esistente) da molti giovani che tendono a vivere in una dimensione sempre più integralmente digitale nella prospettiva del più o meno prossimo ingresso nell'era del Web 3. Dipinto come un universo fatto di *blockchain*, criptovalute, *stablecoins*, valute digitali degli Stati, Nft, finanza decentralizzata, fino all'approdo finale nel Metaverso, come vedremo nel prossimo capitolo. Intanto, nell'attesa di giungere a queste mete, i fan della finanza decentrata hanno tempo per riflettere sull'esperienza di Bankman-Fried che, dopo aver usato a lungo la sua forza economica e lobbistica contro ogni forma di regolamentazione, fallita FTX ha accusato il governo di non aver introdotto limiti e sistemi di verifica che gli avrebbero impedito di commettere i suoi catastrofici errori.

Tornando al denaro, criptovalute, *blockchain* e Nft dovrebbero essere, secondo i visionari del web, la chiave per passare da sistemi centralizzati a una gestione più democratica, perché decentralizzata, dell'attività economica, della finanza, della giustizia, dell'amministrazione, della comunicazione digitale e, in prospettiva, anche della politica. Obiettivo lodevole. Lo stesso che si erano posti, all'alba dell'era di internet, i suoi pionieri: dal già citato John Perry Barlow a Stewart Brand, a Tim Berners-Lee, l'inventore del World Wide Web. Si sa com'è andata a finire: i geni della Silicon Valley, figli della controcultura libertaria californiana degli anni Sessanta del Novecento, aspiranti benefattori dell'umanità, hanno lasciato spazio alla creazione di imprese gigantesche, e a volte monopoliste, che, anziché favorire l'uso di internet per allargare il campo della democrazia e ridurre le disuguaglianze, hanno trasformato la rete in un vettore di ulteriore polarizzazione della ricchezza e anche di un dibattito politico sempre più brutale, addirittura tribale.

Con il Web 3 la logica del sistema può davvero evolvere da una visione tutta affaristica allo sforzo di sperimentare modelli sociali ed economici più equilibrati fermando la corsa all'aumento delle disuguaglianze? Ogni onesto tentativo va apprezzato, ma i precedenti giustificano un certo scetticismo. Intanto, anche se da anni si cerca di diffondere impieghi socialmente utili della tecnologia di certificazione della *blockchain*, fin qui, anche a prescindere dai troppi utilizzi criminali delle criptovalute (grazie all'anonimato delle transazioni), la corsa verso il Web 3 è stata essenzialmente una *gold rush*: una corsa all'oro alimentata dall'aspettativa di rapidi arricchimenti attraverso i bitcoin, le altre monete digitali e i *non-fungible tokens*. Attività lecite ma essenzialmente speculative.

I rischi sono, però, elevati. Parlando della bolla delle cripto, molti rievocano quella dei bulbi di tulipani che si gonfiò in Olanda dal 1634 al 1637: un caso che, nella storia della finanza, è diventato il paradigma dei disastri che si possono combinare se non si tiene presente la differenza tra il valore finanziario nominale attribuito a un certo bene durante una ventata d'euforia e il suo valore intrinseco. Quando la *tulip mania* si esaurì, i tulipani tornarono a essere fiori: belli, ma non potevano certo valere una fortuna. In alcuni periodi, poi, certe promesse di arricchimento hanno alimentato meccanismi da "schema Ponzi".

E in un provocatorio editoriale pubblicato dal "Financial

Times" nel dicembre 2021 Robert McCauley, *fellow* della Boston University ed ex dirigente della Banca dei regolamenti internazionali, sostiene addirittura che paragonare il bitcoin allo schema Ponzi è ingeneroso nei confronti di Charles Ponzi, l'acrobata della finanza divenuto truffatore che nel 1920 prometteva guadagni spropositati basati non su solidi investimenti ma sul flusso di denaro proveniente da altri risparmiatori.

Bernie Madoff, il suo seguace più celebre, protagonista di quella che venne considerata la maggiore truffa della storia, si lasciò alle spalle un buco da 20 miliardi di dollari. Ma poiché, pur distribuendo rendimenti assurdi, lui aveva investito il denaro ricevuto in titoli reali con un loro valore intrinseco, Irving Picard, il commissario chiamato a gestire la sua bancarotta, riuscì a recuperare 14 miliardi di dollari: quasi il 70 per cento del buco. Nel caso del bitcoin, invece, tutto si regge sulla fiducia mentre è difficile individuare valori intrinseci. E, in caso di *crash*, gli investitori rischierebbero di perdere tutto: nessun commissario potrebbe recuperare una moneta virtuale andata in fumo.

Eccessivo il monito di McCauley? Forse, ma contribuisce a ricordare che l'espansione del business delle criptovalute a partire dal 2020 ha avuto una matrice in gran parte speculativa. Né è andata meglio con le *stablecoins*, in teoria stabili (come dice il loro nome) perché, a fronte dell'emissione di questa moneta, viene depositato un patrimonio "adeguato" come garanzia.

Il bitcoin è crollato nel 2022 dopo le impennate dell'anno precedente, con una capitalizzazione totale delle monete emesse scesa dai 1300 miliardi di dollari del picco del novembre 2021, ai 400 miliardi del novembre di un anno dopo. A fine 2022 la quotazione oscillava tra i 15 ed i 16mila dollari, tornando ai valori degli ultimi mesi del 2020.

Perdite imponenti per chi ha investito in bitcoin quando era ai massimi, ma in Borsa, nel 2022, alle società di *Big tech* le cose non sono andate molto meglio: Meta-Facebook, che a Capodanno quotava 340 dollari per azione, a fine ottobre era scesa sotto quota 100. E l'industria sorta intorno ai bitcoin (almeno 300, ad esempio, gli *hedge funds* specializzati in criptovalute) sostiene che il bitcoin è qui per restare: una presenza ormai permanente nel panorama finanziario, che continua a generare un intenso volume di scambi.

C'è addirittura un sito, 99bitcoins.com, che calcola quante volte la morte di questa criptovaluta è stata annunciata, negli anni, da un media *mainstream*, un blog importante o da un esperto con un vasto seguito: 24 i necrologi nei primi dieci mesi del 2022, meno dei 47 del 2021, che pure era stato l'anno dei record del bitcoin, mentre le punte massime di sfiducia risalgono al 2017 e al 2018 con 124 e 93 dichiarazioni di morte (presunta).

In realtà, come abbiamo visto, il 2022 è stato orribile per le criptovalute e anche per il bitcoin, con la moltiplicazione dei necrologi a novembre e dicembre dopo la bancarotta di FTX. Ma il mondo delle valute digitali era stato già scosso a metà anno da un "infarto" che aveva colpito le *stablecoins*, considerate più sicure perché ancorate al valore di una moneta riconosciuta da tutti i mercati, in genere il dollaro: l'improvviso *meltdown* di Terra, fino a quel momento la protagonista di maggior successo di questo mercato.

I giovani informatici coreani suoi creatori, per garantire l'ancoraggio di Terra al dollaro (rapporto di 1 a 1) avevano costruito un sofisticato sistema algoritmico per scaricare la volatilità su una criptovaluta gemella, chiamata Luna, che, alimentata con una parte dei fondi raccolti emettendo Terra, avrebbe dovuto funzionare da ammortizzatore in caso di oscillazioni di valore. Ma quando, il 7 maggio 2021, Terra è stata messa sotto pressione dal mercato, la sua quotazione è precipitata rapidamente ad appena 10 centesimi di dollaro, mentre Luna (uno scudo protettivo che aveva ricevuto solo 2,4 dei 60 miliardi di dollari investiti dal mercato sulla *stablecoin*) non solo non è riuscita a funzionare da ammortizzatore, ma ha visto il suo valore addirittura azzerato. Risultato: 45 miliardi andati in fumo già nei primi giorni della crisi, risparmiatori che hanno perso tutto o quasi e una tempesta che ha colpito con nuovi ribassi l'intero mondo delle cripto.

Perdite massicce mettono, ovviamente, in fuga gli investitori, che erano stati precedentemente attratti dalle fasi di euforia più o meno irrazionale. Certo, oscillazioni, impennate e crolli fanno parte della fisiologia dei mercati, ma qui siamo di fronte a fenomeni estremi e a business impalpabili (o addirittura infondati). È anche vero che intorno ad essi sono nati un'economia (in molte città del mondo è più facile trovare venditori di criptovalute che agenzie per il cambio delle monete degli stati) e un nucleo di criptomiliardari capaci di esercitare – come nel caso di Bankman-Fried – una notevole influenza politica. Ma il crollo del 2022 ha messo con le spalle al muro anche molti di questi nuovi ricchi: secondo "Forbes", in dieci mesi, da marzo alla fine dell'anno, i 17 maggiori investitori e fondatori del mondo del denaro virtuale hanno complessivamente perso ben 116 miliardi di dollari.

Nft: come creare artificialmente scarsità digitale (e cartolarizzare l'arte)

Il mercato degli Nft nel 2021 è cresciuto soprattutto per la pressione di finanzieri capaci di coniugare cultura pop e speculazione, abili nel coinvolgere celebrity di varia estrazione e capaci di trasformare anche le arti figurative, la musica o la fotografia in veicoli della finanza derivata.

Il business degli Nft è basato su un uso del sistema di certificazione della *blockchain* finalizzato a creare in modo artificiale un nuovo tipo di scarsità e a diffondere un'ossessione per i diritti proprietari: quella che compro (pagandola in alcuni casi anche milioni di dollari) non è l'immagine digitale dell'opera d'arte, che è trasferibile su qualunque computer o smartphone, ma un attestato che mi attribuisce la proprietà esclusiva dell'originale di quell'immagine. Non proprio un meccanismo che va nella direzione della democratizzazione e della riduzione delle disuguaglianze, come promesso dagli innovatori. Anzi, il suo esatto contrario.

Come dice il loro stesso nome (*non-fungible tokens*), gli Nft sono strumenti della finanza decentrata diversi da monete come il bitcoin o l'ether, perché certificano la proprietà di una rappresentazione digitale unica e, in teoria, non riproducibile. Pura teoria perché parliamo di immagini (e di suoni) digitali e, quindi, di dati. Chi acquista, ad esempio, l'Nft di un'opera d'arte elettronica, non acquista un'immagine davvero unica ma un certificato (registrato sulla *blockchain*) che attesta un diritto di proprietà esclusiva di un'opera della quale il titolare può anche fare e distribuire copie: ognuna delle quali, a quel punto, riproducibile all'infinito.

Nonostante questa loro impalpabilità, i rischi di furti e frodi digitali e non poche incertezze legali (secondo molti giuristi le norme sul copyright sono applicabili solo in parte agli Nft), nel 2021 questo mercato, partito in sordina nel 2017, è esploso quando, a marzo, la casa d'aste Christie's, con i suoi 255 anni di storia, ha messo in vendita per la prima volta un Nft ("I primi 5000 giorni" dell'artista Beeple) pagato da un miliardario delle criptovalute ben 69 milioni di dollari. Così, con un collage fatto di microimmagini delle sue opere precedenti, Beeple (al secolo Mike Winkelmann, un artista americano che fino a ottobre 2021 vendeva stampe a 100 dollari l'una) è diventato il terzo artista più pagato della storia. Merito, più che della sua arte digitale, della capacità di cavalcare l'onda degli Nft e di costruirsi un seguito di 2,5 milioni di follower.

Divenuti di moda grazie alla gara fra star dello spettacolo che se li sono contesi, gli Nft nel 2021 si sono rapidamente diffusi nella fotografia, nei video sportivi, nei videogame, nelle registrazioni audio con brani "esclusivi" venduti da artisti come Eminem e Grimes, fresca di separazione da Elon Musk. Ma la parte del leone l'ha fatta il mercato dell'arte digitale dove le vendite hanno raggiunto i 41 miliardi di dollari: quasi quanto il mercato dell'arte "fisica" (stimato tra i 50 e i 60 miliardi). Le vendite sono continuate a ritmo sostenuto anche all'inizio del 2022, ma senza l'entusiasmo e le fiammate dell'anno prima: volumi ancora in crescita, anche se il prezzo medio delle opere scambiate è sceso da 6800 a circa 2000 dollari. Poi, nel secondo e terzo trimestre dell'anno anche i volumi si sono più che dimezzati.

Difficile immaginare un'avventura più spettacolare e folle di quella degli Nft con il loro contorno di feste esagerate di Art Basel in Europa e a Miami e di esposizioni e aste *open air* con le opere digitali proiettate sui grandi tabelloni luminosi di Times Square a New York. Un momentaneo trionfo dell'effimero? Certo, ma un aspetto che non va sottovalutato è quanto gli Nft rassomigliano ai più fantasiosi derivati della finanza di Wall Street. Come i *credit default swap* al centro del crollo finanziario del 2008: l'arte trasformata da Wall Street in strumento speculativo della finanza digitale per dimostrare che "così fan tutti"?

Apparentemente anche le banche d'affari più blasonate sono tentate di battere le nuove strade della finanza: basta pensare a Goldman Sachs che emette un'obbligazione basata sui futuri incassi di *royalties* ricavate dal catalogo delle canzoni di Bob Dylan.

Ma c'è qualcosa di più: una volta digitalizzata – e, quindi, trasformata in dati – l'opera d'arte diventa un bene d'investimento che, come un'azione o un altro titolo, può essere frazionato o trasformato in un altro prodotto finanziario. Del quale si può comprare anche solo una quota. Visto sotto questa luce, l'Nft potrebbe anche essere il tentativo di aprire la strada alla cartolarizzazione non solo dell'arte elettronica, ma di tutti gli asset digitali. Come detto, sul mercato dei gettoni non fungibili vengono già scambiati, oltre all'arte, giochi, foto, video unici di performance sportive di campioni del basket o di altri sport, ma anche brani musicali e, potenzialmente, qualunque cosa: un articolo di giornale, una vignetta, una pagina della sceneggiatura di un film corretta a penna dal regista. Vodafone ha venduto il suo primo sms per 107mila dollari a un'asta di beneficenza, mentre il fondatore di Twitter, Jack Dorsey, ha ricavato quasi 3 milioni di dollari dalla vendita del suo primo tweet.

Questa duttilità finanziaria spinge molte celebrity a continuare a scommettere sui loro Nft nella speranza di ricavarne grossi profitti, e per gli stessi motivi, grandi aziende, da quelle del lusso come Gucci e Tiffany alle caffetterie di Starbucks, non hanno smesso di puntarci. Il mercato, però, sembra averne abbastanza: secondo la rivista "Fortune", nel quadrimestre maggio-agosto 2022 il volume di acquisti e vendite transitato su OpenSea, il maggiore *marketplace* del settore, è calato del 99 per cento. E quando Sina Estavi, l'imprenditore delle criptovalute di origine iraniana che aveva acquistato nel marzo 2021 il primo tweet di Dorsey per 2,9 milioni di dollari, ha deciso di rivenderlo in un'asta dalla quale si aspettava di ricavare 48 milioni, ha ricevuto solo sette offerte, la maggiore delle quali di 0,06 ether, pari, in quel momento, a 277 dollari.

Insomma, prima internet ci ha consentito di spostare parte della nostra vita online. Poi le tecnologie digitali hanno consentito (a *Big tech*) di monetizzare l'attenzione che noi stessi abbiamo generato con le nostre attività in rete. Ora il prodotto (o, magari, anche i residui) delle nostre vite digitali diventa asset per investimenti speculativi. La gente comincia ad accorgersene e la bolla scoppia.

Ma non è detto che sia tutto da buttare: secondo l'economista britannica Carlota Perez, oltre a bolle dannose come quella sfociata nella crisi finanziaria del 2008, esistono anche "bolle produttive" come quella della *New economy* che si gonfiò dal 1998 al 2001. Quando scoppiò, le *dot-com* fallirono in massa, ma le società più solide, da Apple a Microsoft, sopravvissero e l'eccesso di entusiasmo e investimenti di quegli anni lasciò, comunque, l'eredità di un'enorme, perfino eccessiva, rete di cavi a fibre ottiche che ha dato grande impulso all'economia digitale consentendo di ridurre del 90 per cento i costi delle connessioni a banda larga.

Per sperare in un vero rilancio, comunque, gli Nft hanno bisogno che maturi la tecnologia dei metaversi. Per ora a fare notizia sono soprattutto le class action di collezionisti e investitori i quali, dopo aver speso una fortuna per Nft che hanno rapidamente perso valore, ora denunciano stelle dello sport come Stephen Curry (basket) e Tom Brady (football) e dello spettacolo, da Madonna a Gwyneth Paltrow, per aver diffuso (dietro pagamenti occulti) l'entusiasmo per i *non-fungible tokens*. Nel frattempo probabilmente ci sarà uno spazio significativo solo per quelli legati all'arte. A patto che vengano risolti i problemi di protezione dalle incursioni dei ladri digitali e che venga ridotto l'enorme assorbimento di energia richiesta dalla produzione e dal trasferimento di questi *tokens*. È stato calcolato che produzione e certificazione di un'opera d'arte digitale assorbono energia in misura pari a quella necessaria per effettuare centomila transazioni con carte di credito: non un bel biglietto da visita per una tecnologia diffusa in ambienti – giovani e mondo delle professioni creative – che si presentano come i più determinati a combattere i mutamenti climatici.

L'amarezza di Buterin, vittima della sua stessa filosofia del decentramento

Il primo a rendersi conto degli eccessi verso i quali si sta scivolando è il maggior architetto di questo nuovo mondo della finanza decentrata: Vitalik Buterin, il fondatore della piattaforma Ethereum (centrale per le transazioni su *blockchain* e, quindi, per gli Nft) e della sua criptovaluta, l'ether. Ragazzino prodigio con una mente febbrile e qualche difficoltà di socializzazione, Vitalik, figlio di due *computer scientists* russi, all'età di nove anni lascia Mosca per trasferirsi in Canada con la famiglia. A dodici anni scrive codici per i computer. Nel 2011, quando ne ha diciassette, il padre lo introduce nel mondo dei bitcoin: la valuta digitale creata nel 2008 dal misterioso (e mai identificato) Satoshi Nakamoto. Un uomo (o un collettivo) che decide di ribellarsi al monopolio della creazione di moneta da parte delle banche centrali e allo strapotere di Wall Street i cui eccessi proprio in quei mesi trascinano il mondo in una recessione globale, innescata dal fallimento della banca d'affari Lehman Brothers. Vitalik comincia a scrivere articoli tecnologici sulle criptovalute con i quali guadagna i suoi primi 5 bitcoin. Poi capisce che la *blockchain* ha potenzialità ben maggiori rispetto al suo uso come sistema di certificazione di una moneta digitale. Nel 2013 pubblica un manifesto di 36 pagine nel quale delinea il progetto Ethereum: una nuova *blockchain open source* alla quale ogni programmatore può "agganciare" le sue applicazioni. Otto tecnici si uniscono a lui per lo sviluppo del progetto. Quando lo intervistiamo, nel 2019 a Detroit durante una conferenza di attivisti che vogliono usare la *blockchain* per trasformare la politica decentrando le decisioni e creando un nuovo sistema di certificazione online della volontà popolare, Buterin parla con entusiasmo dell'obiettivo di cambiare i sistemi elettorali con l'introduzione del cosiddetto voto quadratico, mentre la *blockchain* di Ethereum può essere usata anche per certificare l'identità, rendere vincolante e indelebile un impegno con la tecnologia dello *smart contract* e molto altro ancora. Può servire perfino per verificare la genuinità dei prodotti alimentari, tracciando tutto il loro percorso dalla produzione alla tavola.

Queste applicazioni cominciano a essere sperimentate, ma non hanno la diffusione sperata mentre il team di Ethereum si sfalda. Vitalik non ha doti di leader e diversi sviluppatori che avevano lavorato al suo progetto se ne vanno: lo considerano poco concreto, difficile da trasformare in realtà imprenditoriali capaci di produrre un profitto. Un caso emblematico è quello del cofondatore Charles Hoskinson: una volta fuori, crea Cardano, una piattaforma e una criptovaluta che ricalcano il modello di Ethereum ma con più efficienza, rapidità e una minore complessità tecnologica, con i conseguenti risparmi nel consumo di energia.

Nel marzo del 2022 Ethereum celebra il suo successo alla convention ETHDenver. Vitalik lascia tutti di stucco andandosene appena inizia la festa che conclude una settimana di incontri. È orgoglioso di quello che ha realizzato: ether è la seconda criptovaluta del mondo, pilastro di un circuito finanziario alternativo che in quel periodo valeva ancora migliaia di miliardi di dollari. E c'è anche qualche effetto sociale positivo, ad esempio per molti *unbanked*: persone che, non avendo conti in banca, hanno trovato nelle valute digitali un canale finanziario alternativo per risparmio e pagamenti.

Ma Buterin si rende anche conto, come confessa in un'intervista a "Time", che le valute digitali, e quindi anche il mondo che ruota intorno a Ethereum, hanno contribuito ad aggravare i mutamenti climatici con l'alto consumo di energia, e hanno favorito impieghi criminali fra truffe, pagamento di riscatti agli hacker che sabotano le reti, lavaggio di denaro sporco. Poi, hanno fatto nascere, dal nulla, gigantesche ricchezze: "Se non vengono gestite in modo corretto," confessa il geniale imprenditore russo-canadese al suo intervistatore, "le cripto hanno un grande potenziale distopico." E nella percezione pubblica "il pericolo è che, con l'attenzione concentrata su collezioni di scimmie da 3 milioni di dollari [il riferimento è alle immagini del Bored Ape Yacht Club vendute a cifre folli e divenute uno status symbol per milionari e star dello spettacolo, *nda*] tutto questo appaia come un nuovo tipo di gioco d'azzardo".

Buterin è sincero nella sua volontà di cambiare rotta: nella primavera 2022 ha addirittura soggiornato per qualche tempo nello Zambia nel tentativo di sperimentare le sue tecnologie innovative in un paese che non dovrebbe ospitare speculatori della finanza troppo sofisticati. Ma, a parte le sue scarse capacità di leadership e la difficoltà di contrapporre a una macchina che fa soldi un modello etico dal profilo non ben definito, il fondatore si scontra con un problema di principio. Vorrebbe rimettersi al timone, però, se hai costruito una nuova realtà imprenditoriale tutta basata sulla filosofia del decentramento, non puoi ricentralizzare nelle tue mani il processo decisionale quando scopri che chi è salito a bordo ha preso il controllo delle operazioni e ha obiettivi ben diversi dai tuoi: significherebbe demolire la stessa idea che è alla base dell'universo cripto.

A metà settembre, come vedremo più avanti, riesce comunque a tagliare, dopo una rincorsa faticosa durata due anni, un grande traguardo: il passaggio del sistema di certificazione di Ethereum dalla tecnologia definita *proof-of-work,* simile a quella del bitcoin e a enorme consumo di energia, al metodo *proof-of-stake* che gli consente un risparmio pari ai consumi energetici dell'intero Portogallo.

Dalle cripto a GameStop: come si muovono le tribù dei giovani investitori

Né è giusto pretendere che tocchi a Buterin, da solo, far sì che la nuova strada aperta sia un percorso virtuoso. Una volta individuati, come lui ha fatto, rischi e tendenze involutive, spetta alla società e alla politica agire perché la nuova tecnologia venga incanalata su binari corretti, in un quadro di regole non invasive ma efficaci.

Quel giorno, mentre Buterin se ne tornava, contrariato, in albergo, il suo popolo aveva continuato a festeggiare. Un'euforia che, dopo i crolli del 2022, è facile liquidare come balli sul ponte del *Titanic*. Rimane il fatto che, lo abbiamo appena visto, il modo di risparmiare e investire delle nuove generazioni sta cambiando. Non sono molti i giovani che avendo dei risparmi da investire oggi comprano azioni e se lo fanno, spesso si basano più che sui dati patrimoniali e reddituali dell'azienda prescelta, su suggestioni o, addirittura, su disegni sociopolitici maturati in comunità che si formano nel web, su piattaforme come Reddit. Lo si è visto bene all'inizio del 2021 con la bolla dei massicci acquisti su GameStop: un'azienda di non grande valore che ha visto l'improvvisa moltiplicazione delle quotazioni con il titolo che è passato dai 17 dollari del 4 gennaio ai 325 di tre settimane dopo per poi precipitare a 40, risalire a 264 e stabilizzarsi (si fa per dire) su valori non molto più alti di quelli pre-bolla.

Più che un investimento, una spedizione punitiva: volendo dare una lezione a Wall Street, la comunità di Reddit aveva scelto come bersaglio gli *short sellers*: operatori del mercato che speculano sull'attesa di ribassi. Vendono al prezzo di oggi un titolo che non possiedono promettendo di consegnarlo fra qualche settimana quando il prezzo sarà inferiore e loro potranno guadagnare sulla differenza. Concentrando, con il passaparola digitale, un'onda anomala di acquisti su GameStop, gli investitori "attivisti" di Reddit hanno costretto gli *short sellers*, alla scadenza dei loro contratti, ad acquistare le azioni che si erano impegnati a consegnare a prezzi molto più alti e non più bassi rispetto a quelli iniziali della transazione. Alcune società finanziarie hanno così accumulato perdite ingenti e qualcuna è addirittura fallita.

Al di là dell'onda speculativa con i miraggi di facile arricchimento che periodicamente si manifestano sui mercati, dai tulipani olandesi del Seicento in poi, il caso GameStop apre una finestra interessante sulla logica che guida profeti e seguaci della finanza decentralizzata della quale le criptovalute sono il cuore. Intanto c'è un aspetto identitario: ogni criptovaluta (ne esistono ormai migliaia) ha una filosofia, un modo di essere presentata, un logo, spesso accattivante. E qualche volta, anche un influencer che la sostiene (come Elon Musk per il dogecoin). Questo ha fatto sì che per molto tempo, ad esempio nel caso della battaglia per GameStop, spesso una criptovaluta sia stata acquistata più come scelta identitaria, come dichiarazione di appartenenza a un certo gruppo sociale, a una tribù tecnologica, che come risultato di un'analisi basata sui dati economici.

L'idea guida che muove tutto il sistema è, comunque, quella di usare le monete digitali e la certificazione della *blockchain* in una prospettiva antimonopolistica non solo per decentralizzare il potere, ma anche come strumento per eliminare gli intermediari: le banche in finanza, ma la filosofia si applica anche in altri campi, dall'informazione alla politica. Si cerca di eliminare anche il giornalismo professionale e di far avanzare l'utopia della democrazia diretta con il parlamento ridotto a notaio, ma qui entriamo in altri campi.

Restando all'aspetto monetario, è chiaro che per molti le cripto sono un modo per manifestare disillusione nei confronti delle istituzioni economiche liberali, di ribellarsi alla prepotenza e al parassitismo della finanza di Wall Street. Basta pensare al bitcoin nato sull'onda della crisi planetaria del 2008 dalla quale Wall Street, che l'aveva provocata, uscì sostanzialmente indenne: nessun arresto, banche e assicurazioni salvate dal governo federale per evitare un *meltdown* dell'intero sistema economico, rapido ritorno ai maxi-profitti e ai bonus milionari per manager e broker.

Il bitcoin e le altre cripto rappresentavano il rifiuto di un contratto sociale la cui iniquità veniva resa lampante dai fatti: gli Stati venivano sfidati creando strumenti monetari privati, al di fuori delle istituzioni governative. E c'erano anche analisti internazionali che, tracciando un parallelo con il crollo del marco e il fallimento della repubblica di Weimar tra le due guerre mondiali, vedevano nelle cripto anche le avvisaglie della formazione di un nuovo ordine mondiale sganciato dal dollaro: per Luke Gromen, analista di Three Rings, ripreso da Rana Foroohar sul "Financial Times" all'inizio del 2021, il bitcoin non era "una bolla ma l'ultimo allarme antincendio che avverte di grossi cambiamenti geopolitici in arrivo". Appena un anno dopo, l'invasione russa dell'Ucraina cambia tutte le prospettive e assesta un duro colpo alla globalizzazione: i cambiamenti geopolitici arrivano, ma non è detto che siano quelli per i quali era suonata la sirena d'allarme.

Come tutte le guerre, anche quella dell'Ucraina funziona da acceleratore tecnologico. In quale direzione? Beh, il governo di Kiev, con ministri giovani e molto digitali e migliaia di cittadini che diventano cameramen, montatori e registi, ha battuto i russi nella strategia di comunicazione, nella propaganda, ed è stato abile nel disinnescare la disinformazione del Cremlino. Nei primi mesi del conflitto anche bitcoin ed ether giocano un loro ruolo. Il governo chiede donazioni in criptovalute, oltre che in euro e dollari e, con le banche che funzionano a singhiozzo, è più facile far affluire risorse per via digitale. Entità misteriose per quasi tutti noi come le Dao (*decentralized autonomous organizations*) diventano strumenti di uso comune per trasferire fondi. Una sola di queste entità nel primo mese di guerra fa affluire in Ucraina cripto per un valore pari a 65 milioni di dollari.

La guerra mette in risalto i vantaggi dei nuovi strumenti, ma mostra anche il rovescio della medaglia e fa emergere elementi che, utili durante il conflitto, in tempo di pace diventano un serio pericolo. Anche i russi usano le criptovalute e lo fanno per aggirare le sanzioni. Chiedono ai paesi ai quali continuano a vendere petrolio, gas e carbone pagamenti anche in bitcoin. L'anonimato delle transazioni, poi, utile per gli ucraini perché consente loro di ricevere donazioni anche da imprese che, avendo rapporti con la Russia, non si sarebbero esposte alla luce del sole, lo è pure per Mosca perché le consente di continuare a commerciare sottobanco con chi ruggisce contro la guerra davanti alle telecamere, ma poi non vuole rinunciare agli affari.

Quello delle operazioni compiute da protagonisti senza nome è uno degli aspetti più controversi. Tutte le transazioni vengono registrate sulla *blockchain* che funziona come una sorta di registro digitale decentralizzato e visibile a tutti. L'operazione è trasparente e certificata ma l'esecutore, se vuole, può usare uno pseudonimo: l'anonimato è centrale nella filosofia cripto al punto che la giornalista di BuzzFeed che nel febbraio 2022 ha rivelato i veri nomi dei due fondatori del Bored Ape Yacht Club, la collezione milionaria di Nft di scimmie annoiate, è stata sommersa da un mare di accuse e anche di minacce. Del resto, come detto, a quindici anni dalla sua comparsa sul mercato, l'identità del creatore del bitcoin è ancora ignota. E se l'anonimato favorisce lo sviluppo di transazioni per attività illegali (come i riscatti pagati in bitcoin agli hacker che paralizzano una rete informatica), oggi che l'industria sta diventando adulta si continuano a trovare criptoimprenditori che scommettono centinaia di milioni di dollari dei fondi di investimento in entità delle quali l'unico titolare che conoscono è un avatar.

Secondo gli "evangelisti" del settore, anche questo è uno strumento egualitario: se la *blockchain* demolisce poteri centrali e gerarchie, l'anonimato garantisce un mercato nel quale gli imprenditori vengono giudicati solo per le loro capacità tecniche e i risultati ottenuti. Un ragionamento pretestuoso per cercare di rendere accettabile un'opacità ritenuta conveniente per certi modelli di business.

Criptovalute: troppo energivore nell'era della sostenibilità

Un altro nodo che contribuisce a rendere precario il futuro delle monete digitali è quello dell'enorme consumo di energia (l'elettricità che alimenta i computer) necessario per estrarre la criptovaluta: non a caso l'operazione si chiama *mining*. Per mettere il sistema al sicuro da truffe o tentativi di hackeraggio, nell'operazione con la quale un bitcoin viene creato e registrato sulla *blockchain* i "minatori" devono risolvere problemi matematici molto complessi che richiedono l'utilizzo di una grande potenza di calcolo dei computer. Un lavoro basato sui cosiddetti algoritmi *proof-of-work*. Sicurezza garantita ma con consumi energetici enormi: nel 2021 l'estrazione di criptovalute ha assorbito una potenza elettrica pari al consumo di un anno dell'intera Finlandia.

Quello dell'energia è un nodo che potrebbe diventare un cappio al collo per queste imprese in un mondo, come quello delle tecnologie digitali, molto sensibile ai problemi energetici e di *global warming*. Ma non è solo questione di sensibilità ambientale. Quando la Cina ha cacciato i *miners*, molti di loro hanno creduto di poter trovare un nuovo paradiso in Kazakistan: basso costo dell'energia, niente regole, un governo che, desideroso di attirare nuovi business, li accoglieva e incoraggiava con facilitazioni di vario tipo. Nel giro di pochi mesi, però, il paradiso è diventato inferno: l'aumento del costo dei carburanti e dell'energia ha alimentato proteste e poi un focolaio di guerra civile, sedata con l'intervento di truppe russe. L'elevato consumo di energia delle aziende che estraggono criptovalute è stato considerato una delle cause scatenanti della crisi. Rimasti per mesi senza forniture elettriche e poi, alla ripresa, pesantemente tassati, molti *miners* hanno lasciato il paese, spesso abbandonando le macchine – grossi computer – usate per estrarre bitcoin e altre valute virtuali.

Ora, per la prima volta, Ethereum ha introdotto un diverso sistema di certificazione a basso consumo di energia: potrebbe essere una svolta importante per l'intero settore. Buterin si è impegnato a fondo nello sviluppo della nuova tecnologia e ha promosso il lancio di un ether basato sulla *proof-of-stake* ma, avendo creato un sistema *open source* del quale non ha il controllo, ha dovuto introdurre un sistema parallelo basato su una nuova tecnica di certificazione e aspettare che un gran numero di detentori della sua criptovaluta accettasse di convergere sulla nuova tecnologia. The Merge, la fusione delle due piattaforme, è stata celebrata il 15 settembre 2022. Senza risparmiare sui toni trionfalistici, è stato annunciato che d'ora in poi, eliminata la necessità del *mining*, i consumi energetici dell'ether si ridurranno anche più del già annunciato 99 per cento: alla fine l'intero sistema ether consumerà tanta energia quanto cento abitazioni residenziali.

Non è detto che tutto filerà liscio: molti investitori, che considerano il vecchio sistema del *proof-of-work* più affidabile, anche se più costoso ed energivoro, continueranno ad avere in portafoglio ether del vecchio tipo. E il nuovo metodo di certificazione dovrà dimostrarsi altrettanto efficace. Ma, se funzionerà, probabilmente attirerà anche altre criptovalute: uno spiraglio di luce per un settore alla disperata ricerca di buone notizie dopo un anno da incubo.

Il bitcoin, comunque, non seguirà l'ether in questa riforma: i suoi creatori e anche chi ha scommesso sulla valuta di Nakamoto ha il *proof-of-work* profondamente radicato nella sua cultura.

Il consumo di energia è, peraltro, solo uno dei problemi delle criptovalute flagellate nel 2022 da molte truffe, attacchi di hacker mentre c'è chi teme che prima o poi anche l'invulnerabilità della *blockchain* venga messa in discussione.

Il problema di fondo, comunque, rimane quello della natura stessa di monete virtuali la cui legittimazione non va ricercata nel loro valore intrinseco, ma nell'atteggiamento fideistico della comunità che sostiene il progetto. Certo, di fiducia ne serve parecchia per continuare a investire in criptovalute dopo il loro *annus horribilis*. I sostenitori delle cripto replicano che anche le valute ufficiali degli Stati non hanno più alcun valore intrinseco: il dollaro, come abbiamo visto, è stato sganciato dall'oro da Richard Nixon più di cinquant'anni fa. Da allora l'America ha stampato moneta senza sosta a fronte delle spese crescenti dello Stato. E lo stesso è accaduto negli altri paesi. Basti pensare che, a partire dalla crisi finanziaria del 2008, il bilancio della Federal Reserve è cresciuto di 10 volte (da 800 miliardi di dollari a circa 8mila) per via dei sostegni all'economia dati dalla banca centrale – prima per contrastare la Grande recessione seguita al crollo di Wall Street, poi per compensare gli effetti depressivi della pandemia – attraverso massicci acquisti di titoli pubblici e privati sul mercato.

Solo ora si sta cercando faticosamente, e in modo economicamente doloroso, di tornare indietro con i tassi d'interesse di nuovo in aumento e la Federal Reserve che, dopo aver smesso di acquistare titoli sul mercato, cerca di rivenderne almeno una parte.

La rivoluzione (anche politica?) delle valute digitali degli Stati

Ora è vero che, come per il bitcoin, anche il valore del dollaro, non più coperto dall'ombrello del *gold standard*, dipende dal livello di fiducia che i mercati esprimono per una certa valuta e per la solidità dell'economia del paese che la esprime. Tra i due sistemi ci sono, però, differenze che nessun *miner* potrà mai colmare: lo Stato detiene il monopolio legale dell'uso della forza, fa le leggi e ha poteri coercitivi che gli consentono di modificare in ogni momento le regole alla base del contratto sociale. Nulla di simile è immaginabile per chi plasma le criptovalute: a differenza del dollaro o dell'euro che hanno alle spalle le rispettive banche centrali, non esiste un prestatore di ultima istanza per il bitcoin.

Certo, gli Stati, affamati di liquidità per alimentare spese con le quali cercare di comprare consenso politico, possono abusare di questi poteri finendo per produrre un'enorme inflazione o facendo perdere credibilità in altri modi alla loro stessa valuta. Negli Stati Uniti da dieci anni viene riproposta di tanto in tanto l'idea di aggirare il tetto dell'indebitamento pubblico ammesso dal Congresso coniando un'unica moneta di platino alla quale attribuire il valore di mille miliardi di dollari. Il Tesoro la depositerebbe, poi, presso la Federal Reserve ricevendo in cambio una pari quantità di dollari che potrebbe, così, spendere senza doversi indebitare ulteriormente sul mercato. Operazione che sarebbe legalmente possibile perché le leggi create per impedire proprio questo tipo di stratagemmi regolano l'emissione di banconote e di monete di oro, argento e altre leghe, ma non il platino.

Ma avrebbe l'inevitabile conseguenza di incrinare la fiducia nel sistema monetario federale Usa. La cui credibilità è un bene prezioso che può essere sfruttato nell'era della rivoluzione informatica per emettere dollari digitali garantiti dalla Federal Reserve e, quindi, ben più affidabili di criptovalute e *stablecoins* emesse da privati. Probabilmente saranno queste nuove monete, messe in cantiere da molte banche centrali in tutto il mondo, a cambiare più profondamente il nostro rapporto con il denaro.

Quello elettronico, in realtà, è entrato nelle nostre vite già da decenni: dall'introduzione delle carte di credito al trasferimento di fondi dagli istituti di emissione alle banche commerciali che in tutti i paesi viaggia da tempo immemorabile su internet. Siamo ancora all'alba di una nuova era ma si può già intuire che le future valute digitali ancorate al valore delle monete nazionali saranno diverse dal semplice denaro elettronico: molto più flessibili, offriranno ai governi che le emetteranno poteri di controllo supplementari.

Insomma, "denaro intelligente" che verrà emesso dalle banche centrali con tre obiettivi principali: eliminare i costi della circolazione fisica della moneta, centralizzare e semplificare i sistemi di pagamento, avere un maggiore controllo dell'economia. In Cina, dove le criptovalute private sono fuorilegge, la sperimentazione dello yuan digitale è iniziata nel 2020 dopo un periodo di studio e approfondimento condotto dalla Banca centrale a partire dal 2016. Superata una fase di rodaggio per la quale sono state scelte alcune città-apripista come Shenzhen, dalla fine del 2021 è iniziata un'accelerazione, con le app per acquistare lo yuan virtuale disponibili sulle piattaforme iOS di Apple e Android di Google: nel gennaio '22 questi wallet digitali erano già stati scaricati da 261 milioni di cittadini. La forte spinta cinese su questo fronte ha un obiettivo interno e uno esterno: a livello domestico le autorità puntano a esercitare un controllo ancor più invasivo di tutto quello che avviene all'interno del sistema economico del gigante asiatico; sul piano internazionale con lo yuan digitale Pechino prova a mettere il turbo ai tentativi, fin qui falliti, di contrastare la sovranità planetaria del dollaro.

Sono ormai almeno 90 le nazioni che stanno studiando l'introduzione di monete digitali emesse dalle loro banche centrali e la società di *business intelligence* Morning Consult che studia sviluppi e tendenze in questo campo sostiene, sulla base di sondaggi, che i consumatori dei paesi emergenti hanno un atteggiamento più aperto nei confronti di queste valute digitali rispetto a quelli del mondo industrializzato. Forse perché nei villaggi dei paesi in via di sviluppo, dove sono assenti le banche, già da tempo si sono sviluppati sistemi di pagamento digitali, soprattutto via smartphone. Del resto, a parte lo yuan digitale, i primi esperimenti di questo settore ancora nascente vengono da Stati come la Nigeria con l'eNaira o dalle Bahamas con il Sand Dollar.

Il 9 marzo 2022 anche negli Stati Uniti è iniziata ufficialmente l'era delle valute digitali con l'ordine esecutivo firmato dal presidente Biden che, oltre ad avviare la fase di studio dei vantaggi e dei rischi delle cripto private che abbiamo descritto, ha chiesto al Tesoro federale di valutare anche rischi e benefici del dollaro digitale. Presentando poi alla Casa Bianca, insieme al ministero della Giustizia e alla Federal Reserve, una proposta legislativa per creare la nuova Cbdc (Central Bank Digital Currency). Il Tesoro e le altre istituzioni coinvolte hanno completato le loro istruttorie preliminari in estate e a metà settembre la Casa Bianca, preso atto dei 9 rapporti ricevuti, ha formulato le sue direttive per lo sviluppo degli asset digitali. Sostanzialmente la definizione di una serie di princìpi e di raccomandazioni che riguardano la protezione di consumatori e investitori, la necessità di garantire stabilità finanziaria, una lotta contro il crimine finanziario adeguata alle nuove tecnologie, un livello di innovazione responsabile (che non crei, cioè, eccessivi squilibri), inclusione finanziaria (cioè accesso anche per emarginati oggi esclusi dalle banche e dal credito) e tutela del primato Usa nei sistemi di finanza globale e nella competitività economica.

Quanto alla Cbdc, la Casa Bianca mostra di essersi mossa avendo già obiettivi politici chiari in testa. La nuova moneta digitale, che affiancherà quella fisica, dovrà offrire inedite, ampie opportunità di sviluppo economico. Ma ci sono anche rischi da considerare attentamente in fase di regolamentazione. Dal più ovvio – provocare altra inflazione immettendo troppa liquidità aggiuntiva nel sistema finanziario – a quello di un allargamento dell'intervento dello Stato, fino alla creazione di un sistema invasivo di tracciamento dei comportamenti economici di ciascun cittadino.

Ad esempio (ma per ora è solo argomento di studio), si potrebbe usare la nuova moneta come strumento di politica economica per scoraggiare il consumo di combustibili fossili, offrendo bonus a chi spende dollari digitali sulle fonti rinnovabili. O magari si può tentare di penalizzare l'acquisto di beni di lusso. La possibilità che si proceda in questa direzione, sgradita ai liberisti e ai conservatori, sembra essere confermata dal fatto che l'ordine esecutivo della Casa Bianca sul dollaro digitale cita più volte obiettivi sociali e di lotta contro i mutamenti climatici, mentre la possibilità di usare la nuova valuta per incanalare i comportamenti dei soggetti economici viene citata esplicitamente in studi redatti da analisti della Federal Reserve.

In ogni caso, quella della digitalizzazione del denaro e della creazione di nuovi strumenti è una realtà che diventerà sempre più centrale, se non altro perché la continua diminuzione della circolazione di banconote cartacee (e, in prospettiva, la loro scomparsa) pone il problema di fornire mezzi di pagamento adeguati ai tempi a tutti i cittadini, compresi quelli che non hanno conti in banca né carte di credito o di debito.

Ma il cambiamento, con ogni probabilità, non arriverà in tempi brevi: Yellen, che pure insiste sulla necessità di rendere i sistemi di pagamento meno costosi, più rapidi e accessibili, ha dichiarato che, se gli Stati Uniti decideranno di crearlo, il disegno e lo sviluppo del dollaro digitale "sarà comunque una grande sfida di ingegneria monetaria che richiederà non mesi ma anni" per essere completata.

Il timore del Tesoro, evidentemente, è che si determini una disintermediazione troppo rapida del sistema bancario, soprattutto per quanto riguarda i pagamenti, con conseguenti rischi per la stabilità del sistema creditizio.

13.
Dal Web 3 ai metaversi. I rapporti umani alla prova della realtà virtuale

Quando, quasi vent'anni fa, nel campus di Harvard, Mark Zuckerberg fondò Facebook con l'obiettivo di connettere in rete gli studenti del college, nessuno, nemmeno lui, immaginava che, appena dieci anni dopo, una piattaforma nata soprattutto per scambiare foto di party goliardici sarebbe diventata un gigante capace di far comunicare tra loro miliardi di persone, ma in grado anche di alterare l'esito di elezioni o alimentare odio contro minoranze etniche o religiose, come nel caso del massacro dei rohingya in Birmania.

Quel 4 febbraio 2004 è una delle date-cerniera della transizione dal Web 1, quello delle origini, al Web 2: la rete dominata dai social media nella quale viviamo ancora oggi. Un'era che ha cambiato radicalmente informazione, relazioni sociali, commercio, apprendimento, i rapporti tra i cittadini e anche la politica. Una rivoluzione sia economica sia sociale a lungo sottovalutata che, avvenuta in un contesto totalmente privo di regole, ha messo a dura prova le democrazie liberali, mentre le dittature hanno rapidamente imparato a bloccare il web libero in patria e a sfruttarlo, fuori dai confini, per colpire le società aperte, sorprese con la guardia abbassata.

Oggi, al tardivo riconoscimento degli errori commessi e a una maggiore volontà della politica di responsabilizzare le reti sociali, si somma il timore che in tempi relativamente brevi possano emergere, nel vuoto normativo, nuove tecnologie capaci di trasformare profondamente non solo l'economia ma anche i rapporti umani, fino all'approdo nel Metaverso disegnato da Zuckerberg: l'essere umano trasformato in avatar che si immerge in una realtà virtuale sovrapposta a quella reale, che diventa addirittura prevalente.

Un mondo digitale nel quale fare cose impossibili nella realtà fisica, ma anche nel quale svolgere, magari con più efficienza, molte mansioni quotidiane: lavorare, studiare, curare la propria salute, giocare, ottenere certificati e altri servizi dalla pubblica amministrazione. E, soprattutto, comprare. Senza bisogno di andare in ufficio, a scuola, dal medico, in comune o al supermercato. Sogno per alcuni, incubo per molti altri.

E' improbabile che le nostre vite vengano davvero trapiantate nella realtà virtuale, ma è in questa direzione che il fondatore di Facebook sta marciando, investendo nel suo pogetto decine di miliardi di dollari.

Oltre a quella del 4 febbraio 2004 c'è un'altra data cruciale nel percorso di Zuckerberg verso la digitalizzazione della realtà fisica: il 23 gennaio 2014. Quel giorno, come racconta Steven Levy nel suo *Facebook: The Inside Story*, il fondatore di Facebook entrò nell'ufficio vetrato del suo braccio destro, Sheryl Sandberg, per provare l'ultimo gadget tecnologico. Si infilò in testa un visore e strani paesaggi cominciarono a scorrere davanti ai suoi occhi. Una parte del video tridimensionale lo colpì molto: l'ingresso in una villa in Toscana con la possibilità di andare in giro per le stanze, affacciarsi alle finestre e godere della vista della campagna circostante. "*Cool*," commentò alla fine, "sono nella tua stanza ma avevo davvero la sensazione di essere in Toscana. Mi ha dato un po' di vertigini, ma è questa la direzione da prendere." Cinque giorni dopo volò a Irvine, sede di Oculus. Fece un altro test con una versione più avanzata del visore e decise che la realtà virtuale non era una vaga promessa, ma il futuro. Comprò la società.

Dal mondo distopico di Snow Crash *al Metaverso "socialista" di Andreessen*

Per Zuckerberg, che investe massicciamente nella nuova avventura e ha addirittura ribattezzato Facebook, facendola diventare Meta, spingere sul Metaverso è anche un modo per mascherare il declino del modello di business (enormemente redditizio) seguito fin qui dalla sua società, per alimentare nuove aspettative e anche per dirottare verso lidi favolosi e remoti l'attenzione di un'opinione pubblica sempre più consapevole dei disastri politici combinati negli ultimi anni dalle sue piattaforme negli Stati Uniti e nel mondo.

Sul favoloso, poi, ci sarebbe da discutere: l'espressione Metaverso e l'idea dell'immersione in un mondo virtuale viene dagli scrittori di fantascienza. Il copyright del termine è di Neal

Stephenson: compare per la prima volta in *Snow Crash*, il suo romanzo *cyberpunk* pubblicato nel 1992. Un racconto distopico pieno di tecnologie a quel tempo futuriste come gli smartphone o internet senza fili, di fattorini che corrono lungo grandi viali per consegnare pizze facendosi concorrenza sulla rapidità del servizio, mentre a un livello superiore c'è la realtà virtuale del Metaverso digitale popolata di avatar. Questo romanzo è diventato fonte d'ispirazione per un'intera generazione di tecnologi (ha perfino dato una spinta allo sviluppo delle mappe di Google), mentre altri scrittori, come Ray Bradbury e William Gibson, hanno disegnato scenari simili. Con un denominatore comune: questi universi paralleli sono quasi sempre distopici.

Ora Zuckerberg cerca di condurci per mano nel mondo degli avatar di Stephenson e vuole anche convincerci che si tratta di un mondo favoloso e non distopico. Marc Andreessen, *venture capitalist*, ideologo della tecnologia come valore assoluto, consigliere e socio di Zuckerberg in Facebook, presenta il Metaverso in modo più crudo: un mondo artificiale che potrà non piacere ai pochi (secondo lui) che vivono già bene nel mondo reale, ma che piacerà moltissimo alle masse dei diseredati – gran parte dell'umanità – che nella realtà virtuale del Metaverso saranno sullo stesso piano dei ricchi. Una curiosa deriva da socialismo digitale da parte di un personaggio che è sempre stato un capitalista darwiniano. E che, nella vita reale, continuerà ad arricchirsi e a veder crescere il gap tra ricchi e poveri visto che i profitti materiali del Metaverso andranno ai "soliti noti", mentre alle masse resterà solo l'illusione digitale.

Scommettere al buio

Anzi, nemmeno quella, visto che il business del Metaverso consiste anche nel replicare nel mondo degli avatar i modelli di consumo – e quindi le differenze sociali – del mondo fisico. Da quando, nell'ottobre del 2021, Zuckerberg ha lanciato il suo progetto, il numero dei protagonisti dell'economia saliti a bordo del suo carro non ha fatto che crescere: dal mondo della moda, che veste gli avatar con capi firmati, a quello dello sport, guidato dalla Nike, fino agli immobiliaristi, visto che se vuoi aprire un negozio o costruirti una casa nel Metaverso devi comprare uno spazio con il solito sistema (soldi veri per ottenere un terreno virtuale). Poi sono arrivati alcuni pesi massimi dell'imprenditoria americana come Robert "Bob" Iger che, lasciata a settantun anni la guida della

Disney per raggiunti limiti di età, ha deciso di entrare nel mondo del Metaverso attraverso Genies, una società fondata nel 2017 che produce personaggi, accessori e indumenti per la realtà virtuale. Roba già vista a partire dal 2003 con *Second Life* e che non ha funzionato. A fine novembre 2022 Iger è stato richiamato a sorpresa alla guida della Disney, in difficoltà tanto nel business dei parchi a tema quanto in quello delle produzioni televisive e cinematografiche e che ora sta cercando una sua strada per entrare nel mondo della realtà virtuale.

Infine è toccato al personaggio più inatteso: Jamie Dimon, dal 2005 alla guida di JP Morgan Chase, la maggiore banca americana. Per anni Dimon ha bollato le criptovalute, a partire dal bitcoin, come uno scherzo se non, addirittura, una truffa. Poi, però, ha cominciato a usare la tecnologia della *blockchain* e nel 2020 ha fondato Onyx, la sua banca virtuale nel Metaverso. Nell'immagine della lounge virtuale della banca creata nel 2022 si aggira, insieme a un funzionario, una tigre che ruggisce, mentre appeso al muro c'è un quadro con l'immagine di Dimon.

E sul Metaverso stanno scommettendo anche altre popolarissime imprese, dai supermercati Walmart alla Disney.

Eppure molti studiosi della materia, compresi i pionieri della realtà virtuale, sostengono che il progetto di Zuckerberg non sta in piedi: "Abbiamo provato per anni, fin da *Second Life* del 2003, e non funziona," sostiene Ethan Zuckerman, oggi docente all'Università del Massachusetts ad Amherst dopo essere stato per diversi anni direttore del Center for Civic Media del Mit di Boston. Un altro studioso, Scott Galloway della NY Stern University, liquida il progetto di Zuckerberg come tecnicamente non realizzabile e culturalmente nichilista: "Questi geni tecnologici non vogliono migliorare il mondo nel quale viviamo: pretendono di farci trasferire in un altro da loro inventato". Mentre Phil Libin, imprenditore russo-americano di Evernote e di varie startup innovative, dice che le promesse di un futuro radioso di Zuckerberg gli ricordano l'Unione Sovietica della sua infanzia: "Non funzionava nulla ma ci veniva spiegato che non era quello il comunismo promesso: il futuro era ancora in fase di costruzione".

La critica più documentata e convincente è probabilmente quella di Jaron Lanier, esploratore della realtà virtuale fin dalle prime ricerche da lui condotte in questo campo a partire dagli anni Ottanta. Secondo Lanier, Zuckerberg sta vendendo un'illusione perché "non esiste lo spazio fisico nel quale collocare tutti i sensori e i display digitali necessari" per arrivare a un'immersione totale in una realtà virtuale.

I sogni di Zuckerberg e il suo 2022 da incubo

Quando, il 28 ottobre 2021, Zuckerberg annuncia che Facebook diventa Meta e che l'azienda concentrerà quasi tutte le sue risorse sullo sviluppo del Metaverso, sono in molti a notare la indeterminatezza di un progetto basato su tecnologie non sperimentate (o, addirittura, non ancora esistenti) che richiederà anni per maturare. Ma, per quanto contestata per i danni arrecati al tessuto sociale e al clima politico, Facebook, arrivata a valere 1100 miliardi di dollari, è al massimo del suo splendore finanziario: gli investitori, benché perplessi, danno ancora credito al fondatore.

Un anno dopo la situazione è profondamente diversa. Con il *core business* delle sue reti sociali in difficoltà per il ridimensionamento del mercato pubblicitario e la concorrenza agguerrita di TikTok, e con l'azienda che continua ad accumulare ogni trimestre miliardi di perdite per i massicci investimenti nel Metaverso, Meta-Facebook ha perso il 70 per cento del suo valore: oltre 700 miliardi di dollari di capitalizzazione bruciati in 12 mesi.

Reality Labs, la divisione del gruppo che sviluppa nuovi progetti e che è responsabile della transizione verso la realtà virtuale, ha già accumulato perdite per 27 miliardi. Fino a settembre 2022 Meta ha venduto 17 milioni di visori VR Oculus Quest 2, ma li ha offerti sottocosto. Promettono bene i visori di QuestPro, per le applicazioni professionali, sulle quali la compagnia ha stretto un accordo con Microsoft che fornirà una versione per realtà virtuale di Teams e Office.

Ma a preoccupare gli azionisti, oltre alle dimensioni abnormi degli investimenti, è il fatto che l'utilizzo social della realtà virtuale – quello che è al centro dell'attenzione di Zuckerberg – non decolla: il 9 dicembre 2021, 40 giorni dopo il battesimo di Meta, il gruppo lancia Horizon Worlds, una piattaforma gratuita di videogiochi *multiplayer* in realtà virtuale, capace di gestire anche altre attività sociali come l'organizzazione di eventi. È il primo passo significativo verso il Metaverso. A febbraio la società comunica di avere 300mila utenti attivi sulla piattaforma. Poi un lungo silenzio. A ottobre il "Wall Street Journal" scrive che gli utenti sono scesi a 200mila. E una nota interna nella quale Meta si lamenta con i suoi dipendenti perché nemmeno loro si servono della piattaforma ("se non piace a noi come possiamo aspettarci che piaccia ad altri?") finisce sulle pagine dell'"Economist".

Dopo un anno è già ora di invertire la marcia? È quello che

vorrebbero gli azionisti: meglio concentrarsi sull'esistente, anche se l'età dell'oro di Facebook è ormai alle spalle, visto che i nuovi utenti vengono da paesi poveri e, quindi, valgono poco in termini di fatturato pubblicitario. Si tratta di gestire un lento declino, ma è un declino dorato: Instagram e WhatsApp hanno 2 miliardi di utenti ciascuno, Facebook è al traguardo dei 3 miliardi (2 miliardi e 960 milioni alla fine di settembre 2022).

Zuckerberg non ci sta: crede nel suo progetto, vuole trasformare, non vivacchiare. Andrà avanti con il piano di investimenti e avverte subito che nel 2023 le perdite di Reality Labs saranno ancora superiori.

Giusto non arrendersi davanti alle difficoltà: Musk ha sfiorato più volte il fallimento di Tesla prima di trasformarla nell'azienda leader a livello mondiale nell'industria dell'auto elettrica e nella principale fonte del vasto patrimonio di chi fino alla fine del 2022 era l'uomo più ricco del mondo (superato da Bernard Arnault). E, nei primi anni della crescita di Amazon, Jeff Bezos ha fatto infuriare i suoi azionisti reinvestendo tutte le risorse provenienti dall'attività commerciale in nuovi settori che all'inizio non davano profitti, anziché redistribuirle sotto forma di dividendi.

Di certo Meta non è l'unica a tentare la strada della realtà virtuale: anche Apple e Sony stanno sviluppando i loro visori VR. Ma i rischi che affrontano sono limitati. Zuckerberg, invece, si gioca il tutto per tutto. Forse perché convinto del valore della sua tecnologia, o forse perché si rende conto che la strategia che fin qui gli ha garantito un quasi monopolio (togliere di mezzo i possibili concorrenti comprandoli o clonandoli) non è più praticabile: non può acquisire TikTok, mentre copiarla con gli Instagram Reels rende bene ma non allo stesso livello. Intanto, le authority antitrust si stanno risvegliando: l'acquisizione di Within, una app per il fitness in realtà virtuale, è stata sospesa dalla Federal Trade Commission americana.

Due elefanti nella stanza: sesso e pornografia

La pornografia è da sempre il principale motore del traffico in rete. Il timore che questo fenomeno si ripeta, amplificato nella tecnologia del Metaverso, non è infondato.

Nel presentare la sua idea di Metaverso, Mark Zuckerberg, che per evitare ogni possibile ostacolo normativo alla sua attività commerciale ha eliminato fin dal 2008 le nudità da Facebook (l'algoritmo cancella anche quelle dei documentari antropologici su remote tribù africane o di isole asiatiche), è stato attento a tenerlo ben lontano da tutto ciò che ha a che fare con il sesso. Andrew Bosworth, capo delle tecnologie di Facebook, ha voluto addirittura sottolineare che l'obiettivo è quello di creare un nuovo universo digitale con "livelli di sicurezza quasi pari a quelli della Disney".

La cosa ha suscitato reazioni che vanno dall'indispettito all'ilare nella vasta comunità che già oggi usa la tecnologia per cercare esperienze sessuali innovative.

Si è discusso molto di come Tinder e altri siti d'incontri hanno cambiato la dinamica delle relazioni sentimentali e lo stesso modo in cui si formano le coppie. Partendo da qui e dagli strumenti che industrie specializzate già oggi mettono a disposizione di chi vuole proiettare la sua vita sessuale in rete, è il caso di interrogarsi su quello che bolle in pentola: dalla pornografia tridimensionale, con la possibilità di tentare in universi paralleli esperienze che non avremmo il coraggio di provare nella vita reale, fino agli strumenti digitali visivi, tattili e perfino olfattivi che possono aiutare coppie costrette alla lontananza, magari per motivi di lavoro, a ricostruire una loro almeno parziale intimità.

Molti, in Silicon Valley, scherzano sul fatto che, insieme ai militari del Pentagono, l'industria pornografica è quella più attiva e fantasiosa nello sforzo di tradurre le nuove tecnologie in prodotti di uso comune. E personaggi come la pornostar Ela Darling vengono celebrati come audaci pionieri: decisa a immergersi nella *virtual reality* fin da quando, nel 2013, a una conferenza tecnologica, le fecero provare un visore VR, Darling cominciò subito a filmare video virtuali con riprese fatte da vari angoli con telecamere GoPro, poi integrate in modo da dare una visione tridimensionale del suo corpo.

Molti sviluppatori tecnologici e l'industria del porno lavorano alacremente da anni per offrire nuove esperienze a chi vuole fare sesso virtualmente. Sono già oggi disponibili sul mercato prodotti frutto di integrazioni tra realtà virtuale, tecnologie dell'intelligenza artificiale e giocattoli sessuali controllati via Bluetooth. Prodotti in grado di stimolare quattro sensi con effetti audio, visivi ma anche, nelle realizzazioni più sofisticate, con sensazioni olfattive e tattili. Ad esempio, con tecnologie *wearable*, da indossare, che possono riprodurre la sensazione di un massaggio, di una carezza, della pioggia che cade sulla pelle o sensazioni sessuali più forti.

È impensabile che tutte queste tecnologie non vengano sfruttate, adeguatamente potenziate, nel mondo del Metaverso. Del resto chi ha immaginato per primo questo nuovo universo digitale – Neal Stephenson in *Snow Crash* – ha scritto che "nel Metaverso tu potrai scegliere di essere un gorilla, un drago o un gigantesco pene parlante".

Gli entusiasti parlano di esperienze potenzialmente favolose, liberatorie, che daranno, ad esempio, la possibilità di innamorarsi di una donna-drago e di fare sesso in volo anche a chi è paralizzato o imprigionato da altri handicap fisici.

I pessimisti vedono, invece, soprattutto i rischi, anche alla luce delle prime denunce di donne stuprate nella realtà virtuale: in Corea del Sud nel settembre 2022 è stata emessa la prima sentenza di condanna a una pena detentiva e a percorsi di rieducazione per un uomo di quarantatré anni che nella piattaforma sperimentale del Metaverso di Meta-Facebook ha violentato tre ragazze, una delle quali minorenne. E ha fatto riflettere il caso di Nina Jane Patel, una psicoterapeuta americana, grande fan e consulente del mondo della realtà virtuale, che ha denunciato di essere stata aggredita verbalmente e poi violentata nel Metaverso da quattro avatar.

Comunque si presenterà in futuro il Metaverso, la diffusione della realtà virtuale, che in modi rudimentali esiste da tempo (sulle vecchie piattaforme di *Second Life*, abbandonate da molti anni dal grande pubblico, sono ancora attive comunità di "scambisti" e di persone che cercano comunque emozioni sessuali digitali), porrà quesiti etici ai quali dovremo trovare risposte.

L'uso spregiudicato di una tecnologia penetrante come quella della realtà virtuale, magari accompagnato da "giochi proibiti" condotti utilizzando anche le tecniche di *deepfake*, renderanno necessaria, anche al di là di interventi normativi, una riflessione su possibili cambiamenti delle norme di comportamento sociale e una presa di coscienza collettiva di come la tecnologia può insinuarsi nell'intimità della sfera affettiva.

Ci sono questioni da affrontare che hanno una specifica consistenza anche politica: in primo luogo l'anonimato – garanzia di libertà ma anche abilitatore di abusi e crimini – che nel Metaverso avrà conseguenze molto più rilevanti di quelle, già molto pesanti, che ha avuto nel mondo digitale bidimensionale. Va poi deciso se, almeno da un punto di vista criminale, i comportamenti nella realtà virtuale debbano attenersi alle stesse regole in vigore nella realtà fisica.

Ma molto dipenderà dal senso di responsabilità e dalla consapevolezza individuale. Ogni coppia, ad esempio, potrebbe trovarsi a dover decidere fino a che punto considerare accettabile dar corpo (virtuale) a fantasie che nella realtà fisica non avrebbe mai il coraggio di materializzare.

Il Metaverso industriale e il "gemello" sanitario: è qui la vera rivoluzione?

Nell'immediato, comunque, mentre il Metaverso social è ancora in gran parte da inventare, appaiono molto promettenti le applicazioni professionali e industriali come quelle di QuestPro di Meta. Del resto anche lo scettico Lanier, che da anni fa il battitore libero nella scuderia di Microsoft, punta a una sorta di Metaverso reinterpretato in una versione meno ambiziosa. La sua visione è basata sulla realtà aumentata più che su quella virtuale ed è concentrata soprattutto su lavoro e sanità: dalle riunioni aziendali alle visite mediche, agli interventi chirurgici.

La chiave dovrebbe essere proprio questa: non un unico Metaverso e non (o non solo) realtà virtuale, ma una molteplicità di sistemi che, utilizzando anche la realtà aumentata, a quasi mezzo secolo dalla nascita di internet danno vita a una terza rivoluzione degli strumenti tecnici dopo la stagione dei computer da tavolo e quella degli smartphone.

Una rivoluzione che assumerà aspetti diversi nei vari campi. Ad esempio, la realtà virtuale viene già utilizzata con successo nell'industria ed è prevedibile che lo sviluppo delle tecnologie del Metaverso serva a vari settori per migliorare la creazione di nuovi prodotti sperimentandoli prima nella VR per verificarne, ad esempio, i limiti di resistenza.

È un'evoluzione naturale delle tecniche di progettazione: nella seconda metà del Novecento, con lo sviluppo dell'elettronica, per la trasformazione di idee in prodotti fisici si è passati dai progetti fissati su un tavolo da disegno al Cad (*computer aided design*), cioè la loro elaborazione bidimensionale sullo schermo di un elaboratore. Con la VR si riesce ad andare oltre, passando a un'esperienza tridimensionale, tanto nella produzione quanto nella manutenzione.

In molte aziende è diffuso già oggi l'impiego, nella manutenzione predittiva, dei cosiddetti *digital twins*: questi gemelli digitali sono repliche virtuali di macchinari in esercizio che consentono di studiarne il comportamento senza rischiare di distruggerli o danneggiarli con utilizzi estremi. Questa tecnica – descritta già vent'anni fa nel saggio *Mirror Worlds* da David Gelernter, *computer scientist* di Yale – consente anche di passare da modelli statici a modelli dinamici, costantemente aggiornati sulla base di nuovi parametri alimentati da dati che affluiscono in continuazione.

Uno studio della McKinsey attribuisce alla VR la capacità, nelle aziende che la adottano, di aumentare del 10 per cento il fatturato e di dimezzare il *time to market* (il tempo necessario per passare dallo sviluppo di un prodotto alla sua commercializzazione). Uno dei principali campi di applicazione, oggi, è quello del miglioramento delle prestazioni delle auto elettriche: i dati raccolti da decine di sensori montati sulle vetture già in circolazione vengono utilizzati per ottimizzare il software di controllo di questi veicoli. Sono tecniche che non affascinano e, a volte, di difficile comprensione. Eppure le abbiamo viste sbocciare già mezzo secolo fa, con la drammatica missione lunare di Apollo 13 rimasta impressa nella nostra memoria anche grazie a un film. La missione spaziale della Nasa del 1970 rischiò di finire in tragedia a causa di un'esplosione che danneggiò l'astronave Odyssey, lasciandola con poco ossigeno e pochissima energia elettrica. A terra Ken Mattingly (interpretato nella pellicola del 1995 da Gary Sinise) creò una missione simulata gemella: trasferite su Apollo 13, in rientro dalla Luna, le soluzioni da lui studiate per risparmiare risorse e utilizzare quelle del modulo di allunaggio funzionarono. Sperimentati nello spazio, poi trasferiti all'aeronautica (Boeing vuole sviluppare il suo prossimo aereo nel Metaverso), questi nuovi metodi stanno già dando risultati stupefacenti, ad esempio con gli straordinari livelli di sicurezza raggiunti dai motori a reazione dei velivoli. General Electric sostiene che i suoi motori GE 90 subiscano una rottura ogni milione di ore di volo. Questo sta facendo scomparire dai cieli trimotori e quadrimotori, più complessi e dispendiosi: ormai si vola quasi ovunque nel mondo, anche su rotte lunghissime, a bordo di aerei con due soli motori, con costi e consumi ridotti, senza rischi per la sicurezza.

La tecnologia della realtà virtuale troverà sicuramente applicazione in altri settori come la finanza o la medicina. Ad esempio la Fda, l'agenzia federale americana per l'alimentazione e i farmaci, da anni cerca di rivoluzionare le cure cardiovascolari con il Living Heart Project: lo sviluppo, con la società francese di software Dassault Systèmes, di pazienti virtuali basati su modelli computazionali e di simulatori del comportamento del cuore sottoposto a diversi trattamenti clinici con l'obiettivo di ridurre i tempi di sperimentazione delle nuove terapie. L'obiettivo finale, quello di creare il gemello digitale sanitario di ognuno di noi sul quale sperimentare l'efficacia di cure alternative prima di iniziare i trattamenti sul corpo umano e attraverso il quale prevedere e sventare l'insorgere di nuove patologie, richiederà molti anni per essere raggiunto: sfida complessa e bisognosa di regole per limitare i rischi di uso abusivo dei dati personali sulla nostra salute. Ma si sta già lavorando per costruire repliche almeno di alcune parti dell'organismo. Restando al sistema cardiocircolatorio, l'università di Harvard e i giapponesi di NTT hanno lanciato nel novembre 2022 un piano triennale congiunto per creare una replica digitale del cuore.

Intanto ci sono già aziende che lavorano sullo sviluppo di *trials* clinici nei quali l'effetto di nuove cure sperimentali viene "testato" su pazienti avatar alla ricerca di un equilibrio dei dosaggi che sia più efficace o meno tossico, prima di passare alla somministrazione a pazienti in carne e ossa. Come nel caso della *startup* americana Unlearn.AI, che ha appena raccolto un finanziamento di 50 milioni di dollari per sviluppare *digital twins* capaci di replicare le caratteristiche dei pazienti nei *trials* clinici, utilizzando le tecniche del *machine learning* per elaborare dati delle analisi di laboratorio, delle storie cliniche, informazioni demografiche, *biomarkers*: sempre al fine di facilitare la sperimentazione di nuovi farmaci, rendendola più rapida e meno rischiosa.

Le HoloLens di Microsoft per il Metaverso del Pentagono

Sul palcoscenico del Metaverso, poi, è comparso anche il Pentagono. Negli Usa i militari cercano di tenere il passo delle avanguardie tecnologiche e nel 2021 l'esercito ha firmato con Microsoft un contratto da 22 miliardi di dollari per la fornitura, nell'arco di dieci anni, di 120mila visori HoloLens adattati all'impiego sul campo di battaglia, ricostruito grazie all'intelligenza artificiale e ad applicazioni miste di realtà aumentata e virtuale (*mixed reality*).

I primi visori sono stati consegnati nel settembre del 2022 e sembrano presentare problemi tanto a livello tecnico quanto nelle reazioni fisiche dei soldati che li utilizzano: denunciano nausea e mal di testa.

Tutto questo ci riporta, comunque, a Microsoft e alla sua scommessa sul Web 3. Lanier non crede nel modello Zuckerberg e lavora soprattutto sulla realtà aumentata, ma il gruppo mostra di voler scommettere anche su quella virtuale. Con i suoi apparati HoloLens che, come abbiamo appena visto, faticano a decollare sia negli usi civili che militari, ma soprattutto con il più imponente investimento della storia dell'azienda fondata da Bill Gates: l'acquisto, per quasi 70 miliardi di dollari, del gigante dei videogame Activision. . Una concentrazione che, nell'era Biden, i supervisori federali della FTC, decisi a riattivare le procedure antitrust, stanno cercando di bloccare nei tribunali. Per l'amministratore delegato Satya Nadella, questo sarebbe "il modo per costruire i mattoni del nostro Metaverso".

Sicuramente diverso da quello di Meta, ma qui Nadella mostra di pensarla come i tecnologi convinti che le chiavi per l'immersione in un mondo di realtà virtuale le abbiano le industrie dei videogiochi, che si rivolgono a una comunità di utenti che ormai sfiora i 3 miliardi di persone. Un fenomeno socialmente ed economicamente colossale definito dagli studiosi che lo analizzano "ludocrazia". E un'industria che è arrivata a valere più della somma di quelle televisive e cinematografiche.

Secondo molti esperti, *Fortnite*, il videogioco della Epic Games divenuto un fenomeno planetario, è la base più promettente per la costruzione di un possibile Metaverso: il suo software per la creazione di una realtà virtuale, così come quello di videogame come *Animal Crossing* di Nintendo, può, ad esempio, supportare la grafica per riprodurre matrimoni, cerimonie di laurea, meeting aziendali.

Videogiochi apripista del Metaverso

Ora Epic Games, lanciando un progetto di lungo periodo di collaborazione con la Lego, vuole "creare un luogo nel quale i bambini possano giocare nel Metaverso": di fatto lancia la sfida a *Minecraft* di Microsoft e a Roblox, altro gigante dei videogiochi, anche per la conquista del mercato dei giovanissimi.

In una realtà così magmatica è facile perdere l'orientamento, visto che anche le imprese digitali sembrano annaspare. Non sanno quali modelli avranno successo e quali finiranno su un binario morto. Ma sanno che si devono muovere, evolvere, se non vogliono rischiare di fare la fine della Fairchild: la società di semiconduttori fondata nel 1957 che nel giro di un paio d'anni rivoluzionò la produzione di transistor e avviò la transizione al microprocessore, ma poi si perse per strada fino a essere assorbita da un'altra impresa, nemmeno di primo piano.

È per questo che tante società stanno scommettendo sul Metaverso – o, meglio, su una moltiplicazione dei metaversi – magari lanciando solo una fiche sul tavolo verde, come ha fatto la Chase.

Dimon non sa dove sta andando la tecnologia ma mette le mani avanti e fa ruggire la sua tigre digitale, visto che uno studio redatto dagli analisti della banca ipotizza che quello del Metaverso possa diventare, nell'arco di qualche anno, un affare da mille miliardi di dollari. Il 31 marzo del 2022, un mese dopo il lancio della banca avatar di Chase, è scesa in campo anche Citi, l'altro gigante del credito di New York, con uno studio di 184 pagine che ipotizza, da qui al 2030, un giro d'affari variabile addirittura tra gli 8 e i 13mila miliardi di dollari per un Metaverso planetario con 5 miliardi di utenti basato sulla realtà aumentata, non quella virtuale, e su un mix di terminali tecnologici che comprenderà tanto i visori quanto gli smartphone.

Insomma, in tanti danno l'impressione di investire per non perdere il treno del futuro anche se non sanno dove è diretto. Alle incertezze sull'evoluzione della tecnologia e delle preferenze degli utenti alla fine del 2022 si sono aggiunti altri due fattori potenzialmente critici. Da un lato, la decisione della Ftc di Lina Khan di denunciare nei tribunali l'acquisto di Activision da parte di Microsoft con l'intenzione di bloccare questa fusione: è l'avvio di una battaglia legale che potrebbe durare anni e anche il segnale della volontà delle authority di controllo di tornare ad applicare con severità le norme antitrust. Dall'altro, il rapido sviluppo dell'intelligenza artificiale generativa (ne abbiamo parlato nel nono capitolo) induce alcuni analisti a ipotizzare che gli investitori del *venture capital* e gli sviluppatori, sempre alla ricerca di nuove tecnologie promettenti ed eccitanti, possano spostare (parzialmente o totalmente) la loro attenzione dal Metaverso alla *generative AI*.

Ma, se la meta è ignota, si può capire almeno in che direzione sta andando il convoglio?

Una delle ipotesi più ragionevoli, quella delle "super-app", è stata formulata da Galloway poco dopo l'annuncio della trasformazione di Facebook in Meta: Zuckerberg, ha sostenuto il docente della NYU e guru della tecnologia, ha imboccato un vicolo cieco, il visore Oculus non sarà mai popolare come un iPhone.

Secondo Galloway è più probabile che si arrivi alla concorrenza tra vari metaversi: gruppi che, intrecciando imprese del mondo dei servizi digitali con quelle dell'informazione e dei videogiochi, creeranno una serie di super-app. In sostanza delle piattaforme in grado di intrattenere l'utente e di offrirgli una quantità senza fine di servizi, anche in realtà aumentata e virtuale. Tutto funzionale alla creazione di un nuovo universo digitale, magari senza avatar, ma nel quale verremo trattenuti il più a lungo possibile perché lì potremo fare tutto quello che ci serve: comprare, lavorare, studiare, divertirci, coltivare rapporti interpersonali, ottenere servizi. Al centro non ci sarà una rete sociale perché ormai c'è troppa diffidenza, anche politica, nei loro confronti: meglio un'entità apparentemente neutra. Galloway pensa che una chance possano averla i sistemi di pagamento come PayPal o Square che, tra l'altro, incarnano il vero obiettivo di queste superpiattaforme: vendere.

Una visione ancora più definita la offre l'ex capo delle strategie di Amazon Studios, Matthew Ball, nel saggio *The Metaverse: And How It Will Revolutionize Everything* pubblicato a metà del 2022. Autore prolifico che fin dal 2018 annuncia l'arrivo della nuova era dell'internet tridimensionale, Ball parte dalla descrizione tecnica di cosa dovrebbe essere questo Metaverso che ognuno interpreta e declina a modo suo: "Una rete massiccia e interoperabile di mondi virtuali resi in 3D che potrà essere utilizzata in modo sincronizzato e persistente da un numero illimitato di utenti il cui senso di presenza in questo nuovo spazio sarà legato ai dati relativi alla loro identità, storia personale, diritti, pagamenti e comunicazioni".

Ball cerca, poi, di depotenziare le visioni distopiche ma al tempo stesso, pur vedendo nelle nuove tecnologie grandi potenzialità positive, avverte che bisogna evitare il rischio che i big della Silicon Valley dominino anche il Metaverso trasformandolo in una versione *corporate* di internet. Mentre altri, come lo stesso Galloway e il fondatore di Epic Games, Tim Sweeney, considerano assolutamente prioritario evitare che una sola compagnia (il riferimento è a quella di Zuckerberg) prenda il controllo del nuovo universo digitale: "Sarebbe più potente di qualunque governo, un vero dio sulla Terra".

Le distinzioni dei social media amplificate nel Metaverso

Insomma, man mano che la polvere dei primi annunci di Zuckerberg si deposita, la discussione si sposta dalla possibilità di costruire il Metaverso (visto sempre più come un nuovo ambiente molto coinvolgente ma non fatto solo di realtà virtuale) ai rischi insiti nella nuova tecnologia. Lo stesso Ball riconosce che "i problemi che si sono manifestati in questi anni – proprietà e sicurezza dei dati, potere e regolamentazione delle piattaforme, disinformazione, radicalizzazione, crescente ruolo degli algoritmi nelle nostra vita, tossicità e prevaricazione nella comunicazione online – non potranno che ripetersi, esacerbati, nel Metaverso". Anche perché "la moderazione dei contenuti in uno spazio 3D richiede tecnologie e procedure d'intervento diverse rispetto a un testo 2D".

Il profondo impatto politico e sociale dell'era dei social media ha colto tutti di sorpresa. E, una volta che si sono imposti e si sono rivelati molto redditizi, oltre che deleteri, i nuovi *business models* sono diventati difficili da modificare. Nel caso del Web 3, anche se nessuno sa bene quale sarà il punto d'approdo, è necessario che la politica si muova subito perché, come nota lo stesso Ball, è nel momento in cui le piattaforme evolvono che è più facile intervenire.

Se n'è reso conto anche il World Economic Forum, che a metà del 2022, a Davos, ha lanciato, mettendo insieme esperti, accademici e 60 imprese, un'iniziativa per lo sviluppo di un Metaverso "equo, interoperabile e sicuro". Progetto significativo ma il cui grado di concretezza è tutto da verificare a cominciare dalla sincerità di dichiarazioni come quella del presidente per i *global affairs* di Meta, Nick Clegg, ormai il braccio destro di Zuckerberg: a parole riconosce che il Metaverso "non deve essere forgiato dalle società tecnologiche sulla base dei loro bisogni ma va sviluppato in modo aperto in uno spirito di cooperazione tra settore privato, legislatori, società civile, accademia e utilizzatori di queste tecnologie".

Ancor più interessante un'indagine del Pew Research Center, forse il più rispettato degli istituti di ricerche sociali degli Stati Uniti, che nel giugno 2022, anziché condurre un sondaggio tradizionale usando un campione indistinto di americani, ha chiesto a 624 esperti di tecnologia – imprenditori, ricercatori, politici, studiosi, attivisti – di fare una previsione sulla traiettoria del Metaverso fino al 2040. Aspettative molto positive si mescolano, ovviamente, a timori di scenari distopici, ma il panel ha messo in luce soprattutto due tesi di fondo: in primo luogo, i più ritengono che al 2040 il Metaverso sarà centrato sulle tecnologie della realtà aumentata e della cosiddetta *mixed reality*, non su quella totalmente immersiva della realtà virtuale. Inoltre, molti avvertono che questi nuovi mondi tenderanno, per loro natura, a estremizzare ogni tratto e tendenza umana: quelli positivi come quelli negativi.

Disinnescare il moltiplicatore di pregi e difetti del web

Sul piano politico, dunque, il rischio, se non si adottano interventi correttivi per tempo, è quello di ritrovare, amplificate, le distorsioni prodotte dal mondo dei social media. Mentre dal punto di vista psicologico è forte la minaccia di un'ulteriore compromissione dei meccanismi di coesione sociale, se la dipendenza da piattaforme che assorbono sempre più l'individuo in una logica di giochi e di esperienze fantastiche porterà a un maggior isolamento degli utenti.

Una prospettiva che non può non preoccupare, visto che già oggi siamo alle prese con estesi fenomeni di disgregazione sociale in buona parte dovuti a eccessi di individualismo.

Insomma, se la vita online ha finito per accelerare i trend di quella reale, l'ingresso in una vita parzialmente o totalmente immersa nelle realtà aumentate e virtuali rischia di funzionare da turbocompressore.

E se, come abbiamo già visto, la rivoluzione di *big data* è stata sfruttata da governi e imprese per aumentare esponenzialmente – a fini politici o anche solo commerciali – il controllo sulla società, lo sviluppo di un ambiente più immersivo, sostiene in America Toby Shulruff, tecnologa della rete nazionale contro la violenza domestica, "non potrà che espandere ulteriormente la sorveglianza sui cittadini di governi e corporation".

È importante, dunque, chiudere per tempo le porte della stalla. È quello che promette di fare l'Europa, mentre gli Usa rimangono fermi, almeno a livello legislativo. In una lettera d'intenti sulle priorità per il 2023 pubblicata nel settembre scorso, la presidente della Commissione UE Ursula von der Leyen scrive che Bruxelles "adotterà un'iniziativa sui mondi virtuali come il Metaverso".

Cosa intenda l'ha spiegato il commissario al Mercato interno, Thierry Breton: sostegni allo sviluppo di infrastrutture per le nuove tecnologie, ma anche interventi nella loro fase evolutiva per evitare che nuovi spazi socio-digitali ancora più immersivi ripropongano le esperienze tossiche che si sono manifestate, ad esempio, con la crescita convulsa di Facebook.

Per Breton "i metaversi privati dovranno svilupparsi attraverso standard di interoperatività: nessun singolo operatore privato dovrà detenere le chiavi della pubblica piazza o fissare termini e condizioni". E ancora: "Abbiamo imparato la lezione: non saremo i testimoni di un altro *Wild West* di monopoli privati".

Parole forti alle quali non è detto che seguiranno le azioni politiche conseguenti.

Conclusioni
Dinamiche sociali, regole e consenso nell'era della tecnologia

Gli straordinari sviluppi che si sono verificati negli ultimi cinquant'anni nelle tecnologie dell'informazione e della comunicazione hanno profondamente condizionato ogni aspetto dell'organizzazione sociale, con conseguenze che sono ancora largamente inesplorate. Le tecnologie hanno modificato i meccanismi di apprendimento, il sistema dei rapporti sociali, i mezzi di informazione, le dinamiche politiche. Inoltre, hanno favorito lo sviluppo di sistemi invasivi di sorveglianza sociale, hanno dato intelligenza alle macchine e le hanno rese indipendenti dalla volontà umana, hanno perfino consentito di manipolare le sfere più intime della vita attraverso gli sviluppi della genomica. Hanno anche creato enormi concentrazioni di ricchezza che sfuggono a un controllo democratico per l'influenza che esercitano sul sistema sociale e politico e polarizzato il mercato del lavoro, tra figure ad alta professionalità e attività precarie e a bassa qualificazione. Tutto ciò ha compresso e impoverito la classe media che rappresentava il baluardo della stabilità sociale dell'Occidente e ha radicalizzato l'elettorato di molti paesi rafforzando soprattutto i movimenti di estrema destra.

Tutto questo è avvenuto in un clima di acritica euforia per la rapidità e il potenziale di cambiamento che la rivoluzione tecnologica rappresenta. In molti paesi la politica si è data l'obiettivo di favorire un'accelerata penetrazione della tecnologia perché i vantaggi di una sua diffusione dovevano prevalere su qualsiasi altra considerazione. Contrariamente a quanto avvenuto per lo sviluppo delle telecomunicazioni, che sono da sempre un settore fortemente regolato, in questo caso si è scelto di non mettere regole. L'unica preoccupazione dei governi è stata quella di incentivare la costruzione di infrastrutture che garantissero una sempre maggiore ampiezza di banda trasmissiva per sfruttare la crescita esponenziale della potenza di calcolo disponibile..

È mancata una riflessione approfondita sulle implicazioni politiche e sociali della trasformazione tecnologica e sugli strumenti di tutela della popolazione da effetti indesiderati dell'uso della tecnologia.

Questa rinuncia, considerata ovvia da alcuni, è, in realtà, sorprendente. Basta pensare a quanti paesi – quasi tutti quelli avanzati, compresa l'Italia – si preoccupano di definire specifiche tecniche destinate a condizionare il comportamento degli utilizzatori. Nella progettazione delle strade, ad esempio, la lunghezza dei rettilinei deve essere inferiore a una certa misura per evitare la mancanza di attenzione durante la guida e per far sì che il conducente di un veicolo mantenga una velocità compresa entro i limiti previsti dal progetto. Ci si preoccupa, poi, di favorire l'inserimento della strada nel contesto ambientale e di realizzare tutti gli accorgimenti necessari perché il viaggio avvenga in totale sicurezza. Nulla di tutto ciò è stato fatto per le tecnologie digitali.

Eppure la specificità della rivoluzione tecnologica e la profondità dei cambiamenti indotti avrebbero dovuto stimolare l'attenzione della politica.

La tecnologia non è un elemento esogeno rispetto alla società. Il suo sviluppo e la sua diffusione rispecchiano la struttura sociale e le sue esigenze: non è il risultato di intuizioni staccate dal contesto nel quale vengono generate. Valga per tutti l'esempio della polvere nera sviluppata in Europa per le armi da fuoco e in Cina per i giochi pirotecnici.

In passato, le rivoluzioni tecnologiche hanno avuto come principale obiettivo quello di affrancare l'uomo dai limiti della sua costituzione fisica. Con le mani si raccolgono semi e frutti e ci si possono procurare proteine animali attraverso l'allevamento e la caccia. Le innovazioni nella metallurgia hanno consentito all'uomo di abbandonare la condizione di raccoglitore-cacciatore che lo aveva caratterizzato per migliaia di anni. I semplici attrezzi per potenziare le attività manuali come la falce, l'accetta e il martello hanno dato spazio all'agricoltura e favorito lo sviluppo della civiltà urbana.

Negli ultimi tre secoli lo sviluppo delle macchine ha aumentato enormemente la produttività del lavoro e ha creato il surplus che ha finanziato una crescita accelerata e un maggiore e più diffuso benessere. Grazie alle innovazioni nelle fonti di energia, dal vapore all'elettricità, l'uomo si è affrancato dalla fatica e ha incredibilmente aumentato la propria capacità di trasformare l'ambiente.

Il rapporto con una natura ostile da controllare e sottomettere è stato per millenni la principale preoccupazione umana: quella sulla quale si è riversato il potenziale di creatività che la sua intelligenza metteva a disposizione. L'uomo ha costruito le città per collaborare, ha irregimentato le acque che rendevano inutilizzabili i terreni e ostacolavano i traffici, ha costruito le strade, i ponti e i porti per promuovere i commerci, ha sviluppato le fonti di energia per sostenere la crescita. La sostenibilità di questo processo era assicurata da una limitata pressione della popolazione sulle risorse del pianeta.

Negli ultimi settant'anni si è, però, verificato un cambiamento epocale: la popolazione del pianeta è triplicata arrivando a 8 miliardi di individui e le condizioni di vita sono migliorate con un reddito pro capite che è aumentato di dieci volte. In queste condizioni il rapporto conflittuale con la natura è cambiato di segno. La natura è diventata un bene da proteggere e non un nemico da battere, o forse un sistema da trasformare in modo più sottile e profondo di quanto avvenuto finora. Si sono sviluppati i concetti di economia circolare per favorire il riuso delle risorse, si è incentivato il risparmio in tutti settori, a partire dall'energia.

Non è un caso che tecnologie dell'informazione e della comunicazione abbiano registrato una straordinaria crescita proprio in coincidenza con questo profondo mutamento nel rapporto tra uomo e natura. Ci si è posti l'obiettivo di sostituire a una crescita di tipo puramente quantitativo, una crescita di tipo qualitativo che si rivolgesse meno ai bisogni materiali e più a quelli relativi allo sviluppo della persona. Anche se l'impulso originario è venuto dalle esigenze di tipo militare legate alla Guerra fredda, a ben vedere la consapevolezza che un modello di sviluppo basato su produzioni e consumi di massa avesse dei limiti è nata agli inizi degli anni Settanta, con la prima crisi energetica e le riflessioni del Club di Roma sui limiti dello sviluppo. Chi ha intuito prima di altri la complessità della trasformazione che il mondo stava affrontando è stato Al Gore: un precursore nel promuovere un programma rivolto alla tutela dell'ambiente e allo sviluppo della società dell'informazione.

Le tecnologie digitali di informazione e comunicazione (ICT) hanno lo scopo di liberare l'uomo dai limiti fisici del proprio cervello e di esaltare le potenzialità dell'intelligenza umana. Ma, mentre il processo di liberazione dell'uomo dalla fatica fisica ha richiesto tempi lunghissimi e le società hanno potuto adattarsi, nel mondo della tecnologia digitale tutto sta avvenendo in un tempo troppo breve.

La liberazione dalla fatica fisica si misura nella dimensione temporale dei secoli, il progresso dell'ICT si misura con i tempi della legge di Moore che dagli anni Sessanta fino agli anni Dieci di questo secolo ha raddoppiato ogni diciotto mesi la potenza di calcolo di un microprocessore, per poi diminuire gradualmente negli anni più recenti in conseguenza dei problemi dovuti all'estrema riduzione delle dimensioni dei transistor. L'accesso e la diffusione della conoscenza, l'eliminazione dei vincoli di tempo e di spazio che hanno permesso a tante intelligenze di condividere la conoscenza e di collaborare in tempo reale hanno ulteriormente accelerato il ritmo della trasformazione.

La diffusione del digitale è stata guidata da una spinta utopica che vedeva nella tecnologia lo strumento per esaltare il potenziale dell'individuo, per dargli totale libertà e controllo su se stesso e sull'ambiente che lo circonda. In un mondo tecnologico non è più necessaria la gerarchia, la divisione del lavoro sociale, la delega: si realizza il sogno della democrazia diretta, di una riappropriazione del potere da parte dell'individuo. Si crea una grande agorà dove, come sosteneva il Movimento Cinque Stelle agli esordi della sua esperienza politica, uno vale uno. Da Barlow a Gianroberto Casaleggio, l'ideologo del movimento, la tecnologia è stata considerata uno strumento di liberazione.

Come tutte le utopie anche quella tecnologica ha, però, generato dei mostri. Contrariamente alle aspettative iniziali, il potere non si è diffuso ma si è concentrato nelle mani di pochi. Le intenzioni delle origini erano di stimolare l'iniziativa imprenditoriale diffusa, ma un mercato senza regole ha portato alla prevalenza del più forte. E la strada sulla quale si è indirizzato lo sviluppo non è stata quella auspicata da Gore, ma quella della società dei consumi illimitati. Il modello di business che ha trovato più ampia applicazione è stato quello della pubblicità. In questo non c'è stata una particolare innovazione. La pubblicità ha sostenuto lo sviluppo della stampa e della televisione commerciale. Ma la tecnologia ha dato un vantaggio agli investitori pubblicitari: quello di colpire il singolo individuo con un messaggio calibrato sulla sua personalità, le sue preferenze e le sue disponibilità economiche. La tecnologia ha garantito una penetrazione invasiva nelle sfere più intime della persona. L'obiettivo era quello di stimolare il consumo per conto terzi, come nel caso di Google, o per conto proprio, come nel caso di Amazon.

Ma, attraverso la conoscenza delle dinamiche del comportamento umano, la capacità di influirvi si è estesa dalla sfera dei consumi alla sfera politica, condizionando scelte importanti come la Brexit nel Regno Unito o l'ascesa di Trump negli Stati Uniti. La combinazione tra capacità d'influenza generata dagli algoritmi e disagio sociale provocato dalla trasformazione dei modelli economici ha dato un potente impulso alla radicalizzazione politica.

I regimi autoritari sono quelli che hanno beneficiato maggiormente del potenziale delle tecnologie: soprattutto quello cinese che ha fatto largo uso anche delle infrastrutture di riconoscimento biometrico per esercitare un controllo sociale sempre più penetrante e generalizzato arrivando fino a sviluppare meccanismi in grado di anticipare e di impedire comportamenti ritenuti devianti.

La sfida che hanno davanti a sé, oggi, i paesi democratici, è quella di garantire che la diffusione delle tecnologie serva a un ordinato progresso della società, assicurando il funzionamento del sistema di contrappesi che ha consentito fin qui di garantire un'evoluzione equilibrata del sistema democratico soprattutto in Occidente.

Nel fare questo le nostre democrazie devono anche ridefinire i rapporti tra governi e imprese digitali che tendono a comportarsi come uno Stato nello Stato e devono evitare che i nostri modelli politici liberali vengano messi alle corde, o addirittura travolti, da quelli autoritari.

Siamo ancora in tempo per incanalare la rivoluzione tecnologica sulla strada indicata dal progetto della società dell'informazione, realizzando la promessa di potenziare la capacità umana liberandone la creatività.

Ma, come abbiamo appena visto, quella strada è piena di difficoltà e rischi. Una situazione resa ancor più complessa dalla necessità – pur in un mondo nel quale l'aspra contrapposizione Usa-Cina porta allo sviluppo di due universi informatici alternativi, "*splinternet*" al posto di internet – di ricercare regole internazionali condivise per garantire almeno il funzionamento e la sicurezza dei rispettivi sistemi. Se non siamo più in grado di sviluppare un unico sistema planetario, bisogna quantomeno costruire un consenso planetario sulla base di un'architettura capace di offrire certezze rispettando il principio della non interferenza che, dall'epoca della pace di Vestfalia, regola i rapporti tra Stati sovrani.

Gli Stati Uniti si sono per lungo tempo opposti all'idea di affidare la governance di internet alle istituzioni internazionali che sovrintendono al mondo delle telecomunicazioni, la più importante delle quali è l'Itu, l'Unione internazionale delle telecomunicazioni: una sorta di Onu del digitale. Come per altre istituzioni internazionali, l'amministrazione americana ha perseguito a lungo una politica finalizzata a limitare, per quanto possibile, il mandato dell'agenzia. L'obiettivo dichiarato era di non ostacolare lo sviluppo dell'ICT ma quello effettivo era la salvaguardia del primato americano nel settore: un primato che garantiva un formidabile vantaggio strategico sul piano dell'intelligence e della difesa. Solo recentemente c'è stata una parziale correzione di rotta. Nel 2017 il documento di National Security Strategy ha raccomandato un approccio più attivo nei confronti dell'Itu. Questo cambiamento, che segue di un anno la decisione del governo americano di cessare la sorveglianza sull'Icann, ha portato nell'ottobre 2022 a far eleggere alla carica di segretario generale l'americana Doreen Bogdan-Martin.

Il tema della governance di internet e del ruolo del governo americano è emerso prepotentemente a livello internazionale una decina d'anni fa dopo le rivelazioni di Edward Snowden che hanno messo in evidenza l'attività di sorveglianza svolta dagli Stati Uniti anche nei confronti di governi amici. Si fece portavoce dello sconcerto per quelle rivelazioni l'allora presidente brasiliana Dilma Rousseff: il 23 settembre 2013, davanti all'assemblea delle Nazioni Unite, dichiarò la propria indignazione per le azioni di spionaggio nei confronti del suo paese e si impegnò a presentare una proposta per creare un quadro di governance di internet che assicurasse l'effettiva protezione dei dati che circolano in rete.

La conferenza, che si svolse nell'aprile del 2014 e venne chiamata NetMundial, provò a stabilire dei nuovi princìpi di governance ma non andò oltre affermazioni generiche. A opporsi erano soprattutto due gruppi di interesse che muovevano da posizioni antagoniste. Da un lato, un gruppo di paesi, capitanato da Russia e Cina, chiedeva che la governance di internet venisse ricondotta nell'ambito delle organizzazioni internazionali che fanno capo alle Nazioni Unite. Dall'altro, la Internet Society e l'Internet Architecture Board contestavano il rigido assetto organizzativo previsto dal documento finale, molto lontano dal sistema *multistakeholder* informale (cioè un sistema capace di coinvolgere tutte le parti direttamente interessate) che aveva fino ad allora guidato la sviluppo di internet.

Il segnale proveniente dal NetMundial era, però, troppo forte per non aprire una breccia anche nella posizione degli Stati Uniti. La possibilità che molti governi si muovessero lungo la strada aperta dalla Cina con il rischio di una crescente frammentazione di internet impose all'amministrazione americana di dare un segnale di discontinuità nella governance tracciando una separazione più netta tra il governo americano e l'Icann e garantendo un'effettiva gestione *multistakeholder* degli elementi chiave della rete. Fu così che il 14 marzo 2014 la National Telecommunications and Information Administration del dipartimento del Commercio annunciò l'intenzione di trasferire le sue funzioni di sorveglianza a una comunità *multistakeholder*.

La condizione fondamentale per la transizione era che il ruolo tradizionalmente svolto dal governo americano non venisse attribuito a un'organizzazione intergovernativa sul modello delle Nazioni Unite, ma mantenuto da un'ampia comunità di interessi. Il piano di transizione avrebbe dovuto garantire l'allargamento e il rafforzamento di questa comunità, così come conservare una rete internet aperta, sicura, stabile e resiliente.

La chiusura dei contratti con il dipartimento del Commercio nel 2016 ha segnato la conclusione del processo di transizione da un regime fortemente condizionato dal governo americano a quella che dovrebbe essere una comunità di *stakeholders*. Ma certamente non ha risolto i problemi di governance di internet né quelli di difesa della sovranità nel mondo della rete come dimostra il caso del GDPR varato dall'Unione Europea per la protezione dei dati personali dei suoi cittadini. A partire da maggio 2018 il GDPR ha, infatti, bloccato l'accesso alle informazioni personali di chi registra dominii internet. Informazioni che, precedentemente, erano rese disponibili da Whois: il servizio di *directory* gestito da Icann che aveva un ruolo fondamentale ai fini di tutela della sicurezza dell'infrastruttura e del contrasto dei crimini informatici.

Molti pensano che il problema della governance sia semplicemente un problema tecnico e che quindi possa essere risolto nel modo in cui è stato affrontato il tema degli standard di internet. Non è così. Per avere un web affidabile tanto in termini di accesso quanto di uso, va creato un ambiente in cui il diritto alla privacy, alla sicurezza e alla proprietà intellettuale siano garantiti. Vanno quindi affrontati in sede internazionale non solo i temi di governance tecnica di internet, ma anche quelli della privacy e della sicurezza. La varietà delle questioni e delle criticità legate a internet rende oggettivamente complesso avere un unico regime di governance: per arrivarci servirebbe almeno una visione comune sul futuro della rete e sui problemi da risolvere con la governance. Questo consenso non esiste.

L'attuale sistema di governance dovrà evolversi da un sistema *multistakeholder* a uno più strutturato nel quale il ruolo delle istituzioni internazionali abbia più peso. Problemi come la *cybersecurity* richiederanno un coinvolgimento maggiore degli Stati, con accordi internazionali. Altri, come la definizione di standard tecnici e la garanzia di interoperabilità, possono essere gestiti meglio attraverso meccanismi di autoregolazione tra i principali portatori di interessi.

L'obiettivo di una governance internazionale condivisa è quello di garantire che il sistema funzioni in sicurezza e che non possa essere manipolato o utilizzato a fini di aggressione politico-militare. Va comunque lasciata interamente alla responsabilità dei singoli Stati-nazione la definizione delle istituzioni che devono regolare il modo in cui le tecnologie vanno utilizzate per sfruttarne appieno il potenziale senza che un uso distorto possa comportare dei rischi per la società.

Qui tra i temi più delicati c'è, ovviamente, l'impatto che la tecnologia ha sul sistema politico ed elettorale e sulla dinamica democratica. Un tema complesso per gli aspetti che abbiamo esaminato nei capitoli precedenti e, in particolare, per la trasformazione che la tecnologia ha prodotto nei sistemi sociali.

Questa trasformazione si coglie con sempre maggiore evidenza nel passaggio da una dimensione collettiva dei fenomeni sociali a una dimensione individuale e investe il tempo del lavoro e il tempo dello svago creando il paradosso per cui in un mondo iperconnesso uno dei maggiori problemi sociali è diventata la solitudine. Con la pandemia molti si sono abituati a lavorare da da casa, al computer; non si va più al cinema e a teatro; si privilegiano i rapporti virtuali mediati dallo schermo dello smartphone anche quando si è in compagnia. Perfino nel gioco la dimensione individuale prevale su quella collettiva. Le reti sociali sulle quali è stato costruito il successo dell'industria della tecnologia hanno eliminato la dimensione fisica dei rapporti interpersonali e hanno creato l'illusione di una totale libertà garantita dall'isolamento e dall'anonimato.

La storia dell'umanità è andata però fino ad oggi in una direzione diversa. L' evoluzione delle forme di socialità ha limitato la libertà personale attraverso la codificazione di tradizioni e norme, perché l'interazione sociale regolata ha favorito il progresso. Così è stato per la nascita della città con lo sviluppo della democrazia in Grecia, cioè una forma di organizzazione sociale che limita l'arbitrio della forza e stimola la convivenza pacifica. L'idea di *civitas*, introdotta dai romani, ha fatto evolvere l'invenzione greca della società come organizzazione governata dalla politica in un'organizzazione governata da un sistema di leggi codificate. All'origine dello Stato moderno le teorie contrattualiste prevedono un sistema di rinunce e di obbligazioni tra governanti e governati. Teorie che sono tutto il contrario della dichiarazione di indipendenza del cyberspazio di Barlow che abbiamo più volte citato: "Noi non abbiamo alcun governo eletto, è probabile che non ne avremo alcuno, così mi rivolgo a voi con una autorità non più grande di quella con cui la libertà stessa, di solito, parla. Io dichiaro che lo spazio sociale globale che stiamo costruendo è per sua natura indipendente dalla tirannia che voi volete imporci. Non avete alcun diritto morale di governarci e non siete in possesso di alcun metodo di costrizione che noi ragionevolmente possiamo temere".

La storia della rivoluzione industriale coincide con la presa di coscienza della dimensione politica dei fenomeni collettivi. Le recinzioni delle terre comuni nell'Inghilterra del Settecento e l'abolizione delle *poor laws* che hanno riversato sul mercato del lavoro enormi masse di persone impoverite hanno favorito la nascita dei sindacati e dei grandi partiti di massa che hanno segnato la storia politica degli ultimi due secoli.

La crescita della classe media nel Dopoguerra ha messo in crisi i movimenti radicali e ha segnato la fine dei partiti di ispirazione comunista, ma allo stesso tempo ha creato le condizioni per una ulteriore profonda trasformazione sociale. La crescita dei salari e l'esplosione dell'inflazione negli anni Ottanta hanno accelerato la sostituzione di capitale a lavoro. La tecnologia ha incominciato a incidere sulle dinamiche sociali, riducendo il fabbisogno di manodopera nella manifattura e riorganizzando il sistema produttivo allargando lo spazio dei servizi.

Ne è risultato un cambiamento epocale nei rapporti sociali: è iniziato il declino delle organizzazioni di massa perché la società si è frammentata. I grandi partiti storici che erano portatori di interessi sociali omogenei non potevano più essere i rappresentanti di una molteplicità di interessi che non avevano un punto di aggregazione.

Questo processo ha subìto una drammatica accelerazione nel corso della pandemia. Il prolungato isolamento e la necessità di non fermare l'economia hanno dato uno straordinario impulso alle tecnologie digitali e hanno messo in crisi la dimensione collettiva dell'attività lavorativa anche al di fuori della fabbrica.

Tenuto conto che la maggior parte dell'occupazione si svolge nei servizi, la presenza fisica si è resa necessaria, come detto, soprattutto in attività a basso valore aggiunto. Le aggregazioni sono diventate episodiche e motivate da eventi specifici, e non sistematiche e continuative come in passato. Usciti dalla pandemia, la maggior parte delle imprese ha avuto difficoltà a riportare l'attività lavorativa negli uffici per la scarsa disponibilità dei dipendenti a riprendere le modalità di lavoro preesistenti. La tecnologia è stata uno strumento di liberazione da una condizione che sembrava immodificabile: la separazione fisica, sociale ed emotiva tra il tempo del lavoro e tutto il resto.

Il prevalere della dimensione individuale nella sfera del lavoro ha provocato un mutamento genetico nel sistema di rappresentanza politica. I partiti sono stati negli ultimi due secoli portatori di una ideologia, cioè di una visione organica degli interessi di classe. La frammentazione della società e la prevalenza della dimensione individuale li ha privati di una specifica identità. La leadership politica è diventata rappresentanza degli umori della società: umori che cambiano con la stessa velocità dei *trending topics* delle piattaforme sociali e dalle quali possono essere guidati o manipolati.

Non ci sono interessi di classe da difendere ma tendenze da cavalcare che spesso hanno origine nel senso di incertezza e di spaesamento che vive la società. E mentre i lavoratori sono diventati più deboli, le grandi concentrazioni economiche favorite dalla tecnologia hanno dato a pochi grandissimi imprenditori e finanzieri un potere straordinario che si è tradotto in un'altrettanto straordinaria capacità di influenza politica.

La loro forza è alimentata dal fatto che si sono sviluppate in un ambiente – lo spazio digitale – sempre più frequentato dal cittadino-utente e sul quale i governi hanno un controllo estremamente limitato. Insofferenti a ogni possibile vincolo politico, alcuni di questi imprenditori – Zuckerberg con il Metaverso, Vitalik Buterin con la piattaforma Ethereum, Peter Thiel puntando sulle criptovalute e il mondo di *fintech*, lo stesso Elon Musk con le attività spaziali, il trasporto elettrico, l'intelligenza artificiale e, ora, anche le comunicazioni (Starlink) e le reti sociali, con la temeraria avventura in Twitter – vorrebbero trascinare tutti, cittadini e governi, oltre il concetto di Stato-nazione.

Non è una sfida banale perché gli Stati, pur mantenendo i loro ampi poteri – da quello di regolare e legiferare al monopolio dell'uso legale della violenza – hanno visto compromessa la loro presa su cittadini delusi e disorientati, molti dei quali sono rimasti senza lavoro o hanno un impiego precario.

Ma la politica non è disarmata davanti a tutto questo: oltre ai poteri regolamentari e al rilancio dell'antitrust, può, ad esempio, intervenire sul mercato del lavoro non solo con sussidi, ma anche spingendo la gente verso attività che non sono facilmente automatizzabili, creando un rapporto di collaborazione, anziché di sostituzione, tra uomo e macchina, cambiando il sistema degli incentivi.

Come abbiamo visto nel nono capitolo, autorevoli economisti hanno calcolato che attualmente nei paesi avanzati il lavoro viene assoggettato, mediamente, a un prelievo fiscale del 25 per cento, mentre gli investimenti in tecnologia, scontate tutte le varie forme di incentivazione, pagano una tassa prossima allo zero: la tecnologia è la chiave del nostro futuro, ma un eccesso di automazione accentua le lacerazioni del tessuto sociale.

Oggi esistono fortissimi stimoli fiscali che spingono a sostituire il lavoro con il capitale (basti pensare al ruolo degli ammortamenti e alla deducibilità degli oneri finanziari). È un sistema nato in un contesto di capitale scarso. Oggi, invece, siamo in un mondo caratterizzato da eccessi di capitale e scarsità di competenze umane.

Non mancano gli strumenti per imporre una correzione di rotta, magari anche favorendo lo sviluppo dell'economia circolare che, oltre a quello di incidere positivamente sull'ambiente, ha il pregio di rimettere l'elemento umano al centro del processo. Bisogna vedere se c'è la volontà politica di battere una strada che, comunque, richiede impegno e una buona dose di coraggio.

Ma il non far nulla è ancora più rischioso: come abbiamo visto in questo libro, il peggioramento nella distribuzione della ricchezza e del reddito ha creato scontento che, a differenza di quanto avveniva in passato, non si è più espresso nelle forme dei movimenti organizzati ma nella ricerca da parte di ciascuno di chi potesse dare voce nelle forme più radicali al malcontento.

Trump ha saputo interpretare con grande efficacia questo stato d'animo: violenza verbale, parole d'ordine dal forte contenuto emotivo, rifiuto della legalità. Con il prevalere della dimensione individuale e la crisi della rappresentanza collettiva è venuto a mancare il sistema di pesi e contrappesi che ha per lungo tempo garantito la dinamica democratica: un tarlo che, in assenza di correttivi, può minare le fondamenta della nostra democrazia.

Bibliografia

AA.VV., *La politica dell'algoritmo*, in "Aspenia", n. 85, 2019.

AA.VV., *La rete a stelle e strisce*, "Limes", n. 10, 2018.

Abramson Jill, *Mercanti di verità. La grande guerra dell'informazione*, Sellerio, 2021.

Acemoğlu Daron, Restrepo Pascual, *Robots and Jobs: Evidence from U.S. Labor Market*, NBER Working paper, 2017.

Acemoğlu Daron, Restrepo Pascual, *The Race between Man and Machine: Implications of Technology for Growth, Factor Shares and Employment*, in "American Economic Review", 2018.

Acemoğlu Daron, Robinson James, *La strettoia. Come le nazioni possono essere libere*, il Saggiatore, 2020.

Alter Adam, *Irresistible: The Rise of Addictive Technology and the Business of Keeping Us Hooked*, Penguin Putnam, 2018.

Anderson Chris, *La coda lunga. Da un mercato di massa a una massa di mercato*, Codice, 2016.

Angwin Julia, *Dragnet Nation: A Quest for Privacy, Security, and Freedom in a World of Relentless Surveillance*, Times Books, 2014.

Antinucci Francesco, *L'algoritmo al potere. Vita quotidiana ai tempi di Google*, Laterza, 2009.

Arntz Melanie, Terry Gregory, Ulrich Zierahn, *Digitalization and the Future of Work: Macroeconomic Consequences*, in Klaus F. Zimmermann (a cura di), *Handbook of Labor, Human Resources and Population Economics*, Springer, 2019.

Arthur Charles, *Digital wars. Apple Google Microsoft e la battaglia per la conquista del web*, Hoepli, 2012.

Aspen Institute, *Potere digitale e democrazia. I padroni dei bit*, in "Aspenia", 2018 (numero monografico).

Assange Julian, *Internet è il nemico. Conversazione con Jacob Appelbaum, Andy Müller-Maguhn e Jérémie Zimmermann*, Feltrinelli, 2013.

Autor David, Mindell David, *The Work of the Future: Building Better Jobs in an Age of Intelligent Machines*, Mit Press, 2022.

Ball Matthew, *Metaverso: cosa significa, chi lo controllerà e perché sta rivoluzionando le nostre vite*, Garzanti, 2022.

Barabás Albert-László, *Linked: How Everything Is Connected to Everything Else and What It Means for Business, Science, and Everyday Life*, Basic Books, 2014.

Bardazzi Marco, Gaggi Massimo, *L'ultima notizia. Dalla crisi degli imperi di carta al paradosso dell'era di vetro*, Rizzoli, 2010.

Baricco Alessandro, *The game*, Einaudi, 2018.

Barme Geremie R., Sang Ye, *The Great Firewall of China*, in "Wired", giugno 1997.

Bartlett Jamie, *The People vs Tech: How the Internet Is Killing Democracy (And How We Save It)*, Penguin Random House, 2018.

Bassan Fabio, *Potere dell'algoritmo e resistenza dei mercati in Italia. La sovranità perduta sui servizi*, Rubbettino, 2019.

Battelle John, *Google e gli altri. Come hanno trasformato la nostra cultura e riscritto le regole del business*, Cortina, 2006.

Beck Ulrich, *Potere e contropotere nell'età globale*, Laterza, 2010.

Beland Louis-Philippe, Murphy Richard, *III Communication: Technology, Distraction & Student, Centre for Economic Performance*, CEP Discussion Paper, n. 1350, maggio 2015.

Bernabè Franco, *Libertà vigilata. Privacy, sicurezza e mercato nella rete*, Laterza, 2010.

Bessen James, *How Computer Automation Affects Occupations: Technology, Jobs and Skills*, Boston University School of Law, ottobre 2016.

Biondo Nicola, *Il sistema Casaleggio. Partito, soldi, relazioni: ecco il piano per manomettere la democrazia*, Ponte alle Grazie, 2019.

Bock Laszlo, *Work Rules! Insights from Inside Google That Will Transform How You Live and Lead*, Grand Central Publishing, 2015.

Bork Robert, *The Antitrust Paradox*, Free Press, 1978.

Bremmer Ian, *Il potere della crisi*, Egea, 2022.

Briggs Asa, *Storia sociale dei media. Da Gutenberg a Internet*, il Mulino, 2010[3].

Bryar Colin, Carr Bill, *Il libretto rosso di Amazon. I segreti del metodo di Jeff Bezos raccontati da due insider*, Vallardi, 2021.

Brynjolfsson Erik, McAfee Andrew, *La nuova rivoluzione delle macchine. Lavoro e prosperità nell'era della tecnologia trionfante*, Feltrinelli, 2015.

Brynjolfsson Erik, McAfee Andrew, *La macchina e la folla. Come dominare il nostro futuro digitale*, Feltrinelli, 2020.

Cangini Andrea, *Coca-Web: una generazione da salvare*, Minerva, 2022.

Carr Nicholas, *Does It Matter?: Information Technology and the Corrosion of Competitive Advantage*, Harvard Business School Press, 2004.

Carr Nicholas, *Il lato oscuro della rete. Libertà, sicurezza, privacy*, Etas, 2008.

Carr Nicholas, *The Big Switch: Rewiring the World, from Edison to Google*, W.W. Norton & Company, 2009.

Carr Nicholas, *Internet ci rende stupidi? Come la rete sta cambiando il nostro cervello*, Cortina, 2010.

Carr Nicholas, *La gabbia di vetro. Prigionieri dell'automazione*, Cortina, 2015.

Cerf Vinton G., Kahn Robert E., *A Protocol for Packet Network Intercommunication*, in "IEEE Transactions on Communications", vol. Com-22, n. 5, maggio 1974.

Cohen Stephen, Zysman John, *Manufacturing Matters: The Myth of the Post-Industrial Economy*, Basic Books, 1987.

Colvin Geoff, *Humans Are Underrated: What High Achievers Know That Brilliant Machines Never Will*, Nicholas Brealey Publishing, 2015.

Complaint for Civil Penalties, Injunction and Other Relief, United States District Court for the District of Columbia, *United States of America v. Facebook Inc.*, 24 luglio 2019.

Cowen Tyler, *La media non conta più. Ipermeritocrazia e futuro del lavoro*, Egea, 2015.

Craven Nussbaum Martha, *The Offensive Internet: Speech, Privacy, and Reputation*, Harvard University Press, 2010.

Cybersecurity Advisory, *Russian GRU 85th GTsSS Deploys Previously Undisclosed Drovorub Malware*, National Security Agency Federal Bureau of Investigation, agosto 2020.

da Empoli Giuliano, *La rabbia e l'algoritmo. Il grillismo preso sul serio*, Marsilio, 2017.

da Empoli Giuliano, *Gli ingegneri del caos. Teoria e tecnica dell'Internazionale populista*, Marsilio, 2019.

Dal Lago Alessandro, *Clic. Grillo, Casaleggio e la demagogia elettronica*, Cronopio, 2013.

Davis Katie, *Generazione App. La testa dei giovani e il nuovo mondo digitale*, Feltrinelli, 2014.

De Biase Luca, *Homo pluralis. Esseri umani nell'era tecnologica*, Codice, 2015.

Deibert Ronald J., *Black Code: Surveillance, Privacy, and the Dark Side of the Internet*, Penguin Random House, 2013.

Delmastro Marco, *Big data. Come stanno cambiando il nostro mondo*, il Mulino, 2019.

Domingos Pedro, *L'algoritmo definitivo. La macchina che impara da sola e il futuro del nostro mondo*, Bollati Boringhieri, 2016.

Donahue Thomas, *The Worst Possible Day. U.S. Telecommunications and Huawei*, in "Prism – National Defense University Press", vol. 8, n. 3, gennaio 2020.

Dunne Niamh, *The Antitrust Anti-Consensus*, Project-Syndacate.org, 11 dicembre 2020.

Eisenstein Elizabeth L., *Le rivoluzioni del libro. L'invenzione della stampa e la nascita dell'età moderna*, il Mulino, 1995.

e-Report. Report of Advisory Group on Health Effects of Use of Internet and Electronic Screen Products, The Government of the Hong Kong Special Administrative Region, Department of Health.

Eubanks Virginia, *Autromating Inequality: How High Tech Tools Profile, Police and Punish the Poor*, St. Martin's Press, 2018.

Farrel Henry, Newman Abraham L., *Weaponized Interdependence. How Global Economic Networks Shape State Coercion*, in "International Security", vol. 44, estate 2019.
Fausti Marcello, *Focalizzazione scenari di rischio e dominio di riferimento*, Astrid-online.it, n. 225, ottobre 2015.
Fillmore Andrew, *The Effect of Daily Internet Usage on a Short Attention Span and Academic Performance*, tesi di laurea, University of Applied Sciences, Frankfurt am Main, 2015.
Fisher Max, *The Chaos Machine: The Inside Story of How Social Media Rewired Our Minds and Our World*, Little, Brown and Company, 2022.
Floridi Luciano, *La quarta rivoluzione. Come l'infosfera sta trasformando il mondo*, Cortina, 2017.
Floridi Luciano, *Etica dell'intelligenza artificiale. Sviluppi, opportunità, sfide*, Cortina, 2022.
Foer Franklin, *I nuovi poteri forti. Come Google Apple Facebook e Amazon pensano per noi*, Longanesi, 2018.
Ford Martin, *Il futuro senza lavoro. Accelerazione tecnologica e macchine intelligenti*, il Saggiatore, 2017.
Formenti Carlo, *Felici e sfruttati. Capitalismo digitale ed eclissi del lavoro*, Egea, 2011.
Frey Carl Benedikt, Osborne Michael, *The Future of Employment: How Susceptible Are Jobs to Computerisation?*, Working Paper Oxford Martin Programme, 2013.
Fry Hannah, *Hello world. Essere umani nell'era delle macchine*, Bollati Boringhieri, 2019.
Fuggetta Alfonso, *Cittadini ai tempi di internet*, FrancoAngeli, 2018.
Gaggi Massimo, *Homo premium. Come la tecnologia ci divide*, Laterza, 2018.
Gaggi Massimo, Edoardo Narduzzi, *Piena disoccupazione. Vivere e competere nella società del quaternario*, Einaudi, 2007.
Galloway Scott, *The Four. I padroni. Il DNA segreto di Amazon, Apple, Facebook e Google*, Hoepli, 2018.
Garante per la protezione dei dati personali, *Big data e Privacy. La nuova geografia dei poteri*, 30 gennaio 2017.
Gelernter David, *Mirror Worlds: or The Day Software Puts the Universe in a Shoebox*, Oxford University Press, 1993.
Giles Keir, House Chatham, *Russian Special Forces and Intelligence Information Effects*, Defence Research and Development Canada, settembre 2019.
Giridharadas Anand, *Winners Take All: The Elite Charade of Changing the World*, Penguin, 2018.
Granelli Andrea, *Il lato oscuro del digitale. Breviario per (soprav)vivere nell'era della rete*, FrancoAngeli, 2015.
Greenwald Glenn, *No place to hide. Sotto controllo. Edward Snowden e la sorveglianza di massa*, Rizzoli, 2014.
Grove Andrew, *Only the Paranoid Survive*, Doubleday, 1996.

Haberman Maggie, *Confidence Man: The Making of Donald Trump and the Breaking of America*, Penguin, 2022.
Hager Nicky, *Secret Power: New Zealand's Role in the International Spy Network*, Craig Potton Publishing, 1996.
Haizler Omry, *The United States' Cyber Warfare History: Implications on Modern Cyber Operational Structures and Policymaking*, in "Cyber, Intelligence and Security", vol. 1, n. 1, gennaio 2017.
Han Byung-Chul, *Nello sciame. Visioni del digitale*, Nottetempo, 2015.
Han Byung-Chul, *Le non cose. Come abbiamo smesso di vivere il reale*, Einaudi, 2022.
Harari Yuval Noah, *Homo Deus. Breve storia del futuro*, Bompiani, 2018.
Hertz Noreena, *Il secolo della solitudine*, il Saggiatore, 2021.
Hindman Matthew, *The Myth of Digital Democracy*, Princeton University Press, 2008.
Hindman Matthew, *La trappola di internet. Come l'economia digitale costruisce monopoli e mina la democrazia*, Einaudi, 2019.
Howe Jeff, *Crowdsourcing: Why the Power of the Crowd Is Driving the Future of Business*, Crown Publishing, 2008.
Hsu Kimberly, Murray Craig, *China and International Law in Cyberspace*, U.S.-China Economic and Security Review Commission Staff Report, 6 maggio 2014.
Hughes Bob, *The Bleeding Edge: Why Technology Turns Toxic in an Unequal World*, in "New Internationalist", 17 ottobre 2016.
Huxley Aldous, *Il mondo nuovo*, Mondadori, 1961.
Hwang Victor W., *The Rainforest: The Secret to Building the Next Silicon Valley*, Regenwald, 2012.
Iacoboni Jacopo, *L'esperimento. Inchiesta sul Movimento 5 stelle*, Laterza, 2018.
International Strategy for Cyberspace, Prosperity, Security and Openness in a Networked World, Executive Office of the President of the United States, maggio 2011.
Jackson Maggie, *Distracted: The Erosion of Attention and the Coming Dark Age*, Prometheus Books, 2008.
Jean Carlo, *Internet e geopolitica*, in "Formiche", dicembre 2012.
Johnson Steven, *Un futuro perfetto. Il progresso ai tempi di internet*, Codice, 2013.
Jones Jeffrey B., *Confronting China's Efforts to Steal Defense Information*, Harvard Kennedy School, Paper 2020.
Kaiser Brittany, *La dittatura dei dati*, HarperCollins, 2019.
Kanna Ro, *Dignity in a Digital Age. Making Tech Work for All of Us*, Simon & Shuster, 2022.
Kaplan Fred, *Dark Territory: The Secret History of Cyberwar*, Simon & Schuster, 2016.
Kaplan Jerry, *Le persone non servono. Lavoro e ricchezza nell'epoca dell'intelligenza artificiale*, Luiss University Press, 2016.
Karimov Artur Ravilevich, *Cognitive Ecology in the Age of the Internet*, in

"Nexo Revista Cientifica", Universitad National de Ingenieria, Managua, 19 settembre 2020.
Keen Andrew, *The Internet Is Not the Answer*, Open Road Grove, 2016.
Kerjan Liliane, *Antitrust Laws: The IBM and AT & T Cases*, in "Revue française d'études américaines", n. 35, febbraio 1988.
Kevies Daniel J., *La seconda rivoluzione scientifica: fisica e chimica. La seconda guerra mondiale*, in *Storia della Scienza*, 2004.
Khan Lina, *Amazon's Antitrust Paradox*, in "The Yale Law Journal", vol. 126, n. 3, gennaio 2017.
Khan Lina, *The New Brandeis Movement: America's Antimonopoly Debate Editorial*, in "Journal of European Competition Law & Practice", vol. 9, n. 3, 2018.
Khanna Ayesha, *L'età ibrida. Il potere della tecnologia nella competizione globale*, Codice, 2013.
Kissinger Henry, Schmidt Eric, Huttenlocker Daniel, *The Age of AI: And Our Human Future*, John Murray Press, 2021.
Krekel Bryan, Adams Patton, Bakos George, *Occupying the Information High Ground: Chinese Capabilities for Computer Network Operations and Cyber Espionage*, U.S.-China Economic and Security Review Commission, 7 marzo 2012.
Kurz Mordecai, *On the Formation of Capital and Wealth: IT, Monopoly Power and Rising Inequality*, Standford Institute for Economic Policy Research, 25 giugno 2017.
Lanier Jaron, *Tu non sei un gadget*, Mondadori, 2010.
Lanier Jaron, *La dignità ai tempi di internet. Per un'economia digitale equa*, il Saggiatore, 2014.
Lanier Jaron, *Dieci ragioni per cancellare subito i tuoi account social*, il Saggiatore, 2018.
Lanier Jaron, *L'alba del nuovo tutto. Il futuro della realtà virtuale*, il Saggiatore, 2019.
Lee Kai-Fu, *AI Super-Powers: China, Silicon Valley and the New World Order*, Houghton Mifflin Harcourt Publishing Company, 2018.
Lee Kai-Fu, Qiufan Chen, *AI 2041: 10 Visions for the Future*, WH Allen, 2021.
Lessard Bill, *Net slaves*, Fazi, 2001.
Levine Robert, *Free Ride: How Digital Parasites are Destroying the Culture Business, and How the Culture Business Can Fight Back*, Anchor Books, 2012.
Levy Steven, *In the Plex: How Google Thinks, Works, and Shapes Our Lives*, Simon & Schuster, 2011.
Levy Steven, *Facebook: The Inside Story*, Blue Rider Press, 2020.
Lewis James, *Section 301 Investigation: China's Acts, Policies and Practices Related to Technology Transfer, Intellectual Property and Innovation*, Center for Strategic & International Studies, aprile 2020.
Lih Andrew, *La rivoluzione di Wikipedia*, Codice, 2010.
Lilly Bilyana, Cheravitch Joe, *The Past, Present and Future of Russia's*

Cyber Strategy and Forces, 12th International Conference on Cyber Conflict, 2020.
Lynn Barry, *Cornered: The New Monopoly Power and the Economics of Destruction*, J. Wiley & Sons, 2010.
MacAskill William, *What We Owe to the Future*, Basic Books, 2022.
MacKinnon Rebecca, *Consent of the Networked: The Worldwide Struggle For Internet Freedom*, Basic Books, 2013.
Magatti Mauro, *Cambio di paradigma. Uscire dalla crisi pensando il futuro*, Feltrinelli, 2017.
Mannoni Stefano, *Millenarismo 2.0. Il diritto al cospetto della nuova era digitale*, Editoriale Scientifica, 2016.
Mannoni Stefano, Stazi Guido, *Is competition a click away? Sfida al monopolio nell'era digitale*, Editoriale Scientifica, 2018.
Manyika James *et al.*, *Harnessing Automation for a Future That Works*, McKinsey Global Institute, 2017.
Manyika James, Spence Michael, *A Better Boom: How to Capture the Pandemic's Productivity Potential*, in "Foreign Affairs", luglio-agosto 2021.
Martínez Antonio García, *Chaos Monkeys: Obscene Fortune and Random Failure in Silicon Valley*, Harper, 2017.
Mayer-Schönberger Viktor, *Big data. Una rivoluzione che trasformerà il nostro modo di vivere e già minaccia la nostra libertà*, Garzanti, 2013.
Mazzucato Mariana, *Lo Stato innovatore*, Laterza, 2014.
McChesney Robert W., *Digital Disconnect: How Capitalism Is Turning the Internet Against Democracy*, New Press, 2013.
McLuhan Marshall, *Gli strumenti del comunicare*, il Saggiatore, 2015.
McNamee Roger, *Zucked. Come aprire gli occhi sulla catastrofe di Facebook*, Nutrimenti, 2019.
Metitieri Fabio, *Il grande inganno del Web 2.0*, Laterza, 2009.
Mills Kathryn L., *Possible Effects of Internet Use on Cognitive Development in Adolescence*, in "Review Department of Psychology", University of Oregon, 24 novembre 2015.
Morozov Evgeny, *L'ingenuità della rete. Il lato oscuro delle libertà di internet*, Codice, 2011.
Mueller Milton L., *Ruling the Root: Internet Governance and the Taming of Cyberspace*, Mit Press, 2004.
Mueller Robert S., *Report on the Investigation into Russian Interference in the 2016 Presidential Election*, U.S. Department of Justice, vol. I, marzo 2019.
Nadler Jerrold, Cicilline David N., *Investigation of Competition in Digital Markets*, 2020.
Nagle Angela, *Contro la vostra realtà. Come l'estremismo del web è diventato mainstream*, Luiss University Press, 2018.
Nance Malcom, *The Plot to Hack America: How Putin's Cyberspies and WikiLeaks Tried to Steal the 2016 Election*, Skyhorse Publishing, 2016.
Negroponte Nicholas, *Essere digitali*, Sperling & Kupfer, 1995.
Nemr Christian, William Gangware, *Weapons of Mass Distraction: Foreign State-Sponsored Disinformation in the Digital Age*, Park Advisor, 2019.

Newsom Gavin, *Citizenville: How to Take the Town Square Digital and Reinvent the Government*, Penguin, 2013.

Nissenbaum Helen, *Privacy in Context: Technology, Policy, and the Integrity of Social Life*, Stanford Law & Politics, 2009.

O'Reilly Tim, *WTF? What's the Future and Why It's Up to Us*, HarperCollins, 2017.

Ortega y Gasset José, *La ribellione delle masse*, SE Editore, 2001.

Paissan Mauro, *La privacy è morta, viva la privacy. Tutti i modi in cui veniamo controllati, spiati, schedati. Tutto quel che occorre sapere per difendersi*, Ponte alle Grazie, 2009.

Pariser Eli, *Il filtro. Quello che Internet ci nasconde*, il Saggiatore, 2012.

Perlroth Nicole, *This Is How They Tell Me the World Ends: The Cyber Weapons Arms Race*, Bloomsbury Publishing, 2021.

Pettegree Andrew, *L'invenzione delle notizie. Come il mondo conobbe se stesso*, Einaudi, 2015.

Philippon Thomas, *The Great Reversal: How America Gave Up on Free Markets*, Belknap Press of Harvard University Press, 2019.

Portman Rob, Carper Tom, *Staff Report, Permanent Subcommittee on Investigations*, United States Senate, 24 ottobre 2019.

Postman Neil, *Amusing Ourselves to Death*, Penguin Books, 2005.

Ragnedda Massimo, *La società postpanottica. Controllo sociale e nuovi media*, Aracne, 2008.

Rapetto Umberto, Di Nunzio Roberto, *Cyberwar la guerra dell'informazione*, Buffetti Editore, 1996.

Raud Mikk, *China and Cyber: Attitudes, Strategies, Organisation,* NATO Cooperative Cyber Defence Centre of Excellence, Tallin, 2016.

Reamer Andrew, *The Impacts of Technological Invention on Economic Growth – A Review of the Literature*, The George Washington Institute of Public Policy, 28 febbraio 2014.

Richard Waters, Kiran Stacey, Kadhim Shubber, *Google Lawsuit: The Opening Salvo In A Battle to Restrain Big Tech*, in "Financial Times", 23 ottobre 2020.

Rifkin Jeremy, *La fine del lavoro. Il declino della forza lavoro globale e l'avvento dell'era post-mercato*, Mondadori, 2005.

Riley Chris, *The Great War, Part 1: The Internet vs Democracy*, R Street Publications, 9 febbraio 2021.

Rodotà Stefano, *Tecnopolitica. La democrazia e le nuove tecnologie della comunicazione*, Laterza, 2004.

Rodotà Stefano, *Intervista su privacy e libertà*, Laterza, 2005.

Rodotà Stefano, *Iperdemocrazia. Come cambia la sovranità democratica con il web*, Laterza, 2013.

Rodotà Stefano, *Il mondo nella rete, quali diritti, quali vincoli*, Laterza, 2014.

Rosenbach Eric, *Statement for Record*, U.S. Senate Committee on Armed Services, Subcommittee on Emerging Threats and Capabilities. Department of Defense, 2015.

Ross Alec, *I furiosi anni venti. La guerra fra Stati, aziende e persone per un nuovo contratto sociale*, Feltrinelli, 2021.
Rushkoff Douglas, *Throwing Rocks at the Google Bus*, Portfolio/Penguin Random House, 2016.
Russel Andrew L., *Rough Consensus and Running Code and the Internet-OSI Standards War*, IEEE Annals of the History of Computing, 2006.
Russo Massimo, *Eretici digitali. La rete è in pericolo, il giornalismo pure. Come salvarsi con un tradimento e 10 tesi*, Apogeo, 2009.
Schirripa Spagnolo Marco, *Problemi di Antitrust relativi alla società Amazon*, tesi di laurea, Università Luiss "Guido Carli", a.a. 2016/2017.
Schmidt Eric, Cohen Jared, *La nuova era digitale: la sfida del future per cittadini, imprese e nazioni*, Rizzoli/Etas, 2013.
Seid Mohammed Ahmed, Daim Makam Khan, *The Inevitable Battleground for Competing Powers: Cyberwarfare*, E-International Relations, 5 ottobre 2020.
Shapiro Carl, Varian Hal, *Information Rules*, Harvard Business School Press, 1999.
Sheldon Pavica, Philipp Rauschnabel, James Honeycutt, *The Dark Side of Social Media. Psychological, Managerial and Social Perspectives*, Elsevier Academic Press, 2019.
Siboni Gab, Shuker Pnina, *Defending Against Influence Operations: The Challenges Facing Liberal Democracies*, The Institute for National Security Studies, Memorandum n. 197, ottobre 2019.
Sideri Massimo, *Tecnologismi. Posologia e precauzioni per l'uso dei social network*, Sonzogno, 2013.
Siman David-Tov, Gabi Siboni, Gabrielle Arelle, *Cyber Threats to Democratic Processes, Cyber, Intelligence and Security*, in "Cyber, Intelligence, and Security" vol. 1, n. 3, dicembre 2017.
Siman David-Tov, Mor Buskila, *European Countries Facing the Challenge of Foreign Influence on Democracy-Comparative Research*, in "Cyber, Intelligence, and Security" vol. 3, n.1, maggio 2019.
Sninivasan Dina, *The Antitrust Case Against Facebook: A Monopolist Journey Towards Pervasive Surveillance in Spite of Consumer Preference for Privacy*, in "Berkeley Business Law Journal", vol. 16, Issue 2019. Soro Antonello, *Persone in rete. I dati tra poteri e diritti*, Fazi, 2018.
Soro Antonello, *Democrazia e potere dei dati*, Baldini & Castoldi, 2019.
Spence Michael, *La convergenza inevitabile. Una via globale per uscire dalla crisi*, Laterza, 2012.
Spitzer Manfred, *Solitudine digitale. Disadattati, isolati, capaci solo di una vita virtuale?*, Corbaccio, 2016.
Staglianò Riccardo, *Al posto tuo. Così web e robot ci stanno rubando il lavoro*, Einaudi, 2016.
Stoller Matt, *Goliath: The 100-Year War Between Monopoly Power and Democracy*, Simon & Schuster, 2019.
Stone Brad, *Vendere tutto. Jeff Bezos e l'era di Amazon*, Hoepli, 2014.

Stone Brad, *Amazon. L'impero. Jeff Bezos e un dominio senza confini*, Hoepli, 2021.

Stross Randall, *Planet Google: One Company's Audacious Plan to Organize Everything We Know*, Atlantic, 2008.

Summary of Reports and Testimonies Regarding Department of Defense Cybersecurity from July 1, 2018 through June 30, 2019, Inspector General, U.S. Department of Defense, 11 giugno 2019.

Surowiecki James, *The Wisdom of Crowds*, Anchor Books, 2005.

Susskind Richard, Susskind Daniel, *The Future of Professions: How Technology Will Transform the Work of Human Experts*, Oxford University Press, 2015.

Tang Min, *Huawei Versus the United States? The Geopolitics of Exterritorial Internet Infrastructure*, in "International Journal of Communication", vol. 14, 2020.

Taplin Jonathan, *Move Fast and Break Things: How Facebook, Google, and Amazon Have Cornered Culture and What It Means for All of Us*, Hachette, 2017.

Tapscott Don, *Wikinomics. La collaborazione di massa che sta cambiando il mondo*, Etas, 2007.

Tayouri David, *The Secret War of Cyber Influence Operations and How to Identify Them*, in "Cyber, Intelligence, and Security", vol. 4, n. 1, marzo 2020.

The Economic Impact of ICT: Measurement, Evidence and Implications, OECD, 2004.

Thompson Mark, *La fine del dibattito pubblico. Come la retorica sta distruggendo la lingua della democrazia*, Feltrinelli, 2017.

Tryon Chuck, *Cultura on demand. Distribuzione digitale e futuro dei film*, minimum fax, 2017.

Tüfekçi Zeynep, *Twitter and the Tear Gas: The Power and Fragility of Networked Protest*, Yale University Press, 2018.

Turkle Sherry, *Insieme ma soli. Perché ci aspettiamo sempre più dalla tecnologia e sempre meno dagli altri*, Codice, 2012.

Turner Fred, *Form Counterculture to Cyberculture: Stewart Brand, the Whole Earth Network, and the Rise of Digital Utopianism*, University of Chicago Press, 2006.

Turner Stansfield, *Intelligence for a New World Order*, in "Foreign Affairs", autunno 1991.

USCC Research Staff, *The International Security Implications of Investments and Products from the People's Republic of China in the Telecommunications Sector*, U.S.-China Economic and Security Review Commission, gennaio 2011.

Van Roy Vincent, Vivarelli Marco, Vertesy Daniel, *Technology and Employment: Mass Unemployment or Job Creation? Empirical Evidence from European Patenting Firms*, Research Policy, luglio 2018.

Vivek Ramaswamy, Jed Rubenfeld, *Save the Constitution from Big Tech*, in "The Wall Street Journal", 11 gennaio 2021.

Warner Mark R., Warner Hirono, *Klobuchar Announce the Safe Tech Act to Reform Section 230*, comunicato stampa.
Watzinger, Fackler, Nagler, Schnitzer, *How Antitrust Enforcement Can Spur Innovation: Bell Labs and the 1956 Consent Decree*, in "American Economic Journal", 9 gennaio 2017.
Weinberger David, *La stanza intelligente. La conoscenza come proprietà della rete*, Codice, 2012.
Whitehead David E., Kevin Owens, Dennis Gammel, Jess Smith, *Ukraine Cyber-Induced Power Outage: Analysis and Practical Mitigation Strategies, Power and Energy Automation Conference Spokane*, Washington, 21-23 marzo 2017.
Wilson Jim, *The Trustbusters Come for Facebook. Finally*, in "The New York Times", 10 dicembre 2020.
Wolff Michael, *Fuoco e furia. Dentro la Casa Bianca di Trump*, Rizzoli, 2019.
Woodward Bob, *Paura. Trump alla Casa Bianca*, Solferino, 2018.
Wu Tim, *The Attention Merchants: How Our Time and Attention Are Gathered and Sold*, Atlantic, 2017.
Wu Tim, *La maledizione dei giganti. Un manifesto per la concorrenza e la democrazia*, il Mulino, 2021.
Wylie Christopher, *Il mercato del consenso. Come ho creato e poi distrutto Cambridge Analytica*, Longanesi, 2020.
Zeiler Thomas, *Porte aperte. L'economia mondiale dal 1945 ad oggi*, Einaudi, 2014.
Zettler Kim, *Countdown to Zero Day: Stuxnet and the Launch of the World's First Digital Weapon*, Broadway Books, 2014.
Ziccardi Giovanni, *Tecnologie per il potere. Come usare i social network in politica*, Cortina, 2019.
Zuboff Shoshana, *Il capitalismo della sorveglianza. Il futuro dell'umanità nell'era dei nuovi poteri*, Luiss University Press, 2019.

Indice dei nomi

Indice